HELGE WEICHMANN
Schandgrab

TOD IM TUNNEL Eine Wissenschaftlerin, Fachfrau für die Mainzer Stadtgeschichte, liegt ermordet im Park. Ein unscheinbares mittelalterliches Gemälde wird aus dem Landesmuseum gestohlen. Ein Baulöwe setzt sich über den Denkmalschutz hinweg und plant eine Appartementanlage auf uraltem Grund und Boden.

Die chaotische Historikerin Ernestine Nachtigall, genannt »Tinne«, wird in den Strudel dieser Ereignisse hineingezogen und entdeckt einen verborgenen Zusammenhang. Gemeinsam mit dem Lokalreporter Elvis beginnt sie zu recherchieren und taucht immer tiefer in die Stadtgeschichte von Mainz ein. Die beiden kommen einem Geheimnis auf die Spur, dessen Wurzeln zurückreichen bis in die Zeit der großen Pestepidemien des Mittelalters.

Doch dann überschlagen sich die Ereignisse: Plötzlich steht Tinne unter Mordverdacht und wird von der Polizei verfolgt. Um ihre Unschuld zu beweisen, muss sie ein 500 Jahre altes Rätsel lösen und gerät dabei in tödliche Gefahr …

Helge Weichmann wurde 1972 in der Pfalz geboren und lebt seit 20 Jahren in Mainz. Während seines Studiums jobbte er als Musiker und Kameramann, bevor er sich als Filmemacher selbstständig machte. Heute betreibt der promovierte Geowissenschaftler eine Medienagentur, arbeitet als Moderator und lehrt an der Universität Mainz.

Er ist begeisterter Hobbykoch, Weinliebhaber und Sammler von Vintage-Gitarren. Mit der chaotischen Historikerin Tinne Nachtigall und dem dicken Reporter Elvis hat Helge Weichmann zwei liebenswerte Figuren geschaffen, die ihre außergewöhnlichen Abenteuer mit viel Pfiff, Humor und Improvisationstalent meistern.

HELGE WEICHMANN
Schandgrab

Kriminalroman

Personen und Handlung sind frei erfunden. Ähnlichkeiten mit lebenden oder toten Personen sind rein zufällig und nicht beabsichtigt. Ebenso sind die genannten Firmen, Institutionen, Universitäten, Museen und Forschungseinrichtungen fiktiv oder, falls real existierend, in fiktivem Zusammenhang genutzt.

Besuchen Sie uns im Internet:
www.gmeiner-verlag.de

© 2013 – Gmeiner-Verlag GmbH
Im Ehnried 5, 88605 Meßkirch
Telefon 07575/2095-0
info@gmeiner-verlag.de
Alle Rechte vorbehalten
2. Auflage 2013

Lektorat: Claudia Senghaas, Kirchardt
Herstellung: Julia Franze
Umschlaggestaltung: U.O.R.G. Lutz Eberle, Stuttgart
unter Verwendung eines Fotos von: © Stanley Rippel – Fotolia.com
Druck: GGP Media GmbH, Pößneck
Printed in Germany
ISBN 978-3-8392-1445-9

PROLOG

Mittwoch, 5. Mai 1480

»… nam ex quo sunt omnia entia et ex quo fiunt primo et in quod corrumpuntur in fine, substantia quidem manente passionibus vero mutata, hoc est elementum …«

Die monotone Stimme von Magister Bartellmeß ließ Jergs Augenlider schwer werden, seine Hand mit dem Federgriffel sank nach unten. Mit schierer Willensanstrengung riss er sich zusammen, tauchte die Feder ins Tintenfass und ließ sie über das raue Pergament kratzen. Fast hätte er den Anschluss verloren, denn die schmale Gestalt auf der *cathedra* war schon zwei Sätze weiter und murmelte pausenlos vor sich hin. Die Metaphysik des Aristoteles war heute aber auch ein widerspenstiges Thema!

Jerg gab seine Mitschrift endgültig auf und lugte stattdessen vorsichtig unter seiner Gugel, der kapuzenartigen Kopfbedeckung, nach rechts und links. Neben ihm saß im Halbdunkel ein gutes Dutzend junger Männer auf dem kargen Boden. Ebenso wie er hatten sie ein Schreibbrett auf den Knien, darauf balancierten sie Pergament und Tintenfässchen. Und genau wie sein eigener Federkiel hingen die Federn von Nickel und Utz untätig in der Luft, während die Übrigen eifrig kratzend die Worte des Magisters mitschrieben. Jerg fing einen Blick vom dicken Utz auf, unmerklich nickte er ihm zu. Er wusste, dass Utz und Nickel genau wie er selbst in Gedanken weit weg von der *lectio* waren – und mindestens ebenso müde.

Denn gestern Abend hatten sie nach der *vespera* zur neunten Stunde ein geheimes Treffen mit Magister Frencklein gehabt, einem Lehrer, den alle Scholaren respektierten und bewunderten. Magister Frencklein war nämlich nicht kleingeistig oder wankelmütig wie die meisten anderen Lehrer, oh nein, er hatte zu jeder Frage eine kluge Antwort und eine feste Meinung, und mehr als einmal hatte er bereits in der Stadt einen Streit vom Zaun gebrochen mit engstirnigen Adligen oder naseweisen Pfaffen.

Am gestrigen Abend, während alle anderen bereits schliefen, hatte Magister Frencklein sie heimlich in seine Stube geführt, die Kerze auf den Boden gestellt und ihnen wispernd eine schier unglaubliche Geschichte erzählt. Mit großen Augen hatten die drei jungen Männer ihm zugehört, schüchtern einige Fragen gestellt und allmählich die Tragweite der Ereignisse begriffen. Um letzte Zweifel zu zerstreuen, war der Magister schließlich zu seinem schmalen Schrank getreten und hatte ein schweres Etwas herausgeholt, sorgsam in Wachstuch eingeschlagen. Sein wertvollster Besitz auf Erden.

Wie im Flug war die Zeit vergangen, und als die drei Scholaren schließlich in den Schlafraum zurückgehuscht waren, stand der Mond bereits hell am Himmel. Am anderen Morgen begann der Tag wie immer mit dem gemeinschaftlichen Wecken zur vierten Stunde. Den fehlenden Schlaf merkte Jerg nun überdeutlich. Doch der Gedanke an das, was heute Nacht bevorstand, vertrieb die Müdigkeit und ließ ihm einen Schauer über den Rücken laufen.

Raschelnder Stoff und gemurmelte Worte rissen ihn aus seinen Gedanken. Die *lectio* war vorüber, die Scholaren standen vom Boden auf und reckten ihre Glieder. Magister Bartellmeß entließ die jungen Männer mit seinem üblichen Sermon, er ermahnte sie, anständig zu bleiben und stets die Regeln der *universitas* zu beachten.

Jerg schnaufte, während er seine Pergamente einrollte und das Tintenfass verschloss. Natürlich gab es Regeln, strenge sogar … das Singen, Kartenspielen, Raufen und Saufen waren verboten, das Tragen von Waffen, das Mitbringen von Weibsleuten, spätes ein und aus Gehen, sogar der Gebrauch der deutschen statt der lateinischen Sprache. Aber wie überall auf der Welt gab es auch hier Mittel und Wege, die Regeln zu biegen oder sogar zu brechen.

Und überhaupt – hatte Jerg nicht erst vorgestern den Magister Bartellmeß hinten im Küchentrakt gesehen, als er mit der Köchin Elspeth Dinge trieb, die wohl kaum in den Schriften des Aristoteles zu finden waren?

Die Scholaren traten in den Innenhof. Die *universitas* besaß ein eigenes Gebäude innerhalb der Meintzer Stadtmauern, den Hof zum Algesheimer in der Christoffelsgass. Jerg wusste, dass das ehemalige Patrizierhaus ein Gründungsgeschenk von *episcopus* Dietherr von Isenburg war, dem Bischof, der vor knapp drei Jahren die *universitas* mit dem Segen von *papa* Sixtus IV. ins Leben gerufen hatte.

Seither war der Algesheimer Hof eine Burse, ein Haus, in dem das universitäre Leben stattfand. Die Scholaren, aber auch die Magister wohnten, schliefen und aßen hier, außerdem wurden Lehrveranstaltungen, *disputationes* und Prüfungen in den Räumen abgehalten. Der Hof war im Laufe seiner Entstehungsgeschichte immer weiter verbaut worden, sodass heute mehrere verschiedene Einzelgebäude aneinandergefügt waren, große Kammern, winzige Schlupflöcher, dazwischen zahllose Ecken, Türmchen,

Erker und Balustraden. Diese Aufteilung machte es leicht, genügend Räumlichkeiten für die Belange der jungen *universitas* zu finden.

Jerg genoss die Mittagssonne, die in den offenen Innenhof fiel. Obwohl es im Mai tagsüber schon regelrecht heiß werden konnte, hielt sich die klamme Feuchtigkeit des Winters hartnäckig in den dunklen Räumen der Burse. Und da die Scholaren sommers wie winters während der *lectio* auf dem nackten Boden saßen, taten die Sonnenstrahlen besonders gut. Er lupfte seine Gugel, schloss die Augen und streckte das Gesicht zur Sonne. Eine Minute lang lauschte er den Geräuschen der Burse und der sie umgebenden Stadt, murmelnde Stimmen, Hämmern, Wiehern, Schimpfen und Lachen.

»Werden wir's wagen heute Abend?«

Selbst mit geschlossenen Lidern erkannte Jerg die leise Stimme von Nickel, einem seiner engsten Freunde. Er öffnete die Augen. Nickel und Utz waren an ihn herangetreten. Nickel, Sohn eines Kaufmanns, war groß, fast vier Ellen, hatte eine gerade Nase und blaue Augen. Die Frauenzimmer liefen ihm nach, wann immer er in der Stadt unterwegs war. Im Gegensatz dazu sah der dicke Utz aus wie ein Fässchen auf Beinen, seine sommersprossigen Pausbacken und die kleine Schweinsnase machten ihn nicht hübscher. Beide steckten in typischen Scholarenkleidern: eine Joppe aus Barchent, die dunkle Gugel über Schopf und Schultern, an den Füßen Trippen, Schuhe aus Holz und Leder.

»Natürlich wagen wir's«, antwortete Jerg genauso leise. »Oder habt ihr die Hosen voll?«

Untereinander redeten die Freunde deutsch, wenngleich das innerhalb der Burse verboten war. Aber erstens war

Utzens Latein so fürchterlich, dass er sich kaum verständlich machen konnte, und zweitens wollten sie sich nicht von griesgrämigen Magistern die eigene Sprache verbieten lassen. Nur leise mussten sie sein, damit keiner von den anderen Scholaren sie hörte. Denn manchmal war ein *lupus* darunter, ein Verräter, der Regelübertretungen brühwarm an die Magister weitererzählte und die Missetäter damit dem Karzer oder, schlimmer noch, dem Rohrstock auslieferte.

»Ich habe das Werkzeug holen können. Es liegt im Kabuff neben dem Tor.«

Utz deutete mit dem Kopf zum Hauptportal des Hofes. Jerg nickte zufrieden. Es war Utz also gelungen, hinter dem Rücken von Anthenius, dem *bedellus*, Schaufel und Meißel aus der kleinen Werkstatt im Haupthaus mitgehen zu lassen. Beides würden sie heute Nacht gut brauchen können.

Eine kleine Glocke begann zu bimmeln und rief die Scholaren zum Mittagessen. Als die drei auf dem Weg zum Gebäude mit ihren Kommilitonen zusammentrafen, wechselten sie sowohl Sprache als auch Thema. Nickel und Jerg disputierten auf Latein angeregt über Wesen und Ursachen der aristotelischen Metaphysik, während Utz ahnungslos, aber voller Überzeugung mit dem Kopf nickte.

Zehn Minuten später erfüllte ein enormer Geräuschpegel das *triclinum*, wie der Speisesaal der Burse in Anlehnung an die römischen Vorbilder genannt wurde. Zwar waren die Scholaren gehalten, während des Essens Ruhe zu bewahren und sich gesittet zu betragen, doch meist flogen Neuigkeiten, Spottworte und anzügliche Bemerkungen von Tisch zu Tisch. Hier wurde ein griechischer

Vers deklamiert, dort ein Kommilitone wegen einer Wissenslücke aufgezogen. Die Magister saßen an einem separaten Tisch und taten so, als ginge sie der Wirrwarr nichts an. Nur wenn die Lautstärke allzu unerträglich wurde, stand einer von ihnen auf und ging mit deutlich sichtbarem Rohrstock eine Runde durch das *triclinum*.

Jerg löffelte seine *halica*, eine gesüßte Grütze, und spülte hin und wieder mit einem kräftigen Schluck *covent* nach, mit Wasser verdünntem Bier. Der dicke Utz hatte seinen Napf wie immer innerhalb weniger Wimpernschläge leer gefuttert. Utz war der Sohn vom Fleischhauer Magin in der Grebengass, seine Eltern hatten ihn von Kindesbeinen an tüchtig herausgefüttert. Jerg fragte sich, wie sein Kumpan trotz der eher bescheidenen Portionen hier in der Burse seine Leibesfülle behielt. Er hegte den heimlichen Verdacht, dass Utzens Mutter ihrem Sohn hin und wieder ein kleines Paket zusteckte mit allerlei Leckereien darin, Rinderzunge vielleicht, Magen oder fettiger Schwarte.

Eine solch schmackhafte Sonderbehandlung gab es für Jerg nicht. Sein Vater Eberhardt war Kupferschmied, er betrieb eine kleine Werkstatt in der Gaugass. Nun ja, ganz so klein war die Werkstatt nicht mehr, der Herr Vater hatte mittlerweile vier Burschen angestellt, die ihm zur Hand gingen. Denn das Ebenmaß seiner Werkstücke und sein gutes Auge für Proportionen hatten sich herumgesprochen in Meintz, er war häufig für die Adelspaläste am Diethmarkt tätig, inzwischen kamen sogar Kuriere von ganz weit her, von Dambstadt und sogar von Frankenfort, um Schmuck bei ihm zu bestellen.

Dieses florierende Geschäft ermöglichte es dem Herrn Vater, seinen ältesten Sohn an die neu gegründete *univer-*

sitas zu schicken. Jerg war einer von 54 Scholaren, die von 14 Magistern unterrichtet wurden. Der Fächerkanon der Meintzer *alma mater* war reich, die durcheinander schallenden Stimmen der Scholaren warfen Worte und Inhalte aus den verschiedensten Wissensgebieten in den Raum: aus der Theologie, der Medizin, dem kirchlichen und römischen Recht und natürlich aus den *septem artes liberales*, den Sieben Freien Künsten – Grammatik, Rhetorik, Dialektik, Arithmetik, Geometrie, Astronomie und Musik.

Laurentz und Matthes vom Brandt, zwei rothaarige Brüder von höchstens 13 Lenzen, saßen Jerg gegenüber, schlenkerten ihre Holzlöffel und redeten wie zwei Wasserfälle auf ihn ein. Mit der Begeisterung der Jugend versuchten sie ihm klarzumachen, dass mithilfe eines einfachen Rechensystems das Verhältnis der guten und schlechten Säfte im Inneren des Menschen ausgeglichen und dadurch jede Krankheit geheilt werden könne. Jerg nickte, doch er hörte nur mit halbem Ohr hin. Er wusste, dass er heute Nachmittag nicht wie am Morgen wegdösen und seinen Gedanken folgen konnte. Es standen nämlich *repetitiones* und *disputationes* auf dem Lehrplan, Wiederholungen und Diskussionen. Dabei musste jeder Scholar zeigen, dass er die Vorlesungen des Vormittags verstanden hatte und in freier Rede wiedergeben konnte. Argumente für und gegen die einzelnen Thesen wurden gesammelt, abgewogen und bewertet. Das Ergebnis stand freilich schon von vornherein fest: Das klassische Wissen, allen voran die Erkenntnisse des Aristoteles, war unverbrüchlich, Weisheit konnte nur durch Auswendiglernen und Wiederholen erlangt werden.

Es wäre Jerg niemals eingefallen, diesen Grundsatz infrage zu stellen. Wer war er denn, dass er sich gegen diese göttlich vorgegebene Ordnung auflehnte? Er kannte nur einen Menschen, der es wagte, immer und immer wieder gegen dieses Gesetz der Wissenschaft zu verstoßen: Magister Frencklein.

Er warf einen Blick zum Tisch der Lehrer. Magister Frencklein überragte alle anderen um Haupteshöhe, er leerte gerade einen Krug Dünnbier und fuchtelte mit der freien Hand in der Luft herum. Seine Augen waren aufgerissen, sein wallender Bart und das volle Haupthaar ließen ihn wie eine Urgewalt aussehen. Alle anderen Magister redeten gleichzeitig auf den großen Mann ein, offensichtlich hatte er einmal mehr eine gewagte These aufgestellt und konnte sie auch noch überzeugend vertreten.

Die helle Glocke erklang erneut und läutete das Ende des Mittagsmahls ein. Hastig schlang Jerg die letzten Löffel seiner *halica* herunter, während Magister Linhartt, der Lehrer für Theologie, ein Dankgebet sprach. Wie immer schloss er in das Gebet *papa* Sixtus ein, *imperator* Friedrich III., den Heiligen Albanus als Schutzpatron von Meintz, den Heiligen Hieronymus als Schutzpatron der Gelehrsamkeit, den Heiligen Godehard von Hildesheim, dessen Gedenken am heutigen Tage gefeiert wurde, und natürlich *episcopus* Dietherr von Isenburg.

Während Jerg gemessenen Schrittes über den sonnigen Innenhof zur *repetitione* ging und die jüngeren Semester aufgeregt an ihm vorbei rannten, weilten seine Gedanken noch immer bei *episcopus* Dietherr. Er hatte den alten Mann mit den strengen Falten um den Mund bereits einige Male bei Prozessionen in der Stadt gesehen oder im Dom des Heiligen Martinus, einmal sogar hier in der von ihm gestifteten Burse. Damals hatten alle Scholaren und Magister Spalier gestanden, zahllose Meintzer Bürger waren dabei und schwenkten ihre Hüte.

Doch Jerg wusste, dass ein Teil der Bevölkerung schlecht auf den Isenburger zu sprechen war. Nicht nur, dass er im letzten Jahr den Ketzerprozess gegen den allseits beliebten ehemaligen Dompfarrer Johann von Wesel vorangetrieben hatte. Nein, viele Adlige und Bürger machten den *episcopus* für den stetigen Niedergang der Stadt während der letzten 20 Jahre verantwortlich. Längst schon war sie keine *freye statt* mehr, viele der fähigsten Handwerker und Kaufleute waren weggezogen oder vertrieben worden. Schuld daran, so hatte Jergs Vater ihm hinter verschlossenen Türen erklärt, war der Pfaffkrieg: Erst hatte sich Dietherr, damals noch Domkustos, für viel Geld von *papa* Pius II. in Amt und Würden bringen lassen, als *episcopus* nämlich. Dann konnte er das Geld aber nicht zurückzahlen und paktierte auch noch mit den falschen Leuten. Sein Widersacher, Adolphus II. aus Nassau, nutzte die Gelegenheit und ließ sich vom *papa* als neuer *episcopus* bestätigen. Dietherr dachte aber gar nicht daran, seinen Platz zu räumen, und die meisten Bürger der Stadt hielten damals zu ihm. Da ließ Adolphus in einer dunklen Nacht seine Männer über das Gautor klettern und in die Stadt einfallen. In dieser schrecklichen Nacht, so knurrte der Herr Vater, seien mehr als 500 Männer in den Gassen von Meintz totgeschlagen worden und viele Häuser verbrannt. Dietherr, seine Anhänger und einige Freie flohen über den Rhein aus der Stadt. Am nächsten Tag zog Adolphus als rechtmäßiger *episcopus* ein und hielt Gericht auf dem Diethmarkt: Zahlreiche Adlige, Bürger und sogar der Stadtrat hätten gegen *papa* und *imperator* gehandelt. Sie verloren ihren Besitz und mussten Meintz verlassen. 1463, im Jahr von Jergs Geburt, wurde der Pfaffkrieg endlich beigelegt. Das war nun 17 Jahre her. Er schüttelte den Kopf. Welch ein Wirrwarr um diesen Pfaffenkram! Dabei drehte sich der Spieß zwölf Jahre später, 1475, schon wieder komplett um: Der greise Adolphus ernannte seinen einstigen Widersacher Dietherr zum Nachfolger, sodass der Isenburger mit seinem Tross wieder in Meintz einzog und zum zweiten Mal *episcopus* wurde. Verrückte Welt!

Während der *repetitione* des Nachmittags und den *lectiones in vesperis* am Abend beantwortete Jerg mechanisch alle Fragen und leierte die auswendig gelernten Argumentationen des Aristoteles und des Thomas von Aquin herunter. Nach der *vespera* verzog er sich mit Utz, Nickel und 14 anderen Burschen ins Schlafgemach der älteren Semester. Die Kommilitonen schliefen nacheinander ein, seufzten im Schlaf und schnarchten leise, doch die drei Freunde bekamen kein Auge zu. Der Mond schien von einem nahezu unbewölkten Himmel und zeichnete einen langen Lichtfinger durch die schmale, hohe Fensteröffnung. Nach einer Wartezeit, die ihm unendlich vorkam, warf Jerg leise seine Decke zurück und erhob sich vom Lager. Schemenhaft erkannte er, dass Nickel und Utz es ihm gleichtaten. Die drei schlüpften in ihre Kleidung und huschten nach draußen. Der Algesheimer Hof lag still wie ein Friedhof im silbernen Mondlicht.

»Wo ist er denn?«, wisperte Utz. Jerg wollte gerade etwas erwidern, als sich aus der Dunkelheit eine Hand auf seine Schulter legte. Er fuhr erschrocken herum und sah zu seiner Erleichterung die große Gestalt von Magister Frencklein aus dem Schatten treten. Der bärtige Mann roch nach Wein und starkem Tabak, er hielt einige Decken und grobe Schnüre in der Hand. Über seiner Schulter lag ein besticktes Tuch von augenscheinlich guter Qualität.

»Kein Wort hier. Erst, wenn wir draußen sind.«

Die dunkle Stimme des Magisters trug weit, obwohl er nur flüsterte. Zu Jergs Überraschung sprach er Deutsch mit ihnen.

Die drei Freunde nickten stumm und folgten Magister Frencklein, der einen Umweg nahm, um stets im Schatten der Umfassungsmauer zu bleiben. Der große und bullige Magister konnte sich überraschend leise bewegen, die drei Scholaren klangen dagegen trampelig wie eine Armee. Das Herz klopfte Jerg bis zum Hals, er rechnete jeden Augenblick damit, dass einer der Magister oder der *bedellus* schreiend und polternd aus dem Gebäude gerannt kam. Doch nichts passierte, alles blieb still bis auf die nächtlichen Geräusche der Stadt, Hunde jaulten, ein Pferd wieherte, Holz knarrte, irgendwo greinte ein Kind. Vor dem großen Haupttor trat Utz gebückt in eine kleine Kammer, kam mit Schaufel und Meißel wieder heraus und blickte ratlos auf das mächtige Portal. Jerg fragte sich ebenfalls, wie sie aus dem Algesheimer Hof herauskommen sollten. Schließlich war die Burse rund um die Uhr verschlossen, jeder Ausgang und jeder Besuch musste beim *bedellus* angemeldet werden.

Zu seiner Verwunderung holte der Magister einen langen Eisenschlüssel aus seiner Rocktasche und öffnete damit das Schloss. Jerg wusste, dass *bedellus* Anthenius diesen Schlüssel hütete wie seinen Augapfel. Der Herr mochte wissen, wie Magister Frencklein daran gekommen

war! Knarrend öffnete sich einer der gewaltigen Eichen-
holzflügel, die Gerüche der schlafenden Stadt drangen
ungehindert in die Nasen der vier Männer: Pferdemist,
Fäkalien, brackiges Wasser, Holzfeuer, gegerbtes Leder
und vieles mehr.

Der Mond heftete den vier Gestalten lange Schatten
an, als sie über das unebene Pflaster der Christoffelsgass
liefen. Jeder hing seinen eigenen Gedanken nach, jeder
war sich der Ungeheuerlichkeit ihrer Tat bewusst. Was
sie vorhatten war ... Frevel, Sünde. Und doch, sie wussten, dass ihr Plan gut und richtig war. Sogar der dicke Utz,
den der Herrgott nicht gerade mit herausragenden Geis-
tesgaben gesegnet hatte, begriff: Sie würden heute Nacht
Geschichte schreiben.

Dienstag, 30. März 1982

Professor Friedhelm Schnaitteisen hieb mit den flachen
Händen auf die Platte seines Schreibtisches, sodass die
zahllosen Bücher, Briefe und Stifte sowie seine Kaffeetasse auf und nieder hüpften.

»Verdammt und zugenäht, das gibt's doch wohl nicht!«

Der Professor war ein mageres Männlein von gerade
einmal 1,70 Meter, das eine riesige Hornbrille auf der Nase
trug, doch seine Energie und sein Arbeitseifer reichten
aus, um die gesamte Physikalische Abteilung der Frank-

furter Senckenberg-Gesellschaft für Naturforschung in Atem zu halten.

Doktor Harald Melb duckte sich und verzog das Gesicht. Er hasste es, seinem Chef schlechte Nachrichten überbringen zu müssen, aber leider war er nun mal Leiter des AMS-Projektes und damit schon seit Wochen auf schlechte Nachrichten spezialisiert.

»Wir, eh, wir haben alles noch mal kalibriert und auch neue Proben genommen und alle neu ionisiert. Also, irgendwas stimmt da nicht.«

Der Professor sprang auf und wieselte um den Tisch herum. Sein Laborkittel flatterte, als er durch die Tür lief.

»Na, kommen Sie schon, Harald, kommen Sie!«, rief er Melb über die Schulter zu. Dieser fragte sich zum hundertsten Mal, wie ein so kleiner Mensch so viel Elan haben konnte. Der Professor schien niemals zu essen oder zu schlafen, stets rannte er in den Labors herum, wusste über alles Bescheid, hatte bei jedem Problem eine gute Idee parat und schaffte es ganz nebenbei, die Forschungsgelder und die Spenden für die Senckenberg-Gesellschaft sprudeln zu lassen. Seit er vor sieben Jahren die Leitung des Physikalischen Instituts übernommen hatte, waren zahllose neue Leute eingestellt und sündhaft teure Geräte angeschafft worden. Die Einrichtung verfügte inzwischen über neue Gaschromatografen, einen Umlaufkryostat, ein Rasterkraftmikroskop sowie mehrere Flüssigszintillationsspektrometer. Dazu kam, dass in fast jedem Labor ein nigelnagelneuer IBM Personal Computer mit passendem 9-Nadel-Drucker stand.

Schnaitteisens neueste Errungenschaft aber war das Beschleuniger-Massenspektrometer, dessen Funktionsweise nach dem englischen *Accelerator Mass Spectrometry* als

AMS-Technologie bezeichnet wurde. Melb sah das gesamte System aus Röhren, Kabeln und gewaltigen Tanks vor sich, als er hinter Schnaitteisen die hell erleuchteten Kellerräume des klassizistischen Gebäudes in der Frankfurter Sencken-berg-Anlage betrat. Die allermeisten Menschen kannten nur den Museumstrakt des Gebäudes und bestaunten im Erdge-schoss und in den Obergeschossen mit offenem Mund die Dinosaurierskelette. Doch hier unten im Keller schlug das wissenschaftliche Herz der Gesellschaft für Naturforschung, hier wurde gearbeitet, analysiert, geforscht und entwickelt.

Der größte Kellerraum, die Soemmering-Halle, war für das aktuelle AMS-Projekt reserviert. Die Halle wurde von einer gewaltigen blauen Röhre dominiert, an der Hunderte Schläuche, Kabel und Messgeräte angeschlossen waren. Melbs Mitarbeiter standen an verschiedenen Messpunkten und überprüften Listen, hackten Zahlenkolonnen in klobige Tastaturen oder inspizierten die Kabelstränge am Tandem-beschleuniger. Grelles Neonlicht tauchte die Halle in Hel-ligkeit, das Summen und Piepen von Aggregaten war all-gegenwärtig. Der Professor lief bereits auf einen der Assis-tenten zu und half ihm beim Kalibrieren.

Von hinten zupfte jemand an Melbs Laborkittel.

»Herr Doktor, was ist denn los? Klappt etwas nicht?«

Er unterdrückte ein Stöhnen und drehte sich herum. Zwei Jugendliche standen da, beide in zu großen weißen Kitteln mit angesteckten Besucherausweisen. Hardy und Bernd waren zwei Neuntklässler vom Goethe-Gymna-sium, die sich für ihr 14tägiges Berufspraktikum ausge-rechnet das Institut für Physik ausgesucht hatten. Bernd war ein pummeliger Junge mit fliehendem Kinn, Hardy hatte eine Bohnenstangen-Figur und blinzelte durch eine kleine Brille. Heute war ihr zweiter Tag, und Melb verfluchte das Schicksal, das die beiden ausgerechnet in dieser schwierigen Phase ins Labor geführt hatte.

»Eh, ja, nein, also, alles in Ordnung soweit, wir, hm, müssen nur die Maschine neu einstellen«, murmelte er.

›Die Maschine neu einstellen‹ – war das überhaupt das richtige Vokabular für Neuntklässler? Er hatte keine Ahnung, was Schüler heutzutage im Physik- und Chemieunterricht lernten, und es war ihm auch schnurzpiepegal. Er war schließlich ans Senckenberg-Institut gekommen, um richtige Forschung zu betreiben und nicht um als Lehrer Lämpel begriffsstutzigen Schülern die Welt zu erklären!

Ungerührt fragte Bernd:

»Was macht die Maschine eigentlich?«

Genau diese Frage hatte er befürchtet. Er bückte sich über die Ergebnisse einer Dünnschicht-Chromatografie und brummte:

»Eh, also, das ist nicht so einfach. Ich glaube, das ist zu kompliziert für euch. Vielleicht erkläre ich es euch in den nächsten Tagen.«

»Lassen Sie nur, Harald, ich kümmere mich um die beiden.«

Erschrocken fuhr Melb hoch. Professor Schnaitteisen war zurückgekehrt, nickte freundlich und führte die zwei Jungs ein paar Schritte in den Raum hinein. Er fing an, einen der Arbeitstische abzuräumen und lud sie ein, ihm zu helfen. Gemeinsam packten sie Laborzubehör, Reagenzgläser, Unterlagen und Petrischalen zur Seite. Dann wischte der Professor mit dem Ärmel seines Kittels über die Tischplatte, alle drei hockten sich darauf. Melb drehte die Augen zum Himmel. Gestern hatte er den Schülern als

Allererstes eingetrichtert, nichts anzufassen, nichts wegzu-
stellen und sich nirgendwo hinzusetzen, außer er würde es
ihnen ausdrücklich erlauben. Und nun saßen sie gemeinsam mit seinem Chef auf einem Arbeitstisch wie die Lau-
sejungen und ließen die Beine baumeln.

Der Professor beugte sich vor.

»So, jetzt stellt euch mal vor, ihr findet eine Holzkiste
mit Gold drin, und ihr wollt wissen, wie alt der Schatz ist.
Wie könnt ihr das machen?«

Bernd überlegte, aber Hardy kam sofort darauf.

»Ich schaue mir die Goldmünzen an, wann sie geprägt
worden sind.«

Schnaitteisen nickte lächelnd.

»Sehr gut. Aber wenn keine Goldmünzen drin sind, sondern Schmuck und eine Krone?«

Diesmal dauerte es etwas länger, bis Hardy eine Antwort fand.

»Dann schaue ich mir genau an, wie die Sachen aussehen.
Und dann suche ich andere, ähnliche Sachen, im Museum
vielleicht, von denen ich weiß, wie alt sie sind. Und dann
weiß ich, wie alt meine Sachen sind.«

Melb tat so, als wäre er in einen Auswertungsbogen vertieft und schüttelte leicht den Kopf. Konnten die Schüler
von heute nicht mal anständig reden? Es zeugte ja nicht
gerade von einem hohen Sprachniveau, wenn jeder Satz
mit ›und dann‹ anfing.

Doch sein Chef nickte schon wieder.

»Prima. Aber jetzt wird's schwer: Es ist ein Schatz, der
besteht nur aus, sagen wir mal ... ganz simplen Goldbar-
ren. Da ist nichts eingeprägt, und du kannst nirgendwo
etwas Vergleichbares finden. Was machst du dann?«

Hardys Zunge erschien im linken Mundwinkel und wanderte in Zeitlupe in den rechten. Schließlich zuckte er die Schultern.

»Weiß nicht. Keine Ahnung.«

Der Professor machte eine Kunstpause und hob die Augenbrauen.

»Wisst ihr, was eine Halbwertszeit ist?«

Beide nickten unisono.

»Gut. Denn unsere Maschine hier kann uns bei dem Goldschatz weiterhelfen. Sie macht sich die Halbwertszeit eines bestimmten Isotops zunutze, des Kohlenstoffs 14. Dieses Isotop hat drei Vorteile. Erstens: Es hat keine so fürchterlich lange Halbwertszeit wie Plutonium oder gar Uran, das erst nach vielen, vielen Hundert Millionen Jahren zerfällt. Zweitens: Wir kennen die Halbwertszeit von Kohlenstoff 14 haargenau, nämlich 5730 Jahre. Und drittens: Es kommt in allen organischen Sachen vor, also in Holz, in Knochen und so weiter. Jedes lebende Wesen, ob Mensch, ob Tiere, ob Pflanze, hat diesen Kohlenstoff im Organismus, bis es stirbt. Ab dann beginnt der Zerfall des Isotops.«

Die beiden guckten den Professor verständnislos an.

»Ja und?«, fragte Bernd gedehnt. »Gold ist doch ein Metall und kein lebendes Wesen.«

Da fingen Hardys Augen an zu leuchten.

»Aber die Schatzkiste ist es! Die ist nämlich aus Holz!«

»Genau!«, lachte Schnaitteisen. »Wir sägen also von der Holzkiste eine Ecke ab und schauen, wie viel Kohlenstoff 14 noch drinsteckt. Als Nächstes prüfen wir, wie viel ein normales, neues Stück Holz enthält. Dann errechnen wir die Differenz zwischen dem neuen und dem alten

Holz. Und weil wir ja wissen, wie schnell das Isotop zerfällt, können wir ziemlich genau ausrechnen, wie lang das Holz der Kiste schon tot ist. Damit wissen wir, wie alt der Goldschatz ist. Und genau das macht der Riesenapparat da vorn.«

»Wow!«

Die Schüler waren nachhaltig beeindruckt, und Melb musste einmal mehr den Hut vor seinem Chef ziehen. Der Sachverhalt war zwar sehr vereinfacht dargestellt, beschrieb den Vorgang aber einigermaßen treffend. Da war seine Formulierung ›die Maschine neu einstellen‹ tatsächlich ein wenig plump gewesen.

»Und jetzt klappt etwas nicht richtig?«, bohrte Hardy nach. Er war offensichtlich der pfiffigere der beiden Schüler, sein Kamerad Bernd machte einen eher orientierungslosen Eindruck.

Der Professor wiegte den Kopf hin und her.

»Nein, irgendwas ist nicht in Ordnung. Wir kommen partout nicht drauf, was es sein könnte, und das macht uns mächtig nervös. Es ist so, als würden wir verschiedene Ecken von derselben Schatzkiste absägen und jedes Mal ein komplett anderes Alter herausbekommen.«

Melb nickte grimmig. Sein Chef traf den Nagel auf den Kopf. Der Professor hatte den Schülern nämlich nicht erklärt, dass das Institut hier mithilfe der AMS-Technologie eine neue Variante der klassischen C14-Methode betrieb. Dabei wurden die Anionen in einem Tandembeschleuniger mit Hilfe von fünf Millionen Volt umgeladen und doppelt beschleunigt. Anschließend lenkte ein Magnetfeld die Teilchen je nach Masse ab. Da sie aber durch die zweifache Beschleunigung eine wesentlich höhere Energie besaßen, erfolgte die Sortierung genauer als bei der herkömmlichen C14-Methode. Damit lieferte die neue Variante sehr viel exaktere Zeitangaben, die bekannten Ungenauigkeiten der Kohlenstoff-Messung, die zum Teil mehrere Hundert Jahre betrugen, waren endgültig passé.

Theoretisch zumindest. Melb verzog das Gesicht. Denn genau hier lag der Hase im Pfeffer. In den letzten Wochen waren er und sein Team damit beschäftigt gewesen, dieses neue System zu kalibrieren. Schließlich konnte niemand von Anfang an sagen, ob die Ergebnisse des Beschleuniger-Massenspektrometers tatsächlich stimmten oder ob irgendwelche unbekannten Faktoren Fehler einstreuten. Also ging man vor wie bei jeder neuen wissenschaftlichen Methode: Man verglich ihre Ergebnisse mit bekannten und gesicherten Größen. Im Falle einer Altersbestimmungsmethode bedeutete das, zuverlässig datierte Proben durch das Gerät laufen zu lassen und zu hoffen, dass die neuen Ergebnisse mit den alten übereinstimmten.

Taten sie auch. Bis auf ein paar vermaledeite Ausnahmen. Und genau diese Ausnahmen stellten im Moment das gesamte Projekt infrage. Denn die AMS-Methode wurde bis dato nur an einer Handvoll Instituten weltweit durchgeführt, neue Ergebnisse waren also rar und bedeuteten für die betreffende Einrichtung einen erheblichen Gewinn an Reputation. Wenn diese Ergebnisse aber fragwürdig erschienen, blieben zukünftige Forschungs- und Spendengelder allzu leicht auf der Strecke.

Die helle Stimme von Bernd platzte in seine düsteren Gedanken.

»Aber nehmen Sie denn wirklich Holz von alten Schatzkisten für Ihre Versuche hier?«

Melb schnaufte. Er hatte den Intellekt des Burschen offensichtlich genau richtig eingeschätzt. Doch Professor Schnaitteisen blieb ernst und schüttelte den Kopf.

»Nein, Bernd. Bei Schätzen weiß man ja ganz selten, wann genau sie versteckt oder vergraben wurden. Wir brauchen hier aber zum Testen der Maschine Proben, von denen wir ganz genau wissen, wie alt sie sind.« Er schwieg bedeutungsvoll.

Die Schüler machten große Augen.

»Hmmm, verraten Sie uns denn auch, was das für Proben sind?«, fragte Hardy vorsichtig, als würde er an einem großen Geheimnis rütteln.

Der Professor setzte eine verschwörerische Miene auf.

»Ich verrate es euch nicht nur – ich zeige es euch sogar!« Gemeinsam mit den beiden aufgeregten Schülern ging er zu einer Edelstahltür, die zu einem speziellen feuchtigkeits- und temperaturgeregelten Nachbarraum führte.

Melb sah ihnen verstimmt nach. In diesem Raum lag der Ursprung seiner Sorgen und Probleme. Dabei hatte er sich als Projektleiter ganz besonders gefreut, als vor ein paar Monaten während des Aufbaus der AMS-Anlage das Mainzer Landesamt für Denkmalpflege der Senckenberg-Gesellschaft unentgeltlich fantastisches Probenmaterial anbot – mehr als 600 Jahre alt und mit einer jahresgenauen Datierung versehen. Natürlich hatte er sofort zugesagt. Doch was wie ein seltener Glücksfall schien, bereitete ihm bald darauf schon schlaflose Nächte. Denn es gab immer wieder Ausreißer bei den Resultaten, fehlerhafte Befunde, die es eigentlich gar nicht geben durfte und die sich nicht vernünftig erklären ließen. Aber mit Ergebnissen, die nicht hieb- und stichfest und zu 100 Prozent nachprüfbar waren, brauchte sich das Institut gar nicht erst an die wissenschaftliche Öffentlichkeit zu wenden.

Der Professor und die beiden Schüler kamen aus dem Nachbarraum zurück. Schnaitteisen schmunzelte still vor sich hin, während Hardys Augen vor Begeisterung leuchteten. Bernd hingegen sah gar nicht gut aus, er war grünlich im Gesicht und machte den Eindruck, als würde er sich gleich in den nächsten Papierkorb übergeben.

Harald Melb konnte es ihm nicht verdenken. Die Mainzer Proben waren gruselig, wenn man nicht mit einem solchen Anblick rechnete. Mit schmalem Lächeln wandte er sich wieder einem Monitor zu, auf dem die Parameter der nächsten Messreihe erschienen.

Hinter ihm fiel die Edelstahltür ins Schloss und ließ die geheimnisvollen Proben aus Mainz in der Dunkelheit zurück.

Donnerstag, 23. Dezember 2010

An diesem Morgen gab es beim Bäcker Danner in Mainz-Lerchenberg nur ein einziges Gesprächsthema am Verkaufstresen: das nächtliche Erdbeben!

»… unn dann bin isch erschrocke, des hot geknallt wie en Pistoleschuss, unn dann war isch hellwach!«, berichtete eine dickliche Mittfünfzigerin, während ihre Brötchentüte unbeachtet auf dem Tresen lag. Eine sorgfältig frisierte ältere Dame nickte eifrig und trat einen Schritt nach vorn.

»De Helmut is aach gleich wach gewor'n unn hat zuerst gedacht: Einbrecher, gell, dademit muss ma ja immer rechne!«

Die Dicke ließ sich von der Unterbrechung nicht aus dem Konzept bringen und fuhr ungerührt fort.

»Unn dann hat's gerumpelt unn gedonnert, wie wenn en Zug durchs Haus gerast wär. So hat sich des angehört!«

Bekräftigend machte sie mit den Armen eine Bewegung, als wolle sie eine Wand durchstoßen. Die Verkäuferin und die anderen Kundinnen nickten. Die meisten waren ebenfalls um halb drei in der Nacht wach geworden, als die Erde gebebt hatte.

»Bei uns sind sogar die Tassen vom Kaffeeservice im Schrank umgekippt, so einen Schlag hat das getan!« Eine blasse Frau mit dünnem Haar hatte die Augen aufgerissen.

»Dabei haben immer nur zwei übereinander gestanden, immer nur zwei!«

Allgemeines Gemurmel im Laden kommentierte diesen ungeheuerlichen Vorfall. Die Verkäuferin stützte ihre fleischigen Unterarme auf den Tresen und beugte sich verschwörerisch vor.

»Unn, Elfriede, was hat'n dein Nachbar gemacht, der Jean? Dem is doch bestimmt sein ganzer Krempel vor die Füß' gefalle heut Nacht. So vollgestellt, wie dem seine Bude is'. Oder?« Kichern und leises Gepruste waren die Reaktion auf ihre Frage. Die meisten Kunden kannten Johann ›Jean‹ Rosenzweig und dessen Sammelleidenschaft, nicht wenige hatten sein sonderbares Haus bereits von innen gesehen.

»Ach Gott, ich hab den Jean nur mal kurz gesehe'.«

Die Frau, die mit Elfriede angesprochen worden war, rollte die Augen theatralisch gen Himmel.

»Er is in die Garage gerennt und mit seinem Werkzeugköfferche widder zurück ins Haus, und dann hat er unterm Dach Licht angemacht. Uff'm Speicher, da hat er ja die größte und schwerste Sache von sei'm Krempel stehe, da wirds am meiste geknallt habbe.«

Sie nickte wissend. »Da ist jetzt bestimmt en schönes Durchenanner.«

Wie schnatternde Hühner echauffierten sich die Damen in der Bäckerei noch eine ganze Weile über das seltsame Haus des Johann Rosenzweig und über das Erdbeben in der Nacht, bevor sie mit Backwaren beladen den Nachhauseweg antraten.

Im Dachboden eines großen Hauses in der Hindemithstraße hockte ein alter Mann auf den kalten Dielen. Eine staubige 100-Watt-Birne warf ihren Lichtschein auf ein Sammelsurium an Gegenständen, die kreuz und quer in dem großen Raum herumstanden: alte Weinbaugeräte, seltsame technische Konstruktionen, ausgestopfte Tiere, antike Waffen, Musikinstrumente, optische und chemische Apparaturen, ramponierte Uniformen und vieles mehr. Dazwischen stapelten sich Bücher, Hefte, Landkarten, Zeitschriften, Loseblattsammlungen, Notizen, Akten und handgeschriebene Vermerke. Die Dachschrägen waren gesäumt von Kommoden, Sekretären, Beistelltischen und Schränken, von denen einige umgefallen waren. Ihr Inhalt hatte sich über die am Boden stehenden Kuriositäten ergossen, sodass der gesamte Raum an ein staubiges Riesenpuzzle erinnerte.

Der Mann kauerte an einem antiken Sekretär, der überaus wackelig auf einer schmalen Anrichte gestanden hatte und deshalb bei dem nächtlichen Erdbeben umgestürzt war. Die Türen hingen in schiefem Winkel in den Angeln, das Holz war an einigen Stellen zerbrochen. Doch die Augen des alten Mannes waren auf eine bestimmte Stelle an der Rückseite des Sekretärs geheftet. Hier hatte die Wucht des Aufpralls die Rückwand aus den Fugen geraten lassen, darunter war eine zweite Wand zum Vorschein gekommen – ein Geheimfach. In dem wenige Zentimeter schmalen Spalt zwischen den beiden Hölzern steckte etwas, das das Herz des Mannes höher schlagen ließ.

Seit Jahrzehnten war er am Suchen, Sammeln, Sortieren und Aufbewahren. Aber heute Nacht, das wusste Johann Rosenzweig ganz genau, hatte ihm das Erdbeben einen ganz besonderen Fund in die Hände gespielt.

»Stadtansicht Mainz«, kolorierter Holzschnitt von Franz Behem, 1565

ERSTER TEIL

Mittwoch, 14. März 2012

Hannah setzte vorsichtig einen Fuß vor den anderen. Die muffige Luft in dem unterirdischen Stollen war klamm und kalt, der unebene Boden brachte sie immer wieder zum Stolpern. Die Decke des Gangs war so niedrig, dass sie sich ständig bücken musste und ihr Helm in unregelmäßigen Abständen an vorspringende Steine stieß. Um sie herum herrschte Dunkelheit, lediglich der tanzende Lichtkegel ihrer Maglight wies ihr den Weg durch den Stollen. Hannah hatte sich ihren fluoreszierenden Tauchkompass um das Handgelenk geschnallt und warf einen Blick darauf.

»Bin jetzt 25 Schritte in nordwestliche Richtung gegangen. Der Tunnel ist nach wie vor gemauert, allerdings in schlechtem Zustand. Alles ist feucht, der Boden ist mit Geröll und losem Erdreich bedeckt.«

Hannahs Stimme klang dumpf und fremd in dem Gewölbe. Sie blieb stehen, zog eine kleine Digitalkamera aus ihrem Rucksack und schoss ein Foto des Stollens. Der Blitz erhellte für den Bruchteil einer Sekunde einen grob gemauerten Gang, rund 1,50 Meter hoch und ebenso breit. Sickerwasser bildete Rinnsale an den Wänden, die brackigen Pfützen auf dem Boden glänzten wie flüssiges Metall. Hier und dort waren Steine herausgebrochen, bleiche Baumwurzeln ragten wie Knochenarme in den Tunnel hinein.

»Ich gehe jetzt weiter. 35 Schritte. Der Gang wird schwerer passierbar.«

Mit Kraft zwängte sie sich durch eine halb eingestürzte Engstelle. Heißer Schreck durchfuhr sie, als ein wenig Gestein nachbrach und eine Mischung aus Schlamm und Wasser auf ihre Schultern klatschte. Zum wiederholten Male fragte Hannah sich, ob ihre Idee wirklich so gut gewesen war, und wie immer wusste sie die Antwort: Ihre nächtliche Exkursion war die einzige Möglichkeit, den Lauf der Dinge in letzter Sekunde noch zu ändern. Sie machte zwei, drei tiefe Atemzüge, dann ging sie weiter. Seit vielen Hunderten von Jahren hatte kein Mensch diesen Tunnel betreten, das war ihr klar. Ihr Herz klopfte vor Aufregung, aber auch vor Stolz.

»Jetzt macht der Gang eine 90-Grad-Kehre nach rechts, ich befinde mich …«

Irritiert brach sie ab und fuhr herum. Einen Augenblick lang hatte sie geglaubt, hinter sich ein Geräusch gehört zu haben. Doch alles war still. Sie nahm den Faden wieder auf.

»Ich befinde mich in einem größeren Gang, der Boden ist besser erhalten, aber auch hier sind überall Brüche an den Wänden zu sehen.«

Sie musste ihre Angst niederkämpfen, als sie die mächtigen Steinblöcke sah, die herausgefallen waren. Die übrigen Mauersteine schienen stellenweise nur noch minimal verankert zu sein und entgegen jeder Physik an der Wand zu kleben.

»Der Tunnel, eh, macht einen akut einsturzgefährdeten Eindruck.«

Erneut drehte sie sich um. Diesmal war sie sich ganz sicher, ein Geräusch gehört zu haben, eine Art Scharren oder Klopfen. Sie lauschte. Da, schon wieder! Argwöhnisch leuchtete sie in die Richtung, aus der sie gerade gekommen war. Niemand wusste, dass sie hier war, kein Mensch kannte den Eingang zu diesem Tunnel. Wahrscheinlich war Geröll ins Rutschen geraten. Nicht gut. Sie hoffte inständig, dass ihre Aktion keinen größeren Erdrutsch hervorrufen und den Tunnel versperren würde. Aber rasch verdrängte sie diesen Gedanken und konzentrierte sich wieder auf ihr Ziel. Erneut las sie den Kompass ab und begann systematisch, die nassen Wände abzuleuchten. Nach einer halben Minute blieb der Lichtstrahl an einer Steinplatte hängen. Aufgeregt murmelte sie:

»Vor mir ist etwas, das wie der Übergang zur eigentlichen Kammer aussieht.«

Sie trat einen Schritt nach vorn, als plötzlich ein Lichtstrahl seitlich in ihre Augenwinkel fiel. Verblüfft kniff sie die Lider zusammen. Ein schwankendes Licht näherte sich. Also war doch jemand hinter ihr her! Mit einem leisen Fluch knipste Hannah ihre Maglight aus, doch es war zu spät. Schon hatte der tastende Strahl sie gefunden. Mit der Hand schattete sie ihre Augen ab, um sie vor dem grellen Licht zu schützen. Ihre Empfindungen wirbelten durcheinander – Wut, weil ihr offensichtlich jemand zuvorkommen wollte. Und Angst, weil sie wusste, dass sie sich mit rücksichtslosen Menschen angelegt hatte.

Sie ließ ihre Lampe aufflammen und leuchtete dem Ankömmling ihrerseits ins Gesicht. Sofort drehte dieser seinen Lichtstrahl zur Seite, sodass sie wieder sehen konnte. Erstaunt hob sie die Augenbrauen. Das dreckverschmierte Gesicht unter dem Helm kannte sie.

»Na, das ist ja mal eine Überraschung«, meinte sie lakonisch.

*

Im Philosophicum, dem größten geisteswissenschaftlichen Bau der Universität Mainz, herrschte in der vorlesungs-freien Zeit ein gemächliches Tempo. Die langen Flure, in denen normalerweise schwatzende Studierende hin und her eilten, waren nahezu verwaist, nur hier und dort lief jemand mit Büchern im Arm von einem Raum zum ande-ren.

Vor der verschlossenen Tür von Professor Eckhard Nümbrecht standen drei Gestalten. Nach einer halben Stunde Wartezeit hatte sich zwischen den Studierenden eine nette Plauderei entwickelt, es stellte sich heraus, dass zwei auf derselben Schule gewesen waren und der dritte allerlei Abenteuer während einer Rucksack-Tour durch Nordafrika erlebt hatte. Doch all die Anekdoten konn-ten nicht darüber hinwegtäuschen, dass sich im Zimmer des Professors nichts rührte und die Tür nach wie vor ver-schlossen blieb, obwohl heute seine Feriensprechstunde war.

Die Sekretärin des Instituts für Mittelalterliche Ge-schichte kam um die Ecke. Sie trug einen Stapel Unter-schriftsmappen unter dem Arm und – wie gewöhnlich – eine Leidensbittermiene im Gesicht. Die Studierenden nannten Frau Schillmer hinter vorgehaltener Hand nur ›den Drachen‹. Sie wusste das und tat alles, um diesem Bild zu entsprechen und damit die Anzahl studentischer Anfragen so gering wie möglich zu halten.

Einer der drei Wartenden fasste sich ein Herz und wandte sich an den Drachen.

»Entschuldigung, Frau Schillmer, der Herr Nümbrecht hat eigentlich Feriensprechstunde, aber er ist nicht da. Wis-sen Sie, wo er ist?«

Der Drache begutachtete den jungen Mann über den Rand seiner Lesebrille hinweg wie ein lästiges Insekt.

»Da weiß ich nichts drüber. Der Herr Professor hat vielleicht wichtigere Termine.«

Eingeschüchtert setzte sich der Student hin. Frau Schillmer drehte den Kopf ostentativ zur Seite und ging ein paar Schritte weiter zur nächsten Tür, hinter der das Büro von Frau Dr. Lohmann lag. Sie hatte während des Vormittags den Flur vor ihrer Bürotür im Auge behalten und wusste sehr genau, dass Frau Dr. Lohmann noch nicht da war. Heimlich warf sie einen Blick auf ihre Armbanduhr. Kurz vor elf. Perfekt! Alles, was sie jetzt brauchte, war ein leeres Büro – mit einem Telefon.

Übertrieben korrekt klopfte Frau Schillmer an die Tür und wartete. Schließlich betonte sie durch einen langen Blick die Wichtigkeit ihrer Unterschriftsmappen, klapperte mit dem Zentralschlüssel und öffnete die Tür.

Vor Überraschung blieb ihr der Mund offen stehen.

Das Büro war gar nicht leer. Am Schreibtisch von Frau Lohmann hockte Professor Nümbrecht, hielt einen Stapel Papiere in der Hand und starrte sie erschrocken an.

»Oh, hallo, Frau Schillmer, eh, ich … ich habe gerade ein paar Folien gesucht für die, eh, Vorlesung über die Ottonen. Die müssen hier irgendwo sein, hm …«

Er blätterte wahllos durch zwei, drei Unterlagen, stand auf und strich sein Sakko glatt.

»Tja, da werde ich wohl auf Frau Lohmann warten müssen.«

Er lächelte verlegen. Im Türrahmen standen inzwischen die drei Studenten und schauten ihn verblüfft an.

»Hallo, Herr Professor, wir warten schon die ganze Zeit vor Ihrem Büro wegen der Sprechstunde.«

»Oh, ja, klar, natürlich, ich … ich komme. Danke, dass Sie gewartet haben.«

Unter dem verwunderten Blick des Drachens verließ der Professor das Zimmer und verschwand in seinem eigenen Büro.

*

Mit einem hellen ›Pling‹ landete die umgekippte Kaffeetasse neben der Tastatur, ein Schwall schwarzer Brühe ergoss sich über Kalender, Unterlagen und Notizen. Tinne zerbiss einen Fluch zwischen den Zähnen, schnappte sich ein paar herumliegende Papiertaschentücher und begann hektisch, die Flut einzudämmen. Sie hatte lediglich versucht, ihr Mauspad unter der Tastatur hervorzuzerren, dabei war sie ungeschickt an den Becher gestoßen.

Ihre Kollegin Annegret Dahlmann streckte ihren Wuschelkopf durch die offene Verbindungstür zwischen den beiden Büros. Als sie die Bescherung sah, kam sie herbei und half bei der Tupf- und Wischaktion.

»Ich bin manchmal aber auch ein Trottel!«

Tinne ärgerte sich über ihre eigene Ungeschicklichkeit. Annegret machte eine wegwerfende Handbewegung, doch Tinne sah ganz genau, dass sie ein Grinsen nicht unterdrücken konnte.

Tinne arbeitete noch keine drei Monate am Institut für Neuere Geschichte, doch ihr Ruf als wandelnder Pechvogel eilte ihr bereits voraus. Zuerst hatte sie durch ein paar unbedachte Tastenbefehle den heiligen Kopierer des Fachbereichs auf eine mysteriöse amerikanische Maßeinheit umgestellt, dann war ihr Schlüssel auf wundersame Art und Weise im Schloss abgebrochen, sodass der Schließzylinder der Bürotür ausgewechselt werden musste. Als Krönung hatte sie schließlich versehentlich den computergestützten Raumverteilungsplan des gesamten Instituts lahmgelegt, sodass eine halbe Woche lang aufgebrachte Studierende und saallose Professoren durch die Flure des Philosophicums irrten.

Tinne setzte sich und atmete durch. Wenigstens waren die Hausarbeiten aus dem Proseminar ihres Chefs trocken geblieben, die sie gerade korrigierte – es wäre mehr als peinlich gewesen, wellige Arbeiten mit malerischen Kaffeerändern an Professor Raffael zurückgeben zu müssen.

Annegret warf die nassen Papiertücher in den Abfalleimer und verschwand noch immer grinsend durch die Tür. Tinne schnitt eine Grimasse und lehnte sich zurück. Sie hatte sich noch immer nicht richtig an den Uni-Alltag gewöhnt, an die überfüllten Seminare, die ungelüfteten Flure und an das kleine Büro, das aus allen Nähten platzte. Es war ganz eindeutig viel zu viel Zeit vergangen, seit sie selbst als Studentin auf dem Campus ein- und ausgegangen war. Wie viel? Sie rechnete kurz nach: Im Jahr 2000, also mit 25, war sie im ersten Semester gewesen, mit 30 hatte sie ihren M.A., ihren Magister, in der Tasche. Das war inzwischen sieben Jahre her. Wow, was hatte sich in diesen paar Jahren nicht alles verändert!

Das gesamte Universitätssystem war in der Zwischenzeit auf Bachelor- und Masterabschlüsse umgestellt worden, der Ablauf des Studiums orientierte sich stark am schulischen System: wenig Wahlmöglichkeiten, hoher Prüfungsdruck. Mehr als einmal hatte ein Student ihr schon klipp und klar gesagt, dass ihn nicht die Inhalte des Faches interessieren würden, sondern lediglich der Stoff für die nächste Klausur. Schöne neue Welt des Studierens!

Ein Klopfen riss sie aus ihren Gedanken. Die Tür ging auf, ein Kollege kam herein, ein junger Mann mit beginnender Glatze und kleinem, dreieckigem Teufelsbärtchen am Kinn. Gero Frey war Doktorand von Professor Nümbrecht am Institut für Mittelalterliche Geschichte. Damit trennten ihn und Tinne räumlich gerade einmal 20 Meter, fachlich aber mehrere Hundert Jahre. Denn während er den Zeitraum des Mittelalters zwischen 500 und 1500 bearbeitete, begann ihre Forschung erst im Jahr 1789 mit der Französischen Revolution.

Tinne schaute ihn fragend an und fürchtete heimlich, er würde ihr einen frisch ausgedruckten Papierstapel unter die Nase halten. In einem Anfall von Großmut hatte sie sich nämlich bereit erklärt, seine langsam wachsende Doktorarbeit auf Tipp- und Kommafehler zu überprüfen. Sein Thema – die Juden im mittelalterlichen Mainz – war zwar äußerst interessant, aber leider schrammte Geros Orthografievermögen hart an der Grenze zur Legasthenie entlang, sodass sie jedes Mal einen kompletten Abend für die Korrektur einplanen musste.

Doch Gero hatte keinen Papierstapel dabei, sondern ein dickes Buch mit dem Titel ›Miscellanea Mediaevalia. Das Verhältnis zwischen Juden und Stauferkaiser‹.

»Hi, Tinne, sag mal, wo kann ich davon noch ein Exemplar herkriegen?«

Tinne schnaufte. Das war ja mal wieder typisch! Nur weil sie zuvor in einem Mainzer Fachbuchverlag gearbeitet hatte, ging das gesamte Philosophicum völlig selbstverständlich davon aus, dass sie sogar für die unbekanntesten und merkwürdigsten Bücher eine Bezugsquelle kannte. Weil Gero aber ein netter Kerl war, schluckte sie ihren Ärger herunter und versuchte, ihm zu helfen. In weiser Voraussicht hatte sie von Anfang an sämtliche Buchhändler- und Distributorenlisten ihres ehemaligen Arbeitgebers heruntergeladen und auf ihrem Computer gespeichert. Nach einigen erfolglosen Versuchen nickte sie.

»Beim Schauna-Verlag in Magdeburg gibt's noch ein paar Exemplare.«

»Danke!« Gero strahlte und verschwand.

Tinnes Gedanken blieben bei ihrem letzten Job, in dem sie für historische Recherchen und Lektorate verantwortlich gewesen war. Nichts Atemberaubendes, auch noch kläglich unterbezahlt, aber immerhin eine Arbeitsstelle. Nach der plötzlichen Entlassung im letzten Dezember hatte sie sich mit dem Mut der Verzweiflung bei Professor Raffael vorgestellt, bei dem sie ihre Magisterarbeit geschrieben hatte. Zu ihrer eigenen Überraschung bot der Professor ihr einen befristeten Teilzeitvertrag als Lehrbeauftragte an. Zwölf Wochenstunden warfen zwar nicht gerade ein üppiges Gehalt ab, reichten aber für ein WG-Zimmer im nahen Stadtteil Bretzenheim und den wöchentlichen Einkauf bei Aldi. Nicht gerade das Leben, das man sich mit 36 erträumte, aber besser als nichts.

Tinne seufzte und machte sich weiter über die Seminararbeiten her. Um halb vier linste ihre Kollegin Annegret erneut durch die Verbindungstür.

»Tinne, du denkst dran, mir noch ein paar Zeilen über die Ersti-Infowoche für die Zeitung zu schreiben? Die AZ hat noch mal nachgefragt.«

Sie unterdrückte ein Stöhnen. Das hatte sie total vergessen!

Die korrekte und ein klitzekleines bisschen langweilige Annegret war nämlich neben ihrem regulären Lehrbetrieb zuständig für die Kommunikation zwischen dem Historischen Seminar und der Stadt Mainz. Unter der hochtrabenden Bezeichnung ›Wissenschafts-Referentin‹ gab sie Informationen über laufende Forschungsprojekte heraus und sorgte dafür, dass die Lokalpresse ab und an über die geschichtswissenschaftlichen Fachbereiche berichtete. Tinne hatte sich in einem schwachen Moment breitschlagen lassen, für die Mainzer Allgemeine Zeitung einen Artikel über die anstehende Erstsemester-Infowoche zu schreiben, diese Zusage allerdings in den letzten Tagen überaus erfolgreich verdrängt.

Nun schob sie gezwungenermaßen die Seminararbeiten zur Seite, suchte sich im Uni-Netzwerk eine Handvoll Informationen zusammen und hackte einen einigermaßen wohlklingenden Artikel herunter. Anschließend speicherte sie ihr Werk im Netzwerk in Annegrets öffentlichem Ordner, packte die restlichen Hausarbeiten in ihre Tasche und zischte ab. Sie war um vier mit einer Freundin im ›Baron‹ verabredet, einer gemütlichen Café-Restaurant-Kneipen-Mischung im Gebäude der Alten Mensa.

Draußen herrschte Urlaubsstimmung. Die Studierenden, die trotz der vorlesungsfreien Zeit auf dem Campus unterwegs waren, genossen die ersten warmen Tage des Jahres. Sie saßen auf den Treppen und Freiflächen, schwatzten, lachten und flirteten. Tinne bekam sofort gute Laune, setzte ihre Sonnenbrille auf und marschierte beschwingt in Richtung Baron. Als sie am ReWi-Bau vorbeikam, dem Gebäude der Rechts- und Wirtschaftswissenschaften, streckte sie die Zunge heraus. Irgendwo in diesem pseudo-modernen Kasten hockte Olaf, ihr ehemaliger Lebensgefährte, ein Doktor rer. oec. und gleichzeitig eine gigantische menschliche Niete. Wahrscheinlich ließ er sich gerade von seiner süßen Doktorandin, Tinnes Nachfolgerin, die Schultern massieren. Na, und wenn schon? Sie hatte jedenfalls keine Lust, sich von diesen unschönen Erinnerungen den Tag versauen zu lassen.

Im Außenbereich des Barons wurde gerade einer der begehrten Tische frei. Fünf Minuten später hatte sie einen Espresso vor sich, blätterte durch die Seminararbeiten und erfreute sich an den frühlingshaften Temperaturen.

Nach einer Weile schaute sie auf die Uhr. Es sah ihrer Freundin nicht ähnlich, unpünktlich zu sein – meist war es Tinne, die zu ihren Verabredungen außer Atem und mit ordentlicher Verspätung angerannt kam.

Sie war gespannt auf dieses Treffen. Ihre Freundin hatte sie vor zwei Tagen per Email kontaktiert und sehr geheimnisvoll getan. Sie müsse sich ›dringend‹ mit Tinne treffen, hatte sie geschrieben, es wäre ›sehr wichtig‹, und sie müsse das Treffen ›absolut vertraulich‹ behandeln. Tinne fragte sich, ob es etwas mit der Habilitation ihrer Freundin zu tun hatte. Denn in letzter Zeit war sie diesbezüglich merkwürdig zugeknöpft gewesen und hatte Tinne nur ausweichend erklärt, es ginge voran und sie wäre einem regelrechten ›Knaller‹ auf der Spur.

Zehn Minuten später kramte Tinne ihr Telefon hervor. Sie versuchte es auf dem Handy und auf dem Festnetz, aber Ersteres war ausgeschaltet, und Letzteres klingelte

43

nur endlos. Nach einer dreiviertel Stunde hatte sie eine weitere Handvoll Seminararbeiten durchkorrigiert und drei Espressi geschlürft. Mit einem unbehaglichen Gefühl zahlte sie und machte sich auf den Heimweg.

Sie fragte sich, was um alles in der Welt Hannah Lohmann wohl dazwischen gekommen sein mochte.

Donnerstag, 15. März 2012

Elli Härtling fand es ungeheuerlich, wenn die Leute ihre Hunde überall hinmachen ließen. Gerade hier im Volkspark, wo so viele Kinder unterwegs waren! Ihr Hund, ein alter Rauhaardackel namens Leopold, hatte natürlich auch seine Bedürfnisse, aber Elli trug stets Papiertaschentücher, Schaufel und Plastiktüten bei sich. Damit waren die Hinterlassenschaften von Poldi innerhalb einer Minute verschwunden, und das war doch wohl nicht zu viel verlangt!

Poldi hoppelte gemächlich neben ihr her, als Elli ihre Runde durch den Park drehte. Wie üblich unterhielt sie sich mit ihrem Hund, denn seit ihr Mann vor acht Jahren gestorben war, hatte sie nicht mehr allzu viele Leute zum Reden.

»Na, Poldi, das schöne Wetter freut dich auch, gell, nach dem kalten Winter? So schön war's schon lang nicht mehr!«

Der Hund wackelte ungerührt weiter und schnupperte an einem Laternenpfahl. Normalerweise hielt sie ihn vorschriftsmäßig an der Leine, aber heute war wenig los im Park, da durfte er frei herumlaufen. Ob Leine oder nicht, Poldi entfernte sich eh selten weiter als ein paar Meter von Frauchen.

Elli marschierte am Rosengarten vorbei in Richtung Parkhotel Favorite. Unterwegs nickte sie anderen Spaziergängern zu und grüßte kurz. Die Morgensonne schien durch die Zweige der Kastanienbäume und malte komplizierte Schattenmuster auf die Wiesen. Die Luft roch nach frischem Grün, das Summen der Insekten vermischte sich mit dem Lachen spielender Kinder. Ein wirklich schöner Tag!

Poldi verschwand rechts zwischen einigen Bäumen. Das Gelände stieg hier ein wenig an, der Boden war matschig und von wuchernden Büschen gesäumt.

»Poldi, komm her, da gibt's nichts für dich!«

Elli reckte den Kopf, sah ihren Dackel aber nicht mehr.

»Leopold, komm bei Fuß! Leopold!«

Kein Leopold erschien. Sie rief noch zweimal, dann verließ sie seufzend den Weg und trat auf die Büsche zu. Natürlich hatte Poldi sich das schlammigste Stück ausgesucht, um auszubüxen! Vorsichtig lupfte Elli ihren Mantel und stakste zwischen den Bäumen umher, während sie sich bemühte, das Gleichgewicht zu halten.

»Poldi? Wo steckst du denn? Böser Hund!«

Doch der Dackel war noch immer nicht zu sehen, stattdessen fing er an zu bellen. Das war mehr als ungewöhnlich, denn normalerweise brachte Poldi nichts aus der Ruhe. Schließlich sah sie ihn an einem dichten Busch stehen. Erwartungsvoll drehte der Dackel seinen Kopf zu ihr und kläffte erneut. Die blanken Knopfaugen schienen zu sagen: Da bist du ja endlich, Frauchen!

Elli trat die letzten Schritte auf ihn zu und nestelte die Leine aus ihrer Handtasche.

»So, Poldi, ab jetzt nur noch bei Fuß!«

In dem Gebüsch, bei dem der Hund stand, sah sie etwas Buntes, Großes liegen. Hatten da irgendwelche Vandalen wieder ihren Abfall hingeworfen? Elli hatte schon oft wilden Müll im Volkspark entdecken müssen, leere Flaschen, Kleidersäcke, sogar ganze Möbelstücke. Vorsichtig bog sie die Zweige zur Seite, um besser sehen zu können.

Die wenigen Spaziergänger im Volkspark schauten sich verwirrt um, als ein schriller Schrei zu hören war, ein Schrei, der gar nicht enden wollte.

*

Eine Schnapsidee war das! Gerd Häberle lehnte sich vorsichtig an einen der zahlreichen grauen Sockel, auf denen irgendwelche Statuen herumstanden. Ein scharfer Blick der Ausstellungstante ließ ihn aber schnell wieder ein paar Schritte wegtreten. Hui, wie empfindlich! Gerd schaute zu Wolfgang, Schabbes und Hans hinüber. Sie zogen genauso gelangweilte Gesichter wie er selbst.

»Hier nun verlassen wir das Hohe Mittelalter und erreichen das Spätmittelalter, also ungefähr die Zeit zwischen 1250 und 1500. Jeanne d'Arc ist Ihnen da bestimmt ein Begriff, und natürlich ändert sich auch das Kunstverständnis in dieser spannenden Epoche.«

Die Führerin machte eine einladende Bewegung und komplimentierte die kleine Gruppe in den nächsten Saal.

Eine solche Schnapsidee! Gerd schüttelte den Kopf und schaute desinteressiert die alten Figuren und Ölschinken an. Das hatten sie davon, dass dieses Jahr die Frauen den Ausflug ihres kleinen Stuttgarter Kegelclubs organisieren durften. In den letzten Jahren waren es immer die Männer gewesen, die schöne Ziele ausgesucht hatten: die fränkische Bierstraße, eine Kutschfahrt durch Heidelberg mit eigenem Fässchen an Bord, ein Weinprobiertag an der Mosel, solche Sachen halt. Und dieses Jahr? Ein Besuch in Mainz! Wie spannend! Der Anfang war ja noch ganz okay gewesen, die Frauen hatten eine Führung durch die Kupferberg-Kellerei gebucht mit anschließender Sektverkostung. Fünf Sekte vormittags auf nüchternen Magen, das war schon in Ordnung. Und weil Gerd einen guten Draht zu der hübschen Besucherbetreuerin gehabt hatte, war sein Glas plötzlich zum sechsten Mal voll gewesen.

Aber dann! Statt sich irgendwo hinzuhocken und weiter zu trinken, lotsten die Frauen sie in einen lang gestreckten Bau mit einem goldenen Pferd auf dem Dach – ins Mainzer Landesmuseum!

Die umfangreichen Sammlungen des Museums mit ihren vielfältigen regionalen und überregionalen Bezügen laden zu einer Zeitreise von den frühesten Zeugnissen der Menschheit bis zu den Kunstwerken unserer Tage ein.

So stand es schwarz auf weiß in dem Begleitheft, das jeder von ihnen zur Begrüßung in die Hand gedrückt bekommen hatte. In Gerds Verständnis las sich das eher wie eine Drohung, und genauso öde wurde die ganze

Veranstaltung schließlich auch. Eine knochige Frau mit riesigen, runden Ohrringen stellte sich als Marie-Luise Winkelmann vor und fing an, sie durch das Museum zu schleifen. Dazu leierte sie irgendwelche Jahreszahlen herunter. Inzwischen hatten sie alte Steine angeglotzt, Tonkrüge, zerkratzte Waffen, plumpe Tierdarstellungen, kaputten Schmuck, Kirchenkram und immer wieder Bilder, Bilder, Bilder. Gerd wiederholte im Geiste: Schnapsidee!

Dann grinste er. Apropos ... für solche Eventualitäten hatte er auf Ausflügen stets einen Flachmann in seiner Hosentasche. Er schaute sich um, verzog sich unauffällig in den Flur und nahm einen beherzten Schluck. War ja auch eine trockene Luft hier im Museum!

Beschwingt trat er in den Saal zurück und schloss sich wieder der Gruppe an. Die Männer guckten Löcher in die Luft, die Frauen hingen an den Lippen der Museumstante. Gerade deutete Frau Winkelmann auf einen großen Ölschinken, der neben der Tür an der Wand hing.

»... trägt die Signatur des Meisters WB, eines Malers und Stechers, der um das Jahr 1500 hier am Mittelrhein tätig war. Wir kennen sogar seinen vollständigen Namen, was eher die Ausnahme ist – wie Sie ja inzwischen wissen, sind viele mittelalterliche Künstler nicht namentlich überliefert, sondern werden nach ihren Werken oder dem Ort ihres Wirkens benannt. Also, was glauben Sie, woher kennen wir seinen Namen?«

Mit hochgezogenen Augenbrauen schaute die Schreckschraube von einem zum anderen. Die Frauen murmelten irgendetwas vor sich hin, Gerd betrachtete seinen Daumennagel. Schließlich gab sie sich selbst die Antwort.

»Albrecht Dürer hat eine Arbeit, die die Signatur WB trägt, mit einem Kommentar versehen: ›Dz hat Wolfgang pewrer gemacht / Im 1484 Ior‹, so schrieb er. ›Wolfgang pewrer‹, das würde in neuzeitlicher Namenslesung ›Wolfgang Beurer‹ heißen.«

Gerd peilte zu Wolfgang hinüber. Soso, da hatte der Herr Märkling also einen historischen Vornamensvetter hier im Museum. Aber Wolfgang hatte total abgeschaltet, er stierte vor sich hin wie ein Halbaffe.

»Ein weiteres Werk von Wolfgang Beurer befindet sich im Mainzer Dom- und Diözesanmuseum, es handelt sich dabei um eine Sammlung von Tafelbildern der Sebastianslegende. Aber natürlich ist dieses Ölgemälde von Beurer, das wir sehr genau auf das Jahr 1480 datieren können, für unsere Ausstellung hier im Landesmuseum viel wichtiger. Ich nehme an, Sie erkennen den Grund sofort?«

Schon wieder schaute sie herausfordernd in die Gruppe. Gerd nahm das Bild etwas näher in Augenschein. Es zeigte eine Stadt, die komischerweise nur aus Kirchen und Türmen zu bestehen schien. Die Gebäude waren zudem noch viel zu hoch gemalt und ragten in den Himmel. Bei genauerem Hinsehen zeigten sich dann doch auch normale Häuser, die winzig klein unten an den Kirchen pappten. Im Vordergrund schwappte ein Fluss. Alles in allem ziemlich schlecht gemalt. Er zuckte mit den Achseln.

»Es handelt sich hierbei um die erste vollständige Stadtansicht von Mainz, die zudem durch eine große Detailtreue besticht und der Forschung viele Anhaltspunkte über die damalige Architektur und das mittelalterliche Stadtbild gegeben hat. Das Bild ist eine Auftragsarbeit des Kurfürsten Diether von Isenburg. Er hatte gleichzeitig das Amt des Erzbischofs inne, und in dieser Funktion hat er hier im Bild die Vielzahl der Mainzer Kirchen darstellen lassen. Nicht zuletzt als deutlicher Hinweis auf die Funktion der Stadt als geistliches Zentrum sind die Kirchen gegenüber den Profanbauten stark überhöht.«

Gerd brauchte einen Augenblick, bis er die komplizierten Sätze von Frau Winkelmann auseinanderklamüsert hatte. Doch schon redete sie weiter:

»Nun frage ich Sie, woher Sie diese Stadtansicht kennen. Sie haben sie nämlich schon einmal gesehen, zumindest eine ganz ähnliche Darstellung.«

Wenn sie nur aufhören würde, dauernd Fragen zu stellen! Man kam sich ja fast vor wie in der Schule, und daran wollte Gerd lieber nicht erinnert werden. Desinteressiert blätterte er in dem Begleitheft des Museums herum, das sie am Anfang der Führung bekommen hatten. Als er es zuschlug und das Titelbild betrachtete, platzte er heraus:

»Da! Hier! Auf dem Heft hier vorn ist auch so was drauf!«

Seine Frau und der Rest der kleinen Gruppe schauten ihn verwundert an, sogar Wolfgang erwachte mit einem erschrockenen Grunzlaut aus seiner Starre.

»Gut beobachtet!«, lobte die Führerin ihn. »Auf Ihrem Infoheft finden Sie die wohl bekannteste mittelalterliche Abbildung der Stadt, einen kolorierten Holzschnitt von Franz Behem aus dem Jahre 1565. Obwohl mehr als 80 Jahre zwischen dem Ölgemälde von Wolfgang Beurer und dem hier abgebildeten Holzschnitt liegen, diente Beurers

Bild letztendlich doch als Vorlage für das Werk Behems. Sehen Sie selbst.«

Gerd war stolz, dass Frau Winkelmann ihn gelobt hatte. Eifrig sah er sich das Begleitheft an. Tatsächlich, die Ähnlichkeit war unverkennbar. Zwar hatte das neuere Bild allerlei Schnickschnack dazubekommen, Engelchen im Himmel und Boote auf dem Fluss, aber ansonsten sahen die beiden Darstellungen ziemlich gleich aus. Gar nicht mal so uninteressant.

Vor lauter Bilderschauen hatte Gerd gar nicht bemerkt, dass die Gruppe bereits weitergegangen war und einen weißen Raumteiler passiert hatte. Er lief hinterher.

Auf der anderen Seite des halbrunden Raumteilers hingen Gemälde, die allesamt die gleiche Größe hatten. Die Bilder waren rechteckig, bestimmt über einen Meter hoch, sie zeigten irgendwelche christlichen Szenen. Gerd schwante Schlimmes, als die Museumstante weit ausholte, auf die Bilder deutete und Pathos in die Stimme legte.

»Und hier, meine Damen und Herren, sehen Sie einen der größten Schätze des Landesmuseums: den Marienzyklus des so genannten ›Hausbuchmeisters‹. Bis jetzt habe ich mich ja immer recht kurz gefasst, aber hier werde ich etwas mehr ins Detail gehen.«

Panisch tastete Gerd nach dem Flachmann in seiner Hosentasche. Dieser Tag musste endgültig als Schnapsidee abgestempelt werden.

*

Tinne saß mit ihrem VAIO-Laptop und einem gewaltigen Stapel Bücher zu Hause in ihrem Zimmer. Sie wohnte in einer WG im Stadtteil Bretzenheim, ihr Reich umfasste ziemlich genau 21 Quadratmeter – immerhin mit eigenem Bad. Was an Raum fehlte, hatte sie durch Einrichtung und Farbwahl wettgemacht: Zwei Wände leuchteten weiß, zwei in einem warmen Terrakotta-Ton, zahlreiche bunte Pflanztöpfe sorgten für Farbtupfer und wetteiferten mit einer Couch in quietschigem Orange. Als Schreibtisch nutzte sie eine alte Wirtshaustafel aus Eichenholz, die sie vor vielen Jahren in Göttingen auf einem Flohmarkt erstanden hatte und deren zerkratzte Oberfläche von einem ereignisreichen Leben im Dienste gepflegter Gastlichkeit erzählte. Auf dem Regal hinter ihr standen eine umfangreiche CD-Sammlung und ihre heilige Harman-Kardon-Stereoanlage, beides zu Studentenzeiten vom Mund abgespart.

Die Boxen ließen *Harvest Moon* von Neil Young erklingen, um ihre Beine scharwenzelte Mufti, der WG-Kater. Doch Tinne hatte kein Ohr für die Musik und keine Hand für den Kater. Beiläufig blätterte sie in einem Buch herum, während die geplatzte Verabredung mit Hannah in ihrem Kopf herumspukte. Es sah ihrer Freundin überhaupt nicht ähnlich, ohne jede Erklärung einem Treffen fernzubleiben. Inzwischen hatte sie noch einige Male versucht, Hannah zu erreichen, doch erfolglos. Auch ihren Lebensgefährten Joachim bekam sie nicht ans Telefon. Sie nahm sich vor, am Nachmittag in die Innenstadt zu radeln und bei den beiden vorbeizuschauen. Irgendetwas, das spürte sie, war da ganz und gar nicht in Ordnung.

Doch vorher musste sie sich gezwungenermaßen um ihren Lebensunterhalt kümmern. Aufseufzend zog sie den dicken Wälzer heran, der vor ihr lag, und tippte Stichworte in den Rechner. Bis zum Anfang des Sommersemesters

musste sie sich in die nicht unkomplizierte Expansionspolitik des Deutschen Kaiserreichs einarbeiten, denn darüber würde sie ein Proseminar halten. Und das Semester
begann in ziemlich genau einem Monat. Sie war dankbar,
dass ihre beiden Mitbewohner im Moment nicht daheim
waren, denn Espresso und Small Talk in der WG-Küche
wären eine weitere, sehr willkommene Ablenkung gewesen.

Die WG war ein Glücksgriff gewesen, als Tinne vor drei
Monaten aus dem Haus ihres Ex ausgezogen war und mit
Sack und Pack eine neue Bleibe gesucht hatte. Schon beim
ersten Anblick war ihr das verwinkelte Häuschen in der
Wilhelmsstraße sympathisch gewesen, und auch ihre heim-
liche Befürchtung, blutjunge WG-Genossen im ersten oder
zweiten Semester vorzufinden, hatte sich nicht bewahrhei-
tet: Ihre beiden Mitbewohner waren Männer im gestande-
nen Alter, der rothaarige Bertie war 38, der Dritte im Bunde,
Axl, sogar schon über 50. Bei einem weinseligen Abend
hatten die drei geulkt, dass der neudeutsche Begriff ›WG‹
wohl nicht so ganz passen würde, altersangemessen wäre
wohl eher die gute alte Bezeichnung ›Kommune‹. Entsprechend der Hausnummer 47 hatte die Wohngemeinschaft
damit ihren Namen weggehabt – Kommune 47.

Unten im Hof rumpelte etwas und riss Tinne aus ihrer
Konzentration. Entnervt stand sie auf und warf einen Blick
durch das Fenster. Die Kommune 47 lag im ersten Stock,
deshalb hatte sie von hier oben einen perfekten Überblick.
Im kleinen Innenhof standen einige Furcht einflößende
Stahlskulpturen, allesamt Werke von Axl, der sein Brot als
freischaffender Metallkünstler verdiente. Seine schwarze
Harley Davidson parkte inmitten der Figuren. Daneben
stand ein silbernes Auto, das Tinne nicht kannte. Bevor

sie sich darüber wundern konnte, klopfte es, dann wurde ihre Tür aufgerissen. Die drei Zimmer der WG mündeten allesamt in die zentrale Küche, in der nun drei Männer standen: ein schwergewichtiger Karottenkopf, ein untersetzter Mann in schlecht sitzendem Sakko und ein Hüne, dessen Kopf fast an den Türrahmen stieß.

Der Rothaarige, ihr Mitbewohner Bertram, räusperte sich.

»Ich, eh, hab die Herren mit hoch genommen, sie wollen mit dir reden.«

»Alles klar, Bertie, danke.«

Er nickte und verschwand. Tinne schaute die beiden Männer fragend an. Als diese Kriminalmarken und Dienstausweise hervorholten, spürte sie einen kleinen Stich ins Herz. Von einer Sekunde zur nächsten war ihr sonnenklar, dass der Polizeibesuch etwas mit Hannah zu tun haben musste. Das ungute Gefühl verdichtete sich.

Der untersetzte Mann ergriff das Wort.

»Frau Nachtigall, Ernestine Nachtigall? Mein Name ist Laurent Pelizaeus, ich bin Kriminalhauptkommissar beim Kommissariat 11 der Kripo Mainz, das ist mein Kollege, Kommissar Axel Börner.«

Wäre Tinne nicht von Furcht und Sorge erfüllt gewesen, hätte sie über die offensichtliche Diskrepanz zwischen dem hochtrabenden Namen und der äußeren Erscheinung des Kriminalhauptkommissars geschmunzelt. Denn Laurent Pelizaeus hatte ein Gesicht, das an ein Pferd erinnerte: lange Züge, lange Ohren, Überbiss. Spontan musste sie an Fernandel denken, den französischen Schauspieler, der kongenial die Rolle des Don Camillo verkörpert hatte. Aber die Stimme des Kommissars war sehr angenehm, tief und mit einem warmen Timbre, ohne jeden Akzent.

Pelizaeus machte eine Handbewegung ins Zimmer.

»Dürfen wir hereinkommen?«

Tinne nickte stumm und räumte ein paar Aktenordner von den Stühlen und der Couch, damit sich die beiden setzen konnten. Dann drehte sie Neil Young leiser und scheuchte Mufti hinaus, der mit beleidigt erhobenem Schwanz abzog.

»Was ist los, was kann ich für Sie tun?«

Don Camillo bat sie mit einer Handbewegung um Geduld und wartete, bis sein Kollege ein Notizbuch herausgezogen hatte.

»Frau Nachtigall, kennen Sie eine Hannah Lohmann?«

Tinne merkte, wie ihr kalt wurde. Sie nickte ein paar Millimeter.

»Ja, sie ist eine Freundin von mir. Und eine Uni-Kollegin. Warum?«

Er überhörte ihre Frage geflissentlich.

»Wie gut kennen Sie Frau Lohmann? Sind Sie schon länger mit ihr befreundet?«

»Also, ich kenne sie schon ewig, wir haben nämlich zusammen studiert vor über zehn Jahren. Dann sind wir unterschiedliche Wege gegangen, ich habe einen anderen Job gefunden, und sie ist als Doktorandin an der Uni geblieben. Seit ich vor drei Monaten als Lehrbeauftragte wieder ans Historische Seminar zurückgegangen bin, haben wir uns öfter gesehen und auch privat allerlei unternommen. Na ja, und sie ist halt fachlich sehr, sehr gut, schreibt gerade an ihrer Habilitation über die mittelalterlichen Festungsanlagen von Mainz. Sie hilft mir immer mal wieder bei meinen Seminarvorbereitungen und so.«

»Frau Lohmann wollte sich gestern mit Ihnen treffen, richtig?«

»Ja, um vier, oben an der Uni. Aber sie ist nicht gekommen.«

»Um was hätte es bei dem Treffen gehen sollen?«

Tinne merkte, dass das Gespräch um einen ungenannten, aber schlimmen Mittelpunkt kreiste. Sie erinnerte sich an Hannahs Email, worin ihre Freundin eindringlich gebeten hatte, das Treffen vertraulich zu behandeln. Rasch traf sie ihre Entscheidung.

»Um nichts Bestimmtes. Einfach Kaffee trinken und plaudern. Herr Pelizaeus, darf ich jetzt endlich erfahren, was hier eigentlich los ist?«

Das Pferdegesicht schaute sie sehr ernst an.

»Heute früh ist die Leiche von Frau Lohmann im Volkspark gefunden worden. Sie ist offenbar einem Gewaltverbrechen zum Opfer gefallen.«

*

Elmar ›Elvis‹ Wissmann drängte sich durch die Menschen, rempelte hier und dort jemanden an und murmelte gebetsmühlenartig »Tschuldigung, darfichmal, würdensiemichmal …« Sein gewaltiger Bauch teilte die Menge wie der Bug eines Schiffes und ließ sie hinter sich wieder zusammenschwappen. Auf seinen Fersen folgte Torsten, der Fotograf, der kaum Schritt halten konnte und ständig Ellbogen ins Gesicht bekam.

»Nun wart doch mal, Elvis, nicht so schnell!«, beschwerte er sich.

Elvis schnaufte nur.

»Mach hinne, wir sind eh schon spät dran.«

Eine Minute später hatten sie endlich die Menge der Protestierenden hinter sich gelassen und betraten den Zitadellengraben, eine große, von alten Mauern eingefasste Freifläche südwestlich der Mainzer Zitadelle. In diesem der Natur überlassenen Bereich waren normalerweise nur Insekten und Vögel zu hören. Doch heute skandierten aufgebrachte Menschen Sprechchöre, pfiffen und hielten Plakate in die Luft. Davor stand ein Kordon aus Polizisten in Schutzkleidung, die die Demonstranten scharf im Auge behielten.

Elvis und Torsten zückten ihre Presseausweise, die Polizisten ließen sie durch.

»Hat noch nicht angefangen, zum Glück.«

Elvis schlug sein abgewetztes Notizbuch auf, dann sah er sich um. Er stand auf einem großen, ebenen Bereich zwischen zwei rund acht Meter hohen Befestigungsmauern. Die nördlich gelegene Mauer ging in eine dicht bewachsene Böschung über, darauf erhob sich die Zitadelle, ein massiges Überbleibsel der einst mächtigen Festungsanlage, die Mainz bis 1918 umschlossen hatte. Die ehemaligen Kasernengebäude auf der oberen Plattform wurden längst zivil genutzt und beherbergten unter anderem das Denkmal- und Sanierungsamt und das Stadthistorische Museum. Die südliche Mauer grenzte an die Mainzer Oberstadt, ein gepflegtes Viertel mit großen Häusern und noch größeren Gärten.

Der Zitadellengraben, in dem Elvis sich nun gemeinsam mit den Demonstranten befand, bildete ein lang gestrecktes Tal und wurde ein Stück weiter nördlich als Bolzplatz und Sportstätte für Schulklassen genutzt. Doch hier, im südlichen Bereich des Grabens, herrschte Wildwuchs:

Büsche, Gräser und kleine Bäume ließen auf dem ebenen Untergrund einen grünen Teppich entstehen.

Die Polizisten sicherten einen kleinen Bereich, aus dem das üppige Grün entfernt worden war. Einige Anzugträger und Frauen in schicken Kostümen hielten sich dort auf, Infotafeln blitzten in der Sonne, mehrere Kollegen von der Presse scharwenzelten um ein Rednerpult mit Mikrofon herum.

Torsten hatte inzwischen seine Nikon ausgepackt und schoss erste Bilder von der aufgebrachten Menge und ihren Plakaten. ›Kein Ausverkauf der Stadtgeschichte!‹ war da zu lesen und ›Kultur statt Kommerz!‹, die Menschen pfiffen.

Elvis ging weiter in den abgesperrten Bereich hinein. Die Infotafeln waren mannshoch, bestanden aus Edelstahl und zeigten 3D-Computerbilder von schicken Appartementhäusern mit Dachgärten und großzügigen Grundstücken. Unter den Umstehenden erkannte Elvis den Mainzer Oberbürgermeister, den Baudezernenten Dr. Conradi und mehrere Parteiabgeordnete.

Er mischte sich unter die Presseleute. Die Rheinzeitung war da, Josse Stark von der Frankfurter, eine Reporterin von RPR1, ein paar Leute vom SWR und sogar ein Team vom ZDF. Der seit Monaten gärende Streit um die Bebauung des Jakobsbergs hatte es überregional in die Presse geschafft.

Ein schlaksiger Jüngling mit geleckter Gelfrisur und kleiner runder Brille näherte sich und knipste ein professionelles Lächeln an. Eine Liste in der Hand kennzeichnete ihn als einen der Organisatoren.

»Hallo und guten Tag, wen darf ich begrüßen?«

»Elmar Wissmann von der AZ.«

»Herzlich willkommen zum ersten Spatenstich auf dem Jakobsberg, Herr Wissmann. Wir sind ein bisschen in Verzug, aber gleich geht's los.«

Der Geleckte nickte freundlich, durchsuchte seine Liste und malte ein Häkchen darauf, während er halblaut den Namen wiederholte:

»Wissmann, Elmar.«

Elvis musste schmunzeln. Es kam eher selten vor, dass jemand seinen richtigen Namen benutzte, denn sein Spitzname war in den letzten Jahrzehnten wie eine zweite Haut für ihn geworden.

Es gab zwei Theorien, wie er dazu gekommen war. Viele glaubten zu wissen, dass die ersten Silben seines Vor- und Zunamens – ELmar WISSmann – zu Elwiss = Elvis zusammengefügt worden waren. Andere behaupteten, sein Äußeres würde unverkennbar auf den King of Rock'n'Roll hinweisen. Auch diese Möglichkeit war nicht von der Hand zu weisen, denn die hervorstechendsten Merkmale von Elmar waren sein dicker Bauch und seine buschigen Koteletten. Damit erinnerte er in gewisser Weise tatsächlich an den späten Elvis Presley. Da Elmar seine Jugendbilder allerdings sorgfältig unter Verschluss hielt, wusste niemand, was zuerst da gewesen war – der Spitzname oder die Koteletten. Also ließ sich das Rätsel der Namensherkunft nicht zufriedenstellend lösen, und er selbst behielt die Wahrheit wohlweislich für sich. Tatsache war, dass sich die einprägsame Bezeichnung längst bei Freund und Feind eingeschliffen hatte und Elvis sehr gut damit leben konnte.

Mit einem Mal machte sich Unruhe unter den Medienleuten breit. Ein Mann trat an das Rednerpult, klopfte vorsichtig auf das Mikrofon und sprach einige einleitende Worte. Die Presse fotografierte, filmte und schrieb, die Menge buhte. Danach kamen der Baudezernent und der Oberbürgermeister an die Reihe. Während sie ihre Grußworte abspulten, machte ein paar Schritte von Elvis entfernt eine stark geschminkte, blonde Reporterin vom ZDF einen Aufsager vor der Kamera. Hinter ihrem Rücken reckten die Demonstranten ihre Arme und ließen Zwischenrufe erschallen.

»… geht der Protest unvermindert weiter. Trotz des Widerstandes aus der Mainzer Bevölkerung findet heute der erste Spatenstich des umstrittenen Neubau-Projekts ›Wohnpark am Jakobsberg‹ statt. Die Appartementanlage soll im Laufe des kommenden Jahres genau hier, südlich der Mainzer Zitadelle, entstehen. Es ist geplant, zwischen den beiden Befestigungsmauern eine sechs Meter hohe Aufschüttung vorzunehmen und den Zitadellengraben dadurch bis auf die Höhe der umliegenden Oberstadt zu verfüllen. Diese neu geschaffene Fläche soll anschließend mit einer mehrgeschossigen Appartementanlage bebaut werden. Das gesamte Zitadellengelände steht zwar unter Denkmalschutz, doch das Mainzer Baudezernat hat diesen Schutz nun teilweise aufgehoben und ermöglicht so das ehrgeizige Neubauprojekt.«

Elvis beobachtete derweilen die Demonstranten. Sie schienen aus allen Schichten der Bevölkerung zu kommen: Langhaarige Studenten protestierten gegen die Willkür des Baudezernats, gesetzte Mainzer Bürger gegen die Verschandelung ›ihrer‹ Zitadelle, bebrillte Akademiker gegen die Überbauung der historischen Substanz.

Am Rednerpult entstand Bewegung. Ein bulliger Mann mit Stiernacken trat an das Mikrofon. Die Menge wurde lauter, Schreie und schrille Pfiffe ließen den Geräuschpegel ansteigen. Elvis kannte den Mann. Elias M. Kalkbrenner war Vorsitzender der *Dominus Immobilien- und Bauträgergesellschaft mbH* und damit der Initiator des Wohnpark-Projekts. Seine Firma hatte in den letzten Jahren an allen möglichen exponierten Standorten in Mainz Luxus-Wohnanlagen hochgezogen und trotz horrender Preise stets solvente Käufer gefunden. Durch sein rücksichtsloses Vorgehen und seinen laxen Umgang mit dem Denkmalschutz hatte sich Kalkbrenner zahlreiche Feinde gemacht.

»Sehr geehrte Damen und Herren, Herr Oberbürgermeister, Herr Baudezernent, verehrte Vertreter der Presse, es ist mir eine Ehre, Sie hier zur Eröffnung des Bauvorhabens ›Jakobsberg‹ begrüßen zu dürfen.«

Während Kalkbrenner sprach, musterte Elvis den Mann. Der Baulöwe sah mit seiner stämmigen Figur, dem roten Gesicht und dem zerzausten Haarkranz am Hinterkopf aus wie ein Metzger in einem Maßanzug, doch er hatte zweifelsohne Charisma. Seine Stimme war kraftvoll, seine Gesten zielgerichtet.

»Wenn ich Ihnen sage, dass Mainz und seine wechselvolle Geschichte mir sehr am Herzen liegen, dann ist das mehr als eine Floskel, weit mehr. Denn ich weiß ebenso wie Sie, dass …«

Der Lärm der Demonstranten steigerte sich bei diesen Worten ins Unermessliche. Mit Trillerpfeifen, hölzernen Ratschen und Metalltöpfen machten sie ein solches Spektakel, dass Kalkbrenner abbrechen musste.

»Lügner!«, schrien die Menschen, »Scheinheiliger Sack! Schwindler!«

Er hob die Arme.

»Vielleicht können wir hier wie zivilisierte Menschen miteinander umgehen und nicht wie die Barbaren?«

Doch die Menge tobte weiter. Elvis sah, wie Kalkbrenners Gesicht sich langsam von Rot zu Violett verfärbte. Ein paar Sekunden stand er mühsam beherrscht am Rednerpult, dann drehte er sich abrupt um, stieß den Baudezernenten zur Seite und trat an einen mit bunten Bändern geschmückten Spaten heran. Die Fotografen und Kameraleute drängten sich um ihn, als er mit seiner mächtigen Faust den Spaten ergriff, ihn wutentbrannt in den Boden rammte und eine große Schaufel Erde herausriss. Unter den Blitzlichtern der Fotoapparate kippte er die Erde zur Seite und drehte sich zu den Demonstranten um. Auch ohne Mikrofon verstand Elvis die Worte, die er ihnen zubrüllte:

»Ich baue sowieso, ihr Affen, egal, was ihr macht! Dieser Grund und Boden gehört längst mir!«

Sein gepflegtes Auftreten war wie weggewischt, Kalkbrenner schäumte vor Wut und hatte die Fäuste geballt. Elvis begann zu verstehen, warum der Mann trotz aller Widerstände stets seine Ziele erreichte. Torsten fotografierte, was das Zeug hielt, als sich die Honoratioren um Kalkbrenner scharten und die Polizisten die aufgebrachte Menge zurückdrängten.

Elvis schrieb ein paar Worte in sein Notizbuch. Na, dieser erste Spatenstich hatte es ja mal in sich gehabt! Er war gespannt auf die weiteren Entwicklungen auf dem Jakobsberg.

In seiner Hosentasche brummte es. Geduldig fummelte er sein uraltes Siemens C35 heraus, das einzige Handy, auf dem er mit seinen Wurstfingern noch problemlos herumtippen konnte. Als er die Nummer sah, trat er ein paar Schritte zur Seite und drehte den Pressekollegen den Rücken zu. Der Anruf versprach, interessant zu werden.

*

Hannah – tot?

Tinne saß bewegungslos auf ihrer Couch, ihre Tränen hatten den Kragen ihres Pullis nass gemacht. Die Nachricht, die der pferdegesichtige Kommissar ihr überbracht hatte, ließ alles um sie herum wie in Watte gepackt erscheinen, so, als wäre die ganze Welt nur ein Schauspiel, dem sie als unbeteiligte Zuschauerin müßig beiwohnte.

Laurent Pelizaeus war ein einfühlsamer Gesprächspartner gewesen, der seine Fragen rücksichtsvoll stellte und versuchte, Tinnes Schock so gut wie möglich zu mildern. Seine tiefe, warme Stimme wirkte tröstlich wie die Stimme des Opas, wenn ein Kind hingefallen war und über ein aufgeschrammtes Knie weinte. Nur dass es hier nicht um ein angeschlagenes Knie ging, sondern um einen toten Menschen.

Gerade waren die beiden Polizisten gegangen, nun spulte Tinne mechanisch die Informationen ab, die sie bekommen hatte ... Leiche heute Morgen im Volkspark gefunden, Todeszeitpunkt allerdings bereits vor mehr als 24 Stunden ... stumpfe Gewalteinwirkung auf den Kopf, Genickbruch ... keine Spuren eines sexuellen Übergriffs, aber alle Taschen leer. Die Vernehmung von Hannahs Lebensgefährten Joachim in der gemeinsamen Wohnung war ergebnislos verlaufen. Er hatte sie gestern früh als vermisst gemeldet, nachdem sie in der Nacht nicht nach Hause gekommen war. Laut Bericht hatte er einen Nervenzusammenbruch bekommen, als ihn die Polizei zur Identifizierung der Leiche abgeholt hatte. Tinne konnte es ihm nicht verdenken. Joachim war ein netter, hilfsbereiter Kerl, er arbeitete bei der Sparkasse. Wie er sich wohl jetzt fühlen mochte?

Joachim hatte in Hannahs Schreibtisch schließlich ihr Adressbuch und ihren Taschenkalender gefunden und beides der Polizei überlassen. In dem Kalender war der gestrige Termin mit Tinne rot angestrichen gewesen, deshalb hatte man sie als eine der Ersten befragt.

Tinnes Gedanken wirbelten. Hannah im Volkspark? Was um alles in der Welt hatte sie dort zu suchen gehabt? Die Taschen leer ... was hätte sie bei sich tragen können, um gewalttätige Räuber auf den Plan zu rufen? Und warum lag der Todeszeitpunkt bereits 24 Stunden zurück? In ihren Augen passte das alles nicht zusammen. Immer wieder musste sie an das geheimnisvolle Treffen denken, das nicht stattgefunden hatte. Hannahs Arbeit, der ›Knaller‹, dem sie auf der Spur gewesen war – wollte sie sich deshalb mit Tinne zusammensetzen?

Tinne fasste einen Entschluss. Sie wusch sich das Gesicht, rannte nach unten in den Innenhof zu ihrem Fahrrad und strampelte die Kirchenpforte hoch in Richtung Uni-Campus. Sie musste einen Blick auf Hannahs Unterlagen werfen, um Bescheid zu wissen, was da vor sich ging.

Die Mainzer Universität versammelte als Campus-Universität fast alle Fachbereiche und Gebäude auf einem einzigen, erhöhten Gelände südlich von Bretzenheim. Tinnes Ziel, das Philosophicum, befand sich nahe am Haupteingang des Unigeländes.

Sie marschierte schnurstracks ins Institut für Neuere Geschichte und klopfte an die Bürotür ihres Chefs. Bevor

Professor Raffael etwas sagen konnte, stand sie schon im Zimmer.

»Herr Raffael, ich brauche mal den Zweier, bitte.«

Die einzelnen Institute des Historischen Seminars hatten unterschiedliche Schließsysteme, nur die Professoren verfügten über einen Generalschlüssel, den sogenannten Zweierschlüssel.

Der kleine, kahlköpfige Professor stand auf und musterte sie besorgt.

»Frau Nachtigall, was ist los, Sie sehen blass aus.«

Seine väterliche Fürsorge hatte einen unfreiwillig komischen Anstrich, da er den Kopf zurücklegen musste, um zu Tinnes 1,85 Metern aufzuschauen. Tinne mochte ihn, er war ein guter Dozent und brachte seinen Mitarbeitern großes Vertrauen entgegen. Es war typisch für ihn, dass er den Zweier ohne Weiteres von seinem Schlüsselbund abfummelte und ihr in die Hand drückte. Sie war ihm sehr dankbar, denn im Moment hatte sie keine Lust auf längere Erklärungen.

»Alles okay, danke«, murmelte sie und ging um die Ecke zum Institut für Mittelalterliche Geschichte. Sie hoffte, nicht dem Drachen zu begegnen. Rasch schloss sie die Tür von Hannahs Büro auf und hinter sich wieder zu. Als sie sich umdrehte, blieb sie wie angewurzelt stehen.

Der gesamte Schreibtisch ihrer Freundin war leer geräumt, sämtliche Mappen, Hefter und Unterlagen waren verschwunden. Nur der Uni-eigene Dell-Rechner thronte darauf wie ein dicker schwarzer Klumpen.

Ungläubig trat Tinne einen Schritt heran. Vor ein paar Tagen hatte sie Hannah einen kurzen Besuch abgestattet, und da war der komplette Schreibtisch übersät gewesen mit Büchern, Akten, Notizen und Kopien. Das war auch durchaus verständlich, denn Hannahs Habilitations-Thema war die mittelalterliche Stadtbefestigung von Mainz gewesen. Ihre Forschung stützte sich in allererster Linie auf alte Pläne, mittelalterliche Schriftstücke, militärische Protokolle, auf Stiche, Holzschnitte und frühe Drucke. Die wenigsten dieser Quellen lagen in digitaler Form vor, deshalb war die Arbeit am Computer für Hannah stets nebensächlich gewesen. Der Dell auf dem Schreibtisch lief zwar, doch das hatte nichts zu bedeuten – die Rechner wurden selten ausgeschaltet, meist meldete man sich nur im Netzwerk an und ab. Aber Tinne wusste, dass ihre Freundin dem Uni-Netzwerk zutiefst misstraut hatte. Deshalb waren all ihre Daten stets auf einem separaten USB-Stick oder auf externen Festplatten gespeichert.

Und jetzt – nichts! Nur die große Schreibtischunterlage war noch da, die Hannah und Joachim auf dem Inka-Trail in Peru zeigte. Tinne kannte das Foto, ihre Freundin hatte es in Kleinformat im Geldbeutel getragen. Joachim, schwarzhaarig, braun gebrannt und abenteuerlustig, passte nicht zum üblichen Bild eines Bankangestellten. Daneben wirkte die schmale, rotblonde Hannah regelrecht zerbrechlich, ihre geschätzten 100 000 Sommersprossen ließen sie wie das ewige Schulmädchen aussehen. Doch der Schein trog: Hannah war zäh und belastbar, als Nebenfach-Archäologin hatte sie bei Auslandsexkursionen wochenlang unter Bedingungen gearbeitet, bei denen andere schon nach einem halben Tag geflüchtet wären.

Tinne merkte, wie eine Welle der Traurigkeit sie zu überrollen drohte. Sie zog einige der Schubladen auf, doch außer Büroartikeln war nichts darin. Auch der Wandschrank war leer, lediglich ein paar Standardwerke und Leitz-Ordner mit Vorlesungsmaterialien standen herum. Kein USB-Stick, keine Festplatten, keine Quellen. Sogar der Papierkorb war geleert.

Tinne ließ sich auf Hannahs Stuhl plumpsen und runzelte die Stirn. Das bedeutete, dass Hannah kurz vor ihrem Tod alle Unterlagen weggeräumt haben musste – oder jemand anders hatte das getan. Das unbehagliche Gefühl wurde stärker.

Sie begann, logisch zu denken.

Angenommen, Hannah wollte aus irgendeinem Grund etwas geheim halten, das in Zusammenhang mit ihrer Arbeit stand und das sie mit Tinne besprechen wollte. Dann hätte sie die dazugehörigen Informationen zwar sicherlich an ihrem Arbeitsplatz aufbewahrt, aber nicht auf den offen herumliegenden Papierstapeln oder in einer der Schubladen.

Tinne bückte sich und untersuchte den Schreibtisch von unten. Nichts. Dann nahm sie sich den Wandschrank vor und krabbelte sogar auf den Stuhl, um von oben auf den Schrank zu schauen. Nichts außer Staubmäusen. Schließlich untersuchte sie den Stuhl selbst. Wieder nichts.

Entmutigt setzte sie sich an den Schreibtisch. Weitere Versteckmöglichkeiten bot das nüchterne Universitätszimmer nicht, vielleicht würde sie in Hannahs Privatsachen mehr Glück haben. Dazu müsste sie bei Joachim anrufen.

Moment mal … Joachim.

Direkt vor ihr lag die Foto-Schreibtischunterlage, ein laminierter DIN A 2-Plot. Vorsichtig, als könne sie sich verbrennen, lupfte Tinne die Unterlage. Und tatsächlich: darunter lagen einige Notizen, Prospekte und Zettel. Eilig schaute sie das Sammelsurium durch. Das Faltblatt einer

Pizzeria, eine Telefonliste mit den uni-internen Kurzwah-
len, ein Papier mit Tesastreifen und ›bin gleich zurück‹-
Beschriftung, ein Excel-Ausdruck mit Studentennamen
und Zensuren und ein Zettel, auf dem in Hannahs Handschrift eine Art Nummer notiert war:

ML 129/212

Als Tinne diese Kombination las, flackerte eine kurze Erinnerung in ihrem Gehirn auf. Sie wusste: Irgendwo hatte
sie eine solche Nummer schon einmal gesehen. Doch eine
Sekunde später erlosch der Gedanke schon wieder.

Während Tinne den Zettel grüblerisch anstarrte, klimperte ein Schlüsselbund draußen vor der Tür. Das Schloss
wurde entsperrt, die Tür ging auf. Geistesgegenwärtig
steckte Tinne den Zettel in ihre Hosentasche und fuhr
hoch. Im Türrahmen standen drei Männer, einer im Anzug,
die anderen beiden in Hemd und Sakko. Hinter ihnen
drängte sich eine Handvoll Institutsmitarbeiter.

»Was ... eh ...«

Der Anzugträger starrte sie überrascht an. Professor
Eckhard Nümbrecht, Hannahs Chef, war Institutsleiter der Abteilung für Mittelalterliche Geschichte. Seine
lange, leicht gebeugte Gestalt und die früh ergrauten
Haare ließen ihn älter aussehen, tatsächlich war er mit
47 Jahren einer der jüngsten Professoren des Historischen Seminars.

Die Männer neben ihm traten einen Schritt vor. Einer
war recht klein und hatte dünnes Haar, der andere sah
auffallend gut aus: groß und kräftig, kantiges Gesicht mit

markantem Kinn, verwegener Dreitagebart, dunkle Augen und lässig verwuschelte, schwarze Haare.

»Wer sind Sie und was machen Sie hier?«

Captain America hatte eine befehlsgewohnte Stimme, Tinne konnte ihn von der ersten Sekunde an nicht leiden. Blitzschnell improvisierte sie.

»Ich ... also, ich hatte Hannah ein paar Unterlagen geliehen und wollte sie gerade zurückholen.« Anklagend zeigte sie auf den leeren Schreibtisch. »Ist aber alles weg.«

Sie hoffte, dass die Männer sie als dümmliches Institutsmäuschen ansehen und nicht weiter nachbohren würden. Doch Captain America tat ihr den Gefallen nicht.

»Aha. Und wie ist Ihr Name?«

»Das ist Frau Nachtigall, Ernestine Nachtigall, wissenschaftliche Mitarbeiterin hier im Historischen Seminar«, nahm Professor Nümbrecht ihre Antwort vorweg. Er kam ursprünglich aus Frankfurt, sein hessischer Dialekt war nicht zu leugnen.

Die Augen des anderen Mannes verengten sich zu Schlitzen. Wäre die Situation nicht so angespannt gewesen, hätte Tinne laut herausgeprustet. Der Typ war tatsächlich eine fleischgewordene Kinofigur!

Hinter den Männern reckten die Institutsmitarbeiter die Hälse, um jedes Wort des Gespräches mitzubekommen. Offensichtlich hatten die Buschtrommeln bestens funktioniert, die schlimme Neuigkeit schien schon die Runde gemacht zu haben. Die Drachen-Sekretärin riss die Augen auf, um nachher auch ja jede Kleinigkeit weitertratschen zu können. Annegret, Tinnes Zimmernachbarin, lugte zwischen zwei Köpfen durch. In vorderster Front stand Gero mit blassem Gesicht. Tinne wusste, dass er ebenfalls mit Hannah befreundet gewesen war, und konnte mit ihm fühlen.

Captain America trat einen Schritt nach hinten und schlug den Leuten die Tür vor der Nase zu.

»Ernestine Nachtigall? Dann sind Sie die Frau, die im Kalender des Mordopfers vermerkt ist.«

›Des Mordopfers‹. Tinne hätte ihn am liebsten angefaucht, dass die Frau einen Namen hatte, nämlich Hannah Lohmann. Stattdessen nickte sie nur stumm.

»Sie hatten heute Besuch von meinem Kollegen Pelizaeus.«

Schnittig zückte er eine Dienstmarke. »Ich bin Kriminaloberkommissar Wolf Brandauer, ich leite die Ermittlungen in diesem Fall.«

Er hielt es offenbar nicht für nötig, seinen Kollegen vorzustellen. Aber Tinne war erleichtert, dass er wenigstens einen deutschen Namen trug und keine Actionheldenbezeichnung wie Jack O'Connor. Ihre Antipathie wuchs.

»Und ich soll Ihnen nun glauben, dass Sie am Tattag mit dickem rotem Stift im Kalender des Opfers eingetragen sind und dann rein zufällig hier im abgeschlossenen Büro der toten Frau an einem leergeräumten Schreibtisch herumstehen, wenn wir hereinkommen?«

Tinne glaubte, sich verhört zu haben. Das gab's doch wohl nicht! Dieser Kinokommissar verdächtigte sie allen Ernstes, etwas mit der Sache zu tun zu haben? Empört holte sie Luft, als sich Professor Nümbrecht räusperte.

»Ähem, also, Entschuldigung, aber wenn Sie auf den leeren Schreibtisch anspielen, das, also, das war ich. Ich habe mir erlaubt, die Forschungsunterlagen von Frau Dr. Lohmann an mich zu nehmen, nachdem die Polizei mich heute

Vormittag telefonisch über den, hm, Vorfall informiert hatte.«
Er schaute zwischen Tinne und den Beamten hin und her.

»Immerhin ist Frau Lohmann Teil meiner Arbeitsgruppe
gewesen«, schob er eilig nach. »Ich kann nicht verantwor-
ten, dass ihre Forschungsergebnisse in fremde Hände geraten. Das, eh, ist ja wohl verständlich.«
Der Professor hatte ein schmales Gesicht mit einer
römischen Nase und einem kleinen Kinn, die grauen Haare,
eine Designerbrille und seine gepflegte Kleidung ließen ihn
normalerweise sehr souverän erscheinen. Doch nun teilten
schmale Falten sein Gesicht in Ecken, Kanten und Winkel auf, seine hellen Augen huschten nervös umher. Tinne
schaute ihn mit zusammengezogenen Brauen an. Hatte ein
Arbeitsgruppenleiter nichts Besseres zu tun, als direkt im
Anschluss an einen Mord einen Schreibtisch leerzuräu-
men? Hannahs ›Knaller‹ kam ihr wieder in den Sinn, sie
hob herausfordernd den Kopf.

»Und was waren Hannahs Forschungsergebnisse, Herr
Nümbrecht? Wie lauten ihre letzten Erkenntnisse, was hat
sie herausgefunden?«
Der Professor zog die Mundwinkel nach unten, noch
mehr Falten erschienen.

»In das Thema muss ich mich erst einmal einlesen, das
kann ich jetzt ad hoc nicht beantworten. Frau Lohmann
hat schließlich sehr selbstständig gearbeitet, da habe ich
nicht allzu oft Einblick genommen, verstehen Sie?«
Tinne schnappte nach Luft. Der Mann log wie gedruckt!
Doch Brandauer fuhr sie scharf an. »Warum interessieren
Sie sich für die Arbeit von Frau Lohmann? Was haben Sie
hier gesucht?«
Während sie krampfhaft nach einer glaubwürdigen

Ausrede suchte, öffnete sich die Tür leise, eine Gestalt schob sich hindurch. Es war ein sehr dicker, nicht allzu großer Mann um die 50, dessen Hemdknöpfe bedenklich über dem prallen Bauch spannten. Hängebacken und halb geschlossene Lider vermittelten den Eindruck eines traurigen Bassets, seine dünnen Haare trug der Mann nach hinten gekämmt. Am auffälligsten waren allerdings die buschigen Koteletten, die sein Vollmondgesicht umrahmten. Die Augen des Mannes wanderten flink im Raum umher und schienen jede Kleinigkeit aufzunehmen.

»Sieh an, die Herren von der Kripo. Na, was haben Sie mir denn Schönes über das Mädchen im Park zu sagen, Kommissar?«

Seine Stimme klang belegt und hatte einen deutlich hörbaren Mainzer Akzent.

Brandauer verschränkte filmmäßig die Arme vor der Brust.

»Gar nichts, Elvis, hauen Sie ab.« Zu Nümbrecht gewandt knurrte er:

»Kein Wort zu dem, das ist ein Schmierfink von der AZ.«

»Na, na, Brandauer, den Schmierfink habe ich aber mal überhört.«

Der Dicke lachte ein heiseres Lachen, das in ein Husten überging. Nachdem er sich gefangen hatte, spießte er sein Gegenüber mit dem Finger auf.

»Ein bisschen was werden Sie mir schon sagen müssen, Brandauer. Zum Beispiel …«, er legte die Hand an sein Doppelkinn und tat, als würde er angestrengt nachdenken, »… warum die Spuren an der Leiche nicht zum Fundort passen.«

Captain America funkelte ihn an.

»Woher haben Sie diese Information, Elvis?«

Der Reporter zuckte übertrieben mit den Achseln.

»Hat mir ein Domspatz zugezwitschert. Na, kommen Sie, Wölfchen, geben Sie mir ein paar Brocken für die morgige Ausgabe!«

Die unpassende Verniedlichung ließ Brandauers Kragen endgültig platzen.

»Raus mit Ihnen, Elvis, aber hurtig, sonst sperre ich Sie schneller weg, als Ihr Domspatz piep sagen kann!« Kleine Speicheltropfen flogen aus seinem Mund. »Und Sie, Frau Nachtigall, hauen gleich mit ab, bevor ich Sie in U-Haft nehme und ein paar Stunden durch die Mangel drehe!«

Eingeschüchtert nahm Tinne die Beine in die Hand und huschte hinaus. Der dicke Reporter kam lachend hinterher. In der nächstbesten Toilette klatschte Tinne sich kaltes Wasser ins Gesicht und lehnte sich an die Wand, bis ihr Puls wieder unter 120 war. Was für ein Idiot, dieser Bulle! Sehnsüchtig dachte sie an die warme Stimme und die sympathische Art von Laurent Pelizaeus zurück. Verflixt, warum konnte er nicht die Ermittlungen leiten?

Im Institut für Neuere Geschichte gab sie den Zweierschlüssel an Professor Raffael zurück und verließ das Philosophicum. Ihr Bedarf an Uni-Abenteuern war für heute gedeckt.

Draußen blieb sie überrascht stehen. Am metallenen Pferd, einer modernen Skulptur vor dem Haupteingang, stand der Reporter und rauchte eine selbst gedrehte Zigarette.

»Keine Sorge, Brandauer ist nur ein kleines Würstchen. Wenn er sich zu weit aus dem Fenster lehnt, kriegt er von

oben eins auf den Deckel, das weiß er ganz genau«, sagte
er zur Begrüßung und streckte ihr die Hand hin.

»Hallo, ich bin Elvis, ich arbeite für die Allgemeine
Zeitung.«

Tinne musste sich trotz ihrer flatternden Nerven bemühen, ernst zu bleiben. Sie hatte den seltsamen Namen schon
vorhin im Büro zur Kenntnis genommen und ordnete ihn
als Spitznamen ein – allerdings als einen, der geradezu
perfekt passte. Der Händedruck des Mannes war überraschend fest und trocken.

»Hi, ich heiße Tinne Nachtigall.«

Er stutzte. »Wie? Tine?«

Nun lachte sie doch. Diese Reaktion kannte sie bereits
zur Genüge.

»Nein, Tinne, mit doppel-n. Hab' ich meinem kleinen
Bruder zu verdanken, der konnte früher Tine, kurz für
Ernestine, nicht richtig aussprechen und hat immer ›Tinne‹
gesagt. Und das ist hängen geblieben.«

»Na, da hast du immerhin mehr über deinen Namen zu
erzählen als eine Silke oder eine Claudia«, meinte Elvis
trocken.

Tinne nickte schmunzelnd. Der Dicke war ihr auf
Anhieb sympathisch, sie entschloss sich, genau wie er
gleich beim Du zu bleiben.

Rasch wurde sie ernst.

»Stimmt das, was du da drin gesagt hast? Dass irgendwelche Spuren an der Toten nicht passen?«

Elvis wiegte seinen massigen Kopf.

»Das habe ich zumindest so gehört. Weißt du, ich habe
ein paar Leute bei der Polizei, die geben mir ab und an mal
einen Wink mit dem Zaunpfahl. Und umgekehrt erfahre

ich manchmal Sachen, für die sich dann auch die Polizei interessiert. So ein Geben und Nehmen halt, klappt eigentlich ganz gut. Heute habe ich erfahren, dass Brandauer hier an der Uni auf Spurensuche ist und, tja, dass der Fundort der Leiche wohl nicht der Tatort ist.«

Tinne starrte ihn an.

»Wieso?«

Er antwortete mit einer Gegenfrage.

»Warum interessiert dich das?«

Sie schwieg und schaute ihn prüfend an. Nach der Erfahrung mit dem unsympathischen Kommissar war sie auf der Hut, doch irgendwie hatte sie das Gefühl, dem Reporter über den Weg trauen zu können.

»Hannah, also die Tote, war meine Freundin. Ich habe viel mit ihr zu tun gehabt, auch fachlich hier an der Uni, und … na ja, die Sache geht mir ganz schön an die Nieren. Ich will einfach wissen, was da los ist.«

Er nickte nachdenklich und zog sie seinerseits ins Vertrauen.

»Es sind Schlammspuren an dem Mädchen, an den Händen und im Gesicht. Nun ist der Untergrund dort, wo sie gefunden wurde, zwar auch schlammig, aber anders. Die Spuren an der Toten enthalten sehr viel mehr Lehm. Und das wiederum heißt, dass sie woanders umgebracht und dann im Volkspark abgelegt worden ist.«

Tinne blinzelte einen Moment vor sich hin, dann schob sie den Kiefer nach vorne.

»Elvis, hier stimmt etwas nicht. Irgendjemand versucht, uns hier ein X für ein U vorzumachen.«

Sie sah, wie sein Reporterinstinkt erwachte, und rechnete jeden Augenblick damit, dass er einen Schreibblock herausholen würde. Er schnippte aber nur seinen Zigarettenstummel weg und machte mit den Händen eine einladende Bewegung.

Tinnes Daumen wanderte in die Höhe.

»Erstens: Hannah bricht zu irgendeiner Tour auf, ohne jemandem Bescheid zu geben, noch nicht einmal ihrem Freund.«

Der Zeigefinger kam dazu.

»Zweitens: Sie wird umgebracht, aber jemand nimmt das Risiko auf sich, eine tote Frau in den Volkspark zu schleppen.«

Der Mittelfinger.

»Drittens: Hannahs Schreibtisch ist blitzblank leergeräumt, all ihre Unterlagen sind verschwunden.«

Der Ringfinger.

»Und viertens: Ihr Prof behauptet, keine Ahnung von ihrer Habil zu haben. Dabei hat sie mir mal erzählt, dass sie immer wieder Rat bei ihm sucht und viele Details der Arbeit mit ihm durchspricht.«

Anklagend hielt sie die vier Finger hoch.

»Das passt doch hinten und vorne nicht, oder?«

Elvis' Koteletten schoben sich zur Seite, als sein Basset-Gesicht zu grinsen begann.

»Und damit, Tinne, ist es ein Fall, wie Reporter ihn lieben!«

*

Die letzten Einkäufer eilten am Fastnachtsbrunnen vorbei und trugen ihre Taschen und Tüten zur Bushaltestelle. Kurz vor acht hatten die meisten Geschäfte am Schillerplatz schon geschlossen, auch das dreistöckige Büro der *Dominus Immobilien- und Bauträgergesellschaft mbH* war verwaist. Die Modelle der Wohnanlagen, die das Foyer dominierten und tagsüber von dezenten Strahlern angeleuchtet wurden, sahen nun billig und kulissenhaft aus. Der Empfangstresen aus Edelholz, an dem zu Geschäftszeiten gut aussehende junge Frauen den Interessenten Kaffee, Prospekte und Beratung anboten, war leer und kahl. Nur im dritten Stock brannte noch Licht. Der Geschäftsführer des Unternehmens, Elias M. Kalkbrenner, saß seit Stunden in seinem großen Büro und telefonierte.

»Das ist mir völlig egal! Zieh die Maschinen ab, wo es geht, und wenn nicht, dann mieten wir welche für die nächsten Wochen, und wenn das nicht geht, dann leasen wir sie, und wenn das auch nicht hinhaut, dann kaufen wir welche. Es ist mir scheißegal, wo die Maschinen herkommen, aber ich will, dass am Montag die Arbeiten dort oben losgehen! Hast du das kapiert?«

Er hörte einen Augenblick zu, dann schrie er:

»Natürlich Brummer, das hab ich doch schon hundert Mal gesagt! Für den ersten Bauabschnitt will ich nur Brummer da oben haben!«

Kalkbrenner legte auf, ohne eine Antwort abzuwarten. Bei diesem Projekt lief aber auch alles schief, was schief laufen konnte! Der Zeitplan hinkte seit Wochen, allein die Baugenehmigung hatte ewig auf sich warten lassen. Und nun bekamen seine idiotischen Disponenten es nicht geregelt, genügend Brummer auf den Jakobsberg zu schaffen.

Als ›Brummer‹ wurden in der Bausprache Maschinen bezeichnet, die die Schallschutz-Vorgaben der Verordnung 32 mit dem sperrigen Namen ›Bundes-Immissionsschutzgesetz-Verordnung‹ unterschritten. Sie verfügten über vollverkapselte Motorräume, Weichschaum-Kehlen in der Karosserie und spezielle Mittelschalldämpfer in ihren Auspuffanlagen. Dadurch wurde der Lärm der schweren Dieselmotoren stark gedämpft und klang wie ein dumpfes Brummen. Diese ›Brummer‹ wurden oft in Wohngebieten eingesetzt, um die Geräuschbelastung für die Anwohner so gering wie möglich zu halten.

Kalkbrenner hatte für die Erdarbeiten auf dem Jakobsberg ausschließlich Brummer vorgesehen, obwohl das Baugebiet ein gutes Stück von den nächsten Wohnhäusern entfernt lag und zudem von den hohen Zitadellenmauern eingefasst war. Er hatte es durch diesen Schachzug aber geschafft, eine Ausnahmegenehmigung des Bauamtes zu erhalten: Die Erdfüllarbeiten durften samstags bis 20 Uhr vorangetrieben werden und nicht nur bis 12 Uhr, wie es die Lärmschutzverordnung der Stadt vorsah. Dieser Zeitgewinn machte die zusätzlichen Kosten für die Brummer mehr als wett – wenn seine unfähigen Mitarbeiter es schaffen würden, die Maschinen von seinen anderen Baustellen im Rhein-Main-Gebiet rechtzeitig abzuziehen.

Entnervt warf Kalkbrenner sein iPhone auf den Schreibtisch, es blieb neben dem aktuellen *Immobilien-Journal Mainz-Wiesbaden* liegen. Das Titelbild zeigte eine computergenerierte Appartementanlage mit verschachtelten Ebenen, deren einzelne Stockwerke durch Treppen, Stiegen und Übergänge miteinander verbunden waren.

Kalkbrenners Zähne mahlten. Es hatte ihn eine hübsche Stange Geld gekostet, den Wohnpark am Jakobsberg auf die Titelseite des Journals zu bekommen. Und gerade jetzt, wo das Projekt in aller Munde war und schon erste Reservierungen vorlagen, türmten sich Schwierigkeiten auf. Nicht etwa diese Mainzer Demonstranten – die konnten Plakate schwenken, bis sie schwarz wurden, das war Kalkbrenner egal. Die Baugenehmigung lag vor, das war alles, was zählte. Nein, viel schlimmer. Ein neues, ernstes Problem war aufgetaucht, das die Realisierung des gesamten Projekts infrage stellte. Es gab nur eine Möglichkeit, weiterhin die Nase vorn zu haben: Kalkbrenner musste erbarmungslos aufs Tempo drücken. Am Montag würden die ersten Baumaschinen anrollen und die Vermesser mit ihrer Arbeit beginnen.

Sein iPhone klingelte. Er kannte die Nummer und schnaufte unwillig. Hoffentlich nicht noch mehr schlechte Nachrichten.

Ohne sich zu melden, nahm er das Gespräch an und hörte eine Weile zu. Mit der freien Hand notierte er einen Namen und knurrte dann: »Unternehmen Sie nichts. Ich kümmere mich darum.«

Seine bullige Hand schloss sich wie ein Schraubstock um das Telefon. Es war leider doch eine schlechte Nachricht gewesen. Mit zusammengezogenen Augenbrauen fixierte er den Namen, den er aufgeschrieben hatte: Ernestine Nachtigall.

*

Tinne hockte am Schreibtisch, Tränen liefen ihr über das Gesicht. Als sie vor einer Viertelstunde ihre Zimmertür in der Kommune 47 zugemacht hatte, war die entsetzliche

Tatsache erst richtig in ihrem Bewusstsein angekommen: Hannah war tot! Ein Mensch, den sie seit zwölf Jahren kannte und mit dem sie viele schöne, spannende, lustige und einprägsame Erlebnisse geteilt hatte, war plötzlich nicht mehr vorhanden.

Mufti schien ihre traurige Stimmung zu spüren und hüpfte auf ihren Schoß. Eigentlich gehörte der große Kater mit dem garfieldmäßig gemusterten Fell den Vermietern, die im Erdgeschoss des Hauses wohnten. Doch aus unerfindlichen Gründen hatte Mufti die Kommune zu seinem Reich erklärt, sodass er inzwischen fest zur WG-Einrichtung gehörte.

Tinne war dankbar für das tröstlich warme Fellbündel auf ihrem Schoß. Mechanisch fing sie an, irgendwelche Schriftstücke von einer Ecke des Schreibtisches zur anderen zu räumen, ohne überhaupt zu merken, was sie tat. Ihre Gedanken drehten sich um Hannah, die jetzt in einem kalten Schubfach in der Pathologie lag.

Hannah war während ihres gemeinsamen Studiums eine enge Freundin gewesen, ihre unkomplizierte und offene Art hatte Tinne stets geholfen, den Altersunterschied zu ihren Kommilitonen zu überbrücken. Schließlich war Tinne zu Beginn ihres Studiums schon 25 gewesen, sie hatte vorher in ihrer Geburtsstadt Göttingen eine Ausbildung zur Bürokauffrau gemacht und mehrere Jahre in diesem Job gearbeitet. Die anderen Erstsemester waren gerade einmal 20 oder noch jünger, doch Hannah nahm Tinne ganz selbstverständlich in ihren Freundeskreis auf. In ihrem Kopf liefen Erinnerungen ab, als würden sie auf eine Leinwand projiziert werden:

Hannah und Tinne bei der Einweihungsfeier von Hannahs damaliger Wohnung in Gonsenheim. Eine typische Studentenfete mit billigem Wein, Bier vom Balkon und einem Riesentopf Würstchen auf dem Herd. Die grantige Nachbarin, die um halb zwei nachts mit Lockenwicklern in der Tür steht und sich unerklärlicherweise über die Lautstärke von *Nothing else matters* beschwert.

Hannah und Tinne während einer Exkursion auf der Krim-Halbinsel. Sie und der Rest der Gruppe haben am Strand ein paar Flaschen Krimskoye geleert, ihr Professor legt im Überschwang der guten Stimmung mit allen Studentinnen nacheinander eine flotte Sohle aufs Parkett oder vielmehr auf den Sand.

Hannah und Tinne nachts an den Rheintreppen hinter dem Hyatt-Hotel, bewaffnet mit einer Flasche Jägermeister. Hannah heult wie ein Schlosshund, weil ihr Freund Dirk mit ihr Schluss gemacht hat. Tinne reicht ihr Taschentuch um Taschentuch und erwähnt beiläufig, dass der gut aussehende Sparkassen-Typ neulich im KUZ sich bei ihr nach Hannah erkundigt hat …

Mit einem Mal sah sie wieder ihren Schreibtisch vor sich und fragte sich, warum alle Unterlagen fein säuberlich auf der rechten Seite gestapelt waren. Obenauf lag ein Artikel über die Rolle der Kommunistischen Partei Deutschlands während der Weltwirtschaftskrise. Den hatte sie wie viele andere Quellen von Hannah bekommen, um sich auf ihre Proseminare für das kommende Semester vorbereiten zu können. Auch während ihrer gemeinsamen Zeit an der Uni war Hannah stets eine fachliche Rettungsinsel für Tinne gewesen – ihre Freundin hatte immer und überall die passende Literatur parat, ihre Hausarbeiten zählten zu den besten des Jahrgangs.

Der Kontakt zwischen den beiden Frauen wurde spärlicher, als Tinne 2004 den BWL-Dozenten Olaf kennenlernte und mit ihm zusammenzog. Nach dem Ende ihres Studiums 2005 verloren sich die beiden dann komplett aus den Augen. Hannah hatte einen exzellenten Abschluss gemacht und wurde sofort Teil der Arbeitsgruppe von Professor Nümbrecht. Tinnes weiteres Leben hingegen verlief recht turbulent und hielt einige überraschende Wendungen parat: Sie war eine Weile auf Jobsuche, arbeitete als Aushilfe in der Stadtbibliothek und bekam endlich eine Arbeitsstelle bei einem kleinen Fachbuch-Verlag in Mainz. In einer einzigen Woche Ende 2011 kündigte dann der Verlag den Job und Olaf die Beziehung – Ersterer aufgrund ominöser Einsparungen, Letzterer aufgrund einer blutjungen, blonden Doktorandin.

Nach einer verheulten Woche begann Tinne, ihr Leben neu zu organisieren und kehrte im Januar 2012 als Lehrbeauftragte ans Historische Seminar zurück. Es war komisch, nach so vielen Jahren wieder am selben Institut zu sein. Viele Gesichter waren neu, umso schöner empfand Tinne das herzliche Willkommen, das Hannah ihr bereitete. Rasch hatten sich die beiden Frauen wieder einander angenähert, ganz so, als wären die letzten fünf Jahre wie weggewischt.

Tinne schniefte, suchte sich ein Taschentuch und legte die *Walking in Memphis* von Marc Cohn auf, eine CD, die für die emotionalsten und traurigsten Momente ihres Lebens reserviert war.

Danach holte sie den Zettel aus der Hosentasche, den sie aus Hannahs Büro hatte mitgehen lassen, und starrte nachdenklich darauf.

ML 129/212

Erneut waberte ein unklares Gefühl der Erinnerung durch ihren Kopf, doch sie konnte es nicht packen und ans Licht zerren. Kurz entschlossen fuhr sie ihren VAIO hoch und gab die Kombination in Google ein. Das Internet entpuppte sich allerdings als Enttäuschung, der Suchbegriff *ML 129/212* verwies lediglich auf eine astrophysikalische Abhandlung und auf Lean-Market-Strategien – beides Quellen, mit denen Hannah ganz sicher nichts am Hut gehabt hatte.

Während Tinne überlegte, was es damit auf sich haben könnte, drehte sie den Zettel gedankenverloren hin und her. Der Lichtschein ihrer Schreibtischlampe erhellte das Papier und ließ sie plötzlich stutzen. Da war noch etwas anderes zu sehen!

Sie schaute ganz genau hin. Tatsächlich, auf der unteren Hälfte waren schwache Linien zu erkennen, Buchstaben, es sah aus, als wäre das Papier ein wenig eingedrückt. Offensichtlich hatte jemand – Hannah? – ein darüber liegendes Blatt beschrieben, und der Stift hatte sich leicht auf den Zettel durchgedrückt.

Tinne war entzückt. Solche unglaublichen Zufälle hatte sie bisher stets ins Reich der Krimi-Literatur verbannt, wenn der Autor unbedingt eine Spur legen wollte und ihm partout nichts anderes einfiel. Dass Hannahs Zettel nun tatsächlich ebendiese Abdrücke aufwies, lehrte sie einmal mehr, dass das Leben die besten Geschichten schrieb. Nun blieb nur zu hoffen, dass ihr diese Spur auch tatsächlich weiterhelfen würde.

Sie hielt das Papier gegen ihre Lampe und versuchte, die Zeichen zu entziffern. Der erste Buchstabe war offensichtlich ein großes P, dann konnte sie einige Linien nicht gut erkennen, es folgten ›nent‹ oder ›ment‹ und schließlich ein weiterer Strich. *Pergamente?* Das würde ja immerhin zu Hannahs historischen Forschungen passen.

Tinne war guten Mutes, das Rätsel schnell lösen zu können. Denn wenn ein solches Blatt in der Kriminalliteratur auftauchte, bekam der geneigte Leser stets die perfekte Entzifferungsmethode gleich mitgeliefert: Man musste die entsprechende Stelle vorsichtig mit einem Bleistift schraffieren, dadurch wurden die Buchstaben klar und deutlich erkennbar.

Tinne schnappte sich einen Bleistift und schraffierte. Danach war das Papier geschwärzt, von der geheimnisvollen Schrift war rein gar nichts mehr zu erkennen. Verärgert hielt sie den Zettel ans Licht. Nichts, keine durchgedrückten Buchstaben, alles nur noch grau in grau.

Erbost knallte sie den Bleistift auf den Boden, sodass Mufti zu Tode erschrocken das Weite suchte. Das hatte man davon, wenn man Krimis für bare Münze nahm! Nun war jede Chance vertan, das seltsame Wort weiter zu entziffern – alles, was sie hatte, war ›P…nent‹ oder ›P…ment‹.

Ohne große Hoffnung gab Tinne die verstümmelten Begriffe ins Internet ein und erhielt Infos über Pferdefutter und betriebliche Personalentwicklung. Na toll!

Verstimmt packte sie den Zettel in ihre Schreibtischschublade und machte sich bettfertig. Morgen würde sie den mysteriösen Hinweisen weiter nachgehen, zur Abwechslung vielleicht mit etwas mehr Erfolg.

*

Im dunklen Philosophicum trottete Gero Frey den langen Flur zum Institut für Mittelalterliche Geschichte entlang, er hatte seine MP3-Stöpsel im Ohr stecken und summte unmelodisch zu Madcon. Ein Outdoor-Rucksack baumelte von seiner Schulter, darin steckten Helm, Klettergeschirr und Sportschuhe. Den Abend hatte er mit zwei Kumpels im Bretzenheimer Sporttreff beim Klettern verbracht, doch nun gab es noch einiges an der Uni zu erledigen.

Leise pfeifend schloss er das Vorzimmer zu Professor Nümbrechts Büro auf, in dem er seit zwei Jahren seinen Arbeitsplatz hatte. Der Lichtschein, der durch die offene Tür in das dunkle Zimmer fiel, beleuchtete seinen Schreibtisch, das Telefon, den Dell-Rechner und mehrere aufgeschlagene Aktenordner. Die Unterlagen in den Ordnern schienen ihn vorwurfsvoll anzustarren. Gero seufzte leise. Seine Doktorarbeit über die Juden im mittelalterlichen Mainz ging nur schleppend voran, er wusste, dass er deutlich mehr Zeit investieren müsste. Doch der Job als Assistent von Professor Nümbrecht war zeitraubend: Nicht nur, dass er als eine Art Sekretärin den kompletten Telefondienst des Professors übernahm, nein, er wurde darüber hinaus für jede Art von Arbeit eingespannt, vom Kopieren über Literaturrecherchen und Korrekturen bis hin zu wissenschaftlichen Rezensionen. Außerdem ging sein Chef ganz selbstverständlich davon aus, dass Gero die gesamten mittelalterlichen Buchbestände des Instituts verwaltete, die in Nümbrechts Zimmer und in einem abgeschlossenen Bereich der Bibliothek lagerten. Die Bücher waren sehr wertvoll, und einige waren bereits abhanden gekommen. Deshalb musste Gero bei jeder Anfrage ellenlange Listen ausfüllen und den Bestand dauernd aktualisieren – beides hervorragende Zeitfresser. Er wollte gerade auf den Lichtschalter drücken, als er einen schwachen Schimmer an der gegenüberliegenden Wand bemerkte. Ein klein wenig Helligkeit kroch durch die Ritzen der Tür, die zum Büro von Professor Nümbrecht führte.

Ungläubig schaute Gero auf die Uhr und war baff. Halb zwölf! Es kam extrem selten vor, dass sein Chef so spät abends noch in seinem Arbeitszimmer saß!

Er unterdrückte einen Fluch, stellte den MP3-Player aus und strich sich über sein Teufelsbärtchen. Was auch immer Nümbrecht so spät noch zu tun hatte – die Anwesenheit des Professors passte Gero gar nicht in den Kram.

Samstag, 17. März 2012

Marie-Luise Winkelmann gähnte wohlerzogen hinter vorgehaltener Hand, als sie um halb sieben mit einer Tasse Kaffee aus dem Bürotrakt des Landesmuseums ins Foyer trat. Sie war die geborene Frühaufsteherin und dadurch in der Regel als Erste im Museum. Auch heute war noch kein anderer Mitarbeiter hier. Das war ihr sehr recht, denn in den ruhigen Morgenstunden konnte sie viele Arbeiten erledigen, zu der ihr im hektischen Alltagsbetrieb die Konzentration fehlte. Als Museumspädagogin kümmerte sie sich um die didaktische Aufbereitung der Ausstellungen, darüber hinaus übernahm sie zu Stoßzeiten Kindergruppen oder Individualführungen. Dass sie ihre Samstagvormittage im Museum verbrachte, war zwar nicht die Regel, aber oft ließ ihr übervoller Schreibtisch keinen anderen Ausweg zu.

Im Empfangsbereich stellte sie ihre Tasse ab und blätterte einen Stapel Faxe durch. Jemand klopfte vorsichtig an die Glastür, die zur Großen Bleiche hinausführte. Draußen stand ein Kurierfahrer mit Mütze und Uniform, er hielt ein sperriges Paket in der Hand, hinter dem er kaum hervorlugen konnte. Frau Winkelmann bedeutete ihm kurz zu warten, eilte in ihr Büro und holte den Schlüssel. Es dauerte eine Weile, die mehrfach gesicherte Tür zu öffnen, dann trat der Paketmann herein und stellte schnaufend das Paket zu Boden.

»Moin, moin, eine Lieferung für euch.«

Sein fröhlicher Ton ließ erahnen, dass er ebenso ein Frühaufsteher war wie Frau Winkelmann.

»Hier bitte unterschreiben.«

Sie nickte und bemühte sich, ihre Unterschrift leserlich auf den Scanner zu malen. Als sie fertig war, spürte sie plötzlich eine Berührung am Hals. Unwillkürlich fasste sie hin und erstarrte, als ihre Finger kaltes Metall berührten.

»Wir gehen jetzt gemeinsam nach hinten und schalten das Alarmsystem ab.«

Die Stimme des Kurierfahrers war nicht mehr fröhlich. Er packte sie hart am Arm und zog sie zu sich heran. Frau Winkelmann fühlte, wie das Blut durch ihre Adern schoss. Adrenalin ließ ihr Herz rasen, sie hatte Todesangst. Ein Überfall!

»Los jetzt!«

Der Mann zog sie halb mit sich, bis sie endlich wieder auf eigenen Beinen stand. Sie schluckte.

»Ich ...« Ihre Stimme war nur ein heiseres Flüstern. »Ich kann die Alarmanlage nicht abschalten. Dazu braucht man den ...«

»Den Hauptschlüssel, weiß ich doch«, unterbrach er sie grob. »Aber du kannst sie auf *Time Out* schalten.«

Frau Winkelmann nickte hastig. Der Mann musste sich mit dem Sicherheitssystem des Museums gut auskennen. Denn tatsächlich verfügte die Alarmanlage über eine Art Pausenmodus, ein Zeitfenster von exakt vier Minuten. In dieser *Time Out*-Phase konnte man ein einzelnes Exponat – aber nur eins! – von seinem Platz nehmen, um beispielsweise eine Markierung anzubringen oder eine Beschädigung zu überprüfen. Auf diese Weise wurden Routineaufgaben erfüllt, ohne dass jedes Mal das gesamte Sicherheitssystem heruntergefahren werden musste. Wurden aber innerhalb des Zeitfensters mehrere Exponate von der Stelle bewegt oder die vier Minuten auch nur um eine Sekunde überschritten, so löste das System sofort den Generalalarm aus.

Der Mann hielt Frau Winkelmann fest am Arm und führte sie zielsicher zum EDV-Raum. Hier befanden sich die Rechner des Sicherheitssystems.

»Aufschließen«, knurrte er. Bebend folgte Frau Winkelmann seinen Anweisungen. Sie konnte kaum noch klar denken und hoffte nur, diese schreckliche Situation zu überleben.

»Ich ... ich habe Kinder. Bitte ...«, stammelte sie.

»Halt's Maul!«

Im EDV-Raum lockerte der Mann seinen Griff, sie stolperte benommen einen Schritt zur Seite. Nun konnte sie ihn endlich genauer betrachten: Er trug eine Art Fantasie-Uniform mit einem Logo, das sie noch nie gesehen hatte. Der offizielle Anstrich hatte jedoch genügt, um sie im ersten Moment zu täuschen. Sein Gesicht war nichtssagend, weder hübsch noch hässlich, braune Augen, dunkle Haare unter der Uniformmütze. Ein Nobody, der auf einer belebten Straße innerhalb von Sekunden untertauchen konnte. In der Hand hielt er eine überraschend kleine Pistole, mit der er nun auf den Server der Alarmanlage deutete.

»Ausschalten.«

Gehorsam beugte Frau Winkelmann sich an eine der Workstations. Sie musste ihr Passwort zweimal eingeben, so sehr zitterten ihre Finger. Anschließend klickte sie sich durch das Menü zum *Time Out*-System.

Der Mann zeigte mit dem Kinn in Richtung des Monitors.

»Drei Minuten Vorlauf.«

Der Vorlauf bestimmte, nach welcher Zeitspanne das System in den *Time Out*-Modus schaltete. Sie gab die gewünschte Dauer ein und schaltete das System auf Bereitschaft. Dann fummelte sie an ihrem Schlüsselbund herum, bis sie einen stumpfen kleinen Kegel mit metallenem Fuß gefunden hatte. Den Kegel drückte sie auf ein Lesegerät, das in eine Schalttafel an der Wand integriert war. Ein akustisches Signal bestätigte, dass sich das System aktiviert hatte. Die drei Minuten Vorlauf tickten.

»Mitkommen.«

Der Mann schnappte sie erneut am Arm und zog sie mit sich. Sie stolperte neben ihm die Treppe nach oben in die Mittelalterausstellung, vorbei an acht Sandsteinzinnen und einem Bildschirm, der Animationen des früheren

Mainzer Stadtbildes zeigte. Schließlich steuerte er auf den Mittelalter/Judaica-Saal zu, riss die Tür auf und trat ein.

Die Erkenntnis durchzuckte Frau Winkelmann wie ein Blitz: der Marienzyklus des Hausbuchmeisters! Die wertvollsten Exponate der gesamten Mittelaltersammlung! Skrupellose Kunsthändler oder Sammler würden Höchstsummen für eines dieser Bilder zahlen.

Doch zu ihrer Überraschung blieb der Mann neben der Tür stehen und wandte sich einem anderen Bild zu. Frau Winkelmann blinzelte. Das Ölgemälde zeigte überhöhte Türme, kleine Häuser und einen gewundenen Fluss – die Mainzer Stadtansicht des Meisters WB, Wolfgang Beurer. Sie war verwirrt. Natürlich hatte ein Bild des Meisters WB durchaus seinen Wert, doch es stand in keinem Verhältnis zu einem Werk des Hausbuchmeisters. Zudem war die Mainzer Stadtansicht des Wolfgang Beurer eher von regionalgeschichtlicher Bedeutung und konnte sich nicht mit den Sakral- und Heiligendarstellungen in den anderen Sälen messen.

Ein leiser Piepton hallte durch die menschenleeren Säle des Museums – das Alarmsystem hatte in den *Time Out*-Modus geschaltet. Ohne zu zögern, nahm der Mann das Ölgemälde von der Wand.

»Danke für deine Hilfe«, meinte er zynisch, bevor er blitzschnell ausholte und Frau Winkelmann seine Pistole an die Schläfe knallte. Ein scharfer Schmerz durchzuckte ihren Kopf, als sie die Besinnung verlor und kraftlos zu Boden fiel.

Während die Haare der Museumspädagogin langsam mit Blut getränkt wurden, lief der Mann zum Haupteingang zurück, packte das Ölbild in das am Boden liegende

Paket, stemmte es hoch und trat ohne jede Hast auf die Große Bleiche hinaus.

55 Sekunden später registrierte das Sicherheitssystem mit digitaler Genauigkeit, dass ein Exponat am Ende der *Time Out*-Phase nicht an seinen Platz zurückgekehrt war. Ein schrilles Alarmsignal hallte durch die Räume, gleichzeitig ging eine automatisierte Meldung bei der Mainzer Polizei ein.

*

Wolle war unschlüssig. Er gab dem schmutzigen Rucksack neben sich einen Stups, als könne er das Ding dazu bringen, ihm seine Geschichte zu erzählen. Den Gefallen tat ihm der Rucksack aber nicht.

Als Wolle heute früh aufgewacht war, eingemummelt in seine warme Armeedecke, seine zwei Plastiktüten ›Anna‹ und ›Berta‹ neben sich, war ihm zuerst gar nichts aufgefallen. Seit drei Nächten schon hatte er einen hübschen Platz vor dem Eingang von Hertie, ach nee, hieß ja jetzt schon eine ganze Weile Karstadt. Egal, jedenfalls hatte er sich ordentlich gestreckt und in seinem Geheimversteck in der Kappe nachgeschaut, ob die Münzen für einen Kaffee reichen würden, vielleicht bei McDonald's nebenan. Dann hatte er gemerkt, dass da ein seltsames Ding bei Anna und Berta lag – ein Rucksack, ziemlich dreckig und schlammig, aber gar nicht mal so schlecht von der Qualität her. So ein Kletterding, für Sportskanonen oder so.

Erst mal war Wolle sauer gewesen. Es kam nämlich öfter vor, dass Leute nachts irgendwelchen Müll bei Obdachlosen abstellten, so nach dem Motto: Die arme Sau kann bestimmt was damit anfangen. Dann hatte er aber gemerkt, dass der Rucksack kein Müll war. Ganz im Gegenteil, es steckten echt gute Sachen darin, eine tolle Taschenlampe, ein Schutzhelm, wie ihn Bauarbeiter trugen, Handschuhe, ein Hammer, ein dicker Kompass an einem Armband, ein Handy, ein paar Seile mit metallenen Ösen, sogar ein Geldbeutel. Die meisten Sachen hatten zwar genau wie der Rucksack Dreck und Schlamm an sich pappen, das Handy war sogar komplett zerbrochen, aber egal. Einem geschenkten Gaul schaute man schließlich nicht ins Maul!

Zuallererst hatte Wolle den Kölner gesucht, denn bei dem stand er in der Kreide, länger schon. Den Geldbeutel wollte er erst mal nicht an die große Glocke hängen, deswegen gab er dem Kölner ein paar andere Sachen aus dem Rucksack. Dann war er wieder zu seinem Stammplatz vor dem Karstadt zurückgekehrt.

Tja, und da saß er nun. Während die Ludwigsstraße sich mit Samstagsbummlern füllte und die Sonne anfing, die Stadt zu wärmen, war Wolles Hochgefühl verflogen. Denn irgendetwas war faul an diesem Rucksack. Wer verlor denn schon eine Tasche voller Zeug direkt neben einem Obdachlosen? Das war ein bisschen zu viel Zufall nach seinem Geschmack. Und wenn jemand den Rucksack geklaut hatte und ihn loswerden wollte, warum waren dann die ganzen Sachen noch drin? Der Geldbeutel war auch keine Hilfe, kein Pass, keine Karten, nur ein Pärchenfoto, ein paar kleine Scheine und Münzgeld.

Während Wolle noch überlegte, was er denn nun mit seinem Fund machen sollte, kamen vier Männer auf ihn zu, zwei Bullen in Uniform, dazu ein Kleiner und ein Schönling in Zivil. Wolle wusste, dass es jetzt Ärger geben würde.

Der Schönling sagte kein Wort, sondern bückte sich nur und warf einen Blick in den halb geöffneten Rucksack.

»He, das is meiner!«, fing Wolle an zu protestieren, doch der Laffe schnitt ihm das Wort ab.

»Ich an deiner Stelle wäre vorsichtig mit dem, was ich sage. Wir fahren jetzt zum Revier, und dort kannst du mir ganz ausführlich erzählen, wie du an die Sachen hier gekommen bist.«

Wolle war entrüstet über die herrische Art des Kerls und über das plumpe ›Du‹.

»Ei, machen Sie mal halblang jetzt!«

Der Schönling ignorierte ihn und gab den beiden Polizisten ein Zeichen. Sie packten Wolle und zogen ihn unsanft auf die Füße, während die beiden Zivilbullen den Rucksack vorsichtig in eine große, transparente Plastiktüte packten.

Wolle ahnte, dass er von dieser Sekunde an in gewaltigen Schwierigkeiten steckte.

*

Tinne ließ den röhrenden Staubsauger Stufe um Stufe nach unten poltern, während sie den Treppenaufgang zur Kommune 47 saugte. Oben standen alle Türen offen, sodass die Jungs von Extreme ihr *Pornograffiti* in voller Lautstärke spielen konnten. Tinne hatte in dieser Woche Putzdienst, und diese Aufgabe wurde von ihren WG-Genossen überaus ernst genommen. Das war einer der Nachteile, wenn man mit nicht mehr ganz so jungen Leuten zusammenwohnte: Auf die Pflichten wurde ein waches Auge geworfen, das sprichwörtliche jugendliche Laissez-faire gab es hier nicht mehr. Ob man nun alle Zeit der Welt hatte oder in einem Todesfall ermittelte – Putzdienst war Putzdienst, basta.

Nachdem Tinne die Treppe fertig gesaugt hatte, schnappte sie sich den Staubsauger und stapfte wieder nach oben, der dröhnenden Musik entgegen. Die Kommune hatte Narrenfreiheit, was die Lärmentwicklung betraf, denn die Vermieter im unteren Stockwerk, ein nettes altes Ehepaar, waren stocktaub. Das war auch gut so, schließlich waren sie alle drei keine Freunde von Traurigkeit: Der dicke Bertie war geschieden und hatte jedes Wochenende Besuch von seinen beiden Buben, sechs und acht, die die WG mit Getrampel und Kindergeschrei erfüllten. Tinne hörte für ihr Leben gern Musik und drehte ihre Anlage öfter mal etwas lauter auf, doch sie war diesbezüglich ein Waisenkind gegenüber Axl. Der hart gesottene Altrocker ließ zu den unmöglichsten Zeiten Deep Purple, Mötley Crüe, Judas Priest und ähnliche Kaliber dröhnen. Darüber hinaus spielte er E-Gitarre in einer Hardrock-Band und pflegte zu Hause mit der Lautstärke eines Open-Air-Konzerts zu üben.

Die Kommune hatte eine Aufteilung, die ihren drei Bewohnern sehr entgegenkam. Die Eingangstreppe mündete in einen Mini-Durchgang, in dem nichts außer einer Besenkammer und einer Garderobe Platz fand. Zentraler Raum und allgemeiner Treffpunkt war die große Gemeinschaftsküche, die mit bunt zusammengewürfelten Schränken und einer langen Tafel sehr einladend wirkte. Auf der linken Seite gingen zwei Türen ab. Eine führte in Tinnes Zimmer, das ein eigenes, kleines Bad hatte, die andere in Axls Hardrock-Bude. Eine weitere Tür im hinteren

Küchenbereich trennte das große Bad ab, das sich die Männer teilten. Rechts schloss sich Berties Zimmer an, es war das größte, denn er brauchte den zusätzlichen Platz für die zwei Kinderbetten.

Tinne packte den Sauger weg und schloss die Besenkammer. Der Rest der Putzaktion musste warten, weil sie nun ein paar Snacks vorbereiten wollte, bevor die beiden Männer nach Hause kamen. Denn sie hatte ihre Mitbewohner per SMS gebeten, die Mittagspause hier zu verbringen – vielleicht brachte ein Kriegsrat der Kommune ein wenig Licht in die geheimnisvolle Zahlen- und Buchstabenkombination, die sie auf Hannahs Schreibtisch entdeckt hatte.

Sie öffnete den Kühlschrank, in dem es streng getrennt zuging. Das obere Fach gehörte Axl, der als Vegetarier stets eine erkleckliche Auswahl an Frischgemüse, Obst und Joghurt bevorratete. Die Mitte wurde von Bertie in Beschlag genommen, hier herrschten ›Meenzer Fleeschworscht‹, Frikadellen und Wienerle vor. Das untere Fach, Tinnes, war spärlich gefüllt – sie blätterte zwar liebend gern in Kochbüchern, doch am Herd war sie nicht gerade von Kreativität beflügelt.

Auf einem Teller bereitete sie einige Brote vor, hier mit Boursin und Schnittlauch, dort mit Salami und Meerrettich, dazu ein paar Käsewürfel und Oliven. Schließlich trat sie an ihre geliebte Espressomaschine heran, ein original italienisches Edelstahlmonster von Bezzera.

Tinne war Espresso-Junkie, ohne die schwarze Brühe lief ihr Hirn nicht rund. Ihr ehemaliger Lebensgefährte hatte sich zu ihrem Zweijährigen etwas ganz Besonderes einfallen lassen und die gebrauchte ›Galatea‹ für ein Heidengeld bei einer Pizzeria-Auflösung erstanden. Die glänzende Maschine war ein echtes Profigerät mit zwei separaten Siebträgern, fast 90 Kilo schwer und gespickt mit Röhren und Manometern. Ein handgemaltes Schild zierte das Gerät: *Finger weg!!!*, darunter ein gemalter Totenkopf, der allerdings eher an das Pferdegesicht von Laurent Pelizaeus erinnerte. Trotzdem hatte das Schild bis jetzt seine Wirkung entfaltet und ihre WG-Genossen von der Bezzera ferngehalten. Während Tinne Bohnen mahlte und einen der Siebträger vorbereitete, hob sie spitzbübisch die Augenbrauen: Es entbehrte nicht einer gewissen Ironie, dass die Liebe zur Espressomaschine länger gehalten hatte als die Liebe zum Mann.

Gerade als sie Zucker in ihr Tässchen rührte, klapperte unten die Haustür. Perfektes Timing! Das Quietschen der alten Treppendielen verriet Tinne, dass es Bertie sein musste. Seine 120 Kilo Lebendgewicht vermochten der Treppe Geräusche zu entlocken, die der rappeldürre Axl niemals zustande bekommen würde.

»Hi, Tinne, was liegt an?«, begrüßte er sie.

»Hallo, Bertie. Danke, dass du gekommen bist. Lass uns eben noch auf Axl warten, sonst muss ich alles zweimal erklären.«

Er nickte und ließ sich von ihr einen Espresso zapfen. Dabei achtete er wie stets darauf, dass Tinne die richtige Tasse für ihn auswählte: Sie war mattschwarz und hatte in weißen Buchstaben ›May the Force be with you‹ aufgedruckt. Denn der dicke Bertie war bekennender Star Wars-Fan, er besaß unendlich viele Devotionalien von George Lucas' Sternensaga. Die Begeisterung für R2D2, C3PO, Han Solo und Luke Skywalker hatte er auf seine beiden Söhne übertragen, sodass sich die drei an den Wochenenden mit Raumschiffmodellen bewaffneten und die Kommune in die Weiten des Universums verwandelten. Tinne verkniff sich stets ein Lächeln, wenn Bertie mit jungenhafter Begeisterung den Millennium Falcon durch die Küche schießen ließ und die Jungs ihn johlend mit Tie-Fightern verfolgten. Sie fragte sich bei solchen Gelegenheiten, wem die gemeinsamen Wochenenden wohl mehr Spaß machten – den kleinen oder dem großem Buben.

Eine Minute später fing das Haus an zu dröhnen, als Axls Harley mit dumpfem Wummern in den Hof bog. Die Haustür klapperte, Axl kam die Treppe hoch marschiert und zog den Helm vom Kopf. Wie immer musste Tinne schmunzeln, als sie ihre beiden WG-Genossen nebeneinander sah. Sie wirkten wie Pat und Patachon, auf der einen Seite der lange und spillerige Axl, auf der anderen der kleine, pummelige Bertie. Trotz der unterschiedlichen Physiognomie waren die beiden Männer seit Jahren gute Kumpels und verstanden sich prächtig.

Nun saßen beide am Küchentisch und schauten Tinne erwartungsvoll an.

»Und?«, fasste Bertie die allgemeine Erwartungshaltung auf eine typisch Mainzerische Art und Weise zusammen.

In kurzen Worten umriss Tinne die Geschichte, ohne allzu sehr ins Detail zu gehen. Dann griff sie in ihre Tasche und holte ein gelbes Post-it heraus, auf das sie das P-Wort geschrieben hatte: P…nent / P…ment. Daneben legte sie Hannahs Zettel, ›ML 129/212‹.

»Fällt euch dazu etwas ein?«

Eine Weile schwiegen alle und kauten nachdenklich auf den Broten herum. Aus dem Nichts tauchte Mufti auf. Der Kater schien ein besonderes Radar zu haben, das ihn immer dann in die Küche rief, wenn es etwas zu essen gab. Zielstrebig steuerte er auf Bertie zu, der trotz Tinnes strengem Verbot stets brüderlich mit Mufti teilte.

»ML ist das KFZ-Kennzeichen vom Mansfelder Land in Sachsen-Anhalt«, schlug Bertie vor und ließ ein Stück Salami unter den Tisch fallen.

Es wunderte Tinne nicht, dass dieser Vorschlag von Bertie kam. Der Rotschopf verdiente seine Brötchen nämlich als Taxifahrer in Mainz. Ursprünglich hatte er Geografie studiert, doch durch die Unbilden des Arbeitsmarktes war er schließlich beim Taxidienst Laurenzi gelandet, einem kleinen Taxiunternehmen mit Sitz im Bretzenheimer Südring. Sein Lieblingsspruch zum Thema Ortskenntnis lautete: ›Na, dann war's Studium doch nicht ganz umsonst‹.

Sie warf ihm wegen der Salami einen strafenden Blick zu und zuckte dann die Schultern. »Okay, stimmt. Aber da sehe ich keinen weiteren Sinn, oder?«

Bertie deutete auf das P-Wort.

»Pavement. Oder Payment. Oder Permanent. Könnte auch Pergament heißen.«

Bürgersteig, Bezahlung, dauerhaft? Tinne konnte beim besten Willen keinen Zusammenhang mit Hannah herstellen. Außerdem war sie sicher, dass es auf dem ursprünglichen Notizzettel einen weiteren durchgedrückten Strich gegeben hatte, einen Buchstaben am Ende des Wortes. Also doch ›Pergamente‹? Neu entdeckte Handschriften?

Axl betrachtete die Zahlen-Buchstaben-Kombination und kratzte sich am Kopf. Dann schnappte er ein Blatt Papier von der Küchenablage und begann, wild darauf herumzukritzeln.

»Hm, wenn man M und L im Alphabet abzählt, haben

sie die Nummern 13 und 12. Zusammen gibt das die Zahl
13-12-129-212. Die Quersumme ist 24. Könnte das was
bedeuten?«

Tinne verbiss sich ein Lachen. Sie mochte Axls Art zu
denken, seine Gedankengänge waren irgendwie ... unor-
thodox. Das traf übrigens auf den ganzen Kerl zu: Axl
war mit 53 der Älteste in der Kommune, hatte die langen,
ergrauten Haare zum Pferdeschwanz gebunden und trug
in der Regel Hardrock- und Metal-T-Shirts. Eigentlich
hieß er Alexander, aber jeder nannte ihn in Anlehnung an
den Sänger von Guns N' Roses schlicht Axl. Er war freischaffender Metallkünstler und hatte eine kleine Werkstatt
im Stadtteil Hechtsheim, in der er Stahl- und Eisenskulp-
turen herstellte und manchmal sogar verkaufte. Genau wie
Bertie war er seit einigen Jahren geschieden – seine Frau
wollte nicht länger mit einem ›spät pubertierenden Hippie‹
zusammen sein, wie sie es ausgedrückt hatte. Axl fasste
diese Bezeichnung allerdings eher als Lob auf.

Sie zog die Nase kraus.

»Tolle Theorie, Axl, aber ich glaube nicht, dass meine
Freundin ein Zahlenrätsel à la Dan Brown da reingepackt
hat. Ich denke, die Lösung ist viel simpler.«

Bertie blies die Backen auf.

»Vielleicht eine Art Katalognummer oder Bestellnummer oder so?«

»Hab ich auch schon gedacht. Das Internet gibt aber
nichts her, was in dieser Richtung passen könnte.«

Eine Weile schwiegen alle. In der Stille war deutlich zu
hören, dass Mufti schon wieder an etwas herumkaute, was
vor Kurzem noch auf Berties Teller gelegen hatte. Schließlich hob Axl einen Finger.

»Eine Telefonnummer? Den beiden Buchstaben sind schließlich Zahlen auf der Telefontastatur zugeordnet.«

Tinne sprang auf, holte ihr Handy und wählte: 65129 – 212. Es knackte in der Leitung, dann fiepte der altbekannte Dreiklang für ›kein Anschluss unter dieser Nummer‹. Fehlanzeige.

Die WG-Genossen grübelten noch eine Weile über die seltsame Kombination und das P-Wort, doch sie kamen zu keinem Ergebnis. Schließlich mussten die Männer wieder zurück zur Arbeit. Bertie schrieb die Zahlen auf einen anderen Zettel, steckte ihn ein und erhob sich.

»Ich werde mal heute Nachmittag bei der Brigade nachfragen, vielleicht hat da jemand eine Idee.« Die Brigade waren die acht festen Mitarbeiter bei Taxi Laurenzi, vier Frauen und vier Männer. Jeder von ihnen besaß sein eigenes Fahrzeug und arbeitete bei Dietmar Laurenzi auf Konzession. Die Mitglieder der Brigade waren für Bertie in den Jahren seit seiner Scheidung eine Art Ersatzfamilie geworden, sie unternahmen viel zusammen, standen einander mit Rat und Tat zur Seite und waren nicht nur im Berufsalltag ein verlässliches Team.

Tinne nickte. Warum nicht, je mehr Leute über diese seltsame Nummer nachgrübelten, umso besser. Nachdem die beiden gegangen waren, packte sie einige Unterlagen zusammen. Sie wollte zur Uni hochfahren, sich in die Bibliothek setzen und weiter an ihren Seminarvorbereitungen arbeiten. In diesem Augenblick ertönte leicht blechern die Titelmelodie von Wallace & Gromit – ihr Handy klingelte und zeigte eine Mainzer Nummer an, die sie nicht kannte.

»Hallo, Tinne, hier ist Elvis. Es gibt Neuigkeiten. Hast du eine Sekunde?«

Einen Moment lang fragte sie sich, woher der dicke Reporter ihre Nummer hatte. Dann fiel ihr ein, dass sie am Ende ihrer Besprechung vor dem Philosophicum ihre Kontakte ausgetauscht hatten.

»Klar, schieß los.«

»Also, eben hat mich einer meiner Kumpels von der Polizei angerufen. Brandauer hat gestern den Professor verhört, bei dem Hannah Lohmann gearbeitet hat, diesen Nümbrecht. Der hatte dir doch gesagt, dass er keine Ahnung von ihrer Forschung hätte, stimmt's?«

»Genau, das hat mich ja stutzig werden lassen.«

»Zu Recht! Denn beim Verhör ist er dann doch ein bisschen redseliger geworden. Er hat zu Protokoll gegeben, dass sich ihre Forschungen in den letzten Wochen sehr auf Bilder- und Quellenrecherchen konzentriert hätten, sie wäre wohl ständig in irgendwelchen Archiven und Museen unterwegs gewesen. Ich dachte mir, vielleicht sollten wir ...«

Tinne hörte gar nicht mehr hin, denn in diesem Augenblick fiel es ihr wie Schuppen von den Augen. Sie wusste plötzlich, was die geheimnisvolle Nummer auf dem Zettel zu bedeuten hatte.

Sie unterbrach den Redefluss des Reporters.

»Elvis, da hast du gerade einen Volltreffer gelandet. Lass uns in einer Viertelstunde auf der Großen Bleiche treffen, Neubrunnenplatz, okay?«

*

Zwei Schulmädchen liefen kichernd über den Neubrunnenplatz, stießen sich gegenseitig in die Rippen und zeig-

ten verstohlen auf den dicken Mann, der an einem Fleisch-
käsebrötchen kaute.

Elvis war solche Blicke gewohnt, schließlich gehörte
er nicht gerade zu den Menschen, die man sah und im
nächsten Augenblick wieder vergaß. Das hatte allerdings auch Vorteile, gerade in seinem Job: Jeder, mit dem
er irgendwann irgendwie irgendwo zu tun gehabt hatte,
erinnerte sich an den dicken Reporter mit den buschigen
Koteletten. Und ein gutes Netzwerk war für einen Jour-
nalisten schließlich Gold wert.

Er musste an Tinne denken, auf die er gerade wartete.
Die Frau hatte etwas auf dem Kasten, das hatte er gleich
gemerkt. Und nicht nur das – darüber hinaus sah sie auch
noch ziemlich gut aus: dunkle, halblange Locken, riesengroße braune Augen, ein schmales Gesicht mit kurzem
Kinn und eine sportliche Figur. Sie erinnerte ihn ein wenig
an die Schauspielerin, die vor einigen Jahren diesen bezau-
bernden französischen Film gemacht hatte, *Die fabelhafte
Welt der Amelie*. Wie hieß sie doch gleich? Richtig, Aud-
rey Tautou. Einzig Tinnes Körpergröße war für eine Frau
ziemlich ungewöhnlich, sie mochte irgendwo zwischen
1,85 und 1,90 liegen, jedenfalls in einer Dimension, die
Elvis' Kopf in den Nacken zwang, wenn er nahe bei ihr
stand und mit ihr redete.

Endlich sah er Tinne auf dem Fahrrad die Große Bleiche herunterstrampeln.

»Was ist los, was gibt es denn so Wichtiges?«, fragte er
anstelle einer Begrüßung.

Tinne schloss ihr Rad an einer Laterne fest, erklärte
ihm, auf welchem Weg sie zu der Nummernkombination
gekommen war und reichte ihm den Zettel. Der Repor-

ter zog die Mundwinkel nach unten, während er Tinne in Richtung Rhein folgte.

»ML 129/212 – das sagt mir gar nichts. Du weißt es, oder?«

Tinne nickte stolz.

»Es ist im Prinzip ganz einfach: Die Nummer gehört zu einem Archiv.«

»Aha. Und zu welchem? Und woher weißt du das?«

»Moment, Moment, eines nach dem anderen. Also, die beiden Zahlen stehen für die Inventarnummer, unter der das Objekt im Archiv eingeordnet ist. Diese Nummer ist unverwechselbar und eindeutig, sie wird nur einmal vergeben.«

Elvis nickte knapp.

»Und das Buchstabenkürzel?«

»Das ist der Knackpunkt. Denn ML ist keine offizielle Benennung oder so etwas, sondern schlicht und einfach eine Abkürzung, die Hannah oft benutzte. Sie hatte nämlich für all ihre Quellen solche Kürzel, das machte das Arbeiten und Sortieren einfacher.«

Elvis' letzter Brötchenbissen verschwand im Mund und dämpfte seine Aussprache.

»Schoweit klar. Und jetscht sagscht du mir bestimmt gleich, welschesch Aschivsyschtem damit gemeint ischt, oder?«

Tinne schenkte ihm ein zuckersüßes Lächeln. »Wenn der Herr seinen Blick nach vorne richten möchte …«

Elvis tat wie geheißen, zog die Augenbrauen in die Höhe und verstand. Sie überquerten gerade die Löwenhofstraße, auf der linken Seite der Großen Bleiche erhob sich ein lang gestrecktes Gebäude mit einem goldenen Pferd auf dem Dach. Das Mainzer Landesmuseum. ML.

»Ich wusste von Anfang an, dass ich dieses Buchsta-
ben-Zahlen-Kürzel irgendwoher kannte. Jetzt ist es mir
klar: Ich habe während meines Studiums gemeinsam mit
Hannah einige Hausarbeiten geschrieben und dabei ihre
Notierweise kennengelernt. Aber das ist acht oder neun
Jahre her, deshalb ist es mir erst wieder eingefallen, als du
vorhin am Telefon das Stichwort ›Museum‹ gesagt hast.«

Tinne und Elvis marschierten am Gebäude entlang auf
den Eingang zu. Seine Leibesfülle ließ den dicken Reporter ein klein wenig watscheln, sodass er wie ein überge-
wichtiger Erpel wirkte.

»»Und wenn dieses P-Wort tatsächlich ›Pergamente‹
heißt, dann finden wir diese geheimnisvollen Pergamente
vielleicht unter der angegebenen Archivnummer«, schloss
Tinne. Sie war so vertieft in ihre Ausführungen, dass sie
sich erst nach einigen Sekunden verwundert umdrehte.
Elvis war stehen geblieben.

»Was …«, fing sie an, dann sah sie es auch: Die gläserne
Eingangstür des Museums war geschlossen, ein Polizist in
Uniform hielt Wache. Mehrere Passanten scharten sich
neugierig davor und reckten die Hälse. Im Inneren des
Gebäudes waren Männer in weißen Ganzkörper-Over-
alls zu sehen, die Untersuchungen vornahmen und Fotos
schossen.

Die beiden sahen sich an und dachten dasselbe. Konnte
das Zufall sein?

Innerhalb von Sekunden hatte Elvis sich durch die
gaffenden Menschen hindurch gedrängelt und hielt dem
Wachposten seinen Presseausweis unter die Nase.

»Die AZ, lassen Sie mich rein«, knurrte er. Der Polizist beäugte den Ausweis, dann trat er zur Seite, sodass

Elvis eintreten konnte. Als Tinne ihm folgen wollte, hielt der Polizist sie auf.

»Und wer sind Sie, bitte?«

Elvis antwortete an ihrer Stelle.

»Praktikantin, die kommt mit.«

Sein Ton duldete keinen Widerspruch, die 36jährige Praktikantin konnte anstandslos passieren.

Im großen Eingangssaal des Museums liefen Leute in Zivil, in Uniform und in Schutzanzügen umher. Niemand nahm Notiz von ihnen, als Elvis ein Faltblatt vom Empfangstresen nahm und sich anhand der Ordnungsnummern orientierte.

»Wir müssen in die Mittelaltersammlung. Erster Stock«, stellte er fest und stürmte voran. Die Freitreppe, die ins Obergeschoss führte, wirkte durch die fehlenden Besucher merkwürdig kahl. Statt Kinderlachen und vielstimmigem Gemurmel herrschte eine beklemmende Stille. Noch immer versuchte Tinne sich einzureden, dass der Polizeieinsatz vielleicht gar nichts mit dem gesuchten Exponat zu tun hatte, doch tief in sich glaubte sie nicht daran.

Elvis deutete auf einen Durchgang.

»Da rein und dann rechts, das ist der Mittelalter/Judaica-Saal. Da müssen wir hin.«

Tinnes Befürchtungen bestätigten sich, als sie den Saal betraten. Neben der Tür arbeiteten weitere Männer in Overalls, dunkle Tropfen glänzten auf dem Boden, ein Aufsteller mit Nummer stand daneben. Eine leere Stelle an der Wand und zwei verwaiste Aufhänger verrieten, dass hier offensichtlich ein Exponat fehlte. Das Schild daneben benannte das fehlende Objekt: *Mainzer Stadtansicht des Meisters WB*. Die darunter stehende Inventarnummer lautete 129/212.

Tinne war wie vom Donner gerührt. Ein Bild? Keine Pergamente? Sie starrte auf die dunklen Flecken, die überdeutlich nach Blut aussahen. In welche Ereignisse war Hannah da nur hineingeraten?

In der Zwischenzeit hatte Elvis sich jemanden von der Spurensicherung ausgesucht, löcherte ihn mit Fragen und schrieb in ein kleines Notizbuch. Tinne schüttelte ihre Starre ab und gesellte sich unauffällig dazu.

»… fanden die Einsatzkräfte eine Mitarbeiterin des Museums vor. Die Frau hat eine Kopfverletzung erlitten und wurde in die Uniklinik gebracht, schwebt aber nicht in Lebensgefahr. Soweit die Museumsleitung bis jetzt feststellen konnte, wurde nur ein einziges Exponat gestohlen, das hier an der Wand ausgestellt war.«

»Kameras?« Elvis blickte kaum von seinem Notizbuch auf.

»Die Kamerabilder zeigen einen Mann in einer Art Paketfahrer-Uniform. Wir vermuten, dass er sich auf diese Weise Einlass verschafft hat, die verletzte Mitarbeiterin des Museums ist aber noch nicht vernehmungsfähig, um das zu bestätigen. Das Gesicht des Mannes ist schwer zu erkennen, er trägt eine Uniform-Mütze mit Schirm, aber soweit wir feststellen konnten, gibt es eh keine Auffälligkeiten oder besonderen Merkmale. Wir werden …«

»Kein Wort mehr an die Presse!«

Alle fuhren erschrocken herum, als eine Stimme quer durch den Saal tönte. Tinne unterdrückte ein Stöhnen – Captain America kam im Laufschritt angerannt, seinen kleinen Adlatus im Schlepptau.

»Wie kommen Sie hierher?«, fuhr er Elvis an. Der Reporter packte gemächlich sein Notizbuch ein.

»Zu Fuß«, antwortete er seelenruhig. Die Männer der Spurensicherung kicherten.

»Lassen Sie den Scheiß, Elvis, sonst sperre ich Sie weg wegen Behinderung der Ermittlungsarbeit.«

Der Kommissar drehte sich herum und nahm Tinne aufs Korn.

»Und Sie, was bitteschön machen Sie hier?«

Tinne starrte ihn an wie eine Erscheinung. Panisch suchte sie nach einer glaubwürdigen Ausrede.

»Also, eh ... ich recherchiere gerade für ein Proseminar, das ich im nächsten Semester halten werde, da geht es, hm, um das Mittelalter ...«

»Verarschen kann ich mich selbst, Frau Nachtigall«, fuhr Brandauer ihr grob über den Mund und holte einige Notizen aus seiner Tasche.

»Sie halten im kommenden Semester zwei Proseminare, eins über die Weltwirtschaftskrise 1929, das andere über die Expansionspolitik des Deutschen Kaiserreichs. Nix Mittelalter. Damit haben Sie eh nichts am Hut, weil Sie nämlich einen Arbeitsvertrag mit dem Institut für Neuere Geschichte haben.«

Triumphierend schaute er sie an. Tinne musste schlucken. Teufel auch, Captain America hatte seine Hausaufgaben wirklich gut gemacht.

Brandauer beugte sich zu ihr, sodass sie sein teures Rasierwasser riechen konnte. Es war ihm anzumerken, dass er gern auf sie herabgeschaut hätte, doch Tinnes Körpergröße verbaute ihm diesen Vorteil. Also beschränkte er sich darauf, sie auf Augenhöhe anzufunkeln.

»Ich sage Ihnen, was Sie hier machen, Frau Nachtigall: Sie sind scharf darauf, die Forschungsergebnisse der toten

Hannah Lohmann in Ihre Finger zu bekommen. Denn dann haben Sie von jetzt auf gleich eine fast fertige wissenschaftliche Arbeit in Ihrer Tasche, die Sie ganz prima als Ihre Doktorarbeit ausgeben können.«

Er kam noch näher und senkte die Stimme.

»Das würde Ihrer Karriere an der Uni doch einen ordentlichen Push geben, oder?«

Tinne wusste nicht, was sie antworten sollte. Natürlich redete Brandauer Unsinn, aber ihr war bewusst, dass der Diebstahl von Forschungsergebnissen und die unrechtmäßige Übernahme fremder Arbeiten an Universitäten leider ganz heiße Eisen waren. VroniPlag und andere Plagiatsjäger bewiesen das immer wieder eindrucksvoll.

Der Kommissar hielt ihr seinen sorgfältig manikürten Finger unter die Nase.

»Ich habe Sie im Auge, Frau Nachtigall, und ich kriege schon noch heraus, welches Spielchen Sie hier spielen.«

Er trat einen Schritt zurück und machte eine Handbewegung, die sowohl Tinne als auch Elvis einschloss.

»Und jetzt raus hier, auf der Stelle!«

Die beiden trabten zurück ins Erdgeschoss, der Polizist am Haupteingang ließ sie hinaus. Die Menge davor tuschelte, jeder war am Diskutieren und hatte seine eigene Theorie über die Geschehnisse in dem abgesperrten Museum.

Etwas abseits stand ein groß gewachsener Mann im Anzug und blickte der Frau und dem dicken Reporter nach. Dann wandte Professor Nümbrecht seine Aufmerksamkeit wieder dem Gebäude zu und beobachtete akribisch, was darin passierte.

*

15 Kilometer nordwestlich von Mainz erhebt sich der große Gebäudekomplex des Klosters Eberbach. Die prachtvollen Bauten gelten bundesweit als die am besten erhaltene mittelalterliche Klosteranlage und sind ein wahrer Besuchermagnet.

Während die Kinder in der Orangerie Fangen spielen oder den Widerhall im gewaltigen Laienrefektorium austesten, blättern die Erwachsenen beeindruckt in ihren Reiseführern und informieren sich über die wechselvolle Geschichte der großzügigen Anlage:

Im Jahre 1136 wurde sie von Bernhard von Clairvaux als Zisterzienserkloster gegründet, die Mönche unternahmen bald schon erste Anstrengungen, um die sonnigen Hänge des Rheingaus als Rebflächen zu kultivieren.

Dem Niedergang der Abtei während der Französischen Revolution und ihrer endgültigen Auflösung im Jahre 1803 gingen sechs Jahrhunderte voraus, in denen die Zisterzienserbrüder den Weinanbau immer weiter perfektionierten. Die Weine der Eberbacher Reben zählen bis heute zu den besten und beliebtesten des Rheingaus.

Doch die Mönche des Klosters widmeten sich nicht nur dem Weinbau, sondern auch dem Studium und der Vervielfältigung von liturgischen und theologischen Handschriften. Im Lauf der Zeit sammelte sich in der Klosterbibliothek ein gewaltiger Schatz an Pergamenten, Schriften und frühen Büchern an.

Der Hauptteil dieser Sammlung ging verloren, als sie im 30jährigen Krieg als Geschenk an den schwedischen König Gustav II. Adolf geschickt wurde. Die im Kloster verbleibenden Teile der Bibliothek – immerhin mehrere Tausend Schriften und Folianten – überdauerten hingegen sowohl die Säkularisierung als auch die Zeit, in der die alten Mauern als Gefängnis und als Nervenheilanstalt Verwendung fanden. Schließlich wurden sie 1998 Eigentum der Domäne ›Staatliches Weingut Kloster Eberbach‹.

Dieser glückliche Umstand sorgte dafür, dass Prof. em. Dr. Dr. h.c. Werner Gutdünk seinen Lebensabend auf eine Art und Weise verbringen konnte, wie er ihn sich nicht schöner vorstellen konnte: umgeben von Büchern, Pergamenten und alten Handschriften.

Der emeritierte Professor erhob sich mühsam aus seinem bequemen Lehnstuhl. Es war kein Übermaß an Körpergewicht, das ihn gegen die Schwerkraft ankämpfen ließ, sondern eher die Last der 77 Lebensjahre auf seinen Schultern. Der Professor hatte die Gestalt einer hohen, dürren Zimmerpflanze. Sein runzeliges Gesicht erinnerte an trockene Rinde, und die schlohweißen Büschelhaare, die wirr vom Kopf abstanden, wären in einem botanischen Lehrbuch durchaus als Luftwurzeln durchgegangen.

Er reckte sich nach einem schmalen Büchlein, das am äußersten Rand eines überfüllten Regals balancierte. In einem stillen Gebäude der Klosteranlage, dem Schlosserbau, herrschte Gutdünk über ein bibliothekarisches Reich von beachtlichen Ausmaßen. Hier waren die uralten Handschriften untergebracht, die aus der ursprünglichen Klosterbibliothek übrig geblieben waren, aber auch zahllose andere mittelalterliche und frühneuzeitliche Werke.

Der Professor hatte 40 Jahre lang an der Mainzer Universität im Fach Mediävistik geforscht und gelehrt, er galt als Koryphäe für die ereignisreiche Epoche des Mittelalters. Nach seiner Emeritierung 2002 hatte er sich sehr einsam gefühlt, seine Frau war früh verstorben, die Kinder gingen längst ihre eigenen Wege. Da erreichte ihn ein verlockendes Angebot: Die Klosterbibliothek Eberbach suchte einen Kurator, der nach und nach die gewaltigen Literaturbestände der ehemaligen Abtei aufarbeiten und katalogisieren sollte. Innerhalb eines halben Tages war der Vertrag unter Dach und Fach. Professor Gutdünk fand sich in der riesigen, halbdunklen Bibliothek wieder, in der es nach Pergament, Staub und alter Druckerschwärze duftete – für seine Nase der schönste Geruch der Welt.

Er ließ sich vom Hausschreiner der Domäne ein deckenhohes Bücherregal mit einem schmalen Durchschlupf zimmern, das ein kleines Separee vom Rest des großen Raumes abteilte. Auf diese Weise konnte er in einer Art Studierstube arbeiten, hatte aber stets Zugriff auf die gesamten Bestände der Bibliothek. Sein gewaltiges Wissen und seine zahlreichen Kontakte zu anderen Wissenschaftlern halfen, das literarische Erbe des Klosters nach und nach der Vergessenheit zu entreißen.

Die Hand des Professors erreichte das kleine Buch am Rand des Regals, er ließ sich erleichtert in den Lehnstuhl zurücksinken. Durch das Fenster der Stube drangen die Geräusche der Klosteranlage herein, murmelnde Stimmen, Schritte auf Kies, lachende Kinder, irgendwo wurde eine Geige gestimmt. Der rege Betrieb auf Eberbach störte ihn nicht, ganz im Gegenteil, er schätzte die Lebendigkeit, die die alten Mauern erfüllte, und in lauen Sommernächten genoss er die klassische Musik des Rheingauer Musikfestivals.

Während Gutdünk eine bestimmte Stelle in dem Büchlein suchte, kaute er an seiner Savinelli-Pfeife herum, die freilich unangezündet war. Seit seiner Jugend hatte er eine

Schwäche für Blue Sapphire Tabak, das einzige Laster, dem er niemals abgeschworen hatte. Inmitten der Bücher und Handschriften verbot sich das Rauchen selbstverständlich, also stieg er alle paar Stunden die Stufen nach unten in den Hof. In den Zeiten dazwischen gab ihm die kalte Pfeife zumindest einen Hauch des Blue Sapphire-Aromas.

Hinter dem Tabakdöschen lag eine metallene Dokumentenbox, er fegte einige Tabakkrümel von der matten Oberfläche. General Overnight hatte die Box heute per Direktfahrt von der Uni Mainz hierher gebracht. Das war durchaus nichts Ungewöhnliches, denn seine alte Alma Mater bat ihn in schöner Regelmäßigkeit um Expertisen oder Einschätzungen von außergewöhnlichen Objekten.

Er freute sich darauf, später einen Blick hineinzuwerfen. Sein Nachfolger an der Uni, Eckhard Nümbrecht, hatte lediglich einen kleinen Laufzettel an die Box geheftet. Darauf schrieb er, dass der Inhalt vor einiger Zeit vom Mainzer Stadtarchiv gekauft worden war und ihm zur Begutachtung vorlag. Er hätte im Moment aber so viel um die Ohren, dass er Gutdünk bitten würde, diese Arbeit zu übernehmen.

Der emeritierte Professor war gespannt, was wohl in der Dokumentenbox stecken mochte.

*

Elvis und Tinne standen an der Fußgängerampel hinter dem Landesmuseum. Um sie herum wogte der Verkehr auf der Großen Bleiche, ein Strom von Autos und Bussen kroch im Schneckentempo voran. Tinnes Laune war am Boden, weil sie hochkant aus dem Gebäude geflogen waren und keine näheren Informationen zu dem gestohlenen Objekt bekommen hatten.

»Warum sind denn auf einmal Mister Superbulle und sein Sancho Pansa hier aufgekreuzt? Die hatten doch gar keine Ahnung von der Archivnummer!«

»Brandauer ist ja nicht blöd. Professor Nümbrecht hat ihm über Hannahs Archiv- und Museumsarbeit erzählt, und ausgerechnet jetzt wird ein mittelalterliches Exponat aus dem Museum geklaut. Da hat er eins und eins zusammengezählt.«

»So, und jetzt?«

Elvis zuckte die Schultern, nestelte ein Stoffsäckchen aus der Tasche und fing an, eine Zigarette zu drehen. Mit mildem Erstaunen registrierte Tinne, dass es sich um einen weißen Medikamentenbeutel mit weithin sichtbarem rotem Kreuz handelte, dessen ursprünglicher Sinn garantiert nichts mit der Aufbewahrung von Tabak zu tun gehabt hatte. Der Reporter schnaufte.

»Ich muss jetzt eh los, ich hab gleich einen Termin, vor dem ich mich nicht drücken kann.« Sein Basset-Gesicht zog sich zusammen, offensichtlich hatte er überhaupt keine Lust darauf.

Wider Willen musste Tinne lachen, als sie ihn so sah.

»Oh je, was ist es denn? Eine Wurzelbehandlung beim Zahnarzt?«

»Fast. Kennst du Elias Kalkbrenner, den Baulöwen?«

»Sagt mir was. Der baut doch überall im Rhein-Main-Gebiet irgendwelche Schickimicki-Wohnungen und verkauft sie für ein Heidengeld.«

Elvis nickte.

»Richtig. Sein aktuelles Projekt ist der Wohnpark auf

dem Jakobsberg, gleich bei der Zitadelle. Dieser Kalkbrenner ist im Moment eine ganz wichtige Nummer im Stadtgeschehen, und heute feiert er seinen 50sten mit einer kleinen Soiree oben im Schlesischen Viertel in seiner Angeber-Villa. Und da muss morgen natürlich was in der AZ stehen.«

»Armer schwarzer Kater.« Tinne machte ein todernstes Gesicht. »Es ist schon ein hartes Los, auf einer Baulöwen-Party Kanapees zu naschen und Schampus zu schlürfen und dafür auch noch bezahlt zu werden.«

Elvis sah sie ausdruckslos an.

»Hat dir schon mal jemand gesagt, dass du ausgesprochen hyänenhafte Züge trägst?«

Tinne klapperte mit den Augendeckeln.

»So charmant noch nicht.«

Als der Reporter davonwatschelte, schaute sie ihm nach. Der dicke Mann war eine lebende Ansammlung von Widersprüchen – sein behäbiges Auftreten vermittelte einen fast teilnahmslosen Eindruck, die flinken Augen hingegen schienen jede Kleinigkeit wahrzunehmen. Seine Kleidung – unförmige XXL-Hemden und abgetragene Jeans – sahen nach Oxfam aus, doch sein Wissen und sein sprachliches Ausdrucksvermögen ließen auf Bildung und Niveau schließen. Ausschlaggebend für Tinnes Sympathie war allerdings Elvis' Humor: trocken und leicht hintergründig, also genau so, wie sie es liebte.

Nach ein paar Augenblicken drehte sie sich zum Museum um. Sie dachte gar nicht daran, sich von Captain America den Wind aus den Segeln nehmen zu lassen. Es war schon eine unverschämte Behauptung, dass sie Hannahs Ergebnisse klauen wollte. Aber dann noch seine Drohung, sie im Auge zu behalten! Was war denn das für eine schräge Nummer? Einen Augenblick lang überlegte sie, bei Laurent Pelizaeus anzurufen und sich bei ihm auszuheulen. Überrascht stellte sie fest, dass sie sich freuen würde, seine tiefe, sanfte Stimme zu hören. Und wer weiß, vielleicht konnte er Brandauer sogar eins auf den Deckel geben – schließlich war ein Kriminalhauptkommissar wie Pelizaeus höher gestellt als ein Oberkommissar, das hatte sie extra im Internet recherchiert. Diese Idee kam ihr dann aber doch ein bisschen kindisch vor. Sie würde schon allein mit diesem selbstverliebten Schönling fertig werden!

Tinne konnte ihren Blick nicht vom Museum nehmen. Sie interessierte sich brennend für das gestohlene Exponat. Ein Bild statt der vermuteten Pergamente! ›Mainzer Stadtansicht des Meisters WB‹, hatte das danebenstehende Schild verraten, aber das machte sie nicht wirklich schlauer. Es musste doch möglich sein, etwas Genaueres herauszukriegen!

Von Tatendrang erfüllt lief sie zurück zum Eingang. Zum Glück erinnerte sich der Polizist an die ›Praktikantin‹, so dass sie sich im Inneren zum Büro der Direktorin durchfragen konnte. Die wäre, so teilte man ihr mit, gerade wegen des Diebstahls unabkömmlich, aber ihre Stellvertreterin hätte in ihrem Büro einen Augenblick Zeit für sie.

Die Stellvertreterin entpuppte sich als überraschend junge und hübsche Frau mit herzförmigem Gesicht und ausdrucksstarken grünen Augen.

»Hallo, ich bin Kerstin Klessinger, was kann ich für Sie tun?«

Tinne entschied sich für die halbe Wahrheit, kramte herum und gab Frau Klessinger eine Visitenkarte mit Uni-Logo.

»Mein Name ist Ernestine Nachtigall, ich arbeite an der Uni im Fachbereich Geschichte. Eine Freundin hat mir ein Bild empfohlen, das mir bei meiner Doktorarbeit helfen könnte. Aber genau dieses Objekt ist heute offensichtlich geklaut worden!« Sie deutete mit dem Kopf in Richtung Ausstellung.

Die Frau verzog das Gesicht, während sie Tinne ihrerseits eine Visitenkarte reichte. »Schreckliche Sache, wir sind alle so was von geschockt! Das ist das allererste Mal, dass hier im Museum ein Exponat gestohlen wurde, und dann auch noch auf eine so brutale Weise!«

Sie schüttelte noch einmal den Kopf und konzentrierte sich wieder auf Tinnes Anliegen.

»Ja, also, das gestohlene Objekt ist ein Ölgemälde aus dem Spätmittelalter, die Mainzer Stadtansicht von Wolfgang Beurer, auch bekannt als Meister WB.«

Tinne druckste herum.

»Hm, ich kenne das Bild leider nicht. Haben Sie vielleicht eine Abbildung oder so?«

Wenn Frau Klessinger die Ahnungslosigkeit der großen, braunhaarigen Frau seltsam fand, so ließ sie sich zumindest nichts anmerken.

»Ja, da haben Sie Glück. Letztes Jahr hat das Museum einen Fotoband über die schönsten Stücke der Mittelaltersammlung herausgegeben, da ist die Stadtansicht auch drin.«

Aus einem Regal holte sie ein großformatiges Fotobuch und fing an zu blättern. Fast entschuldigend meinte sie:

»Der Meister WB stand immer ein wenig im Schatten anderer Künstler, vor allem des Hausbuchmeisters, der ja zur selben Zeit hier am Mittelrhein aktiv war. Aber durch den regionalen Bezug haben wir das Bild schließlich ebenfalls in den Fotoband aufgenommen.«

Sie legte das aufgeschlagene Buch vor Tinne auf den Schreibtisch.

»Hier, das ist es.«

Der Hochglanzdruck zeigte eine Stadtsilhouette mit der für die mittelalterliche Malerei charakteristischen Zweidimensionalität und einer starken Überhöhung der kirchlichen Bauten. Das Bild erinnerte sie spontan an die bekannte Darstellung von Franz Behem, die auf zahllosen Kalendern, Büchern, Postern und Plakaten Verwendung fand. Als hätte Frau Klessinger ihre Gedanken erraten, fügte sie hinzu:

»Dieses Werk war übrigens die Vorlage für die Stadtansicht von Franz Behem aus dem Jahr 1565. Die kennen Sie bestimmt, sie wird oft für historisierende Druckwerke verwendet. Das Original befindet sich im Stadtarchiv.«

Tinne nickte zerstreut. Sie betrachtete das Bild genauer. Einige Teile der Stadtmauer waren dargestellt, das Stadttor am Holzturm ebenfalls. Die mittelalterlichen Befestigungen waren Hannahs Thema gewesen – hatte sie sich deshalb die Archivnummer des Bildes notiert?

Die gegenüberliegende Buchseite enthielt allerlei Informationen über das Gemälde: den historischen Hintergrund, Wissenswertes über den Meister WB und vieles mehr. In einem separaten Kästchen waren Maße, Herstellungstechnik, die verwendeten Farben und weitere technische Details angegeben. Während Tinne las, merkte sie, dass Frau Klessinger sie erwartungsvoll anschaute.

»Kann ich denn sonst noch etwas für Sie tun, Frau Nachtigall?«

Tinne schaute auf den Fotoband herunter. Wenn sie erfahren wollte, was Hannah mit diesem Ölgemälde vorgehabt hatte, musste sie sich in aller Ruhe einlesen.

»Tja, also – darf ich mir das Buch vielleicht ausleihen, nur für einen Tag oder so?«

Die Frau schüttelte bedauernd den Kopf.

»Sorry, das ist mein Ansichtsexemplar, das kann ich Ihnen leider nicht mitgeben. Aber Sie können eins kaufen, wenn Sie wollen. Kostet 149 Euro.«

Wehmütig dachte Tinne an ihr Konto und an das schmale Gehalt, das sie von der Universität bekam.

»Klar, gern«, meinte sie leichthin und zückte ihre EC-Karte.

Zehn Minuten später strampelte sie die Binger Straße hoch in Richtung Uni-Campus. Das sündhaft teure Buch schlenkerte in einer Plastiktüte am Lenker. Doch so sehr sie sich auch wünschte, es sofort in Augenschein zu nehmen – das würde heute wohl nichts mehr werden. Denn sie hatte ihrem Chef, Professor Raffael, schließlich versprochen, bis morgen einen Aufsatz durchzusehen und einige Hintergründe für seine Vorlesungen zu recherchieren. Ein Blick auf die Uhr ließ sie noch kräftiger in die Pedale treten. Halb acht! Das würde ein langer Abend werden.

Nachdem Tinne ihr Fahrrad abgeschlossen hatte, tappte sie durch die halbdunklen, menschenleeren Flure zu ihrem Büro. Eigentlich war es nur ein halbes Büro, denn durch die immense Raumknappheit im Philosophicum hatte das Institut irgendwann angefangen, Räume zu teilen. So waren ihr Arbeitszimmer und das ihrer Kollegin Annegret nebenan ursprünglich ein einziges Büro gewesen, bis man eine dünne Trennwand mit einer Tür aus besserem Pappkarton dazwischen gezogen und einen neuen Durchbruch zum Flur gemacht hatte. Das Ergebnis waren zwei Zimmerchen, die eher an Hasenkästen erinnerten. Aber egal, ein eigenes Büro war trotz allem ein Luxus, den nicht jede Lehrkraft im Institut genoss.

Tinne trat in ihre schmale Kemenate und wollte gerade die Tür hinter sich schließen, als am Ende des schlecht beleuchteten Flures eine Gestalt hervortrat. Es war Gero Frey, der von einem unbekannten Mann begleitet wurde. Der Mann war hager und hatte längere graue Haare, beide schienen über irgendetwas uneins zu sein und diskutierten. Als Geros Blick auf Tinne fiel, erstarrte er kurz. Dann winkte er unsicher herüber und verschwand mit dem fremden Mann in einem Quergang.

Verwirrt setzte Tinne sich an ihren Schreibtisch und sortierte die anstehenden Arbeiten. Nicht die Anwesenheit eines Fremden hatte sie stutzen lassen, sondern Geros seltsame Reaktion. Sie spürte, dass etwas Geheimnisvolles am Institut vor sich ging.

*

Die bildschöne Jugendstilvilla in der Annabergstraße war mit farbigen Scheinwerfern dezent illuminiert, in der Auffahrt standen Luxuslimousinen Stoßstange an Stoßstange. Elvis hielt dem Gorilla am Portal die Einladung hin, die der AZ zugeschickt worden war, dann betrat er den großzügigen Garten. Kunstvoll geschnittene Büsche umkränzten das gepflegte Grün, hier und dort standen Pavillons mit Häppchen und Getränken. Fackeln tupften einzelne

Lichtpunkte in die Abenddämmerung, eine vierköpfige Jazzband klimperte Sinatra-Klassiker. Der volle Mond hing tief am Horizont, als hätte Kalkbrenner ihn extra bestellt. Der Garten roch betörend nach Hyazinthen, ab und an wehte ein Hauch Gegrilltes vorbei.

Vom Tablett einer Servicekraft, die trotz der kühlen Abendtemperatur ein fast unverschämt kurzes Röckchen trug, krallte Elvis sich zwei Schampuskelche und stürzte sie weg. Typisch, dachte er und stellte die leeren Kelche auf einer Putte ab, Kalkbrenners überteuerte Designer-Neubauten haben Grundstücke so groß wie Handtücher, aber er selbst gönnt sich eine klassische Villa mit anständigem Grün.

Wenn man vom Teufel redete: gerade kam das Geburtstagskind Elias M. Kalkbrenner in den Garten. Italienische Maßarbeit ließ seine bullige Gestalt fast elegant wirken, er schüttelte hier eine Hand, machte dort ein Kompliment und ließ die Gläser klingen.

Der dicke Reporter holte sein Rotkreuzsäckchen hervor und drehte sich eine Zigarette, während er über den Rasen schlenderte. Er sah einige bekannte Gesichter, wechselte belanglose Worte und machte einen ausgiebigen Zwischenstopp an einem der Buffets. Dann betrat er die Terrasse. Aha, hier schien sich die Lokalprominenz zu bündeln: Mehrere Parteienvertreter waren da, zwei, drei Bürgermeister nebst drallen Gattinnen, der Herr Oberbürgermeister natürlich, der Wirtschaftsdezernent Klaus Pachner, zwei Damen von der Grundstücksverwaltung, mehrere Vertreter des Stadtplanungsamts und auch der Baudezernent Christian Conradi, den er bereits bei der missglückten Spatenstich-Zeremonie gesehen hatte. Na, dachte Elvis belustigt, da ist ja alles versammelt, was man zur schnellen und unkomplizierten Durchsetzung von Bauprojekten braucht.

Der Oberbürgermeister kam auf ihn zu, drückte ihm die Hand und ließ ein paar Gemeinplätze vom Stapel. Elvis antwortete ebenso unverbindlich, freute sich aber diebisch darüber, dass sein Gegenüber ein Stück Salat zwischen den Schneidezähnen hängen hatte und es bei jedem Lächeln aufblitzen ließ.

Der Reporter verließ die Terrasse, machte einen zweiten Stopp am Buffet und notierte ein paar Eindrücke in sein Notizbuch. Gerade hatte er entschieden, genug für einen kurzen Artikel gesammelt zu haben, als er eine Bewegung im hinteren Gartenteil wahrnahm. Er stand etwas erhöht, deshalb konnte er über die mannshohen Büsche hinwegsehen, die die Gartenparty auf der einen Seite begrenzten. Dahinter erstreckte sich der zweite Teil der Außenanlage, keine offene Rasenfläche wie hier vorn, sondern Büsche, Bäume und sorgfältig geharkte Wege. Einzelheiten konnte Elvis nicht erkennen, denn der Bereich war nur spärlich beleuchtet. Doch der Vollmond war inzwischen höher geklettert. Sein Licht beschien Elias Kalkbrenner, der dort entlang ging und eine dunkle Gestalt neben sich hatte. Die beiden schienen zu reden, waren aber nach einer Sekunde schon hinter den Sträuchern verschwunden. Elvis zog die Augenbrauen zusammen. Soso, Elias, lässt du deine Gäste mal kurz allein, um dich in Ruhe mit jemandem zu besprechen?

Er fackelte nicht lang, sondern marschierte über die Rasenfläche und drückte sich an der Grenze zum zweiten Gartenteil herum. Mehrere Wachleute mit schwarzen

Anzügen und Knopf im Ohr standen herum. Der Reporter wartete einen günstigen Moment ab und zwängte sich zwischen zwei Büsche. Es prasselte, als wäre ein Elefant unterwegs, doch das Geräusch wurde von der Jazzband und den Stimmen der Gäste übertönt.

Elvis orientierte sich einen Augenblick, dann schlich er geduckt in die Mitte der gepflegten Anlage. Er hütete sich davor, auf die kiesbestreuten Wege zu treten, um sich nicht durch scharrende Füße zu verraten. Bald schon hörte er leise Stimmen und knirschende Schritte. Rasch ging er in Deckung und lauschte.

Eine der Stimmen gehörte unzweifelhaft Kalkbrenner. Die andere konnte Elvis nicht recht zuordnen, sie war sehr leise, außerdem dominierte der Baulöwe das Gespräch. Sein Tonfall war ungeduldiger, offensichtlich bahnte sich ein Streit an. Doch ausgerechnet jetzt blieben die beiden Männer stehen. Sie waren zu weit entfernt, Elvis konnte keine zusammenhängenden Sätze verstehen.

Kalkbrenners aggressive Stimme polterte: »… Schwanz einziehen, wir sind …«

Ein leises Entgegnen: »… viel passiert. Ich …«

Wieder der Baulöwe: »… Frauenpack kann Schwierigkeiten …«

Der andere: »… Zeit läuft davon …«

Kalkbrenner fiel seinem Gesprächspartner immer wieder ruppig ins Wort, Elvis hörte die Angst in der Stimme des anderen. Und er kannte diese Stimme, er hatte sie schon öfter gehört. Aber wo nur?

Nun wurde das Gespräch noch leiser, man vertrug sich offenbar wieder. Der Kies knirschte, als sich die beiden Männer umdrehten und langsam weggingen.

Elvis merkte, dass er die ganze Zeit die Luft angehalten hatte. Zischend ließ er sie entweichen. Sein Reporterinstinkt schlug Alarm. Das war ja ein interessanter Dialog gewesen, da hatte offensichtlich jemand etwas zu verbergen, und der andere bekam es mit der Angst zu tun! Er entschied sich, den Rest des Abends unauffällig an Kalkbrenner kleben zu bleiben. Vielleicht ließ der Baulöwe ja noch ein paar weitere Hinweise in irgendwelchen Gesprächen fallen.

Er wollte sich gerade umdrehen, als ihn eine starke Hand packte.

Montag, 19. März 2012

An der Wand des Verhörraumes lehnten Anna und Berta. Wolle hatte den Diensthabenden in der JVA Rohrbach so lange genervt, bis seine beiden Plastiktüten aus dem Aufbewahrungsraum geholt, ihm zur Überprüfung gereicht und anschließend neben die Tür gestellt worden waren.

Die beiden Tüten beruhigten Wolle ein wenig. Sie waren allerdings das einzig Beruhigende in dem kleinen Verhörraum, denn ansonsten gab es hier nur einen Tisch, drei Stühle und die beiden Zivilbullen, die ihn am Karstadt hopsgenommen hatten. Und natürlich den vermaledeiten Rucksack in der transparenten Plastiktüte.

Der Schönling-Bulle drückte an einem kleinen Kästchen auf ein paar Knöpfe und lehnte sich entspannt auf seinem Stuhl zurück.

»Befragung von Wolfgang Kelbler im Fall Hannah Lohmann, 19. März 2012, 9.15 Uhr. Anwesend: Kriminaloberkommissar Wolf Brandauer, Kriminalkommissar Henning Dall und der Verdächtige.«

Er machte eine Pause und schaute Wolle gönnerisch an.

»Also, dann fangen wir noch mal ganz von vorn an. Die Geschichte, dass mitten in der Nacht irgendein geheimnisvoller Wohltäter dir den Rucksack vor die Füße gelegt hat, kaufe ich dir nicht ab. So viel kannst noch nicht mal du saufen, um das zusammenzufantasieren.«

Wolle ärgerte sich über den herablassenden Ton des Bullen. Und überhaupt, er hatte in der Nacht vor dem Karstadt kaum einen Schluck getrunken. Aber ihm war klar, dass er nun mal in U-Haft saß, also hielt er den Ball lieber flach. Schließlich hatten sie ihn schon viermal in diesen Raum gesteckt und immer wieder mit denselben Fragen gelöchert. Und wie jedes Mal antwortete er trotzig:

»So war's aber. Ich hab's Ihnen ja schon oft genug erzählt. Ich bin aufgewacht, und das Ding stand da.«

Der Schönling nickte übertrieben, als würde ihm ein Kind vom Weihnachtsmann erzählen, doch seine Stimme wurde ätzend.

»Klar, Wolle, ganz klar. Es passiert total oft, dass Leute nachts neben Pennern Rucksäcke abstellen mit Helmen drin, mit Handschuhen und gefüllten Geldbeuteln.«

Dass in dem Rucksack noch einige weitere Sachen drin gewesen waren, behielt Wolle wohlweislich für sich. Denn wenn der Kölner deshalb Ärger mit der Polizei bekäme, wäre das nicht gut für Wolles Gesundheit, gar nicht gut.

Der Kölner war dafür bekannt, dass er nicht viel redete, sondern schnell mit der Faust dabei war.

Wolle wich vor Schreck ein Stück zurück, als sich der Bulle blitzschnell vorbeugte. Seine Augen verengten sich, er flüsterte fast.

»Ich sag dir, was passiert ist, Wolle: Du bist vor ein paar Nächten besoffen durch die Stadt getorkelt, und dann ist dir auf einmal das Mädchen über den Weg gelaufen. Was hat sie gemacht, hat sie gerade in ihrem Rucksack gewühlt? Vielleicht in dieser Sekunde ihren Geldbeutel in der Hand gehabt? Da hast du deine Chance gesehen, ganz schnell an Kohle zu kommen. Du bist hingerannt und hast ihr den Rucksack weggeschnappt, einfach so, wie man's immer im Fernsehen sieht, oder?«

Mit einem Ruck riss er den Rucksack heran, der in seiner Plastiktüte herumrutschte, und hielt ihn Wolle unter die Nase. Dieser starrte abwechselnd auf die Tüte und den Bullen.

»So ... so war's nicht, das ist ...«

Doch der Schönling redete einfach weiter.

»Und dann, was ist dann passiert? Hat sie sich gewehrt? Den Rucksack festgehalten? Oder ist sie dir nachgerannt? Hat sie vielleicht sogar geschrien?« Er kam näher an Wolles Gesicht heran und wurde noch leiser.

»Aber sie durfte nicht schreien, oder, Wolle? Da hast du sie stumm gemacht, ganz schnell, ohne weiter darüber nachzudenken. Ein Stein lag da oder eine weggeworfene Flasche, irgendetwas, das gerade zur Hand war. Sie ist gefallen und schon war sie still. Aber dann wird dir klar, was du gerade gemacht hast, stimmt's, Wolle? Das Mädchen rührt sich nicht mehr. Verdammt, denkst du, sie atmet noch nicht mal mehr. So war das nicht geplant. Jetzt kriegst du Bammel, Wolle, jetzt machst du dir in die Hosen. Was tun? Das Mädchen muss weg, am besten irgendwo hin, wo man dich selten sieht. Der Volkspark, super Idee. Wie hast du sie hingebracht, Wolle? Hast du dir irgendwo einen Einkaufswagen ausgeliehen und sie mit altem Zeug zugedeckt? Ein Penner, der nachts seinen gammeligen Wagen durch die Straßen schiebt, fällt schließlich keinem auf, stimmt's? Und dann lädst du sie im Volkspark ab wie ein Stück Müll, weg damit, auf Nimmerwiedersehen. Aber den Rucksack, den behältst du. Hey, dein nächtliches Abenteuer muss sich ja schließlich irgendwie gelohnt haben, denkst du dir.«

Wolles Unterlippe begann zu zittern. Was redete der Bulle da für einen Quatsch zusammen! Aber die flüsternde Stimme hörte nicht auf.

»Komm schon, Wolle, tu dir und mir einen Gefallen und lass es raus. Ich verspreche dir, du fühlst dich besser, wenn du's rauslässt. Es macht dich kaputt auf Dauer, so ein Geheimnis, und wir kriegen dich ja eh. Ich sammle solange Beweise, jeden Schnipsel, jedes Steinchen, bis ich dich festnageln kann.« Die Stimme war kaum noch zu hören. »Es ist einfacher für uns alle, wenn du's zugibst, und dann schau ich, was ich vor Gericht für dich machen kann. Wolle, sei kein Idiot, ich weiß doch, dass du …«

»Nein!«, brüllte Wolle, schob seinen Stuhl nach hinten und brachte sich vor dem Gesicht und der einschmeichelnden Stimme in Sicherheit. Er schwitzte.

»Es stimmt nicht! So war's nicht! Ich … ich bin aufgewacht, und da lag dieser Rucksack! So und nicht anders isses gewesen!«

Der Bulle schaute ihn emotionslos an und zuckte mit den Schultern.

»Wie du willst, Wolle. Ich komme nachher wieder, und dann stelle ich dir dieselben Fragen noch mal. Und morgen wieder, so lang, bis ich von dir die Wahrheit höre. Ich habe alle Zeit der Welt.«

Wolle hatte das Gefühl, in einem Albtraum gefangen zu sein. Hilfe suchend warf er einen Blick auf Anna und Berta, doch die beiden Plastiktüten boten ihm leider auch keinen Ausweg aus seiner verfahrenen Situation.

*

Tinne und Elvis saßen im Philosophicum an Tinnes Schreibtisch. Sie hatten sich verabredet, um gemeinsam über das gestohlene Bild nachzuforschen. Der Reporter hatte Kaffee und Kräppel vom Bäcker mitgebracht und ließ Tinnes Besucherstuhl an der Grenze seiner Belastbarkeit quietschen. Tinne freute sich auf einen Kräppel, ließ Elvis aber zuerst von seinen Erlebnissen am Samstagabend berichten.

»Und dann steht einer von Kalkbrenners Gorillas vor mir, funzelt mit einer Taschenlampe in meinem Gesicht herum und blafft mich an, was ich im hinteren Teil des Gartens zu suchen hätte. Na ja, mir ist in dem Augenblick leider nichts Besseres eingefallen als ›ich suche das Buffet‹. Das war ihm aber wohl nicht kreativ genug, er hat einen Kollegen geholt, die beiden haben mich dann hochkant rausgeschmissen.«

Elvis lachte und rieb seinen Oberarm, der noch immer von dem eisenharten Griff schmerzte.

Tinne beugte sich vor.

»Und was haben Kalkbrenner und der andere noch mal geredet?«

»Alles, was ich verstanden habe, waren Fetzen wie ›keine Zeit‹ und ›viel passiert‹ und irgendetwas von einem ›Frauenpack‹. Sehr seltsam, das alles.«

»Schade, dass du nicht weißt, wer der Zweite war.«

Elvis biss in einen Kräppel und setzte ein dermaßen breites Grinsen auf, dass seine Koteletten fast im Haaransatz verschwanden. Tinne kniff die Augen zusammen.

»Du weißt es, stimmt's? «

»Jepp. Heute früh auf dem Klo ist mir eingefallen, wessen Stimme es war.«

Sie verdrehte die Augen. »Ich will nicht wissen wo, sondern wer.«

»Halt dich fest: Es war Dr. Christian Conradi, der Baudezernent höchstpersönlich.«

Tinne ließ einen leisen Pfiff ertönen. »Na, du solltest dir mal überlegen, die Machenschaften des Herrn Kalkbrenner etwas genauer unter die Lupe zu nehmen. Es könnte sein, dass du damit eine Menge Staub aufwirbelst. Und das macht euch Reportern doch immer am meisten Spaß.«

Die Tür öffnete sich, Tinnes Kollegin Annegret schaute herein und legte das Protokoll der letzten Institutssitzung auf Tinnes Tisch. Ganz selbstverständlich nickte sie Elvis zu.

»Hi, Elvis. Na, alles klar?«

Dieser grüßte ebenso selbstverständlich zurück.

»Hey, Annegret. Läuft wie immer.«

Sie mopste sich einen Kräppel und verschwand. Tinne starrte den dicken Reporter ungläubig an.

»Sag mal, gibt es eigentlich irgendjemanden hier in Mainz, den du nicht kennst? Was zum Teufel hast du mit Annegret zu tun?«

Elvis schmunzelte.

»Erste Antwort: Es soll noch zwei, drei Leute geben, denen ich noch nicht die Hand geschüttelt habe. Zweite Antwort: Annegret ist schließlich eure Wissenschafts-Referentin und damit für die Zusammenarbeit mit uns Zeitungsleuten zuständig, das solltest du eigentlich wissen.«

Bevor Tinne sich über seinen naseweisen Ton ärgern konnte, ging die Tür schon wieder auf. Gero, das Teufelsbärtchen, erschien und drückte Tinne einen Papierstapel in die Hand.

»Ich hab' wieder ein halbes Kapitel fertig, voll spannend, wie die Mainzer 1348 ihre Juden für Brunnenvergifter hielten und so. Wenn du vielleicht mal wieder Zeit findest zum Korrekturlesen … tausend Dank schon jetzt.« Er setzte einen treuherzigen Gesichtsausdruck auf, der ihn wie einen verliebten Kater aussehen ließ.

Tinne unterdrückte ein Stöhnen und schnappte die Papiere.

»Alles klar. Kann aber ein paar Tage dauern.«

Gero warf ihr eine Kusshand zu, drehte sich zur Tür und schnappte sich dabei einen Kräppel. Sein Blick fiel auf Tinnes Schreibtisch, darauf lag das Fotobuch aus dem Museum. Die Mainzer Stadtansicht des Meisters WB war aufgeschlagen.

»Was ist denn das Schönes?« Neugierig schaute er auf das Bild.

»Och, nichts, wir, eh, reden gerade über einen Zeitungsartikel, der das mittelalterliche Mainz zum Thema haben soll«, antwortete Tinne ausweichend. Die Zusammenhänge zwischen Hannah und dem Bild des Wolfgang Beurer wollte sie erst einmal für sich behalten.

»Aha. Na, dann noch viel Spaß. Wenn ihr was über die Juden wissen wollt, helfe ich euch gern.« Gero winkte lässig und verschwand. Elvis hatte sich inzwischen den letzten Kräppel komplett in den Mund gestopft. Tinne schaute gereizt in die leere Tüte und wandte sich demonstrativ dem Fotoband zu. Die Augen des Dicken quollen hervor, bis er schließlich den Kräppel unten hatte. Verschämt stieß er auf und deutete auf das Buch.

»Also, für mich ist das nur eine ganz normale mittelalterliche Stadt. Ich wüsste nicht, was daran außergewöhnlich sein sollte, zumal das Bild ja schon lang bekannt ist und es sicherlich schon viele Forscher unter die Lupe genommen haben.«

Tinne musste ihm zustimmen. Sie hatte heute früh einige Bücher aus der Institutsbibliothek geholt und zeitgenössische Darstellungen der Stadtmauern mit dem Bild des Wolfgang Beurer verglichen, leider ohne Erfolg. Es gab keine Auffälligkeiten, keinen ›Knaller‹, der Hannahs Interesse an dem Bild rechtfertigen würde, und einen gewalttätigen Diebstahl erst recht nicht. Eher pro forma hatte sie danach versucht, über das Uni-Netzwerk auf Hannahs Bürorechner zuzugreifen. Jeder Computer hatte öffentlich einsehbare Ordner, in denen gemeinsam bearbeitete Dokumente abgelegt werden konnten – vielleicht hatte ihre Freundin in einem dieser Ordner etwas gespeichert, das ihnen weiterhelfen würde. Doch Hannahs Computer war komplett blockiert. Sie vermutete, dass die Polizei ihn aus dem Netzwerk genommen hatte.

Tinne und Elvis konzentrierten sich auf das Buch. Auch die Informationen über den Meister WB auf der rechten Buchseite brachten sie nicht weiter. Er war um 1500 als Maler und Zeichner am Mittelrhein aktiv gewesen, als sein Hauptwerk galt die Sebastianslegende, die im Mainzer Dom- und Diözesanmuseum ausgestellt war.

Unter dem Infotext befand sich ein Kästchen, in dem die historischen und technischen Details über das Bild zusammengefasst waren.

```
Bildbezeichnung: ›Mainzer Stadtansicht‹ (Arbeitstitel)
Urheberschaft: Meister WB
Erstellung: 1480 (acc.)
Ort: ign. (Mainz?)
Größe: 126,0 x 73,1 cm

Risszeichnung: Leinen auf Tannenholz
Schattenform: Eitempera
Imprimitur: Harzölfarbe
Weißhöhung: Tempera
Zwischenfirnis: Dammar
Lokalfarben: Öl-Harz

1999, 2001, 2004 AINB, 2005, 2008 AZRLP
```

Die meisten Begriffe kannte Tinne, sie hatte während ihres Studiums einige Seminare in Kunstgeschichte belegt und war mit dem grundsätzlichen Aufbau klassischer Ölgemälde vertraut. Lediglich die kleine Zeile ganz unten sagte ihr nichts. Sie machte Elvis auf die Jahreszahlen und Buchstabenkürzel aufmerksam. Der dicke Reporter drehte das Buch zu sich herüber und blätterte eine Seite weiter zu einem Bild, das eine Gruppe um einen Jungen mit Heiligenschein zeigte. Mit Grausen sah Tinne die fettigen Fingerabdrücke, die seine Kräppelpfoten auf dem teuren Buch hinterließen.

»Hier fängt der Marienzyklus an, da gibt's genau so eine Zeile. Na ja, ein bisschen anders. 1995, 2000, 2003 AINB, 2005, 2007, 2009 AZRLP.«

»Der Marienzyklus?«

»Das ist eine Bildreihe, neun Bilder, die den Lebensweg von Maria zeigen. Ich habe für die AZ mal einen Bericht darüber gemacht. Die sind von einem Künstler gemalt, den man den ›Hausbuchmeister‹ nennt. Der Zyklus gehört zum Wertvollsten, was das Museum im Bereich Mittelalter zu bieten hat, obwohl er nicht vollständig ist. Es fehlt ein Bild, wenn ich mich richtig erinnere.«

Tinne hörte nur mit halbem Ohr zu, während sie zurückblätterte und sich die Nummernzeile der Stadtansicht nochmals anschaute.

»Hm, wenn diese Infos bei mehreren Bildern zu finden sind, müssen sie wohl eine Art interne Signatur des Museums sein. Ich ruf mal an.«

Sie kramte die Visitenkarte der stellvertretenden Museumsleiterin hervor und schaltete das Uni-Telefon auf Lautsprecher, damit Elvis mithören konnte.

»Hallo, Frau Klessinger, Ernestine Nachtigall hier, ich war vorgestern bei Ihnen wegen der mittelalterlichen Stadtansicht. Der Fotoband ist sehr informativ, aber gerade eben bin ich über eine Kleinigkeit gestolpert, bei der Sie mir vielleicht weiterhelfen können.«

Sie beschrieb Kerstin Klessinger die Jahresangaben und Buchstabenkürzel.

»Ach so, ich weiß, was Sie meinen. Das sind Informationen über die Gemäldeuntersuchungen im Archäometrischen Zentrum, also wann und wo diese Untersuchungen stattgefunden haben. Diese Infos gehören quasi zur

Vita eines Exponats, deshalb haben wir sie in den Bildband aufgenommen.«

Tinne konnte mit dem Begriff ›archäometrisch‹ auf Anhieb nichts anfangen, obwohl sie bisher gedacht hatte, sie sei über historische und archäologische Untersuchungsmethoden recht gut im Bilde. Sie fragte nach.

»Also, Archäometrie ist eine recht junge Disziplin, da werden chemische, physikalische, mineralogische und biologische Methoden angewandt, um Erkenntnisse über die Beschaffenheit und den Zustand eines Objekts zu gewinnen.«

»Aha. Und diese archäometrischen Untersuchungen werden dann in regelmäßigen Abständen an all Ihren Ausstellungsstücken durchgeführt?«

»Nein, nicht an allen Exponaten, sondern nur an empfindlichen Objekten wie zum Beispiel Schriftstücken oder eben Gemälden. Sehen Sie, die Ausstellungsräume setzen die Objekte regelrecht unter Stress: Die Luftfeuchtigkeit ändert sich, die Besucher tragen zusätzliche Feuchtigkeit in den Raum, die Temperatur ist auch nicht immer konstant, und zu alledem gibt es Lichtquellen, die die Objekte bestrahlen und damit zum Verblassen der Farben beitragen oder zur chemischen Reaktion von Pigmenten führen. Dadurch kann es passieren, dass ein Exponat irreparabel geschädigt wird, denn oft sieht man die Veränderungen mit bloßem Auge erst dann, wenn es schon zu spät ist.«

Tinne nickte, obwohl ihre Gesprächspartnerin sie nicht sehen konnte.

»Also schicken Sie die empfindlichen Objekte immer mal wieder sozusagen zum TÜV, um herauszufinden, ob noch alles in Ordnung ist.«

Frau Klessinger lachte.

»Ja genau, der Begriff ist gut. Zum TÜV, das muss ich mir merken. Bei der archäometrischen Untersuchung werden dann all diese chemischen und physikalischen Details überprüft und mit den vorherigen Ergebnissen verglichen. Wenn die Veränderungen innerhalb eines gewissen Rahmens bleiben, ist alles gut. Wenn nicht, müssen wir das Objekt in ein anderes Umfeld bringen oder es sogar komplett aus der Ausstellung herausnehmen.«

»Okay, das sind die Jahreszahlen. Und die Buchstabenkürzel?«

»Die stehen für die entsprechende Einrichtung, in der die Untersuchung durchgeführt wurde. Bis 2004 haben wir unsere Stücke nach Nürnberg ins Archäometrische Institut geschickt, das ist das Kürzel AINB. Seit 2005 gibt es eine neue Einrichtung in Koblenz, das AZRLP, das Archäometrische Zentrum Rheinland-Pfalz. Das ist natürlich viel näher und liegt zudem noch im selben Bundesland.«

Sie machte eine Pause. Tinne dachte, sie wäre fertig und wollte sich gerade verabschieden, als Frau Klessinger fortfuhr.

»Besonders ärgerlich ist die Tatsache, dass das gestohlene Bild eigentlich morgen zusammen mit sieben weiteren Exponaten zur Überprüfung angemeldet war. Alle Unterlagen und Versicherungen sind schon fertig, und jetzt können wir dieses Ausstellungsstück nicht mitschicken. Da kommen natürlich Scherereien und Kosten auf uns zu, das können Sie sich ja vorstellen.«

Tinne bedankte sich, legte auf und sah Elvis nachdenklich an. Sie merkte sofort, dass der Reporter das Gleiche dachte wie sie: Die letzte Information war die Interessanteste gewesen – das Gemälde hätte morgen das Museum verlassen und wissenschaftlich untersucht werden sollen. War das der Grund für den Diebstahl?

*

»Und jetzt darf sich jeder sein eigenes Blatt mit Kordel zu einer Rolle zusammenbinden und mitnehmen.«

Vielstimmiger Jubel war die Reaktion auf diese Ankündigung. Robert Schlemel schmunzelte in sich hinein, als zwölf Kinder ihre Büttenpapiere sorgfältig einrollten und unter Gerempel und Geschrei mit einem Stück Schnur fixierten.

»Meister Robert, können Sie mir eine Schleife binden?«

Ein Mädchen mit blonden Zöpfen streckte ihm bittend ihre Rolle entgegen.

»Mir auch, mir auch!«, rief ein halbes Dutzend anderer Kinder und drängte sich heran.

Robert nickte gutmütig und begann, Schleifen zu binden. Er trug eine altertümliche Druckerschürze aus Leder, Kleidung aus einfachem Leinen und ein traditionelles Handwerkerkäppchen. Als ›Meister Robert‹ unternahm der Mann mit dem weißen Bart und den verschmitzten Augen Führungen durch das Gutenberg-Museum und den angegliederten Druckladen. Heute war eine Gruppe Sechstklässler zu Gast, die Geschichts-AG des Gymnasiums Nackenheim. Er war mit den Mädchen und Buben durch das Museum am Liebfrauenplatz gegangen, hier im Druckladen hatten sie dann als Höhepunkt eine eigene Schriftzeile legen und mit einer alten Handabzugspresse drucken dürfen.

Roberts lebensnahe und mit vielen Anekdoten gewürzte Erzählung über die Erfindung des Buchdrucks hatte die Schüler völlig in ihren Bann gezogen. Besonders die schillernde Figur des Johannes Gutenberg hatte es ihnen angetan, sogar jetzt, am Ende der Führung, kamen immer wieder Fragen.

»Meister Robert, wie sah der Herr Gutenberg überhaupt aus?«, fragte ein Junge, während er mit seiner widerspenstigen Schriftrolle kämpfte.

»Tja, das wissen wir leider nicht genau. Es gibt zwar ein Gemälde, das ihn zeigt, aber das ist erst eine ganze Weile nach seinem Tod entstanden. Alles, was wir wissen, ist, dass Gutenberg wohl tatsächlich einen langen Bart hatte.«

»So wie Sie?«

Er nickte ernst und musste sich das Lachen verbeißen.

»So wie ich.«

Ein anderer Knirps krähte quer durch den Raum.

»War der Gutenberg denn verheiratet? Und hatte er Kinder?«

Robert zuckte die Achseln.

»Das ist sehr wahrscheinlich, aber es gibt keine Schriftstücke oder Aufzeichnungen, die uns das bestätigen.«

»Warum?«, kam prompt die Nachfrage.

»Na ja, zu Lebzeiten war Johannes Gutenberg längst nicht so bekannt wie heute. Für die Leute war er einfach nur ein Handwerker, der viel mit Papieren und Druckerschwärze herumexperimentiert hat. Wie wichtig seine Erfindung tatsächlich war, haben die Leute erst viel, viel später gemerkt.«

Ein Mädchen mit Zahnspange meldete sich anständig, um eine weitere Frage zu stellen.

»Und wo ist Herr Gutenberg begraben?«

»Auch das können wir heute nicht mehr sagen. Er ist hier in Mainz in einer Kirche begraben worden, in der Franziskanerkirche, aber die hat man dann irgendwann abgerissen. Und dabei sind seine Knochen für immer verloren gegangen.«

Das Mädchen starrte ihn an.

»Boa, voll schade!«, meinte es entrüstet, und schon wieder musste Robert sich das Lachen verkneifen.

»Was steht denn als Nächstes auf eurem Programm, wo geht's heute noch hin?«, fragte er das Mädchen. Die Kleine musste nicht lang überlegen.

»Wir gehen jetzt zum Römischen Theater, dort gibt es einen Zenturio, der uns alles zeigt. Und von dort zur Zitadelle wegen der Stadtbefestigung, da treffen wir den Torwächter.«

Meister Robert machte ein geheimnisvolles Gesicht.

»Werdet ihr auf der Zitadelle denn auch nach dem Schatz suchen?«

Die Kinder drehten sich wie auf ein geheimes Kommando zu dem bärtigen Mann um.

»Was für'n Schatz?«, »Welcher Schatz?«, fragten sie aufgeregt durcheinander.

Robert beugte sich herunter und schlug einen verschwörerischen Ton an.

»An der Stelle, wo heute die Zitadelle steht, gab es früher einmal eine Abtei, das Kloster St. Jakob. Dort haben Benediktinermönche gelebt, fromme Männer, die im Lauf vieler Hundert Jahre eine große Bibliothek zusammengestellt haben. Die meisten Bücher sind durch Kriege und Plünderungen verloren gegangen, einige wenige wurden gerettet und haben heute ihren Platz hier bei uns im Gutenberg-Museum. Aber man erzählt, dass ein Mönch damals die allerwertvollsten Bücher irgendwo auf dem Jakobsberg versteckt hat – in einer geheimen Kammer, die bis heute niemand gefunden hat.«

Er nickte bedächtig, während die Schüler mucksmäuschenstill seinen Worten lauschten.

»Hier im Museum habt ihr ja gelernt, wie wertvoll solche alten Bücher sein können, manchmal wertvoller als Goldmünzen und Edelsteine. Also haltet nachher schön die Augen offen – vielleicht findet ihr ihn ja, den uralten Schatz der Zitadelle!«

Die Kinder waren sofort Feuer und Flamme und brachen in wildes Geschnatter aus.

Eine Lehrerin und eine Mutter begleiteten die kleine Gruppe. Die Lehrerin, eine bebrillte Mittvierzigerin mit dem Gesicht einer Eule, klatschte in die Hände.

»So, Kinder, jetzt packt mal eure Sachen, wir müssen weiter!«

»Na, Frau Page, dann mal noch viel Spaß mit Ihren kleinen Historikern!«

Meister Robert winkte zum Abschied.

Die beiden Frauen scheuchten die Schüler aus dem Druckladen zum Liebfrauenplatz und von dort zum Markt. Dank des frühlingshaften Wetters war hier eine Menge los, Passanten strömten in alle Richtungen, verliebte Pärchen schlenderten Arm in Arm vorbei, Touristen schleckten Eis, im Hintergrund erhob sich der gewaltige Mainzer Dom. Eine kleine Menschentraube hatte sich um einen Mann gebildet, der einen Anzug mit farbenfrohen Frühlingsmotiven trug und die Umstehenden beschenkte:

Die Damen erhielten bunte Blumen aus einem großen Strauß, die Kinder durften sich Schokoladeneier aus einem Körbchen nehmen. *Ihr Frühlingsbote des Mainzer Einzelhandels* stand in großen Lettern auf seinem blütengeschmückten Hut.

Frau Page ahnte, was nun kommen würde, und sie behielt recht. Kaum hatten die Schüler den Frühlingsboten entdeckt, erscholl ein Schrei aus zwölf Kehlen, alle Kinder stürmten auf den Mann zu. Dieser hielt sich nicht lang mit dem kleinen Eierkörbchen auf, sondern nahm pragmatisch seinen Rucksack nach vorn, öffnete ihn und ließ die Schulkinder darin herumwühlen. Nachdem jedes Kind mindestens zwei Eier herausgeklaubt hatte, trat der Mann an Frau Page und ihre Begleiterin heran und reichte jeder eine Blume.

»Blumenduft beruhigt die Nerven«, meinte er augenzwinkernd und deutete mit dem Kopf auf die Schüler, die sich über die Schokoeier hermachten und den Boden mit bunten Papierchen garnierten.

Fünf Minuten später hatte Frau Page die Kinder dazu gebracht, die Verpackungen wieder einzusammeln und in einen Papierkorb zu werfen, die Gruppe setzte sich Richtung Altstadt in Bewegung. Schwatzend, lachend und übermütig hüpften die Schüler über den Leichhof in die Augustinergasse. Nach einer Weile kam ein Junge mit riesengroßem Wanderrucksack auf die Lehrerin zu.

»Frau Page, mir ist schlecht.«

»Na, Paul, vielleicht ist das von der Luft im Druckerladen, da war's ziemlich stickig. Schnauf mal richtig durch, dann wird's bestimmt gleich besser.«

Doch schon kamen zwei weitere Kinder mit blassen Gesichtern, die Hände auf den Magen gepresst.

»Frau Page, Frau Page, uns ist total schlecht!«

Die Lehrerin wechselte einen besorgten Blick mit der Mutter.

»Also, vielleicht sollten wir mal eine kleine Pause machen oder besser …«

Während sie redete, krümmten sich weiter hinten zwei Kinder und übergaben sich ohne jede Vorwarnung. Ein allgemeines Wehklagen erhob sich, immer mehr Schüler hielten sich die Bäuche. Frau Page schaute sich mit Panik im Blick um, erste Passanten blieben stehen. Einige Kinder saßen bereits mit schmerzverzerrten Gesichtern auf dem Boden, immer mehr erbrachen sich. Mit hilflosen Gesichtern klammerten sich die Jungen und Mädchen an ihre Lehrerin, die mit zitternden Händen nach ihrem Handy wühlte.

»Um Gottes willen, wir brauchen einen Notarzt!«, murmelte sie angsterfüllt und tippte die 110 in das Gerät.

*

Heute Mittag war die Küche dran – Putzplan numero due. Tinne hatte sich eine ruhige halbe Stunde in ihr Zimmer zurückgezogen, Espresso getrunken und gefühlte 100 000 Tipp- und Kommafehler aus dem neuen Kapitel von Geros Doktorarbeit herausgestrichen. Nun trug sie ihre Haare mit einem Tuch zurückgebunden, steckte in einer schrillen Trainingshose aus den 1980ern und blies mit einem Eimer Putzwasser zum Großangriff.

Während sie wischte und wienerte, was das Zeug hielt, ließ sie ihre Gedanken frei laufen. Geros seltsames Verhalten kam ihr wieder in den Sinn, als sie ihn und den fremden Mann abends auf dem Flur im Philosophicum getroffen hatte. Er war ... tja, was? Überrascht gewesen? Schuldbewusst? Peinlich berührt? Es hatte ihrer Meinung nach einen merkwürdigen Beigeschmack, dass diese komische Reaktion ausgerechnet mit dem Geheimnis um Hannahs ›Knaller‹ zusammenfiel. Inmitten ihrer Gedankenspiele fing sie an, die eingängige Melodie von *Still got the Blues* mitzusummen, die aus Axls Zimmer herausklang. Er spielte mit seiner E-Gitarre zur CD dazu und ließ die Tassen im Küchenschrank klirren.

Mit seiner Band ›Steelram‹, deren angegraute Mitglieder allesamt jenseits der 50 waren, trat Axl jedes Wochenende in regionalen Hardrock-Clubs auf. Die Bezahlung bestand zwar meist nur aus einer Handvoll Euro und einem Kasten Bier, doch die Männer von ›Steelram‹ rockten trotzdem mit unverwüstlichem Enthusiasmus. Mit einem Mal mogelten sich Wallace & Gromit in die E-Gitarre hinein. Tinnes Handy klingelte.

»Hallo, Frau Nachtigall, hier ist noch mal Kerstin Klessinger vom Landesmuseum. Entschuldigung, dass ich Sie störe, aber nun bräuchte ich mal Ihre Hilfe. Haben Sie eine Sekunde?«

Tinne erinnerte sich, dass sie Frau Klessinger ihre Visitenkarte gegeben hatte, auf der ihre Handynummer stand. Die stellvertretende Museumsleiterin redete auch schon weiter, doch Axls Gitarreninferno sorgte dafür, dass Tinne kaum ein Wort verstand. Sie öffnete die Tür zu Axls Zimmer und streckte den Kopf herein. Der verzerrte Sound wurde ohrenbetäubend.

Mit verträumtem Gesicht und geschlossenen Augen stand der langhaarige Metallkünstler inmitten seiner Gitarrensammlung. Instrumente aus allen Epochen standen, lagen und hingen herum, dazwischen gruppierten sich Poster von Black Sabbath, Iron Maiden, Judas Priest und Yngwie Malmsteen. Eine schwarze Gibson hing um Axls Hals, der große Marshall-Verstärker neben ihm röhrte in den höchsten Tönen.

»Axl! Hey, Axl!«

Tinne winkte mit dem Handy, doch er nahm sie nicht wahr. Entnervt langte sie zum Lichtschalter und knipste das Deckenlicht ein paar Mal an und aus. Axl klappte die Augen auf und starrte überrascht auf Tinne, die mit einem zuckersüßen Lächeln das Telefon in der Hand schwenkte. Die Gitarre verstummte.

»Ups! Bin schon leise«, murmelte er und drehte den Volumenregler des Verstärkers ein gutes Stück nach unten. Tinne ging zurück in die Küche, klemmte sich das Handy unters Kinn und zog die gelben Putzhandschuhe aus.

»Hallo, Frau Klessinger, jetzt bin ich für Sie da. Was gibt's?«

»Also, ich habe Ihnen ja erzählt, dass die Mainzer Stadtansicht des Meisters WB zur archäometrischen Untersuchung in Koblenz angemeldet war. Normalerweise geht die Organisation dieser ganzen Angelegenheit nicht über meinen Tisch, ich habe jetzt nur deshalb Einblick genommen, weil das Bild gestohlen wurde. Dabei habe ich gesehen, dass das Historische Seminar der Uni Mainz eine zusätzliche Analyse beauftragt hat, also eine Untersuchung, die wir normalerweise gar nicht machen lassen.«

Tinne richtete sich unwillkürlich kerzengerade auf.

»Aha … und was ist das für eine Untersuchung? Und wer hat sie beauftragt?«

»Es wurde eine Röntgenbeugeanalyse in Auftrag gegeben, von einer gewissen Dr. Lohmann, Hannah Lohmann,

Institut für Mittelalterliche Geschichte. Interessant ist vor allem die Finanzierung der Untersuchung, die ist hier nämlich als privat eingetragen. Das heißt, dass Frau Dr. Lohmann das aus ihrer eigenen Tasche bezahlen will, und das ist mehr als ungewöhnlich. Das machen normalerweise nur Sammler oder Galerien, denn Sie können sich vorstellen, dass eine solche Analyse nicht billig ist.«

Tinne konnte nichts sagen, so sehr setzte die Neuigkeit sie unter Strom. Frau Klessinger nahm ihr Schweigen als Zustimmung und fuhr fort:

»Jetzt möchte ich Frau Dr. Lohmann natürlich gern über den veränderten Sachverhalt informieren, aber unter ihrem Büroanschluss ist sie schon den ganzen Tag nicht zu erreichen, und ihre E-Mail-Adresse schickt immer wieder eine Fehlermeldung zurück. Da dachte ich, vielleicht können Sie mir einen anderen Kontakt zu Frau Dr. Lohmann vermitteln, eine Handynummer vielleicht. Sie sind ja schließlich auch beim Historischen Seminar beschäftigt, also quasi eine Kollegin von ihr.«

Mit ganzer Wucht kam die Tatsache zurück, dass niemand Hannah je wieder erreichen würde, weder per Handy noch auf eine andere Art und Weise.

»Hallo, Frau Nachtigall? Sind Sie noch dran?«

Tinne konzentrierte sich wieder auf das Gespräch.

»Eh, ja, danke für die Info, Frau Klessinger. Ich fürchte allerdings, dass sich die ganze Sache in gewisser Weise erledigt hat.« Ihre Stimme wurde leiser. »Hannah Lohmann ist leider vor einigen Tagen verstorben.«

Stille machte sich in der Leitung breit. Frau Klessingers Stimme klang ehrlich betroffen, als sie schließlich antwortete.

»Das ... das tut mir sehr leid. Ich wusste ja nicht, dass ...
also, ich ...«

»Schon in Ordnung«, unterbrach Tinne sie sanft. »Das
konnten Sie ja auch nicht wissen. Nochmals danke, dass
Sie mir Bescheid gegeben haben.«

Sie legte auf und merkte, dass sie Tränen in den Augen
hatte.

*

Eine halbe Stunde später schloss Tinne ihr Fahrrad vor
dem Gebäude der Kunsthochschule am Taubertsberg
an. Während sie noch mit der widerspenstigen Kette
kämpfte, knatterte eine knallrote Vespa den Taubertsberg herunter und hielt vor ihr an. Tinne musste sich
das Lachen verkneifen: Auf dem Roller saß Elvis, er
sah aus wie ein Fahrrad fahrender Zirkusbär. Die stämmigen Beine ragten links und rechts heraus, sein Kopf
wurde gekrönt von einer Helmschale, die wie ein Topf-
deckel auf einer Wassermelone wirkte. Kein Wunder,
dachte Tinne amüsiert, dass der echte Elvis lieber Cadil-
lac gefahren ist.

»Die schnellste Möglichkeit, um hier in Mainz von A
nach B zu kommen«, brummte er, als er ihren belustig-
ten Blick wahrnahm. Schnell wechselte er das Thema.

»Und was gibt's jetzt so Dringendes? Du hast mich
direkt aus der Altstadt weggeholt, da hat eine Schulklasse
die kollektive Kotzerei gekriegt, und das muss jetzt ein
Kollege machen.«

Tinne erklärte ihm, was Kerstin Klessinger ihr über die
neu angemeldete Bildanalyse erzählt hatte.

»Und da dachte ich mir: fragen wir doch einfach einen Fachmann«, schloss sie und deutete auf den verschachtelten 70er-Jahre-Bau der Kunsthochschule.

»Ein ehemaliger Kommilitone von mir hat hier inzwischen eine Vertretungsprofessur, Beppo, er ist genau der Richtige für unseren Fall.«

Die beiden betraten das Gebäude durch den Haupteingang, Tinne führte Elvis in den hinteren Bereich zu den Sälen, in denen die praktischen Übungen stattfanden.

»Ich habe Beppo von meinem Büro aus angerufen, er hat gerade Kurs, die Basisklasse Gestaltung. Da können wir aber ohne Weiteres reinplatzen, hat er gemeint.«

Elvis schaute sich neugierig um, während sie durch den Kunstbau liefen. Er war noch nie hier gewesen und beäugte die Radierungen, Metallobjekte und Zeichnungen, die die Gänge schmückten.

Schließlich erreichten sie eine offene Tür, aus der Stimmengewirr und Lachen heraushallten. Im Inneren des Ateliers, das durch eine breite Fensterfront hell erleuchtet war, standen zwei Dutzend Studierende in bunt bekleckstsn Kitteln an Malarbeiten und Skulpturen. Ein Mann um die 40 mit südländischem Teint, schwarzen Haaren und einem Arbeitskittel zeigte einem Studenten gerade etwas an dessen Bild, trat aber sofort auf die Neuankömmlinge zu.

»Tinne!«, rief er, riss sich den Kittel vom Leib und schloss sie herzlich in die Arme. Tinne überragte den mittelgroßen Mann um mehr als Haupteshöhe, die Umarmung erinnerte eher an eine Mama, die ihren wiedergefundenen Sohn begrüßt. In den nächsten Minuten tauschten die beiden allerlei Neuigkeiten aus, während Elvis die Arbeiten der Studierenden betrachtete. Schließlich wurde es ihm aber doch zu viel, er unterbrach die Wiedersehensfreude und streckte dem Mann die Hand entgegen.

»Hi, ich bin Elvis.«

Während sie sich begrüßten, taxierte er sein Gegenüber. Beppo hatte eine gute Figur, schöne braune Augen und ein lässiges Grinsen. Elvis konnte sich vorstellen, dass viele Studentinnen sich gern von ihm in die Geheimnisse der Kunst einweihen ließen, und auch Tinnes Umarmung hatte seiner Meinung nach eine Sekunde zu lang gedauert.

»So, ihr zwei, was kann ich denn für euch tun?« Beppo schnappte seinen Malerkittel und zog ihn wieder über.

»Eine Kollegin von mir hat sich in letzter Zeit sehr für mittelalterliche Kunst interessiert und hat eine Bilduntersuchung im Archäometrischen Zentrum in Koblenz in Auftrag gegeben, nämlich eine Röntgenbeugeanalyse. Jetzt würde uns interessieren …«

Beppo hob die Hand und unterbrach sie. Eine scharfe Falte war auf seiner Stirn erschienen.

»Du sprichst nicht zufällig von Hannah Lohmann?«

Tinne brauchte eine Sekunde, um den Mund wieder zuzuklappen.

»Eh, genau, ja. Woher weißt du das?«

Die gute Stimmung des Professors war wie weggeblasen.

»Hannah hat vor einem Semester als Gasthörerin ein Hauptseminar bei mir besucht und eine phänomenale Hausarbeit über mittelalterliche Malerei geschrieben. Ich habe gerade gestern von … von der Sache gehört.«

Tinne nickte stumm. Das wunderte sie nicht, denn in solchen Dingen war die Universität ein regelrechtes Dorf – jeder wusste alles.

Beppo schluckte, sein Adamsapfel hüpfte auf und nieder.

»Ich nehme mal an, sie wollte eines der Bilder aus dem Marienzyklus des Hausbuchmeisters untersuchen lassen, oder?«

»Warum?«

»Weil der Marienzyklus im Mittelpunkt ihrer Untersuchung stand. Sie hat für die Hausarbeit endlose Tage im Stadtarchiv und im Hessischen Staatsarchiv in Darmstadt zugebracht, und ich vermute einfach mal, dass sie das Thema auch im Nachhinein noch beschäftigt hat.«

Tinne schüttelte den Kopf.

»Nein, sie hatte ein anderes Bild angemeldet, die Mainzer Stadtansicht vom Meister WB.«

Beppo legte den Kopf schief.

»Die Stadtansicht? Das ist ja 'n Ding. Was wollte sie denn mit diesem Schinken?«

Trotz ihrer gedrückten Stimmung musste Tinne schmunzeln, als sie den Kunstprofessor so despektierlich über ein mittelalterliches Gemälde reden hörte.

»Das wollen wir eigentlich von dir wissen, Beppo. Wozu macht man eine Röntgenbeugeanalyse?«

»Also, damit kann man quasi durch die einzelnen Schichten eines Gemäldes durchgucken. Die meisten Bilder bestehen aus einer Vielzahl von Ebenen, die über Wochen vom Künstler aufgetragen werden – Risszeichnung, Lasur, Grisaille, Lokalfarben und so weiter. Jeder Maler hat da so seine eigene Herangehensweise, und durch diese modernen Untersuchungsmethoden kann man ihm sogar viele Hundert Jahre später noch über die Schulter gucken, also, sprichwörtlich natürlich. Denn viele Bilder besitzen Vorzeichnungen, Rohentwürfe oder bestimmte Details, die im Lauf des Schaffensprozesses vom Künstler abgeändert oder übermalt werden. Solche Übermalungen, Pentimenti genannt, helfen uns heute, die Komposition und Arbeitsweise der großen Meister zu verstehen. Sogar da Vinci hat seine Mona Lisa während der Ausarbeitung mehrfach abgeändert.«

Tinne dachte eine Sekunde nach.

»Und so was wäre auch bei der Mainzer Stadtansicht interessant?«

Beppo zog eine Grimasse.

»Also, um ehrlich zu sein – nö. Weißt du, die wirklich spannenden Arbeiten von WB sind die Sebastian-Tafelbilder oder sein Bildnis von Mann und Frau, spätere Werke eben. Von denen gibt es auch längst schon Strahlenanalysen und entsprechende Auswertungen. Aber die Stadtansicht – ach je, das war eine ziemlich simple Auftragsarbeit für Kurfürst Diether, nichts, was künstlerisch oder inhaltlich besonders erwähnenswert ist. Heute würde man sagen: ein Projekt von der Stange. Zu der Zeit war WB ja auch noch ein ziemlich kleines Würstchen hier in der Region.«

Eine Studentin trat heran, murmelte eine Entschuldigung und bat Beppo um Hilfe bei ihrer Arbeit. Rasch bedankten sich Tinne und Elvis für die Informationen und wandten sich zum Gehen.

»Hey, vielleicht täuschen wir uns aber auch alle in dem Bild, und es ist in Wirklichkeit ein zweiter Dachbodenfund von Nantes!«, rief Beppo ihnen lachend hinterher. Er schien seine gute Laune wieder gefunden zu haben.

Tinne und Elvis schauten ihn gleichermaßen verwirrt an, sodass er die Studentin kurz vertröstete und eine Erklärung nachschob.

»2004 hat ein Lehrer aus Nantes ein schäbiges Ölbild auf dem Dachboden seines verstorbenen Großvaters entdeckt, und durch Zufall hat sich herausgestellt, dass unter dem Bild ein zweites Bild steckte – ein echter Rembrandt, *Bileam und die Eselin*. Der Rembrandt war irgendwann schlicht und einfach übermalt worden.« Er grinste. »Tja, der Lehrer musste nie wieder arbeiten gehen.«

Elvis stutzte.

»Warum sollte jemand auf die Idee kommen, ein fremdes Bild zu übermalen?«

Beppo ging zu seiner Studentin zurück und antwortete über die Schulter.

»Oh, das kam immer mal wieder vor. Manchmal aus purem Unwissen oder aus Sparsamkeit – eine gebrauchte Leinwand war oft billiger als eine neue. Oder ein Maler wollte gute Arbeiten von Kollegen zunichtemachen, um selbst besser dazustehen. Neid, Eifersucht und Konkurrenzdenken gab es damals ebenso wie heute.« Er winkte zum Abschied und widmete sich endgültig seinen Studenten.

Im Flur liefen Elvis und Tinne eine Weile schweigend nebeneinander her.

»Sind wir auf der richtigen Spur?«, fragte der Reporter schließlich zweifelnd.

Tinne zuckte mit den Achseln.

»Keine Ahnung. Es klingt ja nicht gerade so, als würde die Stadtansicht des Meisters WB große Geheimnisse bergen. Ich weiß nicht, wo da Hannahs ›Knaller‹ stecken könnte.«

Sie war unkonzentriert, denn eine Kleinigkeit spukte in ihrem Kopf herum, seit Beppo die Details zur Bilderdurchleuchtung erklärt hatte. Sie saß schon auf ihrem Fahrrad und wollte sich gerade von Elvis verabschieden, als

149

es ihr siedend heiß einfiel. In Sekundenschnelle hatte sie das Rad wieder abgeschlossen, flitzte durch das Gebäude und stürmte in das große Atelier hinein. 25 Köpfe fuhren erschrocken herum. Beppo zog die Augenbrauen hoch.

»Was vergessen, Tinne?«

»Beppo, wie heißt der Fachausdruck für Übermalung noch mal?«

»Pentimenti. Kommt vom italienischen ›pentimento‹ für ›Reue‹.«

Mit einem fast hörbaren Geräusch rutschte ein Puzzleteil in Tinnes Hirn an den richtigen Platz. Sie hatte soeben das P-Wort entschlüsselt, das als durchgedrückte Buchstaben auf Hannahs Zettel zu sehen gewesen war.

Es hieß nicht Pergamente, sondern Pentimenti. Übermalung.

*

Elias Kalkbrenner atmete tief ein. Es roch intensiv nach Diesel, heißem Maschinenöl, Gummi und Staub. Er liebte diesen Duft – es war der Geruch von Erfolg und Geld.

Auf dem Jakobsberg unterhalb der Zitadelle herrschte seit heute früh rege Aktivität. Mehrere Baumaschinen standen wie stählerne Riesen bereit, um mit ihren Schaufeln, Ketten und Walzen den Erdboden nach seinem, Kalkbrenners, Plan neu aufzuschütten. Zum Glück hatten die Dispo-Leute es geschafft, für sämtliche Erdbewegungen Brummer zu organisieren, also Bagger, Radlader, Walzen und Kipper mit spezieller Geräuschdämmung. Mit schrillem Piepen setzte in dieser Sekunde ein Tieflader zurück, der einen weiteren Bagger auf das Gelände fuhr. Das Grollen des Lkw-Motors übertönte die Rufe und die Pfiffe der Demonstranten, die sich an der südlichen Zitadellenmauer versammelt hatten und ihre Schilder schwenkten.

Kalkbrenner schnaufte geringschätzig. Die Menge der Protestler war in den letzten Tagen zwar nicht geschrumpft, vor allem die Anwohner der gegenüberliegenden Kleinen Windmühlenstraße demonstrierten gegen Lärm, Staub und eine Appartementanlage, von deren Fenstern man genau in die Gärten ihrer sündhaft teuren Oberstadt-Villen gucken konnte. Doch viel mehr machen als dumm herumzustehen und zu pfeifen konnten die Leute nicht – die Baugenehmigung war schließlich längst schon erteilt worden. Trotzdem hatte Kalkbrenner eine private Sicherheitsfirma engagiert, die zumindest tagsüber das Gebiet von solchen Krawallmachern freihielt. Nicht auszudenken, wenn ein Demonstrant zwischen den Baumaschinen herumrennen und sich verletzen würde. Denn seine größte Sorge war eine weitere Verzögerung der Arbeiten.

Kalkbrenner trat näher an die Baumaschinen heran und setzte sich einen Sicherheitshelm auf. Er passierte mehrere Vermessungsteams, die mit langen Stangen, digitalen Messgeräten und gelbschwarzen Bändern das Gelände in Parzellen einteilten. Zwei Vertreter der Stadtwerke mit einem großen Grundrissplan stapften dazwischen hin und her. Als Kalkbrenner in Rufweite seiner Arbeiter war, winkte er seinen Projektleiter heran, einen kleinen, ruhigen Polen namens Jurek. Gemeinsam wechselten sie einige Worte, dann brüllte der Baulöwe die übrigen Männer an und zeigte mit gestrecktem Arm, wo er die Maschinen haben wollte. Am oberen Ende der breiten Zufahrts-Trasse, die neu angelegt worden war und vom Drususwall herunter in den Zitadellengraben führte, erschien gerade ein weiterer Tieflader.

Befriedigt stellte Kalkbrenner fest, dass die Bauarbeiten endlich ins Rollen kamen.

*

Pentimenti.

Der Fotoband des Museums lag vor Tinne, sie starrte auf das Bild des Meisters WB, als könnten ihre Augen es röntgenmäßig durchleuchten.

Um sie herum herrschte reger Betrieb im ›Q-Kaff‹, dem ›Kultur-Café‹ auf dem Uni-Campus. Nachdem sie einige Arbeiten in ihrem kleinen Büro erledigt hatte, war Tinne mitsamt Fotoband hierher umgezogen, um das schöne Wetter zu genießen und in Ruhe nachdenken zu können. Sie mochte das Q-Kaff, es war eines der wenigen Relikte auf dem Campus, denen die Zeit scheinbar nichts anhaben konnte: Wie zu Tinnes Studentenzeiten waren die Innenräume schummrig, die Einrichtung zusammengewürfelt und die Bierbänke im Außenbereich ohne jede Polsterung. Trotzdem – oder gerade deswegen – war das Q-Kaff nach wie vor äußerst beliebt und hatte selbst jetzt in der vorlesungsfreien Zeit sein Stammpublikum.

Dass Hannah ein Geheimnis in dem Bild des Meisters WB entdeckt hatte, war Tinne nun mehr als klar. Das Wort ›Pentimenti‹, das ihre Freundin notiert hatte, ließ zusammen mit der beauftragten Durchleuchtung nur diesen einen Schluss zu.

Allerdings bot die Stadtansicht weder von der Gestaltung noch von der handwerklichen Ausarbeitung irgendeine Besonderheit. Tinne hatte sich in der Institutsbibliothek ein wenig in die spärliche Forschung über das Bild eingelesen und musste Beppos Aussage zustimmen: Eine Strahlenanalyse würde keinen Sinn machen, wenn es lediglich um die Arbeitsweise des Meisters WB ginge.

Also blieb nur die Vermutung, die Beppo am Ende ihres Gespräches mehr im Scherz erwähnt hatte: dass die Stadtansicht ein zweiter ›Dachbodenfund von Nantes‹ sei und ein komplett anderes Bild darunter verborgen wäre.

Tinne knetete ihre Finger, während ihr Gehirn auf Hochtouren lief. Diese Theorie würde durchaus zu Hannahs seltsam ausweichenden Antworten bezüglich ihrer aktuellen Forschung passen. Vielleicht war sie im Rahmen ihrer Arbeiten über die Mainzer Festungsanlagen auf einen Hinweis gestoßen, der die Übermalung des Bildes erwähnte. Um sicherzugehen, hatte sie anschließend auf eigene Kosten die Durchleuchtung der Stadtansicht in Auftrag gegeben.

Doch irgendjemand musste ihr auf die Spur gekommen sein. Denn bevor Hannah den endgültigen Beweis durch die Strahlenanalyse bekommen konnte, wurde das Gemälde gestohlen. Und es lag durchaus im Bereich des Möglichen, dass der Bilderdieb letztendlich auch für Hannahs Tod verantwortlich war – vielleicht, um sie endgültig zum Schweigen zu bringen. Das wiederum bedeutete, dass das ältere, übermalte Bild nicht irgendeine unbedeutende Skizze oder Schülerübung war. Oh nein, hier ging es um etwas weit Wertvolleres – um einen ›Knaller‹ eben.

Tinne las zum zehnten Mal die Hintergründe auf der rechten Buchseite und überflog das Infokästchen.

```
Bildbezeichnung: ›Mainzer Stadtansicht‹ (Arbeitstitel)
Urheberschaft: Meister WB
Erstellung: 1480 (acc.)
Ort: ign. (Mainz?)
Größe: 126,0 x 73,1 cm

Risszeichnung: Leinen auf Tannenholz
Schattenform: Eitempera
Imprimitur: Harzölfarbe
Weißhöhung: Tempera
Zwischenfirnis: Dammar
Lokalfarben: Öl-Harz

1999, 2001, 2004 AINB, 2005, 2008 AZRLP
```

In Gedanken versunken blätterte sie weiter. Die folgende
Seite zeigte das Marienbild, auf dem noch immer Elvis'
Kräppelfinger-Abdrücke zu sehen waren. Richtig, das Bild
gehörte zum Marienzyklus des Hausbuchmeisters, den
Hannah im Rahmen ihrer Hausarbeit bei Beppo untersucht hatte. Sie wäre deswegen in allen möglichen Archiven gewesen, hatte er berichtet. Tinne überflog das Infokästchen.

```
Bildbezeichnung: ›Der Tempelgang Mariae‹
Urheberschaft: Meister des Hausbuchs
                (Meister des Amsterdamer Kabinetts)
Erstellung: 1490 (+/-15)
Ort: ign. (Rheinpfalz?)
Größe: 128,7 x 74,2 cm

Risszeichnung: Leinen auf Tannenholz
Schattenform: Eitempera
Imprimitur: Harzölfarbe
Weißhöhung: Tempera
Zwischenfirnis: Leinöl
Lokalfarben: Öl

1995, 2000, 2003 AINB, 2005, 2007, 2009 AZRLP
```

Tinne stutzte, blätterte zurück und las nochmals die Informationen zur Stadtansicht. Die beiden Bilder waren von der Maltechnik her fast identisch. Das war nicht weiter verwunderlich, denn sie stammten aus derselben Epoche und waren in derselben Region entstanden. Aber eine weitere Ähnlichkeit zog Tinnes Aufmerksamkeit auf sich: die Größe der Stadtansicht war mit 126,0 x 73,1 cm angegeben, die des Marienbildes mit 128,7 x 74,2 cm. Fast die gleiche Größe – konnte das Zufall sein?

Sie schaute sich die Entstehungsdaten an. ›1480 (acc.)‹ beim Meister WB bedeutete, dass das Bild ›accuratus‹, also ›exakt‹ im Jahr 1480 gemalt worden war. Den Marienzyklus konnte die Forschung hingegen nicht so sicher einordnen, ›1490 (+/- 15)‹ legte das genannte Jahr mit einer Schwankung von 15 Jahren nach oben oder nach unten fest.

Die beiden Bilder hatten dieselbe Größe und mit der Schwankung nach unten auch dieselbe Entstehungszeit. Tinne schaute das Gemälde des Wolfgang Beurer an, ohne es wirklich wahrzunehmen. Sie merkte, wie plötzlich weitere Puzzleteile an ihren Platz rutschten:

Frau Klessinger kommentiert den Fotoband des Museums: ›Der Meister WB stand immer ein wenig im Schatten anderer Künstler, vor allem des Hausbuchmeisters, der ja zur selben Zeit hier am Mittelrhein aktiv war.‹

Beppo erklärt, warum Bilder übermalt wurden: ›Oder ein Maler wollte gute Arbeiten von Kollegen zunichtemachen, um selbst besser dazustehen. Neid, Eifersucht und Konkurrenzdenken gab es damals ebenso wie heute.‹

Elvis berichtet über den Marienzyklus des Hausbuch-
meisters: ›Der Zyklus gehört zum Wertvollsten, was das
Museum im Bereich Mittelalter zu bieten hat, obwohl er
nicht ganz vollständig ist. Es fehlt ein Bild, wenn ich mich
richtig erinnere.‹

Eilig kramte Tinne in ihrer Tasche herum, fummelte ihr
Handy heraus und suchte Beppos Eintrag.

»Hallo, Beppo, Tinne hier. Sag mal, wir haben uns doch
letztens über Bilder aus dem Mittelalter unterhalten, und
da hattest du den Marienzyklus des Hausbuchmeisters
erwähnt. Der ist wertvoll, oder?«

»Wertvoll ist dezent ausgedrückt. Es ist eine der bekann-
testen Bilderreihen des Späten Mittelalters, neun einzelne
Werke, wunderschöne Arbeiten, unschätzbar.«

»Stimmt es, dass dieser Zyklus unvollständig ist?«

»Soweit wir wissen, ja. Es gibt ein bestimmtes Motiv, das
untrennbar mit der Mariendarstellung verbunden ist, nämlich die Himmelfahrt, und die fehlt beim Mainzer Zyklus.
Weshalb hätte der Hausbuchmeister ausgerechnet dieses
Schlüsselmotiv auslassen sollen?«

»Gibt es Hinweise auf den Verbleib des fehlenden Bildes?«

»Nö. Schon die erste Erwähnung des Marienzyklus bei
Bischof Albrecht von Brandenburg im Jahr 1538 beklagt,
dass die Bilderreihe unvollständig sei. Das fehlende Werk
muss also bereits kurz nach dem Schaffensprozess verloren gegangen sein.«

Die nächste Frage formulierte Tinne sehr vorsichtig. »Was, hm ... was wäre, wenn dieses fehlende Bild irgendwo auftauchen würde?«

Beppo gab einen Schnaufer von sich.

»Na, das wäre ein echtes Riesending. Da würde nicht nur das Fachpublikum, sondern auch die Forschung vor Begeisterung die Wände hochkrabbeln.«

Er machte eine Pause und fragte dann mit leichtem Misstrauen in der Stimme:

»Warum willst du das eigentlich alles wissen, Tinne? Hat das irgendetwas mit Hannah Lohmanns Forschungen zu tun oder so?«

Sie wiegelte rasch ab, bedankte sich und legte auf. Ein Gefühl der Anspannung machte sich in ihr breit. Endlich hatte sie eine Ahnung, welches Geheimnis Hannah entdeckt hatte!

Während sie den Bildband einpackte und zu ihrem Fahrrad lief, drückte sie erneut auf dem Handy herum und suchte die Nummer von Elvis.

*

Die schlanke Gestalt von Professor Nümbrecht warf einen scharfen Schattenriss auf die Kopfsteine, mit der die Zufahrt zum Kloster Eberbach gepflastert war. Er marschierte gedankenverloren zurück zum Parkplatz und hatte keinen Blick für die Besucher und Touristen, die ihm in Richtung der ehemaligen Abtei entgegenkamen.

In einer schmalen Mappe trug der Professor ein belangloses Dokument über den Festungsbau in Mainz im 15. Jahrhundert mit sich. Dieses Dokument war der Aufhänger gewesen für ein langes Gespräch mit seinem Vorgänger, dem Emeritus Werner Gutdünk. Der alte Mann war wie immer sehr interessiert an der aktuellen Forschung und der Situation an der Universität, hatte ihm letztendlich aber nicht die erhofften Informationen geben können.

Missgelaunt erreichte Nümbrecht seinen Wagen und setzte sich hinein. Aus dem abschließbaren Handschuhfach holte er einen dicken Papierstapel heraus. Das waren die wirklich wichtigen Dokumente – eine Sekunde lang lächelte er, als er sich vorstellte, wie Gutdünk beim Anblick dieser Unterlagen die Augen aufreißen würde.

Ein Blick auf die Uhr zeigte ihm, dass er inzwischen zu spät dran war. Er hatte den alten Mann reden und reden lassen in der Hoffnung, dass er doch noch etwas von Wichtigkeit erwähnen würde. Verärgert ließ er den Motor aufheulen und bog zügig auf die Straße nach Kiedrich ein. Mit einer Hand angelte er sein iPhone aus dem Sakko, öffnete die Homepage der Stadtverwaltung und suchte die Telefonnummer des Baudezernats heraus, während er versuchte, gleichzeitig das Telefon und die Straße im Auge zu behalten.

»Herr Dr. Conradi, seien Sie gegrüßt, Eckhard Nümbrecht hier. Wir haben in knapp zwanzig Minuten einen gemeinsamen Termin. Bei mir wird's leider etwas später, ich hoffe, das ist nicht allzu schlimm.«

*

Tinne wartete ungeduldig in der Wilhelmsstraße vor der Kommune 47 auf Elvis. Als er schließlich auf seiner roten Vespa angeknattert kam, starrte sie ihn an.

»Elvis, ich sagte doch, wir müssen nach Koblenz! Ich dachte, du kommst mit dem Auto!«

Der Reporter schnallte den topfförmigen Helm ab und befreite sein Doppelkinn vom Riemen.

»Ich hab kein Auto, nur meinen Roller.«

Ernüchtert kratzte Tinne sich am Kopf.

»Ich habe auch kein Auto, nur mein Fahrrad.«

Elvis schaute sie ratlos an.

»Und jetzt?«

Eine Viertelstunde später bog ein Taxi von der Saarstraße auf die A 60 Richtung Bingen. Im Fond saßen Elvis und Tinne, am Steuer drehte sich der rothaarige Bertie halb nach hinten um.

»Das kostet dich aber ein ordentliches Abendessen, Tinne – handgekocht, mit mindestens einem Kilo Fleisch drin!«

Elvis zog die Augenbrauen in die Höhe. Berties Gegenleistung für den Fahrdienst erschien ihm klug gewählt. Denn nachdem Tinne ihren Mitbewohner angerufen hatte, erklärte sie dem Reporter ihren gemeinsamen Deal: Bertie chauffierte sie hin und wieder in seinem Taxi, wenn sie einen fahrbaren Untersatz brauchte. Als Dankeschön warf sie dafür ihre kaum vorhandenen Kochkünste in die Waagschale und bekochte ihn fürstlich und kalorienreich.

Bertie beschleunigte seinen cremefarbenen Passat Kombi und wechselte auf die linke Spur. Entsprechend seiner Passion baumelte am Rückspiegel das Modell eines Star Wars-Raumschiffes. Wenn Tinne sich richtig an die dazugehörige Erklärung erinnerte, war es der X-Wing, mit dem Luke Skywalker in Episode IV den Todesstern besiegte. Oder so ähnlich.

Ihr Mitbewohner machte eine unbestimmte Kopfbewegung zur Uhr im Armaturenbrett.

»Ich muss aber bis sechs zurück sein, heute Abend ist die Brigade in der Kommune. Apropos: Hast du eigentlich etwas über diese seltsame Nummern-Buchstaben-Kombination herausgekriegt, an der wir letztens herumgerätselt haben? Bei der Brigade konnte jedenfalls keiner etwas damit anfangen.«

»Ja, hab ich tatsächlich, es war eine Archivnummer vom Landesmuseum.«

»Na, da war ich mit meiner Idee ›Katalog- oder Bestellnummer‹ gar nicht so weit weg.«

Tinne musste ihm recht geben. Sie wusste: Bertie war ein kluges Köpfchen, obwohl man es dem rothaarigen Dickerchen im ersten Moment nicht zutrauen würde.

Elvis wurde derweilen ungeduldig.

»Nun leg schon los, was ist so wichtig, dass du mich mitten in einem Interview mit dem ZDF-Intendanten anklingelst?«

Tinne erklärte ihre Vermutung, dass Hannah unter der Stadtansicht des Meisters WB das fehlende Bild des Marienzyklus entdeckt hatte.

»Immerhin hat sie bei Beppo darüber geforscht und viel Zeit in Museen und Archiven verbracht. Dabei muss sie auf einen entsprechenden Hinweis gestoßen sein«, schloss sie.

»Aha, und warum sollte der Meister WB das Bild eines Kollegen übermalt haben?«

»Beppo hat es mehr oder weniger treffend gesagt: Neid, Eifersucht und Konkurrenzdenken. Überleg mal: Der Hausbuchmeister war die absolute Nummer eins hier im Rheintal. Während er richtig große Werke für Klerus und Fürstenhäuser malt, bekommt Wolfgang Beurer nur kleine, langweilige Auftragsarbeiten. Da spielt ihm der Zufall ein

Bild seines Konkurrenten in die Hände – ein Exemplar des Marienzyklus! Eine einmalige Gelegenheit, dem Ansehen des Hausbuchmeisters zu schaden, denn wenn der Marienzyklus nicht mehr vollständig ist, verliert er an Wert und Aussagekraft. Also übermalt er das Bild mit dem Motiv seines aktuellen Auftrags, der Mainzer Stadtansicht, die er gerade für den Kurfürsten Diether von Isenburg herstellt.«

»Und warum hat er das Bild des Hausbuchmeisters nicht einfach weggeschmissen, was weiß ich, verbrannt oder so?«

»Auch diese Frage hat Beppo schon beantwortet: Gute Leinwände waren damals selten und teuer. Der Meister WB hatte es bestimmt nicht so dicke, dass er einen Quadratmeter Leinwand, der schon fix und fertig auf Holz gezogen war, einfach so weggepfeffert hätte.«

Elvis nickte langsam.

»Okay, das ist nachvollziehbar. Und was wollen wir jetzt in Koblenz bei diesem komischen Forschungsinstitut?«

»Die Leute vom Archäometrischen Zentrum haben das Bild vom Meister WB in den letzten Jahren ein paar Mal auf Beschädigungen untersucht, das hat uns Frau Klessinger erzählt. Ich will einfach mal deren Ergebnisse abklopfen, vielleicht gibt es da einen Hinweis, der unsere – oder besser Hannahs – Theorie bestätigen kann.«

*

Das Archäometrische Zentrum Rheinland-Pfalz lag in der Dominicusstraße südwestlich der Koblenzer Innenstadt. Inmitten älterer Industriebauten sah das moderne

Forschungsinstitut aus Stahl und Glas regelrecht fehl am Platz aus. Bertie steuerte die Cafeteria im Erdgeschoss an, während Tinne und Elvis sich zum Leiter der Physikalischen Abteilung durchfragten. Auf ihrem Weg durch das Gebäude einigten sie sich auf eine unverfängliche Geschichte.

Dr. Udo Bulst stand an der Tür, an die Tinne beherzt klopfte. Nach einer Weile klopfte sie nochmals, dann endlich war ein entnervtes »Herein!« zu hören.

Der Mann, der hinter seinem extragroßen Schreibtisch saß und sie unwillig anschaute, hatte ein breites Gesicht mit Aknenarben, seine Frisur sah aus, als hätte er sie seit seinen Schülertagen niemals geändert. Griesgrämige Falten um die Augen und schwere Tränensäcke ließen ihn wie 60 aussehen, obwohl er wahrscheinlich erst Mitte 40 war. Am auffälligsten waren aber seine Schneidezähne, die übergroß aus dem Gebiss ragten und ihm etwas Hasenhaftes verliehen.

»Ja bitte?«, fragte der Hase ungnädig.

»Eh, also, mein Name ist Ernestine Nachtigall, und, hm, mein Kollege und ich kommen von der Uni Mainz, vom Historischen Seminar. Wir untersuchen gerade, auf welche Art und Weise Ölgemälde in Mitleidenschaft gezogen werden können, wenn sie in Museen oder Galerien ausgestellt werden. Das Landesmuseum Mainz hat uns an Sie verwiesen, insbesondere bezüglich eines Werkes des Meisters WB, der Mainzer Stadtansicht.«

Dr. Bulst rührte keine Wimper.

»Ja und?«

»Tja, wenn's geht, würden wir gern Einblick nehmen in die Untersuchungen, die Sie an dem Gemälde durchgeführt haben. Es interessiert uns vor allem, ob Ihnen vielleicht etwas … na ja, aufgefallen ist.«

Tinne verfluchte sich für ihr Gestotter. In diesem Moment bedauerte sie, keinen Doktortitel zu haben, um Kompetenz zumindest vortäuschen zu können.

»Ob uns etwas aufgefallen ist? Können Sie vielleicht etwas konkreter werden?«

Sie druckste herum, um das Thema Übermalung nicht direkt ansprechen zu müssen und dadurch vielleicht schlafende Hunde zu wecken.

»Also, vielleicht eine Art, hm, Mischfarbe oder zwei Schichten oder so etwas.«

Sie merkte deutlich, was der Mann von ihr dachte: eine total überforderte, strohdumme Sachbearbeiterin, die eigentlich keine Ahnung von dem hat, was sie schwafelt. Und sie konnte es ihm noch nicht einmal verübeln, sie merkte schließlich selbst, wie unbeholfen sie klang.

Die Stimme von Dr. Bulst wurde kühl und betonte die Worte übertrieben.

»Nein, Frau Nachtigall, ›Mischfarben‹ oder ›zwei Schichten‹ sind uns nicht aufgefallen. Das können Sie aber auch überaus detailliert in unserem Bericht nachlesen, der dem Mainzer Landesmuseum zugegangen ist und den Sie mit an Sicherheit grenzender Wahrscheinlichkeit in den entsprechenden Begleitdokumenten des Objekts finden. Darüber hinaus dürfte Ihnen klar sein, dass ich ohne schriftliche Genehmigung des Museums keinerlei Einsichten in wie auch immer geartete Untersuchungsergebnisse gewähren kann. Ist das soweit angekommen?«

Sie musste sich bemühen, Herrn Dr. Udo Bulst nicht den gestreckten Mittelfinger zu zeigen. Der Abteilungsleiter trat an die Bürotür heran, öffnete sie und schaute die beiden Besucher wortlos an. Die Audienz war beendet.

Tinne trat den Rückzug an, Elvis folgte ihr. In der Tür drehte der Reporter sich kurz um und hob unsicher die Hand. Seine Stimme klang fast schüchtern.

»Eh, Herr Dr. Bulst, ich arbeite nebenher bei der Allgemeinen Zeitung in Mainz, und es gibt bei uns eine regelmäßige Rubrik ›Campus‹. Da berichten wir unter anderem über Forschungsinstitute in Rheinland-Pfalz und deren Arbeitsweise.«

Der Hase hatte sich bereits von ihnen abgewandt.

»Und?«

»Was halten Sie davon, Herr Dr. Bulst, wenn wir für diese Rubrik Ihre Ernennung zum Leiter der Physikalischen Abteilung vor zwei Jahren nochmals beleuchten? Vielleicht sollten wir dazu auch ein Interview mit Ihrer Vorgängerin führen, sie hat bestimmt eine Menge dazu zu sagen. Und bei der Gelegenheit können wir gleich mal nachschauen, auf welche Art und Weise die Auftragsvergabe an externe Dienstleister hier im Hause geregelt ist. Zum Abschluss des Artikels dürfen dann Ihre Praktikanten erzählen, wie sie ohne abgeschlossenes Studium selbstständig Materialanalysen durchführen, unter denen dann für teures Geld Ihr Institutssiegel prangt. Wie finden Sie diese Idee?«

Obwohl Elvis' Stimme nach wie vor bescheiden und zurückhaltend klang, war alle Farbe aus dem Gesicht von Dr. Bulst gewichen. Ein paar Sekunden schien er wie gelähmt, dann stieß er die Luft aus wie ein angestochener Ballon.

»Also gut, was wollen Sie?«

Elvis fackelte nicht lang, seine Stimme wurde fest.

»Alle Informationen über das Bild von Meister WB.

Und zwar von jemandem, der sich damit wirklich auskennt.«

Der Abteilungsleiter presste seine farblosen Lippen aufeinander, sodass nur noch die Hasenzähne herauslugten, und trat ans Telefon.

»Nehmen Sie den Aufzug ins Untergeschoss am Ende des Flurs. Ich kündige Sie telefonisch an.«

Als sie im Fahrstuhl standen, zog Tinne die Augenbrauen hoch und schaute Elvis an.

»Was war denn das für eine Breitseite gerade eben?«

Sein Basset-Gesicht verzog sich zu einem Grinsen, er zuckte betont harmlos die Schultern.

»Ich hatte so ein Gefühl, dass die Leute hier ein bisschen stur sein könnten. Deshalb habe ich vorhin, bevor ich losgefahren bin, in unserem Archiv herumgeklickt und ein paar nicht ganz so schöne Details über das Zentrum entdeckt. Da ist nichts bewiesen oder gar veröffentlicht, aber es hat gereicht, um Hasi ins Bockshorn zu jagen.«

Tinne zog im Stillen den Hut vor dem dicken Reporter. Man sah es ihm zwar nicht an, aber er war mit allen Wassern gewaschen.

In diesem Augenblick öffneten sich die Aufzugtüren, Tinne und Elvis betraten das unterirdische Herz des Archäometrischen Zentrums.

*

Leise drehte sich ein Schlüssel im Schloss, eine Bürotür öffnete sich. Der Kopf des Drachen lugte hinein. Perfekt, das kleine Büro war leer. Frau Schillmer trat ein und schloss die Tür hinter sich ab. Sie hatte gestern erfahren, dass Dr.

Suhr heute in Heidelberg einen Vortrag halten und deshalb den ganzen Tag abwesend sein würde. Sie warf einen Blick auf ihre Armbanduhr. Punkt elf. Rasch setzte sie sich an den unordentlichen Schreibtisch, wobei sie sich bemühte, nichts zu berühren oder zu verschieben. Bei diesen Wissenschaftlern wusste man ja nie – vielleicht war das, was ihr chaotisch erschien, für Dr. Suhr der Gipfel der Ordnung.

Sie lupfte den Hörer des Bürotelefons, tippte die o für eine Amtsleitung und wählte eine lange Nummer. Ihre Finger huschten auswendig über die Tasten. Dann kreuzte Frau Schillmer in ihren Schuhen die großen Zehen mit den Zehen daneben und wartete. Die Leitung klickte und klackte, dann ertönte peppige Musik. Eine sympathische Frauenstimme sagte:

»Hallo, lieber Anrufer, vielen Dank, dass Sie bei *Punch-it* mitspielen. Leider haben Sie dieses Mal kein Glück. Am besten, Sie versuchen es gleich noch einmal! Dieser Anruf kostet Sie 50 Cent aus dem Netz der Deutschen Telekom, Mobilfunkpreise können abweichen.«

Die Musik dudelte weiter, doch Frau Schillmer unterbrach die Verbindung und drückte Wahlwiederholung.

»Hallo, lieber Anrufer, vielen Dank, dass Sie bei *Punch-it* mitspielen …«

Diese Anrufe waren ihr Geheimnis, niemand wusste, dass sie fast täglich bei der Gewinnshow *Punch-it* des Radiosenders TwistFM mitspielte. Die Show lief den kompletten März täglich zwischen elf und zwölf Uhr. Die Regeln waren einfach: Mit etwas Glück wurden Anrufer zum Moderator durchgestellt, der ihnen eine einzige Frage stellte. Wer die Frage richtig beantworten konnte, gewann 5000 Euro. Der Clou war freilich – und das wussten die wenigsten! – ein unauffälliger Link auf der TwistFM-Website, der jeden Morgen die aktuelle Frage und die richtige Lösung verriet. Diesen Geheimtipp hatte Frau Schillmer Anfang des Monats in der ›Brigitte woman‹ gelesen. Mit diesem Wissen war sie allen anderen Anrufern meilenweit voraus, und deshalb gab es in diesem Monat für den Drachen nur eine Parole: von elf bis zwölf wählen, dass die Finger glühten.

Das einzige Problem bei der Sache waren die anfallenden Kosten. Frau Schillmer hatte anfänglich ihr eigenes Bürotelefon genutzt, doch dann war sie ins Grübeln gekommen. Sie schaffte acht Anrufversuche pro Minute, wenn sie direkt zu Beginn der automatischen Ansage auflegte. Das waren 480 Anrufe pro Stunde, und da jede Verbindung mit 50 Cent zu Buche schlug, kam die stolze Summe von 240 Euro zusammen – pro Tag!

Deshalb hatte Frau Schillmer sich angewöhnt, zwischen elf und zwölf ein beliebiges leeres Büro im Historischen Seminar zu suchen und dort ihr Glück bei *Punch-it* zu versuchen. Passenderweise verfügte sie über einen Zweierschlüssel, der ihr alle Bürotüren öffnete. Auf diese Weise hoffte sie, dass die hohen Telefonkosten nicht weiter auffallen würden oder zumindest nicht einer bestimmten Person zugeordnet werden konnten. Bis jetzt war sie zwar noch kein einziges Mal zum Moderator durchgestellt worden, aber sie wusste genau, dass ihre Stunde kommen würde.

Nervös drückte sie die Wahlwiederholung, während ihre Finger mit einem kleinen Zettel spielten. Darauf stand die heutige Frage: Warum fressen Eisbären keine Pinguine? Daneben die Antwort: weil die einen am Nordpol leben, die anderen am Südpol.

Die Ansage erklang. Frau Schillmer unterbrach die Verbindung, drückte erneut den Knopf und kreuzte die Zehen. Dieses Zehenkreuzen hatte sie sich angewöhnt, es war ihre ganz eigene Art, bei *Punch-it* quasi die Daumen zu drücken. Knack – knack –

»Hallo, lieber Anrufer, vielen Dank, dass Sie bei *Punch-it* mitspielen. Leider haben Sie dieses Mal kein Glück …«

*

Julia Conradi hatte eine kleine Antipasti-Auswahl vorbereitet: Tomaten mit Mozzarella, Oliven, einige Scheiben Melone mit Parmaschinken, eingelegte Peperoni, ein wenig Salami-Aufschnitt, dazu frisches Ciabatta – eine kleine Erinnerung an den letztjährigen Familienurlaub in der Toscana. Sie wusste, dass ihr Mann nichts Warmes essen wollte, wenn er es in der Mittagspause nach Hause schaffte. Warmes Essen, pflegte Christian zu sagen, würde ihn den ganzen Nachmittag an den Rand des Tiefschlafs bringen. Und ein Baudezernent mit Schlafzimmerblick und Nickerchen-Attacken würde nun mal keine allzu gute Figur machen.

Trotzdem stand Julia am Herd, als ihr Mann die Tür des geräumigen Einfamilienhauses in Gonsenheim aufschloss. Denn ihre beiden Töchter, die fünfjährige Carla und die dreijährige Sina, konnten mit Antipasti nichts anfangen. Für sie mussten es Fischstäbchen sein. Julia rollte die Augen, als sie die Tiefkühlpackung öffnete. Fischstäbchen heute, Fischstäbchen morgen – es war das reinste Wunder, dass die beiden Mädchen noch keine Kiemen und Flossen hatten.

»Hallo, Schatz«, begrüßte sie ihren Mann und gab ihm einen Kuss. »Na, hast du's geschafft, dich früher aus der Versammlung zu stehlen?«

»Mmh«, nickte er, stellte die Tasche auf den Boden und zog sein Sakko aus. Carla und Sina kamen die Treppe heruntergepoltert.

»Papa, Papa, ichhabheutederAnnelieseHaarealsoHaaregemachtundzwarmitderMamadiehat…«, plapperte die Große los und informierte Christian über die vormittäglichen Abenteuer im Puppenhaus. Ihre kleine Schwester nickte eifrig und steuerte einige Wortfetzen bei, die allerdings nicht unbedingt etwas mit der Sache zu tun hatten.

Christian umarmte seine Töchter, ging zum Tisch und legte sein Handy neben sich.

»Greif zu, ich hab Italien ins Haus geholt«, ermunterte Julia ihn. Die Fischstäbchen brutzelten, sie ging zu ihrem Mann und legte ihm die Arme auf die Schulter. Er sah erschöpft und müde aus, wie so oft in letzter Zeit.

»Alles klar bei dir? War stressig?«

Christian zuckte mit den Schultern.

»Ganz normal halt.«

Julia wartete, ob noch etwas kam, dann ging sie zum Herd zurück. Sie war ein wenig gekränkt, denn normalerweise erzählte Christian gern und oft von seiner Arbeit – welche Termine er hatte, mit wem er sich traf, welche Projekte oder Entscheidungen anstanden. Seit ein paar Tagen war er jedoch sehr in sich gekehrt, schweigsam und grüblerisch. Sie hatte bereits gefragt, ob es Schwierigkeiten im Job gab, doch er wich ihren Fragen aus. Genau wie eben.

Als die Fischstäbchen fertig waren, scheuchte Julia die Mädchen an den Tisch. Christian schien sich keinen Zentimeter gerührt zu haben, der Antipasti-Teller war unangetastet.

»Iiiiiih, Würmer!«, quietschte Carla und zeigte auf die eingelegten Peperoni.

»Ih, Wüme«, plapperte Sina nach. Julia musste lachen und zwinkerte ihrem Mann zu. Keine Reaktion. Unbemerkt von den krakeelenden Kindern stupste sie Christian unter dem Tisch an.

»Sag mal, was ist denn los mit dir?«, fragte sie leise. Er schaute sie mit einem Blick an, den sie nicht recht interpretieren konnte. Angst? Hilflosigkeit? Ärger? Wut?

Nach einer Sekunde stand er auf, schnappte sein Handy und zog sein Sakko wieder an.

»Ich muss los, ich hab noch Termine. Wird spät heute«, murmelte er und verschwand.

Während die Mädchen kichernd ihre Fischstäbchen auf den Tellern hin und her schubsten, breitete sich Angst wie ein bösartiges Geschwür in Julia aus.

*

»Hallihallo, Sie sind die Leute, die Doktor Bulst geschickt hat, oder? Nur herein, nur herein!« Ein Männchen mit weißem Kittel, Glatze und kleiner Nickelbrille stand aufgeregt fuchtelnd im Flur. Es hatte einen seltsam proportionierten Körper, die Beine waren zu kurz, der Oberkörper zu lang, die Füße zu klein und der Kopf zu groß. Tinne fühlte sich sofort an Gollum aus *Herr der Ringe* erinnert, doch dieser Gollum schien sehr nett und hilfsbereit zu sein.

»Kommen Sie herein, setzen Sie sich.«

Das Männchen scheuchte Elvis und Tinne in einen Laborraum, in dem einige andere Weißkittel herumwerkelten. Neben Arbeitsbänken mit allerlei Untersuchungsgeräten standen an der Seite mehrere Stühle und ein Tisch, darauf thronte sogar ein Blumengesteck. Plastik zwar, aber immerhin.

»Ich bin Kurt Wackernagel, meine Aufgabenbereiche sind Werkstoffkunde, organische Wechselwirkungen und Molekülphysik. Was kann ich für Sie tun?«

Er strahlte sie an, dann blinzelte er verwirrt.

»Oh, Entschuldigung. Kaffee?«

Tinne verneinte schmunzelnd. Sie hatte das Gefühl, dass Gollum nicht allzu oft Besuch in seinem unterirdischen Reich bekam. Mit raschen Worten wiederholte sie die zusammengebastelte Geschichte, die sie bereits Dr. Bulst erzählt hatte.

»Aha, und jetzt wollen Sie wissen, inwieweit die Präsentation des Gemäldes im Ausstellungsraum die chemischphysikalische Zusammensetzung der Pigmentierung verändert hat?«, fasste der kleine Mann zusammen.

»So in etwa. Können Sie uns dazu etwas sagen?«

Wackernagel machte ein wichtiges Gesicht.

»Schaun mer mal, wie der Kaiser zu sagen pflegt!«

Er lachte meckernd über seinen eigenen Witz und ging zu einem Computerterminal. Tinne und Elvis folgten ihm neugierig.

»Also, ein Bild vom Mainzer Landesmuseum ... Spätes Mittelalter ... der Maler: Meister WB.«

Während seines gollumhaften Gebrabbels gab er rasend schnell Suchbegriffe in eine Abfragemaske ein. Tinne staunte, als nach ein paar Sekunden die bekannte Mainzer Stadtansicht in Miniaturformat auf dem Bildschirm erschien.

»So, da haben wir's. Die Eingangsuntersuchung war 2005, dann eine 12-B 2008. Mehr haben wir hier noch nicht gemacht.«

Tinne reimte sich zusammen, dass eine ›12-B‹ wohl so etwas wie eine Standarduntersuchung sein musste. Derweilen scrollte Wackernagel endlose Listen durch.

»Und Sie interessieren sich also für die Pigmentierung … da werde ich Ihnen am besten alle Untersuchungsreihen ausdrucken, dann können Sie …«

»Nein, nein, das, eh, ist wahrscheinlich viel zu detailliert«, unterbrach Tinne ihn mit einem Seitenblick auf die komplizierten Listen, die nur aus Abkürzungen und Kommazahlen zu bestehen schienen. »Vielleicht können Sie uns die Ergebnisse kurz zusammenfassen?«

Wackernagel blinzelte ratlos.

»Zusammenfassen?«

Elvis schob seinen massigen Körper einen Schritt nach vorn und drängte Tinne erbarmungslos zur Seite. Er deutete auf den Monitor und kam wie immer kurz und knapp auf den Punkt.

»Können Sie da irgendwie daraus lesen, ob das Bild aus mehreren Schichten besteht? Dass vielleicht mehrere Farbschichten aufgetragen sind oder so?«

Gollums Gesicht erstrahlte vor Erleichterung.

»Ach so, das wollen Sie wissen. Nein, das geht hier nicht, da brauchen Sie eine Röntgenbeugeanalyse.«

Tinne holte mühsam beherrscht Luft. Schlauberger!

»Eine solche Analyse war auch tatsächlich geplant«, erklärte sie geduldig. »Aus verschiedenen Gründen ist sie aber nun nicht mehr möglich, deshalb hoffen wir ja auf Ihre Hilfe bezüglich der übrigen Ergebnisse.«

Das Gollum-Gesicht verzog sich zu einem schelmischen Lächeln.

»Es ist überhaupt nicht nötig, bei diesem Bild eine Röntgenbeugung zu machen.« Seine Augenbrauen wippten auf und ab, während Tinne und Elvis vor Ungeduld fast platzten. Schließlich beugte sich Wackernagel nach vorn und senkte die Stimme, als würde er ein großes Geheimnis verraten.

»Bei allen Neuzugängen machen wir im Rahmen der Eingangsuntersuchung eine solche Durchleuchtung. Denn damit stellen wir sicher, dass alle schon vorhandenen Schäden dokumentiert sind und nicht auf uns geschoben werden können. Verstehen Sie, wenn ein Kunde mit einem Altschaden kommt und sagt, das sei während unserer Arbeiten passiert, können wir die Eingangsuntersuchung aus dem Hut zaubern und sagen: Ätsch, das war aber schon vorher.« Triumphierend lehnte er sich zurück und verschränkte die Arme.

Tinne und Elvis schauten sich verblüfft an.

»Das … das heißt, dieses Bild ist schon längst durchleuchtet?«, fragte Tinne sicherheitshalber nach.

Gollum nickte mit zufriedenem Gesichtsausdruck.

»Und warum weiß der Besitzer, also das Landesmuseum, davon nichts?«

Der kleine Mann kicherte.

»Ganz einfach: Wenn wir die Daten rausgeben, dann bestellt doch kein Mensch mehr eine solche Analyse! Wir machen die Beugung bei der Eingangsuntersuchung schließlich auf eigene Kosten, deshalb bleiben die Ergebnisse hier unter Verschluss.«

Tinne traute sich kaum, die nächste Frage zu stellen.

»Ist … ist denn damals bei der Röntgenanalyse etwas aufgefallen? War etwas Besonderes am Bild des Meisters WB?«

Wackernagel zuckte die Schultern.

»Keine Ahnung. Die Röntgenbeugungen werden komplett automatisiert erstellt und die Ergebnisse gespeichert. Da guckt kein Mensch rein. Das passiert erst, wenn tatsächlich ein Streitfall mit dem Auftraggeber eintritt und die Daten herangezogen werden müssen.«

Tinne hatte das Gefühl, sie müsse sich vor Aufregung gleich in die Hosen machen.

»Können wir denn hier und jetzt das Ergebnis dieser Durchleuchtung sehen?«

Gollums Kopf wackelte hin und her.

»Das wird so einfach nicht gehen, fürchte ich. Die Daten sind mit einem komplizierten Algorithmus verschlüsselt, die kann ich nicht einfach grafisch auf den Bildschirm zaubern.«

Von den Sphären himmlischer Hoffnung stürzte Tinne hinunter in bittere Enttäuschung. »Wie, das geht nicht?«, fragte sie ernüchtert.

Wackernagel kniff ein Auge zusammen, man hörte förmlich seine grauen Zellen rattern. Dann begann sein Gesicht wieder zu strahlen.

»Nein, auf den Bildschirm kann ich's tatsächlich nicht bringen. Aber im Analyseraum nebenan haben wir einen Plotter, der hat eine PDL-14-Schnittstelle, damit könnte ich Ihnen die Ergebnisbilder im Maßstab 1:1 ausplotten.« Unsicher fügte er hinzu: »Also, wenn Sie das wollen.«

»Ja!«, brüllten Tinne und Elvis unisono und scheuchten das Männchen dadurch fast panisch aus dem Raum.

Die nächsten zehn Minuten wurden für die beiden zur harten Geduldsprobe. Mehrfach streckte Wackernagel seinen Glatzkopf zur Tür herein, zwitscherte jedes Mal »Ist gleich soweit!« und verschwand wieder.

Schließlich trat er ein und trug zwei große Papierrollen in den Händen.

»So, hat eine Weile gedauert, aber hier sind die Ergebnisbilder der Durchleuchtung.«

Mit großer Geste überreichte er Tinne die Rollen, die gierig danach griff. Vor Aufregung glitten ihr die Papiere mehrfach zwischen den Fingern durch, erst als Elvis ungeduldig mit anpackte, schaffte sie es, die Ausdrucke zu entrollen.

Ihre Augen wurden groß.

*

An der Universität ließ der tägliche Betrieb nach, die Fahrradständer leerten sich, viele Räume waren bereits verwaist. Nur hier und dort brüteten müde Köpfe über Schreibtischen oder Versuchsanordnungen.

Auch im Philosophicum war Ruhe eingekehrt. Der Drache schloss seine Bürotür sorgfältig ab, klemmte sich die Handtasche unter den Arm und trippelte in Richtung Ausgang. Vereinzelt streunten Studierende mit Büchern in den Händen umher, eine Reinigungskraft zog gemächlich ihre Bahnen durch die langen Flure. Der Vorraum von Professor Nümbrechts Büro, Gero Freys Arbeitsplatz, war leer, doch bei dem Professor brannte noch Licht. Die Tür war angelehnt, Frau Schillmer erhaschte einen Blick auf den hageren Mann im gepflegten Anzug. Sie wartete, bis er den

Kopf hob und ihr zunickte. Zufrieden zog sie ab. Es war wichtig, dass der Institutsleiter zur Kenntnis nahm, wie spät am Abend sie noch ihrem Dienst nachging.

Nümbrecht lauschte dem Klappern ihrer Schuhe und stützte seinen Kopf schwer auf den Arm. Sein Blick ruhte auf einem Papierstapel, der sich vor ihm auf dem Schreibtisch türmte. Er ließ seine Augen über Karten, Schriftstücke, Notizen und Kopien uralter Dokumente huschen. Nach langen Minuten erwachte er aus seiner Starre, blätterte einige Seiten um und schrieb ein paar Worte auf einen daneben liegenden Block.

Nach über einer Stunde faltete er die Hände, legte das Kinn darauf und schloss die Augen. Der Professor sah aus, als würde er beten.

Zur selben Zeit saß Gero Frey in seinem Golf, der im Wittichweg hinter dem Philosophicum geparkt war. Die Autos auf der einen Steinwurf weit entfernten Saarstraße ließen ein immerwährendes Rauschen ertönen, aus den Lautsprechern des Golfs dudelte BigFM. Gero strich sich immer wieder über sein Teufelsbärtchen, ohne es zu merken. Seine gesamte Aufmerksamkeit galt einem kleinen, erleuchteten Rechteck auf der Rückseite des lang gestreckten Philosophicums – dem Fenster von Professor Nümbrechts Büro.

*

Als Tinne, Elvis und Bertie die Haustür der Kommune 47 aufmachten und am Fuß der Treppe standen, schallten ihnen von oben laute Stimmen, Lachen und Musik entgegen.

»Ist doch Brigadetreffen heute, das habe ich euch im Auto schon gesagt«, meinte Bertie fast entschuldigend. »Die haben wohl schon mal ohne mich angefangen.«

Die Brigade, seine Kollegen vom Taxidienst Laurenzi, veranstalteten alle zwei Wochen ein solches ›Brigadetreffen‹. Der Begriff mutete zwar hochmilitärisch an, dahinter verbarg sich aber lediglich eine Art Stammtisch, der reihum bei den einzelnen Mitgliedern stattfand. Tinne mochte die Brigadetreffen in der Kommune, denn Berties Kollegen waren witzig und hatten sie ausnahmslos ins Herz geschlossen. Ihr Uni-Job hatte ihr quasi als Brigade-Ehrenabzeichen den Spitznamen ›Frau Professor‹ eingebracht.

Doch heute war Tinnes Laune am Boden. Entsprechend gequält lächelte sie, als sie zusammen mit den beiden Männern die Küche betrat und die Anwesenden sie mit lauten Rufen begrüßten.

»Hey, guckt mal, die Frau Professor!«, »Hoho, jetzt kommt hoher Besuch!«, »Hopp, macht mal Platz und holt noch Gläser!«

Am großen Küchentisch saßen vier Frauen und drei Männer – die sieben Brigadiere. Als achter hockte der langhaarige Axl daneben, er feierte ebenfalls gern mit den Taxileuten und hatte sie an Berties statt hereingelassen. SWR3 quäkte aus dem kleinen Küchenradio, auf dem Tisch standen Spundekäs, Brezelchen, Fleischwurst, Brot und eine ganze Batterie an Schoppengläsern. Die Freunde wohnten allesamt fußläufig in Bretzenheim, deshalb floss bei den Brigadetreffen gewöhnlich der Rheinhessenwein in Strömen. Mufti, der Kommunen-Kater, rotierte wie ein Satellit um den Tisch und versuchte, einen möglichst verhungerten Eindruck zu machen. Bertie setzte sich in erstaunlichem

Tempo an einen freien Platz und schnappte beidhändig zu: mit links ein Schoppenglas, mit rechts ein Stück Fleischwurst. Neben ihm saß Dietmar, der Chef des Taxiunternehmens. Sein Schnauzbart, das zurückweichende Kinn und der starke Überbiss ließen ihn wie einen Zwillingsbruder von Freddy Mercury aussehen. Er deutete mit seiner Gabel auf Tinne.

»Hier, Frau Professor, was war denn das für eine komische Nummer, die der Bertie letztens dabei hatte? War das deine Kontonummer, oder was?«

In das allgemeine Gelächter rief Margarete, eine derbe Ur-Mainzerin:

»Odder is des am End die Telefonnummer vom Johnny Depp gewese? Dann gleich her dademit!« Die Stimmung stieg, doch Tinne winkte ab.

»Leute, seid mir nicht böse, aber ich hab noch einiges an Arbeit zu machen. Heute müsst ihr mal ohne mich feiern.«

Die Brigadiere buhten enttäuscht. Der kleine Micha, dessen rollendes fränkisches R immer wieder ein Quell der Heiterkeit war, zwinkerte Elvis zu und reichte ihm ein gefülltes Schoppenglas.

»Hat der dicke Elvis dir sein AZ-Geschreibsel auf's Auge gedrückt, weil er's selbst nicht mehr schafft, oder was?«

Tinne zog eine Augenbraue hoch – der Reporter schien in Mainz tatsächlich bekannt zu sein wie ein bunter Hund. Sie winkte den Taxileuten zu, packte Elvis am Arm und zog ihn in ihr Zimmer. Die Tür dämpfte die Stimmen in der Küche ein wenig. Schnell warf sie die *East of Angel Town* von Peter Cincotti in den Player und zog ihren Schreibtischstuhl heran, während Elvis sich auf ihre orangefarbene Couch fallen ließ. Die zusammengerollten Prints aus dem Archäometrischen Zentrum, die er in der Hand hielt, zogen ihre Blicke auf sich wie ein böser Geist.

Tinne holte tief Luft. »Und, was sagst du zu den Bildern?«

Der Reporter nahm einen großen Schluck aus seinem Schoppenglas und fing an, die Papiere zu entrollen.

»Ich würde sagen, das war ein gewaltiger Griff ins Klo.«

Sie nickte.

»Das trifft es ziemlich genau.«

Kurt Wackernagel hatte ihnen erklärt, dass das Originalgemälde wie erhofft aus zwei unterschiedlichen Bildebenen bestand, die übereinander lagen. Jede Ebene für sich entsprach der klassischen mittelalterlichen Maltechnik: Schattenform, Imprimitur, Weißhöhung und Farben waren nacheinander aufgetragen worden. Beide Ebenen wiesen fast dasselbe Alter auf, lediglich ein paar Jahre schienen zwischen den beiden Arbeitsvorgängen gelegen zu haben. Die Röntgenbeugung hatte nun einen Querschnitt durch das Gemälde gemacht – der erste Ausdruck zeigte die tiefer liegende, ursprüngliche Bildebene, der zweite die obere Schicht, mit der das ältere Werk übermalt worden war.

Elvis hatte inzwischen diesen zweiten Print neben sich ausgebreitet. Das große Bild zeigte erwartungsgemäß die hinlänglich bekannte Stadtansicht des Meisters WB: Die übergroßen Türme der Kirchen und des Doms ragten in die Höhe, geduckt darunter gruppierten sich die kleinen Häuser und die Stadtmauer, davor war der breite Fluss dargestellt. Der Ausdruck war im Gegensatz zum farbigen Original monochrom, die typische schwarz-weiß-graue Tönung eines Röntgenbildes ließ die Szenerie gespenstisch aussehen und erinnerte an eine Totenstadt.

Als Elvis nun den anderen Print ausrollte, der die ältere, übermalte Bildebene wiedergab, musste Tinne erneut ihre Enttäuschung niederkämpfen. Denn anstatt der erwarteten Mariendarstellung des Hausbuchmeisters zeigte der Ausdruck genau dasselbe Motiv: hohe Türme, kleine Häuser, den Fluss. Eben die Stadtansicht des Meisters WB.

An diesem Punkt hatten Tinne und Elvis im AZRLP die Prints eingepackt, sich bei dem eifrigen Gollum-Männchen bedankt und waren mit Bertie nach Mainz zurückgefahren. Während der Fahrt hatte keiner ein Wort gesagt.

»Irgendwas muss doch anders sein!«

Tinne deutete fahrig auf die beiden Bilder.

»Ein Künstler malt doch keine zweite Farbschicht darüber, ohne etwas zu verändern.«

»Dann müssen wir die beiden Prints eben ganz genau vergleichen. Vielleicht ist es ja nur eine Winzigkeit.«

Sie studierten die beiden Röntgendrucke intensiv und ließen ihre Blicke wie bei einem Original-und-Fälschungs-Spiel von einem Bild zum anderen huschen. Die dunkelgraue Färbung machte es nicht einfach, Einzelheiten zu erkennen. Elvis konzentrierte sich auf die zahlreichen Kirchtürme, Tinne nahm die kleinen Häuser und die Stadtmauer in Augenschein. Irgendeine Besonderheit musste Hannah doch in dem Bild vermutet haben!

»Da!«

Elvis legte seinen Finger auf eine Stelle in der linken oberen Bildhälfte. Tinne schob seinen Finger zur Seite und schaute genauer hin. Hier ließ die dichte Bebauung ein wenig nach, die im übrigen Bild dargestellt war. Der Untergrund bestand aus Hügeln, mehrere Kirchen und Profanbauten gruppierten sich auf den Kuppen. Ihr Blick schoss zwischen den beiden Bildern hin und her. Dann sah sie endlich, was Elvis meinte: Auf dem älteren Bild war rechts neben den Hügeln ein weiteres kleines Türmchen zu sehen, das im neueren Bild fehlte. Tinne schaute nochmals hin. Kein Zweifel, der kleine Turm war auf dem zweiten Print verschwunden. Mit Hintergrundfarbe übermalt.

Zweifelnd schaute sie Elvis an.

»Und das soll das große Geheimnis des Bildes sein? Ein verschwundenes Türmchen?«

Der dicke Reporter strich sich über die Koteletten und zuckte hilflos die Schultern.

*

Der Mond hing schwer am nächtlichen Himmel. Auf dem Zitadellenhügel klangen die niemals ruhenden Geräusche der Stadt gedämpft, die Autos, Motorräder, Stimmen und Radios schienen in den Bäumen zu versickern.

Im Graben unterhalb der südlichen Festungsmauer standen die Baumaschinen der *Dominus Immobilien- und Bauträgergesellschaft mbH* in Reih und Glied. Im fahlen Mondlicht erinnerten sie an schlafende Urwesen, die sich ausruhten, um am nächsten Morgen ihre stählernen Klauen wieder ausfahren zu können.

Eine schwarz gekleidete Gestalt schlich zwischen den Fahrzeugen umher. Vorsichtig hielt sie sich im Schatten und warf immer wieder Blicke in alle Richtungen. Dann überbrückte die Figur eilig die helle Fläche zwischen zwei Baumaschinen. Sie trug etwas Großes, Eckiges bei sich. Die Nachtvögel, allerlei Insekten und die Geräusche der Stadt waren lauter als die vorsichtigen Schritte und das behutsame Schaben von Metall auf Metall. Es gluckerte, als würde eine Gießkanne den Vorgarten wässern.

Nach einer Weile tastete sich die Gestalt rückwärts auf die Zufahrts-Trasse in Richtung Oberstadt und hielt dabei ihre eckige Last schräg zu Boden. Schließlich stoppte sie, schwere Atemzüge entließen weiße Wolken in die kalte Nachtluft. Eine halbe Minute horchte der Schatten aufmerksam auf verräterische Geräusche, doch alles blieb still. Dann bückte er sich, ein Ratschen ertönte, es erschien ein kleines Flämmchen. Das Flämmchen fand Nahrung am Boden, mit einem Fauchen wuchs es zu einer Stichflamme heran und fraß sich weiter in Richtung Freifläche. Die Gestalt drehte sich herum und verschwand in den dunklen Straßen der Oberstadt. Sie sah nicht mehr, wie an der ersten Baumaschine eine Flammenwand emporloderte und das Gefährt plötzlich auf einem brennenden Teppich stand. Schon wallte das Feuer an der nächsten Maschine auf und an der übernächsten. Der gewaltige Flammenschein ließ das Buschwerk und die Festungsmauern orangerot leuchten, tanzende Schatten erfüllten die alten Steine mit unheilvollem Leben.

Nach fünf Minuten versammelten sich die ersten Anwohner oberhalb der westlichen Mauer. Sie trugen hastig übergeworfene Kleider und starrten mit offenen Mündern auf die brennenden Baumaschinen, während die heulenden Sirenen der Feuerwehr langsam näher kamen.

ZWEITER TEIL

Dienstag, 20. März 2012

Elvis stemmte seine Hände in die breiten Hüften und legte den Kopf in den Nacken.

»Wow, ist schon gewaltig. Hab ich gar nicht mehr so beeindruckend in Erinnerung.«

Er stand gemeinsam mit Tinne vor der mächtigen Basilika des Klosters Eberbach. Das stolze weiße Gebäude schien in der Vormittagssonne von innen heraus zu leuchten, das üppige Grün und die gepflegten Wege der Orangerie erstreckten sich zu ihrer Linken und vervollständigten das harmonische Bild.

Tinne nickte. Sie mochte die feierliche und erhabene Atmosphäre der alten Klosteranlage. Hier konnte man trotz der schwatzenden Touristen und der lachenden Kinder einen Hauch der vielhundertjährigen Geschichte verspüren, die die Abtei geformt und geprägt hatte.

Sie schlenderten am alten Hospital vorbei zum hinteren Bereich der Anlage. Tinne trug eine große Pappröhre bei sich, in der die beiden Röntgenprints der Stadtansicht steckten.

»So, jetzt erklär mir noch mal in aller Ruhe, warum wir eigentlich hier sind.«

Elvis schlenderte dahin, hatte die Hände in den Taschen und kickte Steinchen durch die Gegend. Er sah aus wie ein dicker Lausejunge.

»Also, wir haben gestern Abend gesehen, dass die Stadtansicht des Wolfgang Beurer einige Jahre nach ihrer Fer-

tigstellung verändert wurde, aller Wahrscheinlichkeit nach
vom Künstler selbst. Er hat aus irgendwelchen Gründen
dieses Türmchen übermalt – und zwar als einzige Änderung auf dem gesamten Gemälde. Nun stellt sich natürlich die Frage, was es mit diesem verschwundenen Turm
auf sich hat. Diese Frage wiederum kann uns nur jemand
beantworten, der sich mit dem mittelalterlichen Stadtbild
von Mainz auskennt wie kein Zweiter.«

Sie machte eine Kunstpause.

»Aha. Ich nehme an, diesen Fachmann finden wir hier?«

»Genau. Ich habe mich nämlich an einen ehemaligen
Professor erinnert, bei dem ich ein Proseminar über das
mittelalterliche Mainz gemacht habe und der bald darauf
emeritiert wurde, Professor Werner Gutdünk. Er gilt als
absolute Koryphäe für dieses Thema, und zum Glück
wusste mein Chef, wo Gutdünk steckt. Nämlich hier in
Eberbach, er ist mehr oder weniger ehrenamtlicher Kurator für die Schriften der Klosterbibliothek. Ich habe ihn
vorhin von der Uni aus angerufen, und er nimmt sich gern
Zeit für uns.«

Elvis machte einen Ausfallschritt, um einen weiteren
Stein wegkicken zu können. Die sportliche Anstrengung
schien ihn mitgenommen zu haben, denn gleich darauf
nestelte er an seinem Rotkreuzbeutel herum und drehte
sich eine Zigarette.

»Wo wir gerade beim Thema ›Zeit nehmen‹ sind: Weißt
du denn, dass ich ganz schön feilschen musste, um mich
für dich freizumachen?«

Tinne stellte sich mit Grausen vor, wie Elvis sich für
sie freimachte. Sie verscheuchte den Gedanken und fragte
höflich:

»Wieso?«

»Eigentlich müsste ich gerade mit Feuer unterm Hintern eine brandheiße Story schreiben.«

»Feuer unterm Hintern? Würde es dir etwas ausmachen, etwas weniger in Rätseln zu reden, Nostradamus?«

Elvis lachte und blies Rauch in die Luft.

»Na, ich habe dir doch letztens von Elias Kalkbrenner erzählt, von dem Baulöwen, der die Geburtstagsparty gefeiert hat.«

»Ach ja, dein schwieriger Häppchen-und-Schampus-Auftrag. Ich entsinne mich.«

Der Reporter ignorierte ihre Stichelei.

»Heute Nacht hat jemand dem Kalkbrenner ein paar Baumaschinen abgefackelt oben auf der Zitadelle.«

Tinne ließ einen leisen Pfiff hören.

»Sieht so aus, als würde der Jakobsberg langsam aber sicher Startbahn-West-Dimensionen annehmen. Aber prima, dass du's trotzdem hierher geschafft hast. Ich hoffe, der Aufwand lohnt sich ... vor allem, was die Anfahrt betrifft.« Sie drehte die Augen gen Himmel.

Der Reporter zog eine Grimasse. Weil Tinne ihren Mitbewohner Bertie nicht schon wieder um einen Chauffeur-Gefallen bitten wollte, hatte Elvis einen AZ-Kollegen angehauen und eine alte Gefälligkeit eingefordert – in Form einer vormittäglichen Auto-Leihe. Tinne war während der Fahrt immer tiefer ins Polster gekrochen, einerseits aufgrund der abenteuerlichen Geräusche des uralten braunen D-Kadetts, andererseits aber auch wegen Elvis' katastrophalem Fahrstil. Er schien des Öfteren vergessen zu haben, dass er nicht auf seinem Roller saß, sondern in einem deutlich breiteren und schnelleren Auto.

Die beiden erreichten die schwere hölzerne Haupttür des Schlosserbaus, die nur angelehnt war. Eine dickliche Frau balancierte einen Bücherstapel durch den halbdunklen Flur und zeigte ihnen den Weg in den ersten Stock. Dort betraten sie nach kurzem Anklopfen ein Kämmerchen, das vollgestopft mit alten Büchern und Folianten war. Der Geruch von Pergament und altem Leder hing in der Luft. Zu ihrer Überraschung war der Raum leer, erst nach ein paar Sekunden erschien eine dünne Gestalt in einem unauffälligen Durchschlupf inmitten der Bücherregale.

Schon damals an der Uni hatte Professor Werner Gutdünk stets wie aus dem Ei gepellt ausgesehen. Besonderes Highlight für die Studierenden war sein scheinbar unerschöpflicher Vorrat an akkurat gebundenen Fliegen gewesen. An dieser Angewohnheit hatte sich nichts geändert, stellte Tinne fest: der spindeldürre Emeritus, der auf sie zutrat, war in ein Tweedsakko gekleidet, er trug ein gebügeltes Hemd, eine passende Weste und die obligatorische Fliege.

Gutdünk schüttelte Tinne mit größter Selbstverständlichkeit die Hand. Er reichte ihr gerade bis zum Kinn, doch sein würdevolles Auftreten ließ ihn größer erscheinen.

»Guten Tag, Frau Nachtigall, schön, Sie nach achteinhalb Jahren wiederzusehen. Ich erinnere mich sehr gern an Ihre Hausarbeit über den Alexanderturm, die Sie in meinem Proseminar ›Moguntiacum‹ geschrieben haben. Geht es Ihnen gut?«

Tinne war baff. Sie hatte bei dem Mann eine einzige Lehrveranstaltung besucht, und damals war sie ein Gesicht unter 45 anderen gewesen!

»Oh, ich … bin beeindruckt, dass Sie sich an mich erinnern, Herr Gutdünk.«

Sein schmales, faltiges Gesicht verzog sich zu einem feinen Lächeln.

»Gute Studenten vergesse ich niemals, Frau Nachtigall.«

Sie strahlte den Professor an. Schon während ihrer Studienzeit hatte sie ihn gern gemocht, er war herrlich altmodisch und drückte sich immer sehr gewählt aus – ein Professor wie aus dem Bilderbuch eben.

Der Emeritus blickte derweilen interessiert auf Elvis.

»Und wen haben Sie mitgebracht?«

»Das ist … eh …« Tinne stockte. Mit einer Mischung aus Scham und Belustigung musste sie feststellen, dass sie Elvis' richtigen Namen gar nicht kannte.

»Elmar Wissmann von der AZ«, beeilte Elvis sich, in die Bresche zu springen. Wohlerzogen schüttelte er dem Professor die Hand.

»Herr Wissmann!« Der Professor war sichtlich erfreut. »Die schärfste Feder der Allgemeinen Zeitung! Ich bin hocherfreut, Sie endlich einmal persönlich kennenzulernen. Wie Sie vor zwei Jahren den Finanzskandal bei der Renovierung des Mainzer Schlosses aufgedeckt haben – Respekt, das war investigativer Journalismus par excellence!«

Nun war es an Elvis, verblüfft zu sein. »D… danke«, stammelte er und wurde zu Tinnes Entzücken rot wie eine Tomate. Einen knallroten Basset mit Koteletten sah man wahrlich nicht alle Tage!

Gutdünk bot ihnen Platz auf zwei schmalen hölzernen Stühlen an, die aussahen, als wären sie noch im Mittelalter von den Eberbacher Mönchen gezimmert worden. Während sie sich setzten, schaute Tinne neugierig in den Durchschlupf, in dem Gutdünk erschienen war. Inmitten der riesigen Bücherwand war ein schmaler Spalt ausgespart. Der Professor machte eine einladende Handbewegung.

»Schauen Sie ruhig hinein. Das ist keine massive Mauer, sondern lediglich ein raumhohes Holzregal. Dahinter, müssen Sie wissen, befindet sich die eigentliche Bibliothek des Klosters. Durch diese kleine Öffnung kann ich hindurch gelangen.«

Elvis und Tinne lugten durch den Spalt. Vor ihnen erstreckte sich eine gewaltige Bibliothek unter gewölbten Deckenbögen, die Bücherreihen verloren sich im Halbdunkel. Die Luft war kühl und roch intensiv nach Staub, altem Papier und Buchleim.

Gutdünk schmunzelte über Tinnes begeistertes Gesicht, als sie den Kopf wieder zurückzog. »Na, Frau Nachtigall, da schlägt das Herz des Historikers höher, oder? Nun wissen Sie auch, warum ich meine Tage hier verbringe, anstatt wie die meisten meiner Altersgenossen fernzusehen oder bestenfalls auf dem Golfplatz herumzutattern.«

Tinne nickte beeindruckt.

»Genau so einen Fachmann brauchen wir, Herr Gutdünk. Wir sind hier nämlich über eine seltsame Sache gestolpert, über eine Ungereimtheit, die mit einem mittelalterlichen Bauwerk zu tun hat. Und weil Sie ja schließlich ein Kenner der Materie sind, würden wir Sie gern um Ihre Einschätzung bitten.«

Sie fing an, an dem Papprohr herumzuschütteln, um die beiden Bilder ans Tageslicht zu befördern. Der Professor fuhr mit der Hand über seine wirren Haarbüschel, die sich dadurch allerdings nicht weiter beeindrucken ließen.

»Meine Expertisen sind im Moment offensichtlich sehr gefragt«, bemerkte er schmunzelnd. »Gerade gestern war ein Kollege von Ihnen hier, mein Nachfolger am Institut für Mittelalterliche Geschichte, Eckhard Nümbrecht, Sie kennen ihn bestimmt. Wir haben fast eine Stunde lang über den mittelalterlichen Festungsbau und die Besonderheiten der damaligen Architektur geplaudert.«

Tinne glaubte, sich verhört haben. Wie bitte? Ein Blick hinüber zu Elvis zeigte ihr, dass der Reporter dasselbe dachte wie sie: Es war schon ein merkwürdiger Zufall, dass Nümbrecht in Windeseile Hannahs Forschungsunterlagen über die mittelalterliche Stadtbefestigung an sich nahm und einige Tage später genau dieses Thema mit einem Experten besprach. Doch bevor sie eine Zwischenfrage stellen konnte, griff der Emeritus bereits nach den ausgedruckten Bögen.

»Das ist ja die Stadtansicht von Beurer! Sagen Sie bloß, Sie haben davon eine Röntgenbeugung machen lassen! Interessant, interessant …«

Er vertiefte sich in die beiden grau-weißen Bilder und begann, vor sich hin zu murmeln. Tinne und Elvis saßen eine Weile herum und kamen sich überflüssig vor – der alte Professor schien seine Besucher völlig vergessen zu haben.

»Ähem, Entschuldigung, Herr Gutdünk …«

Tinne räuspert sich manierlich. Er schreckte hoch und lächelte entwaffnend.

»Oh, verzeihen Sie mir, Frau Nachtigall. Manchmal siegt mein Wissensdurst über die guten Manieren.«

Tinne tippte auf die betreffende Stelle der Stadtansicht.

»Ganz im Gegenteil, Herr Gutdünk, ich bitte Sie sogar, die Bilder in Augenschein zu nehmen. Vor allem dieses Detail: Hier sieht es so aus, als hätte Meister WB sein eigenes Bild übermalt und einen kleinen Turm verschwinden lassen. Uns würde interessieren, ob Sie sich einen Reim darauf machen können.«

Der alte Professor stutzte, kramte nach einer altertümlichen Lupe und betrachtete den linken oberen Bildabschnitt genau.

»Ah ja, in der Tat, sehr aufschlussreich, tatsächlich«, nickte er. Nach einer Weile, die Tinne und Elvis wie eine Ewigkeit vorkam, legte er die Lupe zur Seite und richtete seine Augen dramatisch zur Zimmerdecke.

»Ach, wenn nur mein Doktorvater, der ehrwürdige Adalbert von Gensingen, noch leben würde! Er hätte Ihnen für diese Entdeckung auf Knien gedankt!«

Auf übertriebene Art und Weise warf er die Hände in die Höhe. Dann zwinkerte er den beiden zu.

»Nehmen Sie meinen Ausbruch nicht allzu ernst, aber tatsächlich haben Sie soeben ein Rätsel gelöst, dem mein seliger Doktorvater sein gesamtes Forscherleben gewidmet hat. Ihr unscheinbares Türmchen war für ihn persönlich spannender als der Heilige Gral.«

Tinne konnte nichts dafür, dass sich ein idiotisches Lächeln in ihr Gesicht stahl. Die Stadtansicht des Meisters WB hatte tatsächlich mehr zu bieten, als der erste Blick verriet! Ihre Theorien waren richtig gewesen, sie hatte es geschafft, Hannahs Forschungen zurückzuverfolgen!

»Und welches Rätsel steckt nun hinter dem Türmchen?«

Der alte Professor nahm eine lange, schlanke Pfeife von seinem Arbeitstisch. Eine Sekunde lang dachte Tinne allen Ernstes, er wolle sie inmitten der staubtrockenen Bücher anzünden, doch er steckte sie kalt zwischen die Lippen. Ein aromatischer Tabakgeruch ging davon aus, die Pfeife schien also außerhalb des Zimmers durchaus ihre Daseinsberechtigung zu haben. Zufrieden nickte Gutdünk.

»Die Geschichte Ihres kleinen Türmchens beginnt in einer Zeit des Umbruchs in Mainz. Frau Nachtigall, Herr Wissmann, ich möchte Sie einladen, mich auf eine Reise zu begleiten. Eine Reise, die uns mehr als 500 Jahre in die Vergangenheit führt ...«

*

Unterhalb der Zitadelle herrschte ein heilloses Durcheinander. Ein gewaltiger roter RIGA-Kran hatte einen Komatsu-Bagger mit deutlich sichtbaren Brandspuren am Haken und ließ ihn Zentimeter für Zentimeter auf einen bereitstehenden Tieflader sinken. Der brüllende Dieselmotor und die lauten Rufe der Arbeiter übertönten einen zweiten Schwertransporter, der mit einem neuen Bagger auf der Ladefläche rückwärts heranfuhr. Zwischen den Fahrzeugen liefen Versicherungsgutachter umher, die in ihren gepflegten Anzügen seltsam deplatziert wirkten. Vermesser standen diskutierend beisammen, einige Reporter schossen Fotos und hielten den Leuten Mikrofone hin, in gebührendem Abstand hatte sich eine Handvoll Schaulustige versammelt. Daneben schimpften die unvermeidlichen Demonstranten und hielten ihre Schilder in die Höhe. Brandgeruch und Dieselgestank sättigten die Luft, die Motoren und das Stimmengewirr vervollständigten das wirre Szenario.

Inmitten des Chaos stand Elias Kalkbrenner wie ein Fels in der Brandung und brüllte mehrere Menschen gleichzeitig an.

»Zum zehnten Mal, nein, ich will keine Anzeige erstatten, ich will, dass Sie und Ihre Leute von meinem Gelände abhauen und uns arbeiten lassen! Auf Wiedersehen!«

Ein Polizist trat verschüchtert den Rückzug an, während der Baulöwe sich einem Vertreter der Versicherung zuwandte.

»Machen Sie, dass Sie Ihr Gutachten hinkriegen und innerhalb der nächsten Stunde hier verschwunden sind! Alles Weitere besprechen Sie mit meinen Anwälten!«

Eine Reporterin drängte sich nach vorn. »Herr Kalkbrenner, Frauke Schilling von der AZ. Ich würde Ihnen gerne …«

Der Baulöwe fuhr herum.

»Kein Kommentar, Abmarsch!«, blaffte er und gab der überraschten Frau einen Schubs. Dann blickte er sich suchend um.

»Jurek, wo ist die neue Tandemwalze?«

Mit vorgerecktem Kinn wartete er auf die Antwort seines Projektleiters.

»Ist auf der A 66, ist in einer halben Stunde da.« Der Pole war wie immer die Ruhe selbst. Zufrieden winkte Kalkbrenner zwei weitere Arbeiter herbei und gab ihnen einige Befehle, worauf sie zackig losrannten. Na also, die Sache kam wieder in Bewegung!

Aus den Augenwinkeln sah er einen schwarzen M-Klasse-Mercedes auf der Zufahrts-Trasse nach unten rollen, eine Gestalt stieg aus. Er schnaubte abfällig – der fehlte ihm jetzt noch!

Baudezernent Christian Conradi drückte sich einen Helm auf den Kopf und warf einen Blick auf das Durcheinander aus Menschen und Maschinen.

»Hallo, Herr Kalkbrenner, was ist denn passiert heute Nacht? Ich hab gerade erst gehört, dass es wohl gebrannt hat.«

»Irgendein Dummejungenstreich«, knurrte Kalkbrenner. »Ein Blödmann hat Benzin ausgeschüttet und angesteckt. Der Kettenbagger und die kleine Walze sind völlig im Arsch, an zwei Radbaggern und einem Lader müssen Kleinigkeiten repariert werden. Kriegen wir aber alles noch heute Vormittag hin.«

Er schaute den Baudezernenten süffisant an.

»Und bevor Sie fragen – nur keine Sorge, die neuen Maschinen sind natürlich auch Brummer. Wir wollen doch schließlich nicht, dass sich die Anwohner bei ihrem Vier-Uhr-Tee gestört fühlen.«

Conradi strich sein makelloses Sakko noch glatter. Der schmale Mittdreißiger hatte einen dunklen Teint, schwarze Haare und braune Augen, die ebenso ein Erbe seiner portugiesischen Mutter waren wie seine schmächtige Figur. Neben dem bulligen Baulöwen sah er aus wie ein kleiner Junge.

»Hm, Herr Kalkbrenner, denken Sie nicht, dass man diese Sache ein bisschen ausführlicher untersuchen sollte? Es geht ja immerhin um massive Sachbeschädigung.«

»Nein, das denke ich nicht«, schnappte sein Gegenüber. »Ein paar angekokelte Maschinen sind für mich kein Grund, das Projekt auszubremsen. Ab heute steht hier rund um die Uhr eine Wachmannschaft, es wird nichts mehr passieren, klar?«

Der Baudezernent trat einen Schritt zurück und hob die Hände.

»Ja, ja, ist in Ordnung. Ich dachte nur, also, eh …« Er suchte nach Worten.

»Was?«, brüllte Kalkbrenner.

Conradi nahm seinen Mut zusammen.

»Ich frage mich, Herr Kalkbrenner, ob dieses Bauvorhaben nicht allzu überstürzt durchgeführt wird. Es wäre meiner Meinung nach sinnvoll, die Arbeiten etwas, nun ja, langsamer angehen zu lassen, um Unfälle zu vermeiden und Unregelmäßigkeiten wie diesen Brandanschlag eingehend untersuchen zu können. Mit dieser Auffassung stehe ich übrigens nicht allein da, einige Kollegen von der Bauaufsicht sehen das genauso.«

Kalkbrenner sah ihn an, als wäre der Baudezernent ein Ungeziefer, das er gleich zerquetschen würde. Sein rotes Gesicht näherte sich bedrohlich, seine Stimme war leise, aber aggressiv.

»Conradi, hören Sie mir mal gut zu. Sie wissen ganz genau, um was es hier bei diesem Projekt geht, und Sie wissen auch, wo der Hase im Pfeffer liegt. Ich rate Ihnen dringend, nicht allzu viel Wind zu machen – halten Sie Ihre Kollegen an der Leine, dann läuft alles wie besprochen. Es hat sich nichts geändert an der aktuellen Planung, hören Sie, nichts!« Der Baulöwe brannte seinen Blick in Conradis Augen. »Oder muss ich Sie daran erinnern, wie dünn das Eis ist, auf dem Sie stehen?«

Kalkbrenner fixierte den Baudezernenten noch einige Sekunden, dann richtete er sich auf und klopfte Conradi ein unsichtbares Stäubchen von der Schulter.

»Wir wollen doch Freunde bleiben, Christian«, meinte er jovial. »Und Freunde helfen einander, stimmt's?«

*

Achim Neuss war spät dran. Das ärgerte ihn, denn normalerweise pflegte er seine Zeit ordentlich einzuteilen. Doch heute war der Wurm drin: Zuerst hatte der W-LAN-Router im Wohnzimmer seinen Dienst quittiert, sodass der Internetanschluss nicht mehr funktionierte. Achims Freundin Birgit musste aber dringend für ihre Abschlussarbeit online recherchieren, also bosselte er eine halbe Stunde am System, bis es wieder lief. Dann kam ein Anruf von der Nordisk Pharma, wo er stundenweise jobbte. Eine Mappe war verschwunden, die zu seinem Aufgabenbereich gehörte, und Achim musste mit vier verschiedenen Abteilungen herumdiskutieren, bis das Ding wieder auftauchte. Kaum hatte er aufgelegt, klingelte das Telefon schon wieder: Das Geographische Institut der Uni Mainz war dran, es gäbe einen Fehler in seiner Prüfungsanmeldung, der schnellstmöglich korrigiert werden müsse.

Schließlich und endlich war Achim fast eine halbe Stunde im Verzug. Eilig warf er seine Unterlagen in einen Rucksack, schnappte sich seinen Fahrradschlüssel und rannte hinaus.

Die Wohnung von Birgit und Achim lag im Ortsteil Finthen, da waren die Mieten niedriger als in Bretzenheim oder Gonsenheim, aber mit dem Fahrrad konnte man trotzdem in 20 Minuten die Uni erreichen. Achim trat in die Pedale und schoss den Katzenberg hinunter. Er fuhr ein hochwertiges Mountainbike von Scott, man sah seiner drahtigen Figur an, dass er gern und oft mit dem Rad unterwegs war.

Während er Finthen hinter sich ließ und einen asphaltierten Feldweg erreichte, ging er im Geist nochmals die einzelnen Punkte seiner Führung durch. Denn Achim arbeitete alle paar Wochen als Führer bei GfA, bei *Geografie für Alle*, einem Uni-nahen Verein, der ungewöhnliche und spannende Touren im Rhein-Main-Gebiet anbot. Er hatte ursprünglich die ›Historischen Wirtshäuser‹ gemacht, doch seit einem halben Jahr war er zuständig für die Führung ›MauernBlümchen – die Festungsanlagen von Mainz‹. Der rund zweistündige Fußweg gab seinen Gästen einen Eindruck der einst ausgedehnten Verteidigungsanlagen der Stadt, Achim zeigte ihnen Fort Josef, Fort Hauptstein, das modern ausgebaute Proviantmagazin und die Zitadelle mit der Bastion Drusus. Und wie immer bei GfA bewegte sich die Führung jenseits der ausgetretenen Pfade – schließlich wollten die Gäste ungewöhnliche Geschichten und neue Perspektiven kennenlernen und nicht eine x-beliebige Stadtführung mitmachen.

Der Feldweg führte über offenes Gelände auf die tiefer gelegene A 63 zu, die vom Alzeyer Kreuz nach Mainz führte. Achims Beine arbeiteten wie Kolben, Schweiß stand auf seiner Stirn, während er auf die schmale Unterführung unter der Autobahntrasse zusteuerte. Er wollte auf keinen Fall zu spät zum Treffpunkt am Uniklinik-Haupteingang kommen. Es wäre schließlich peinlich, wenn die Teilnehmer auf ihn warten müssten, zumal heute die allerletzte ›MauernBlümchen‹-Tour stattfand und sich außergewöhnlich viele Leute angemeldet hatten.

Achim fand es jammerschade, dass die Führung eingestellt wurde. Doch die spannendsten Relikte der Bastion Drusus waren nun Teil des neuen Baugebiets auf dem Jakobsberg und damit in Zukunft nicht mehr für die Öffentlichkeit zugänglich. Er hatte zwar zusammen mit einigen anderen Geografiestudenten gegen das Appartementprojekt demonstriert und sogar einen Brief an das Denkmalamt geschrieben, aber ihr Widerstand war letztlich nutzlos gewesen. Heute würde also die letzte Gelegenheit sein, gemeinsam mit den Teilnehmern die alten, überwachsenen Mauern der Bastion zu erklettern.

Mit halbem Ohr nahm Achim hinter sich einen Automotor wahr. Er fuhr ein Stückchen weiter rechts, um dem Wagen Platz zu machen, doch dieser machte keine Anstalten, zu überholen. Während er sich noch wunderte, worauf der Fahrer wohl warten möge, heulte der Motor plötzlich auf. Das Letzte, was Achim wahrnahm, war eine Art Schwerelosigkeit, die ihn in die Luft trug. Dann setzte seine Wahrnehmung aus.

*

Tinne und Elvis saßen nach vorn gebeugt auf ihren schmalen Holzstühlen und hingen an den Lippen von Professor Gutdünk. Der alte Mann zog an seiner kalten Pfeife und schaute auf einen unbestimmten Punkt in der halbdunklen Studierstube.

»Unsere Geschichte beginnt im Jahr 1459. Damals stand es nicht gut um die Stadt Mainz: Sie war immens verschuldet, weil sie sich von der Reichsacht hatte loskaufen müssen, außerdem war der Stadtrat zerstritten bis aufs Blut. In dieser schlimmen Situation kam neues Ungemach, nämlich die Mainzer Stiftsfehde.

Das Domkapitel wählte in diesem Jahr den früheren Kustos Diether von Isenburg zum Erzbischof und zum Kurfürsten. Sein knapp unterlegener Gegenkandidat war Adolf II. von Nassau, ein rechter Heißsporn, mit dem, so sagt man, nicht gut Kirschen essen war.«

Der Professor drückte vorsichtig an seiner Pfeife herum, als würde sie brennen, dann fuhr er fort.

»So weit, so gut. In den Folgejahren beging Diether von Isenburg dann allerdings zwei schwerwiegende Fehler: Er hatte bei Papst Pius II. eine Menge Schulden und konnte das Geld nicht zurückzahlen, darüber hinaus sympathisierte er mit Leuten, die dem Papst und dem Kaiser kritisch gegenüberstanden. Pius II. und Friedrich III. ließen sich das nicht lang bieten und suchten jemanden, den sie an Diethers Stelle an die Macht bringen konnten.«

Elvis machte eine ungeduldige Handbewegung.

»Na, dieser Gegenkandidat, wie hieß er noch gleich?«

Tinne musste schmunzeln. Sie selbst wusste durch ihr Studium in groben Zügen über die Mainzer Stiftsfehde Bescheid, doch der Reporter stand völlig im Bann von Gutdünks Erzählung.

»Adolf II. von Nassau, ganz recht.« Der alte Professor nickte. »Im September 1461 war es dann soweit: Diether wurde durch ein päpstliches Dokument für abgesetzt erklärt und Adolf II. zum neuen Erzbischof ernannt. Um den neuen Mann bei der Bevölkerung bekannt zu machen, setzte man übrigens zum ersten Mal ein Massenmedium ein: In Johannes Gutenbergs Druckerwerkstatt entstanden Hunderte von Einblattdrucken, quasi ›Werbezettel‹ für Adolf II.«

Elvis hatte große Augen.

»Und, hat die Sache funktioniert?«

»Nein. Diether von Isenburg wollte die Entscheidung des Papstes partout nicht anerkennen, er nannte sie rechtswidrig und wich nicht von seinem Stuhl. Die meisten Mainzer Bürger hielten zu ihm, ebenso der Rat der Stadt. Bald schon war die Situation so verfahren, dass die beiden Parteien gegeneinander aufrüsteten. Sowohl Adolf als auch Diether konnten verschiedene Regionalherren aus der

Umgebung auf ihre Seiten ziehen, Grafen und Herzöge, die sich im Erfolgsfall ein Stück des Kuchens abschneiden wollten. So wurde die Situation immer bedrohlicher.«

»Na, da hat sich in den letzten 500 Jahren ja nicht viel geändert, wenn ich mir das heutige Weltgeschehen anschaue«, meinte Elvis ironisch.

Der Professor lachte leise.

»Weise Worte, Herr Wissmann. Es kam, wie es kommen musste: Die Stiftsfehde gipfelte in einem blutigen Überfall. In der Nacht vom 27. auf den 28. Oktober 1461 überkletterten die Getreuen Adolfs mit Hilfe von Leitern die Mainzer Stadtmauer und überraschten die Bewohner im Schlaf. Bevor an Gegenwehr auch nur zu denken war, brannten die Häuser, Bewaffnete zogen durch die Straßen, Scharmützel fanden statt, und letztendlich musste Diether von Isenburg über den Rhein fliehen. Mehr als 500 Mainzer ließen in jener Nacht ihr Leben.«

»Nicht gerade ein kluger Schachzug, wenn es der Stadt wirtschaftlich eh nicht besonders gut ging.«

»Es kam aber noch schlimmer. Denn am nächsten Tag ließ der siegreiche Adolf weitere 400 Bürger und Patrizier aus Mainz hinauswerfen, weil sie, so sagte er, gegen die Weisung des Papstes und des Kaisers verstoßen hätten.«

»Aber ihm musste doch klar gewesen sein, dass er damit die Stadt noch weiter ruiniert!«

Der Professor kaute auf seiner Pfeife.

»Ein Mann, der sich in seiner Ehre gekränkt fühlt, handelt nicht immer rational.«

Tinne schaltete sich ein.

»Und das Türmchen? Wie passt das nun in diese Geschichte?«

»Gemach, Frau Nachtigall, gemach. Sie wissen: Ältere Herren neigen zu ausschweifenden Erzählungen, da bin ich keine Ausnahme. Um die besondere Bewandtnis Ihres Türmchens zu verstehen, müssen wir die Geschehnisse im mittelalterlichen Mainz noch ein klein wenig weiter verfolgen. Also, die Situation war soweit wieder beruhigt, im Jahr 1463 wird die Stiftsfehde mit dem Frieden von Zeilsheim endgültig beigelegt. Adolf II. von Nassau regiert als Kurfürst und Erzbischof bis zu seinem Tode 1475 – er ist übrigens hier im Kloster Eberbach beigesetzt.

Nun wird die Geschichte aber erneut interessant. Auf dem Sterbebett schlägt Adolf einen Nachfolger für das Amt des Erzbischofs vor, und zwar niemand anders als Diether von Isenburg, den Mann, den er 14 Jahre vorher blutig bekämpft hat. Kurz darauf bestätigt das Domkapitel die Wahl des neuen Erzbischofs Diether.«

Elvis war verblüfft.

»Ach nee. Wie kam das denn?«

Gutdünk verzog das Gesicht zu einem schelmischen Lächeln.

»Nun ja, um Diethers Gelüste auf den Bischofsstuhl zu Lebzeiten Adolfs ein wenig zu dämpfen, hatte man ihm üppige Ländereien als Lehen gegeben. Nun war dem Erzstift natürlich daran gelegen, diese Besitztümer wieder an sich zu bringen. Also entschied man sich, den alten Bischof zum neuen Bischof zu machen.«

Das Lächeln verschwand aus seinem Gesicht, er wurde ernst.

»Doch Diether von Isenburg hatte in all den Jahren nicht vergessen, dass Adolf ihn damals zur Flucht gezwungen hatte, er musste ja wie ein Hund mit eingekniffenem

Schwanz bei Nacht und Nebel über den Rhein rudern. Nun endlich konnte er sich für diese Schmach rächen. Von Hass erfüllt begann er, Adolfs Werk systematisch zu tilgen: Neuerungen, die sein Vorgänger eingeführt hatte, wurden zurückgenommen, Adolfs Günstlinge entlassen, seine Schriften vernichtet. Diether versuchte sozusagen, Adolf II. aus dem Gedächtnis der Stadt Mainz auszulöschen. Und damit nähern wir uns Ihrem geheimnisvollen Türmchen.«

Tinne beugte sich vor und kniff die Augen zusammen.

»Könnte es sein, dass Diethers Rache auch vor Gebäuden nicht haltmachte, die sein Vorgänger errichtet hatte?«

Der Professor schnippte mit dem Finger.

»Frau Nachtigall, Sie haben den Nagel auf den Kopf getroffen. Wir wissen leider nicht allzu viel über die Bautätigkeiten in Mainz am Ende des 15. Jahrhunderts. Zu viele Gebäude wurden überprägt oder im 30jährigen Krieg zerstört, und viele Schriftstücke, die uns Aufschluss geben könnten, sind im Feuersturm des Zweiten Weltkriegs verbrannt. Einige Handschriften blieben dennoch erhalten, zumindest in Teilen. Besonders aussagekräftig ist eine Art frühes Bauregister, der ›Codex Moguntiae‹.«

Der alte Emeritus machte eine Pause und hing einen Augenblick seinen Gedanken nach. Dann wechselte er abrupt das Thema.

»Was wissen Sie über den Jakobsberg?«

Tinne und Elvis schauten sich überrascht an.

»Das ist der Hügel, auf dem heute die Zitadelle steht«, antwortete Tinne schließlich. »Er ist aber schon viel länger bebaut, wenn ich mich recht erinnere. Es gab da ein Kloster, und dort ist sogar mal ein Erzbischof ermordet worden, stimmt's?«

»Korrekt, Frau Nachtigall. Auf dem Jakobsberg wurde um das Jahr 1050 ein Benediktinerkloster errichtet, 1160 hat der Pöbel dort den damaligen Erzbischof Arnold von Selenhofen erschlagen. Uns interessiert nun aber weniger dieser Mord als vielmehr das Schicksal des Jakobsbergs. Der Hügel lag außerhalb der Stadtmauern und war nur leicht umwallt. Während seiner wechselvollen Geschichte wurde das dortige Kloster deshalb mehrfach zerstört und wieder aufgebaut, doch ein immerwährendes Problem war seine exponierte Lage – der Jakobsberg bot sich als erhöhte Stellung an, von der aus Feinde die Stadt angreifen oder beschießen konnten. Im 17. Jahrhundert zeigte das Militär deshalb eine dauerhafte Präsenz auf dem Hügel, es wurden erste Verteidigungsanlagen errichtet. Die militärische Nutzung nahm immer größere Ausmaße an, sodass der Konvent letztendlich im Jahre 1794 den Standort aufgab und innerhalb der Stadtmauern in das leer stehende Altmünsterkloster umzog. Damit war der Weg frei für die massive Befestigung des Jakobsbergs, die wir heute als Zitadelle kennen.«

Tinne zog die Mundwinkel nach unten.

»Und das Türmchen?«, fragte sie beharrlich.

»Ja, ja, jetzt sind wir endlich bei Ihrem Türmchen. Also, zu Lebzeiten Adolfs II. stand das Benediktinerkloster in voller Blüte, 1461 wurde sogar eine neue Klosterkirche geweiht. Doch nun komme ich zurück auf den eben genannten ›Codex Moguntiae‹. In diesem Register findet nämlich noch ein weiteres Bauwerk Erwähnung, eine Kapelle am Fuß des Jakobsbergs, die laut Codex 1472 vollendet war. Sie soll Johannes dem Täufer geweiht worden sein und wurde angeblich in direktem Auftrag des Erzbischofs Adolf errichtet.«

»Das Türmchen«, hauchte Tinne mit großen Augen.

Der Professor nickte feierlich.

»Das Türmchen.«

Mitten in einer andächtigen Pause räusperte Elvis sich misstönend.

»Aha. Und was soll daran jetzt so geheimnisvoll sein?«

»Sie müssen wissen, Herr Wissmann, dass der ›Codex Moguntiae‹ die einzige schriftliche Quelle ist, die diese Johanniskapelle erwähnt. Alle anderen Dokumente, die wir kennen, schweigen sich aus über eine angebliche Kapelle in der Nähe des Jakobsbergs – und das, obwohl die Baugeschichte des dortigen Klosters ungewöhnlich vollständig überliefert ist. Meine Frage an Sie: Was könnte man unternehmen, um die Existenz dieser Kapelle zu verifizieren oder zu falsifizieren?«

Tinne war nahe daran, den Arm hochzureißen und sich wie in der Schule zu melden. Doch Elvis nickte bereits eifrig:

»Man könnte auf einem Ölgemälde nachschauen, das aus der betreffenden Zeit stammt, ob dort die Kapelle dargestellt ist oder nicht.«

»Bingo!« Der alte Professor war fast so aufgeregt wie seine Zuhörer. »Und nun schließt sich der Kreis zu meinem eingangs erwähnten Doktorvater, dem ehrwürdigen Adalbert von Gensingen. Er war nämlich felsenfest davon überzeugt, dass diese Kapelle tatsächlich existiert hat, obwohl alle Tatsachen dagegen sprachen. Schließlich gab es nur einen einzigen schriftlichen Beleg, dem wiederum eine Vielzahl anderer, negativer Quellen gegenüberstand. Und auf einem zeitgenössischen Gemälde, der Stadtansicht des Meisters WB, fehlte die Johanniskapelle ebenfalls. Deshalb stand der gute Adalbert sehr allein da mit seiner Überzeugung, und es ist ihm in seinem gesamten fleißigen Forscherleben nicht gelungen, einen Beweis für die Existenz der Johanniskapelle zu finden.«

Elvis klatschte sich auf seine dicken Schenkel.

»Klar, wie denn auch. Die Kapelle war schließlich übermalt, das hat er ja nicht riechen können! Und wenn er Ihr Doktorvater war, dann hat er in einer Zeit geforscht, in der es so etwas wie eine Röntgenbeugeanalyse noch nicht gab.«

Tinne hörte nur mit halbem Ohr zu, in ihrem Kopf ratterten die Jahreszahlen. Schließlich hob sie die Hand.

»Moment, Moment, da stimmt doch etwas nicht. Also, die Stadtansicht wurde im Auftrag von Diether von Isenburg gemalt, und zwar im Jahre 1480, das ist ausführlich dokumentiert. Diese Kapelle soll laut Codex aber schon 1472 vollendet gewesen sein. Was hätte Diether also davon, einige Jahre nach der Fertigstellung des Bildes eine Kapelle übermalen zu lassen, die die Bürger von Mainz jeden Tag vor ihrer Nase sehen? Damit macht er sich doch nur unglaubwürdig.«

»Sehr scharfsinnig, Frau Nachtigall. Die Antwort darauf ist ganz einfach: Im Jahre 1480 gab es die Johanniskapelle nicht mehr. Diether hat sie schleifen lassen, weil sie ein Werk seines verhassten Vorgängers war.«

Tinne war nicht überzeugt. Mit gerunzelter Stirn rechnete sie erneut nach, dann schüttelte sie den Kopf.

»Es stimmt aber noch immer nicht. Wenn die Kapelle 1480 schon abgerissen war, warum taucht sie dann überhaupt in dem Bild auf? Wolfgang Beurer hätte sie gar nicht übermalen müssen – er hätte sie erst gar nicht hineingemalt.«

Elvis brauchte ein paar Sekunden, um Tinnes Gedanken zu folgen. Doch der alte Professor war ihm schon einen Schritt voraus und kicherte vergnügt.

»Genau, genau, Sie sind großartig, Frau Nachtigall. Denn nun kommen wir einer weiteren Finte auf die Spur, die mein Doktorvater immer schon vermutet hatte, aber nie beweisen konnte: Die Stadtansicht ist gar keine Auftragsarbeit von Diether, sondern von seinem Vorgänger Adolf! Das Bild ist nicht 1480 gemalt worden, sondern acht Jahre früher – zu einer Zeit, in der die Johanniskapelle fix und fertig auf dem Jakobsberg stand.«

Tinne zögerte.

»Aber hätte Diether denn nicht auch dieses Bild zerstört, wenn er alle Werke seines Vorgängers zunichtemachen wollte?«

Gutdünk schüttelte den Kopf.

»Diether mag zwar hasserfüllt gewesen sein, aber er war nicht dumm. Denn im Fall des Bildes konnte er mit einem einfachen Trick zwei Fliegen mit einer Klappe schlagen: zum einen Adolphs Werk schmälern, und zum anderen sich und dem geistlichen Zentrum Mainz ein Denkmal setzen.«

Tinne nickte langsam.

»Indem er die Kapelle übermalen ließ und sich selbst als Auftraggeber des Bildes ausgab.«

»So ist es! Erst ließ er die Kapelle abreißen und aus allen zeitgenössischen Dokumenten tilgen, deren er habhaft werden konnte. Danach beauftragte er den Meister WB damit, eine kleine Änderung an der bereits fertiggestellten Stadtansicht durchzuführen, nämlich die Übermalung der Johanniskapelle. Und schließlich brachte er seinen Namen ins Spiel, als es um die Urheberschaft des Gemäldes ging, und datierte es auf das Jahr 1480. Diese Flunkereien wurden dann in alle möglichen Texte und Schriften übernommen und haben uns Forscher 500 Jahre lang an der Nase herum geführt. Genial, oder?«

Der Professor lehnte sich zurück und begann, seine Pfeife auszuklopfen, als hätte er sie tatsächlich aufgeraucht. Außer dem sanften Schlagen des Pfeifenkopfes auf den Rand des Aschenbechers war nichts zu hören in dem kleinen Bibliotheksraum. Schließlich ergriff Tinne das Wort.

»Wir haben also mithilfe des Bildes herausgefunden, dass es für kurze Zeit eine kleine Kapelle auf dem Jakobsberg gegeben hat. Herr Gutdünk, Sie können diese Entdeckung bestimmt einigermaßen einordnen – ist das jetzt ...«, sie suchte nach Worten, »... so etwas wie das Ei des Kolumbus?«

Er schaute sie spitzbübisch an und formulierte seine Antwort sehr sorgfältig.

»Nun, Frau Nachtigall, wenn Sie hoffen, aufgrund dieser Entdeckung in den Olymp der Historiker aufzusteigen, muss ich Ihren Enthusiasmus leider etwas dämpfen. Sicherlich wird der Existenznachweis der Johanniskapelle Eingang in die Fachliteratur finden und als Fußnote in den entsprechenden Kreisen zur Kenntnis genommen werden. Aber es wäre vermessen, dabei auf einen wie auch immer gearteten wissenschaftlichen Ruhm zu hoffen.«

Tinne sank in ihrem Stuhl zusammen wie ein kleines Mädchen, das eine schlechte Schulnote bekommen hat. Sie war mit ihrer Weisheit am Ende, ihr Kopf war leer. Erst war sie sich sicher gewesen, dass Hannah mit ihrem ›Knaller‹ die Entdeckung des übermalten Marienbildes gemeint hatte. Kein Zweifel: Ein solcher Fund hätte ihre Freundin in Historikerkreisen auf einen Schlag berühmt gemacht. Tja, Fehlanzeige, es steckte kein Hausbuchmeister unter der Stadtansicht, nur ein kleines, übermaltes Türmchen. Ihre zweite Hoffnung, dass dieses Türmchen Hannahs ›Knaller‹ sein könnte, hatte sich soeben auch zerschlagen.

Elvis unterbrach ihre Gedanken.

»Herr Gutdünk, ich hätte da auch noch eine Frage. Sie haben vielleicht gehört, dass auf dem Jakobsberg im Moment ein neues, ziemlich umstrittenes Bauprojekt startet. Ich komme darauf, weil es gerade heute Nacht dort sogar einen Brandanschlag gegeben hat. Könnte unser Turm irgendwelche Auswirkungen auf dieses Projekt haben?«

Der Emeritus machte eine abfällige Handbewegung.

»Wohl kaum. Wissen Sie, diese Kapelle ist vor über 500 Jahren abgerissen worden und das auch noch auf einem Areal, das danach wieder und wieder überbaut wurde. Von der ursprünglichen Bausubstanz ist heute kein Steinchen mehr vorhanden. Unter diesen dürftigen Voraussetzungen wäre ein Bauaufschub nicht zu rechtfertigen, selbst wenn Indiana Jones höchstpersönlich darum bitten würde.«

Trotz ihrer Mutlosigkeit ertappte Tinne sich bei einem flüchtigen Lächeln. Es passte zu dem Professor, dass er ungeachtet seines altmodischen Auftretens einen Filmhelden wie Indiana Jones kannte. Sie stand auf und reckte ihre Glieder, die durch das lange Sitzen auf dem harten, schmalen Stuhl steif geworden waren. Die Eberbacher Mönchsstühle waren definitiv nicht für 1,85-Meter-Gestalten ausgelegt!

»Herr Gutdünk, Sie haben uns sehr geholfen mit Ihrer Expertise und Ihrem Ausflug in die Vergangenheit. Aber darüber hinaus gibt es nichts, was man über diese Kapelle weiß? Kein Detail, das sie in irgendeiner Weise interessant machen würde?«

»Leider nicht, Frau Nachtigall, zumindest nichts wissenschaftlich Fundiertes.«

Elvis horchte auf, sein Reporterinstinkt erwachte.

»Und wissenschaftlich ›Un-Fundiertes‹?«

Der alte Professor lachte leise und zuckte mit den Schultern.

»Da endet mein Wissen, denn an dieser Stelle verlassen wir den Boden der Forschung und betreten das weite Land von Lokalkolorit und alten Stadtlegenden. Da kann ich Ihnen nicht weiterhelfen, ich bin Wissenschaftler und kein Märchenonkel.« Er überlegte kurz. »Tatsächlich glaube ich mich an ein paar Räuberpistolen zu erinnern, die im Zusammenhang mit der Johanniskapelle kursieren. Da müsste aber Jean, der Gewaltbote, besser Bescheid wissen.«

»Jean, der Gewaltbote?«, fragten Tinne und Elvis wie aus einem Mund.

Gutdünk griff in eine seiner zahlreichen Schubladen und holte zu Tinnes Überraschung ein iPad heraus. Das moderne Gerät wirkte inmitten der alten Bücher und Pergamente seltsam deplatziert, doch er tippte durchaus geübt auf dem Display herum. Schließlich nickte er zufrieden und hielt den beiden das Tablet hin. Der Browser zeigte einen älteren Mann mit buschigem Kaiser-Wilhelm-Bart, der in einem altertümlichen Kostüm mit Hellebarde und Laterne steckte und in die Kamera schaute.

»Et voilà – Jean, der Gewaltbote!«

Tinne las die Textzeile, die in geschwungener Schrift über dem Foto stand:

Machen Sie eine nächtliche Stadtführung durch Mainz,
während der Gewaltbote Ihnen die Geschichte und die
Geschichtchen der alten Mauern erzählt.

Sie sah den Professor zweifelnd an, als dieser das Gerät
wieder an sich nahm.

»Gewaltbote? Soll das eine Art Nachtwächter sein oder
so?«

»O nein«, schmunzelte er. »Es gab bis ins Jahr 1866
überhaupt keinen Nachtwächter in Mainz, das ist historisch belegt. Stattdessen sorgte ebenjener Gewaltbote für
Recht und Ordnung. Er bekleidete das Amt des Innenpoli-
zeiministers und unterstand dem Kurfürsten. Damit war
er für alle Verstöße gegen die innere Ordnung zuständig,
von Wirthausprügeleien über das Panschen von Wein bis
hin zu Bestechungsversuchen. Der Gewaltbote war also
weit mehr als ein ordinärer Nachtwächter.«

Er deutete auf das iPad.

»Johann ›Jean‹ Rosenzweig lässt diese Figur wieder-
aufleben, und Sie werden niemanden finden, der sich mit
den Sagen und Legenden von Mainz besser auskennt als
er. Seit vielen Jahrzehnten ist er überaus eifrig als Lokal-
historiker tätig und hat zahllose Exponate der Alltagsge-
schichte zusammengetragen.«

Er stockte einen Moment, dann legte er das iPad zur
Seite und griff nach einer metallenen Dokumentenbox.

»Interessanterweise hat Johann vor einiger Zeit sogar
einen richtig aufregenden Fund gemacht: Bei dem Erdbeben kurz vor Weihnachten 2010 – Sie erinnern sich sicherlich – ist in seinem Haus ein antikes Möbelstück umgestürzt und hat dabei eine Beschädigung auf der Rückseite erlitten. Dort fand sich überraschenderweise eine

209

Art Geheimfach, in dem ein Stapel alter Handschriften versteckt war. Johann brachte seinen Fund zum Stadtarchiv, welches die Schriften nach kurzer Ansicht für eine nicht unerhebliche Summe gekauft hat. Der komplette Satz liegt mir gerade zur Begutachtung vor.«

Er öffnete die Dokumentenbox vorsichtig. Tinne und Elvis lugten hinein und sahen ein Sammelsurium an beschrifteten Papieren und Pergamenten, einige brüchig und alt, einige in besserem Zustand. Tinne konnte ein paar lateinische Worte entziffern, andere Texte wiederum waren in Mittelhochdeutsch verfasst. Gutdünk verschloss die Box wieder.

»Es scheint eine private Sammlung zu sein, die irgendwann ihren Weg in dieses geheime Fach gefunden hat. Die Schriften gehen zurück bis ins Späte Mittelalter, soviel kann ich nach einer ersten, oberflächlichen Durchsicht bereits sagen. Interessant, überaus interessant.«

Er stellte die Dokumentenbox vorsichtig zur Seite, nahm das iPad erneut zur Hand und scrollte weiter.

»Sie sehen: Jean ist in lokalhistorischer Hinsicht ein Hans-Dampf-in-allen-Gassen. Er veranstaltet jeden Dienstagabend diese Gewaltboten-Führungen, die recht erfolgreich zu sein scheinen. Seine Anekdoten sind nicht unbedingt wissenschaftlich belegbar, aber sie haben einen hohen Unterhaltungswert.«

Der alte Professor nickte Tinne und Elvis zu.

»Heute ist Dienstag. Ich rate Ihnen, die Gelegenheit beim Schopf zu packen und die Führung mitzumachen. Denn wenn Ihnen jemand in Bezug auf diese Kapelle weiterhelfen kann, dann niemand anders als Jean, der Gewaltbote.«

*

Der Kölner kam überhaupt nicht aus Köln. Er stammte aus Rommerskirchen, einem Kaff westlich von Leverkusen. Aber weil sein Dialekt ein bisschen wie Kölsch klang und Köln einfach mehr Eindruck machte als Rommerskirchen, hatte er sich von Anfang an ›der Kölner‹ genannt. Hatte auch funktioniert, hier auf den Straßen kannte ihn inzwischen jeder unter diesem Namen.

Der Kölner saß auf seinem Stammplatz, einem der Bankrondelle des Schillerplatzes. Er mochte diese Stelle, hier war immer etwas los. Am Fastnachtsbrunnen drängten sich die Touristen und versuchten, das Gewimmel der kleinen Figuren per Foto festzuhalten, im Hintergrund erhoben sich alte Adelspaläste mit hellen Mauern und roten Fensterbrüstungen. Busse, Autos, Radfahrer und unzählige Menschen sorgten dafür, dass es am Schillerplatz nie langweilig wurde. Seine Kumpels hockten um ihn herum, schwätzten, lachten und nahmen immer mal wieder einen Schluck von ihrem Bier.

Doch heute hatte der Kölner keine Nerven für das Geplapper. In einer braunen Papiertüte neben ihm steckten ein paar Sachen, um die er sich Gedanken machte. Er hatte das Zeug vor ein paar Tagen von Wolle bekommen, der damit einige seiner Schulden begleichen wollte. Im Grunde genommen war es dem Kölner egal, woher die Sachen kamen. Ging ihn ja auch nichts an. Inzwischen wurde aber gemunkelt, dass die Bullen den Wolle hopsgenommen hatten wegen irgendwelcher Gegenstände, die bei ihm gefunden worden waren. Und dass es dabei sogar um Mord ging!

Nun kamen dem Kölner die Sachen von Wolle natürlich äußerst verdächtig vor. Er hatte nicht die geringste

Lust, Wolles Schicksal zu teilen und in eine Mordsache verwickelt zu werden.

Andererseits ... Er lugte in die Tüte. Das Zeug war ja schon was wert, einfach so in den nächsten Papierkorb schmeißen, wäre auch blöd.

Der Kölner überlegte hin und her, was er wohl mit dem Inhalt der Tüte anstellen sollte. Schließlich kam ihm eine Idee. Eine richtig gute sogar!

Er stand auf, packte die Tüte mit festem Griff und verließ das Bankrondell. Die anderen schauten ihm eine Sekunde lang nach, dann nahmen sie ihre lärmende Unterhaltung wieder auf.

Der Kölner marschierte zielstrebig über die belebte Ludwigstraße in Richtung Dom. Je länger er über seine Idee nachdachte, umso besser gefiel sie ihm.

*

»Und am Fuße der Heunensäule seht Ihr, so Ihr sie in Augenschein nehmt, jene Figuren, die die Geschichte von Moguntiacum gar trefflich zusammenfassen: den Helm des Römers, den Hut des Bischofs, die Reichskrone und natürlich die Narrenkappe, angelehnt an die französische Jakobinermütze!«

30 Köpfe beugten sich nach unten, um die Bronzeplastiken näher in Augenschein zu nehmen, die die hohe, rote Sandsteinsäule in der Mitte des Domplatzes umgaben. Daneben stand Jean, der Gewaltbote, und schaute seinen Schützlingen zufrieden zu. Genau wie auf dem Foto im Internet trug er einen schlichten, braunen Wollmantel und einen Dreispitz auf dem Kopf. Zusammen mit seinem

grauen Kaiser-Wilhelm-Bart, der langen Hellebarde und der flackernden Laterne erinnerte er tatsächlich an einen Zeitreisenden aus dem Mittelalter oder der frühen Neuzeit.

Tinne und Elvis betrachteten den Mann, während sie sich der Gruppe näherten. Sie hatten den Nachmittag in der AZ-Lokalredaktion verbracht, deren große Fensterfront einen Panoramablick über den Markt und die Nordseite des Doms erlaubte. Das Internet hatte ihnen verraten, dass die Führung im letzten Drittel den Markt einschloss, also hatte Tinne sich am Fenster auf die Lauer gelegt und die kleine Gruppe abgepasst. Nun zeigten die großen Uhren des Doms halb zehn, der Platz lag im Dunkeln und bot damit eine perfekte Kulisse für die nächtliche Stadtführung.

»Hm, Entschuldigung, Herr, eh, Gewaltbote«, fing Tinne mit leiser Stimme an und suchte nach einer Formulierung. »Ich hätte eine schnelle Frage, nämlich über ein Bauwerk auf dem Jakobsberg. Vielleicht könnten Sie mir da helfen?«

Statt einer Antwort deutete Jean mit großer Geste auf sie und erhob die Stimme.

»Sehet jene holde Jungfrau, auch ihr ist schon zu Gehör gekommen, dass der Gewaltbote die wahrhaftigen Geschichten von Moguntiacum kennt!«

30 Augenpaare hefteten sich auf Tinne, sie lief in Sekundenschnelle rot an. In Augenblicken wie diesen verfluchte sie ihre Körpergröße, die sie wie einen Leuchtturm aufragen ließ, und wünschte sich eine bundesdeutsche Frauendurchschnittsgröße, eher noch ein paar Zentimeter weniger. Jean erkannte ihre Verlegenheit und schmunzelte.

»So gesellt Euch zu uns, edle Jungfrau, und auch Euer Gefährte, der Ritter von der stämmigen Gestalt, ist von Herzen willkommen.«

Während die Gruppe sich erneut um die Sandsteinsäule und die Bronzeplastiken scharte, schlüpfte Jean für einen Augenblick aus seiner Rolle.

»Hallihallo, willkommen«, wisperte er Tinne und Elvis zu. »Über den Jakobsberg gibt es eine ganze Menge Geschichten, aber ich kann jetzt schlecht eine Pause machen und Ihre Fragen beantworten. Laufen Sie doch einfach die letzten 20 Minuten mit, danach setzen wir uns auf ein Glas Wein zusammen, und ich versuche, Ihnen weiterzuhelfen, okay?«

Dann drehte er sich wieder um und sammelte mit lauter Stimme seine Schützlinge ein. Die Gruppe war aus jung und alt zusammengewürfelt, sogar einige Kinder rannten umher.

»So lasset uns weitergehen, hochwohlgeborene Kumpanei. Wir wollen dem altehrwürdigen Gemäuer von Sankt Martinus den Rücken kehren und jenen dunklen Gassen folgen, die uns Gevatter Rhein näher bringen.«

Die Erwachsenen schlossen sich brav dem Gewaltboten an, während die Kinder über seine gestelzte Ausdrucksweise kicherten. Tinne und Elvis folgten als Letzte.

»Ritter von der stämmigen Gestalt – dem Typen zieh ich gleich mal den Bart lang!«

Elvis verzog empört das Basset-Gesicht und watschelte der Gruppe hinterher, während er sich eine Zigarette drehte.

Tinne grinste frech.

»Tja, Elvis – eine so breite Zielscheibe wie dich kann man halt gar nicht verfehlen.«

»Klappe, holde Jungfrau«, schoss der Reporter zurück. Dann wurde er ernst und deutete Tinne an, ein paar Schritte hinter die Leute zurückzufallen.

»Hör mal, ich habe heute Nachmittag eine Menge herumtelefoniert und bin da auf eine seltsame Sache gestoßen. Und zwar: Dieser Baulöwe Kalkbrenner drückt irre aufs Tempo bei den Arbeiten oben auf dem Jakobsberg. Gerade vorhin kam schon wieder eine Pressemitteilung von seinem Büro, dass es in drei Tagen losgehen soll mit Auffüllung und Verdichtung. Ich habe mir überlegt, warum er es so eilig haben könnte, denn die Fertigstellung des neuen Wohnparks ist erst fürs Spätjahr 2013 geplant. Dabei bin ich auf folgende Idee gekommen: Was wäre, wenn Kalkbrenner auf irgendeine Weise von dieser ganzen Kapellengeschichte erfahren hätte? Und mehr noch – wenn er wüsste, dass dort oben tatsächlich irgendetwas verborgen liegt?«

Tinne schaute ihn verblüfft an. Dieser Gedanke war ihr überhaupt noch nicht gekommen. Der Baulöwe als Mitwisser in dieser geheimnisvollen Sache?

Inzwischen waren sie weit hinter der Gruppe zurückgefallen und schlossen rasch wieder auf. Jean erzählte gerade die mittelalterliche Legende vom Bischof Willigis, dessen Vater Wagenmacher war und der als stetige Erinnerung an seine niedere Herkunft die beiden Wagenräder ins Mainzer Stadtwappen brachte. Während er redete, führte er die Gruppe über den Liebfrauenplatz in die enge, kopfsteingepflasterte Grebenstraße und schwenkte dabei seine Laterne, als wolle er höchstpersönlich alle Spitzbuben aus der nächtlichen Stadt vertreiben.

»Wenn es tatsächlich so wäre«, nahm Elvis den Faden wieder auf, »hätte Kalkbrenner bestimmt wenig Interesse daran, dass irgendwelche Leute in der Nähe seines Baugeländes herumschnüffeln und vielleicht durch Zufall auf etwas stoßen, was sein gut gehütetes Geheimnis verraten könnte. Richtig?«

Tinne nickte interessiert. Sie wusste nicht, worauf Elvis hinauswollte.

»Ich habe mit diesem Gedanken im Hinterkopf mal angefangen, ein paar ungewöhnliche Meldungen abzuklopfen, die uns in den letzten Tagen in die Redaktion geflattert sind. Und jetzt halt dich fest: Du erinnerst dich an die kotzenden Kinder in der Altstadt, die ich vorgestern erwähnt hatte?«

»Ja, das war, als wir auf dem Weg zu Beppo waren.«

»Genau. Die Gruppe kam vom Gymnasium Nackenheim. Schulausflug. Es hat sich herausgestellt, dass die Kinder von einem so genannten ›Frühlingsboten‹ des Mainzer Einzelhandels auf dem Domplatz Schokolade gekriegt haben. Nur – der Einzelhändlerring weiß überhaupt nichts von einem Frühlingsboten. Und als die Polizei anschließend nach dem Mann gesucht hat, war er wie vom Erdboden verschluckt. Die Reste der Schoko hat man analysiert, da war irgendein Zeug drin, das den Kindern den Magen umgedreht hat.«

Tinne runzelte die Stirn.

»Aha. Und der Bote hat seine Schoko nur an diese eine Kindergruppe ausgegeben?«

»Von wegen, das war viel schlauer eingefädelt. Der Typ hat alles Mögliche an Hinz und Kunz verschenkt, aber die Lehrerin erinnert sich ganz genau, dass er die Schoko für ihre Gruppe extra aus seinem Rucksack geholt hat.«

»Und wie kommst du darauf, dass das etwas mit Kalkbrenner zu tun hat?«

»Ganz einfach: Ich habe in der Schule angerufen und mir sagen lassen, was bei dem Ausflug noch auf dem Programm stand. Die Gruppe war fürs Römische Theater angemeldet und danach zu einer Zitadellenführung. Nämlich am Drususstein.«

Alarmiert hob Tinne den Kopf.

»Der Drususstein ist doch direkt oberhalb des Baugebiets. Du meinst also, dass Kalkbrenner deshalb bei dem Ausflug dazwischengefunkt hat? Wie soll er davon denn überhaupt gewusst haben?«

»Keine Ahnung, aber ich sag's mal so: Wenn ich Bauträger wäre und hätte etwas zu verbergen, würde es mir ganz und gar nicht gefallen, wenn ein Dutzend Kinder in der Nähe meines Geländes herumrennt und ihre Nasen überall hineinsteckt.«

Tinne nickte nachdenklich. Mit halbem Ohr hörte sie, wie Jean seinen Gästen vom ›Ritzambo‹ berichtete, vom traditionellen Mainzer Fassenachtsruf: Das Wort gehe auf einen französischen General zurück, Riçambeau, der die Fassenacht verbieten wollte und dessen Name dann von den Mainzern verballhornt wurde. Die Zuhörer nickten anerkennend und stimmten probeweise den ›Narhallamarsch‹ an. Tinne fand es regelrecht skurril, dass die Leute sich mit humorvollen Geschichtchen unterhalten ließen, während sie und Elvis zehn Schritte dahinter versuchten, ein wirkliches Geheimnis der Mainzer Stadtgeschichte zu enträtseln.

»Das ist aber noch nicht alles«, fuhr der Reporter fort. »Heute Nachmittag ist auf den Äckern vor Finthen eine schlimme Sache passiert, ein Fahrradfahrer ist mitten auf dem Feldweg von einem Auto angefahren worden. Die Meldung kam gerade frisch rein. Er liegt in der Uni-Klinik, schwer verletzt, aber außer Lebensgefahr. Von dem

Unfallfahrer keine Spur. Und jetzt kommt's: der Fahrrad-fahrer ist Geografie-Student und hätte eine GfA-Führung leiten sollen, die die alte Mainzer Stadtbefestigung zum Thema hatte. Höhepunkt der Tour sollten die Zitadelle und die Bastion Drusus sein – ebenfalls in Spuckweite zu Kalkbrenners Baugebiet.«

Vielsagend schaute er zu Tinne hinüber. Sie machte große Augen und nickte.

»Klar, und eine *Geografie für Alle*-Führung ist nun mal bekannt dafür, dass die Teilnehmer gern auf eigene Faust herumklettern und rechts und links der bekannten Wege streunen.«

Inzwischen war die Gewaltboten-Gruppe durch die Heu- und die Gallusgasse zum Holzturm gekommen und stoppte abrupt. Elvis und Tinne standen inmitten der Teilnehmer und mussten ihr Gespräch unterbrechen. Jean wandte sich mit aufgerissenen Augen an die Kinder.

»Wisst ihr, wer hier in diesem Turme gefangen war, ganz, ganz oben in der höchsten Kammer?« Die Kleinen schielten zu dem Turm hinüber, der entgegen seines Namens nicht aus Holz, sondern aus Stein bestand. Das helle Mauerwerk wurde durch rot umfasste Fenster durchbrochen, das dunkle, hohe Dach war von vier kleinen Erker-türmen umkränzt.

»Der Schinderhannes war's, ein grausamer Räuber aus dem Hunsrück! Viele Jahre hat jener Übeltäter gemordet und geplündert mit seiner Räuberbande, bis er endlich hinter Schloss und Riegel kam und hier im Holzturm bei Wasser und Brot auf seine gerechte Strafe wartete!«

Ein Junge bekam vor Aufregung den Mund nicht mehr zu.

»Und … und was war die Strafe?«, fragte er mit zitternder Stimme. Jean holte tief Luft, dann ließ er seine Hellebarde mit metallischem Klang auf den Boden knallen, sodass alle zusammenzuckten. »Enthauptung mit der Guillotine!«

Trotz ihrer ernsten Gedanken musste Tinne sich ein Grinsen verbeißen, als sie seinen Halbwahrheiten zuhörte. Professor Gutdünk hatte recht: Die Geschichten des Gewaltboten waren zwar nicht unbedingt historisch korrekt, hielten die Zuhörer aber in ihrem Bann und boten jede Menge Unterhaltung.

Jean schwadronierte über die Mordtaten des Schinderhannes, während die Gruppe weiterzog. Elvis nahm Tinne zur Seite.

»Eine letzte Sache, die mir zum Thema Kalkbrenner eingefallen ist: Du erinnerst dich, dass ich bei seiner Geburtstagsparty war? Und dass ich ein paar Sätze zwischen ihm und dem Baudezernenten Conradi aufgeschnappt habe?«

Sie nickte.

»Kalkbrenner hat doch irgendein ›Frauenpack‹ erwähnt. Inzwischen bin ich mir aber sicher, dass er nicht ›Frauenpack‹ gesagt hat, sondern ›Frau im Park‹. Verstehst du?«

Tinne starrte ihn an und verstand. Die ›Frau im Park‹, das konnte niemand anders als ihre Freundin Hannah gewesen sein.

Während sie versuchte, Elvis' neue Informationen zu ordnen, führte Jean die Gruppe durch das Ignazgässchen in die Kapuzinerstraße und blieb vor einem schmalen Wirtshaus stehen, dem Weinhaus ›Zum Beichtstuhl‹. Tinne kannte den Beichtstuhl, zu Studentenzeiten war sie oft hier gewesen. Der Gewaltbote entließ seine Gäste mit der

Anekdote, wie die Weinstube angeblich zu ihrem Namen gekommen war: Der Küster der benachbarten St. Ignaz-Kirche hatte, um seine regelmäßigen Dämmerschoppen bezahlen zu können, in der Kirche heimlich einen Beichtstuhl abmontiert und das Holz den Besitzern des Weinhauses zur Auskleidung des Schankraumes überlassen.

»Und diese Täfelung, ehrenreiche Gäst', schmückt bis zum heutigen Tage das Parterre der Wirtschaft. So Ihr mir nicht glaubet und an meinen Worten zweifelt – herein mit Euch, auf dass Ihr es mit eigenen Augen sehet. Gehabt Euch wohl, geehrte Kumpanei!«

Er verabschiedete sich mit einer tiefen Verbeugung, die Gruppe applaudierte, die Kinder rannten aufgedreht auf der Straße herum. Während einige Teilnehmer tatsächlich in den Beichtstuhl hineingingen und andere dem Gewaltboten etwas Kleingeld zusteckten, winkte er Tinne und Elvis heran. Zu Tinnes Erleichterung waren mit seiner Rolle auch die gespreizten Formulierungen beendet.

»So, dann lassen Sie uns doch einfach hier ein Gläschen trinken. Ich bin gespannt auf Ihre Fragen!«

Jean strahlte, es sah nicht so aus, als wären seine Worte eine Floskel gewesen. Tinne war beeindruckt – der Mann redete eine Stunde lang wie ein Wasserfall und freute sich anschließend darauf, weitere Fragen zu beantworten. Das war offensichtlich wahre Liebe zur Lokalgeschichte!

Im Inneren des Wirtshauses legte Jean Mantel und Hut ab und führte sie in einen schmalen Schankraum, dessen Wandvertäfelung tatsächlich aus Urgroßvaters Zeiten zu stammen schien. Der Raum war gut gefüllt, die Leute saßen eng an eng, erzählten und lachten. Sowohl Jean als auch Elvis begrüßten die beiden Inhaber und die blonde Bedienung ganz selbstverständlich und hatten einen Schoppen vor sich stehen, bevor sie richtig saßen. Tinne wählte einen trockenen Grauburgunder, dann stellte sie sich und Elvis in kurzen Worten vor. Der Einfachheit halber flunkerte sie ein wenig und behauptete, sie würden für einen wissenschaftlichen Artikel über den Jakobsberg recherchieren.

Jean rieb sich die Hände.

»Soso, der Jakobsberg. Der liegt ja leider ein bisschen außerhalb, sodass ich ihn nicht in die Gewaltboten-Führung einschließen kann. Was interessiert Sie denn besonders? Die Militärgeschichte? Die Leichenfunde beim Bau der Schweickhardtsburg? Die Steinfratze des Antonio Petrini?«

Erwartungsvoll schaute er die beiden an, und Tinne zweifelte keine Sekunde daran, dass er zu jedem der genannten Themen einen kompletten Vortrag halten konnte.

Sie nahm ihren Grauburgunder in Empfang und schüttelte den Kopf.

»Nein, uns geht es vor allem um ein Bauwerk, das im Späten Mittelalter dort errichtet worden sein soll. Eine kleine Kapelle, man nannte sie wohl die Johanniskapelle.«

Jean riss die Augen auf.

»Die Johanniskapelle«, wiederholte er ehrfürchtig. Tinne und Elvis mussten sich das Lachen verbeißen. Die dramatischen Gesten der Gewaltboten-Rolle schienen auch im wirklichen Leben seinem Naturell zu entsprechen.

»Das ist ja mal eine ungewöhnliche Frage.« Nachdenklich zwirbelte Jean seinen Bart. »Tatsächlich ranken sich einige Geschichten um diese Kapelle, und eine hat sogar einen historischen Kern. Aber viel werden Sie für Ihren Artikel nicht nutzen können, das Meiste sind Sagen und Legenden, die sich im Laufe von Jahrhunderten an den

221

Ofenbänken und bei den Gute-Nacht-Geschichten der Großväter entwickelt haben.«

Elvis rückte interessiert nach vorn.

»Egal, vielleicht können wir trotzdem etwas damit anfangen. Erzählen Sie doch einfach mal die mit dem historischen Kern.«

Jean nickte zufrieden und winkte der blonden Bedienung mit seinem leeren Schoppenglas. »Corinna, machste mir noch einen?« Dann rückte er auf der Holzbank herum, bis er bequem saß, zog seine buschigen Augenbrauen zusammen und senkte die Stimme. Tinne verstand: Jean schaltete in den Sagen-und-Märchen-Modus.

»Im Jahre 1160 erhob sich auf dem Jakobsberg ein Kloster, in dem die Mönche einem frommen und gottgefälligen Leben nachgingen. Doch eines Tages zerriss eine schreckliche Bluttat das friedliche Leben in der Abtei. Aufständische Mainzer Bürger verfolgten den Erzbischof Arnold von Selenhofen, der den Jakobsberg als letzte Zuflucht wählte. Die Meute war ihm jedoch gefolgt und fiel über den Erzbischof her, kaum dass er die Schwelle des Klosters überschritten hatte. Seine Schreie hallten so grässlich durch die Gänge und Torbögen, dass die Mönche sich bekreuzigten und glaubten, der Leibhaftige sei in ihre Mitte gefahren. Doch diese Moritat war nur der Anfang, denn was nun folgte, lastete viele Jahrhunderte wie ein böser Fluch auf den dunklen Mauern der Abtei.«

Genüsslich nahm Jean einen Schluck seines Schoppens, während Tinne neidlos anerkennen musste, dass der Mann ein begnadeter Geschichtenerzähler war. Seine lebendige Stimme und seine ausdrucksvolle Mimik fingen an, sie gefangen zu nehmen.

»Die Mönche begruben den erschlagenen Erzbischof draußen auf ihrem Friedhof, doch bald schon begann ein unheimliches Geschehen: Die Erde auf dem Grab wurde nachts immer wieder zerwühlt und in Unordnung gebracht, so oft die Brüder tags darauf auch alles wieder herrichteten. Schließlich entschlossen sie sich, eine Nacht lang Wache zu halten. Doch das, was die Mönche zur nächtlichen Stunde erblickten, ließ ihnen das Blut in den Adern erstarren.«

Wieder nahm Jean einen Schluck. Tinne nagte an ihrer Unterlippe und merkte, wie ihr eine Gänsehaut den Rücken entlanglief. Sie war für Gespenstergeschichten aller Art äußerst empfänglich.

»Irgendetwas versuchte, sich mit aller Kraft aus der Erde heraus zu graben. Es wühlte und scharrte, um an die Oberfläche zu gelangen, bis der Morgen graute und das Ding wieder still wurde. Da besprengten die Mönche das Grab mit Weihwasser und gruben in die Tiefe. Was fanden sie wohl dort?«

Er schaute seine Zuhörer erwartungsvoll an. Tinne gruselte sich inzwischen fast zu Tode.

»Im Grab lag der Körper des Erzbischofs Arnold von Selenhofen, doch die Leiche bot einen grauenvollen Anblick. Nicht die verwesten Gliedmaßen waren es, die die Mönche das Kreuz schlagen ließen, auch nicht die vertrocknete Totenfratze. Nein, die Fingernägel des Toten waren weiter und weiter gewachsen, sie rollten und krümmten sich wie Krallen, und auch seine Haare waren gesprossen und umwallten sein Knochenhaupt. Da wussten die Brüder: Der Erzbischof fand keine Ruhe im Grab. Er erwachte jede Nacht zu neuem, unheilvollem Leben und versuchte, aus der Erde zu entkommen, um seine Mörder mit seinen Krallenfingern zu richten.«

Er machte eine dramatische Pause. Tinne fuhr erschrocken zusammen, als sich eine Hand auf ihre Schulter legte. Es war aber kein toter Erzbischof, sondern lediglich die freundliche Bedienung, die fragte, ob sie noch einen Grauburgunder wollte. Mit pochendem Herzen bejahte sie, dann fuhr Jean im Flüsterton fort.

»Die Mönche waren ratlos, all ihre heiligen Bücher halfen ihnen nicht weiter. So begruben sie den Toten jede Nacht aufs Neue und hüteten das Geheimnis des rachsüchtigen Geistes mehr als 300 Jahre lang. Erst Erzbischof Adolf II. wusste Rat: Er ließ eine Kapelle auf dem Jakobsberg errichten und weihte sie Johannes dem Täufer. Denn er wusste: Dieser war ebenfalls umgebracht worden, doch sein Glaube war so stark gewesen, dass er noch im Augenblick des Todes seinen Mördern verziehen hatte. Adolf ließ den Leichnam in die Kapelle umbetten, und siehe: Die unstete Seele fand endlich Ruhe, das nächtliche Grauen wiederholte sich nimmermehr.«

Jean leerte seinen Schoppen. Elvis lupfte vielsagend die Augenbrauen.

»Na, jetzt weiß ich, was Sie mit ›Sagen und Legenden‹ meinen, Jean.«

Tinne holte tief Luft und kehrte wieder ins Hier und Jetzt zurück.

»Danke für die Geschichte – damit haben Sie mir heute Nacht auf jeden Fall den Schlaf geraubt. Ich werde erst mal gucken müssen, ob nicht vielleicht ein Erzbischof unter meinem Bett liegt.«

»Na, besser als darin«, meinte Elvis trocken. Alle lachten

herzhaft. Tinne trank ihr zweites Glas aus und merkte, dass der fruchtige Grauburgunder ihr zu Kopf stieg. Todesmutig bestellte sie noch einen, bevor sie ihre Gedanken zu sortieren versuchte. Es schien ihr nicht sehr wahrscheinlich, dass Hannahs Forschung sich auf untote Erzbischöfe erstreckt hatte. Sie beugte sich zu Jean hinüber.

»Okay, das war die Geschichte mit dem wahren Kern, nämlich der Ermordung des Arnold von Selenhofen, richtig? Was berichtet der Volksmund denn noch so über die Johanniskapelle?«

Jean verzog den Mund.

»Na ja, der Rest ist eher schwammig. Eine Geschichte erzählt, dass in dem Kirchlein das Johannesschwert versteckt wurde, das legendäre Schwert, mit dem Johannes der Täufer geköpft worden sein soll. Angeblich hat Friedrich II. es 1229 von einem Kreuzzug mitgebracht. Ein anderes Märchen will wissen, dass die Kapelle nach Johannes Gutenberg benannt wurde und dort oben sein ›capulus‹ versteckt ist. Das ›capulus‹ ist in der Druckersprache ein Setzkasten, also sollen dort die Original-Lettern versteckt sein, die Gutenberg damals gegossen hat. Die anrührende Freundschaft zwischen dem Juden Nathanael und dem Pfaffen Burkhard ist auch so ein Legendenstoff: Als Adolf II. das Amt des Erzbischofs übernahm, ließ er alle Juden der Stadt verweisen, aber der Pfaffe Burkhard soll das gesamte Goldvermögen seines jüdischen Freundes auf Treu und Glauben in der Johanniskapelle versteckt haben. Dort liegt es angeblich bis zum heutigen Tage verborgen.«

Er zögerte und überlegte einen Augenblick.

»Und dann gibt es da noch einen Vorfall während des 30jährigen Krieges, der wird von einigen Leuten als die reine Wahrheit angesehen, obwohl es keinen einzigen Beleg dafür gibt. Da hätte ein Mönch in einer dunklen Nacht die wertvollsten Bücher der Klosterbibliothek in eine Wand der Kapelle eingemauert, um sie vor Plünderung und Zerstörung zu schützen.« Er zuckte die Achseln. »Wie die Bücher die Jahrhunderte überdauert haben sollen, weiß zwar kein Mensch, aber es hat immer mal wieder Neugierige oder sogar gut ausgerüstete Schatzsucher gegeben, die diesem Geheimnis nachgespürt haben. Bis heute leider erfolglos.«

Jean schwieg und ließ sich von der Bedienung den nächsten Schoppen reichen.

Tinne wartete einen Augenblick, dann fragte sie vorsichtig:

»Das waren die Geschichten, die mit der Kapelle zu tun haben? Oder gibt's noch mehr?«

Er schüttelte den Kopf.

»Das ist alles, was ich darüber weiß. Die ganze Sache ist ja eh hoch spekulativ – niemand kann mit Sicherheit sagen, ob es diese mysteriöse Kapelle überhaupt je gegeben hat. Da können Sie sich schon ausrechnen, wie viel Wahrheitsgehalt in diesen Sagen und Legenden steckt.«

Elvis und Tinne schauten sich an. Ihre Blicke verrieten ihre Gedanken: Sie wussten zwar, dass die Kapelle tatsächlich existiert hatte. Doch die Geschichten des Gewaltboten hatten sie nicht unbedingt weiter gebracht auf ihrer Suche nach Hannahs Geheimnis.

*

Der Mond erhellte die gepflegten Gebäude des Klosters Eberbach. Die mächtige Kirche dominierte das Ensemble, die Büsche und Bäume der Gartenanlagen sahen schwarz und geheimnisvoll aus. Lediglich Stromleitungen und metallene Hinweisschilder erinnerten daran, dass die Szenerie nicht ins Mittelalter, sondern in die heutige Zeit gehörte.

Im Inneren des Schlosserbaus zog Professor Gutdünk an seiner kalten Pfeife und lehnte sich zufrieden zurück. Eine Schreibtischlampe warf ihren gelben Lichtkegel auf Blätter und Pergamente, die vor ihm auf dem Tisch lagen, während der Rest der kleinen Studierstube in Dunkelheit versank. Eine Jugendstil-Tischuhr zeigte ihm, dass es schon nach elf Uhr war, doch er fühlte sich nicht müde. Ganz im Gegenteil: Die Lektüre der Handschriften aus der metallenen Dokumentenbox fesselte ihn. Der Emeritus nahm seine Pfeife aus dem Mund, dann beugte er sich nach vorn und griff nach einem der Blätter. Zum Schutz der wertvollen Objekte trug er dünne Latex-Handschuhe. Durch seine starke Lesebrille konnte er die steil geschriebenen Worte auf dem alten Pergament gut entziffern.

Er staunte. Das schien eine frühe Abschrift des Annoliedes zu sein – faszinierend! Sorgfältig notierte er seine Erkenntnisse in ein daneben liegendes Notizbuch. Das

Papierbündel aus dem Geheimfach, das Johann ›Jean‹
Rosenzweig in die Hände gefallen war, steckte tatsächlich voller Überraschungen. Offensichtlich hatte ein eif-
riger Sammler im ausgehenden 19. Jahrhundert alle Arten
von alten Unterlagen, Schriften und Pergamenten zusam-
mengerafft, deren er habhaft werden konnte. Gutdünk
war zwar noch nicht über das erste Drittel des Stapels
hinausgekommen, hatte im Lauf des Abends aber schon
liturgische Texte aus dem 15. Jahrhundert entdeckt, Lie-
besgedichte von 1602, ein Gerichtsurteil aus dem Jahre
1737 und gedruckte Bekanntmachungen aus den letzten Jahrzehnten des 18. Jahrhunderts. Die 30 000 Euro,
die das Stadtarchiv Jean Rosenzweig für die Dokumente
bezahlt hatte, waren sehr gut investiert, die Unterlagen
würden den Fachleuten des Archivs und den Wissenschaftlern der Mainzer Uni in den nächsten Monaten
viel Arbeit bescheren.

Vorsichtig legte er den Annolied-Text zur Seite und
nahm mit einer Pinzette das nächste Schriftstück aus der
Box. Es handelte sich um ein gelbliches Blatt, das aus gro-
bem, rauem Material mit sichtbaren Lumpeneinschlüs-
sen bestand. Frühes, billiges Papier, er schätzte es auf
Mitte bis Ende des 15. Jahrhunderts. Das Blatt war mit
blassen, grauen Buchstaben bedeckt, die eng geschrieben
und oft verbessert waren. Der Professor las einige der
lateinischen Zeilen. Ein Brief, aha, ein Vater schrieb an
seinen Sohn. Als er die Seite weglegen wollte, blieb sein
Blick an einem Begriff hängen. Normalerweise wären
ihm diese Worte nicht weiter aufgefallen, doch das lange
Gespräch mit seiner ehemaligen Studentin und dem kor-
pulenten Reporter war ihm noch sehr präsent: *sacrario*

iohannis – Johanniskapelle. Neugierig überflog Professor Gutdünk den Text.

Was er las, ließ seine Augen hinter der Lesebrille groß werden.

*

Tinne strampelte die Untere Zahlbacher Straße entlang in Richtung Bretzenheim. Die Straßenlampen malten helle Kleckse auf den dunklen Asphalt. Links erhoben sich die neuen Wohnungen, die auf dem Grund der ehemaligen Moguntia-Mühle entstanden waren, rechts lag der riesige Mainzer Hauptfriedhof, der sich sanft zum Universitätshügel anhob. Natürlich hatte sie mal wieder ihre Fahrradlampen vergessen, sodass sie unbeleuchtet unterwegs war und hoffte, keiner Polizeistreife in die Quere zu kommen. Die kalte Nachtluft tat gut und vertrieb den mittelgroßen Schwips, den sie sich mit drei Gläsern Wein eingehandelt hatte. Sie dachte nach.

Die Zusammenhänge, die Elvis ans Tageslicht gebracht hatte, waren mehr als alarmierend. Denn wenn Kalkbrenner sein neues Baugebiet so vehement verteidigte, war er ihnen einen Schritt voraus und wusste, welches Geheimnis auf dem Jakobsberg verborgen lag. Woher? Vielleicht von der ›Frau im Park‹?

Dagegen war das Gespräch mit Jean, dem Gewaltboten, in ihren Augen enttäuschend gewesen. Der Mann hatte zwar tatsächlich einiges über die Johanniskapelle erzählen können, aber Tinne nahm herzlich wenig davon für bare Münze. Denn als Historikerin wusste sie, wie solche Legenden entstanden – ein Krümelchen Wahrheit wurde über Generationen hinweg mit dicken Schichten aus christlicher Heilslehre, zäher Moral und Sensationsgier zugekleistert. Zum Beispiel die Geschichte des untoten Erzbischofs. Der Mann war tatsächlich von Aufständischen auf dem Jakobsberg totgeschlagen worden, das war historische Tatsache. Aber Tinne konnte sich gut vorstellen, wie der Rest der Schauergeschichte zustande gekommen war:

Nach dem Begräbnis des Toten fingen Feld- und Waldtiere an, in der Graberde herumzubuddeln. Mäuse, Ratten und sogar Wölfe waren zur damaligen Zeit regelmäßige nächtliche Friedhofsbesucher. Die Mönche sahen während ihrer Nachtwache vielleicht eine Rattenkolonie, die dicht unter der Erdoberfläche herumwühlte, und machten sich vor Angst fast in die Kutten. Als sie am nächsten Tag das Grab aushoben, erschraken sie beim Anblick der Leiche. Denn beim Verwesungs- und Trocknungsprozess zieht sich die Haut an den Fingern zurück, und die Kopfhaut legt sich eng um den Schädel. Für abergläubische Betrachter sieht das aus, als wären die Fingernägel und die Kopfhaare des Toten gewachsen. Die biologischen Rahmenbedingungen, das Halbwissen der Mönche und ihr Glaube an rachsüchtige Totengeister waren also der Ursprung der Legende gewesen, die schließlich über Jahrhunderte weitergegeben und ausgeschmückt wurde.

Ein ähnlich vernichtendes Urteil musste Tinne den übrigen Gerüchten ausstellen. Sie mochten durchaus unterhaltsam sein, warfen aber kein neues Licht auf die geheimnisvollen Forschungen von Hannah. Um endlich einen Schritt weiterzukommen, brauchte Tinne neues Material. Kalkbrenner würde sein Wissen kaum mit ihr teilen. Deshalb führte kein Weg daran vorbei, morgen bei Professor Nümbrecht vorzusprechen und Einsicht in Hannahs Arbeitsmaterialien zu fordern. Tinne war klar, dass sich der Professor mit Händen und Füßen sträuben würde, aber das war ihr egal. Er hatte kein Recht, Hannahs Erkenntnisse ausschließlich für sich zu beanspruchen.

Inzwischen war sie in der Wilhelmsstraße angekommen. Die Fenster der Kommune 47 waren dunkel. Sie sah Berties Taxi nirgends in der Straße stehen, vielleicht hatte er Nachtdienst. Axls Harley fehlte ebenfalls, Tinne wusste, dass er ein Bluesrock-Konzert in Mannheim besuchte und die Nacht bei einem Freund verbringen würde.

Sie kettete ihr Fahrrad im Hof an einer von Axls Metallskulpturen fest, tappte die Treppe hoch und trat in die Küche. Mufti war nirgends zu sehen, wahrscheinlich streunte er draußen herum und dezimierte die Bretzenheimer Mäusepopulation. Zielsicher schaltete sie ihre Bezzera-Maschine an, ließ sie vorheizen und bereitete sich einen Espresso mit herrlicher Crema. Noch immer spürte sie den Wein, sie hoffte, morgen von Kopfschmerzen verschont zu bleiben. Ob sie vorsichtshalber ein Aspirin nehmen sollte?

Mit der Espressotasse in der Hand trat sie in ihr Zimmer und tastete nach dem Lichtschalter. Sie nahm einen seltsamen Geruch wahr, der nicht in ihr Zimmer gehörte. Einen Augenblick später realisierte sie, dass es der Geruch eines fremden Menschen war. Da legte sich auch schon eine starke Hand über ihren Mund, ein Arm packte sie um den Bauch und riss sie vollends in den dunklen Raum hinein. Die Tasse zerklirrte auf dem Boden.

Tinnes Gedanken wirbelten durcheinander, sie war starr vor Schreck und Angst. Jemand hatte ihr aufgelauert! Ihr Herz schlug wie wahnsinnig, unwillkürlich fing sie an zu strampeln und erstickt zu quieken.

»Das Zappeln bringt dir nichts. Halt still und hör mir zu, dann passiert dir nichts, ist das klar?«

Die Stimme erklang ganz nah an ihrem Ohr, eine gepresste Männerstimme, der fremde Geruch wurde überdeutlich: Schweiß, Kleidungsstoff, Zigarettenrauch, irgendein Parfum oder Eau de Toilette. Heftig schnaufend stand Tinne still. Sie hatte das beklemmende Gefühl, nicht genügend Luft durch die Nase zu bekommen, und wenn der Mann die Hand über ihrem Mund nur ein, zwei Zentimeter weiter hochschieben würde, müsste sie ersticken. Panisch zog sie Luft ein und fing an zu würgen.

»Bleib ruhig und hör mir endlich zu!«, fauchte der Mann. Mit schierer Willenskraft zwang Tinne sich dazu, langsamer und tiefer zu atmen. Das Gefühl der Beklemmung ließ ein klein wenig nach.

»Na also, geht doch. Pass auf, wenn dir dein Leben und deine Gesundheit lieb sind, dann hältst du ab jetzt den Ball ganz flach. Du gehst deine Arbeit machen an der Uni, aber du hörst auf, in Sachen herumzustöbern, die dich nichts angehen. Du weißt ganz genau, wovon ich rede. Ist das angekommen?«

Tinne rührte sich nicht vor lauter Todesangst. Der Mann packte fester zu und drückte sie grob an seinen Körper.

»Ob das angekommen ist, hab ich dich gefragt.«

Hastig nickte sie und versuchte, etwas Zustimmendes zu sagen, doch es kam nur ein erstickter Laut aus ihrer Kehle.

»Das ist die letzte Warnung. Wenn du noch mal deine Nase in fremde Dinge steckst, knipse ich dich aus.«

Mit einem Mal war sie frei, die Hand und der Arm waren weg. Noch ehe Tinne reagieren konnte, zischte etwas durch die Luft, ein gleißender Schmerz explodierte in ihrem Kopf. Sie merkte, dass sie den Boden unter den Füßen verlor.

Mittwoch, 21. März 2012

»Wow, was ist denn mit dir los?«

Tinnes Kollegin Annegret stand in der Tür und warf einen besorgten Blick auf das Häuflein Elend, das am Schreibtisch kauerte.

»Ist schon okay, war ein bisschen viel Wein gestern.«

Tinne versuchte ein Lächeln, das in krassem Gegensatz zu ihrem kreidebleichen Gesicht stand. Zum Glück ließ Annegret sie nach einigen mitfühlend-spöttischen Worten allein und verschwand in ihrem Büro.

Der Schreck steckte tief in Tinnes Knochen. Zum einen entsetzte sie die Tatsache, dass ein Fremder sich Einlass in ihre Wohnung verschafft hatte, dass jemand, der ihr Böses wollte, in ihre Privatsphäre eingedrungen war. Zum anderen wurde ihr nun knallhart bewusst, dass sie und Elvis kein harmloses Rätselspielchen betrieben, bei dem man kleinen Hinweisen nachging und zum Schluss eine Flasche Sekt gewann. Denn trotz Hannahs Tod und dem Überfall auf die Museumsfrau war die Bedrohung bis jetzt nur eine vage Idee gewesen, etwas nicht Greifbares. Doch der Überfall heute Nacht zeigte ihr, dass sie offensichtlich an Leute geraten waren, die bis zum Äußersten gehen würden.

Ihr Filmriss nach dem heimtückischen Schlag hatte nur wenige Minuten gedauert, dann war sie auf allen Vieren zum Gefrierschrank gekrabbelt und hatte sich mit einem Eisbeutel versorgt. Zum Glück blutete sie nicht, sondern trug lediglich eine ordentliche Beule am Hinterkopf davon. Aber besonders viel Schlaf hatte sie in den restlichen Nachtstunden nicht gefunden. Jetzt pochte ihr Kopf im Rhythmus ihres Herzschlags, die Beule war empfindlich und dachte nicht daran, kleiner zu werden.

Tinne seufzte und versuchte vergebens, sich auf ihre Lektüre mit dem sperrigen Titel *Deutschlands Krise und Konjunktur 1924–1934: Binnenkonjunktur, Auslandsverschuldung und Reparationsproblem zwischen Dawes-Plan und Transfersperre* zu konzentrieren. Doch ihre Gedanken schweiften immer wieder ab. In der Nacht war sie kurz davor gewesen, den Überfall der Polizei zu melden, doch schließlich hatte sie sich dagegen entschieden. Ihr war klar: Selbst wenn sie nicht Captain America angerufen hätte, sondern Laurent Pelizaeus, wären die Neuigkeiten trotzdem zu Brandauer durchgedrungen. Er würde wissen, dass sie trotz seines Verbots weiter in dem Fall ermittelt hatte, und – schlimmer noch – er wäre sicherlich überaus interessiert an ihren Erkenntnissen. Doch die Existenz des Türmchens und Elvis' Verdacht bezüglich des Bauprojekts auf dem Jakobsberg wollte sie gern für sich behalten.

Denn der nächtliche Vorfall hatte ihr zwei wichtige Sachen klar gemacht. Zum einen waren Elvis und sie dem Geheimnis der Zitadelle näher gekommen, als sie selbst geglaubt hatten. Zum anderen musste es aber jemanden geben, der ihre Schritte sorgfältig überwachte und der genau wusste, was sie taten und welche Erkenntnisse sie sammelten. Tinne grübelte, auf welche Art und Weise ihr geheimnisvoller Gegenspieler sie im Auge behielt. Schließlich hatten sie weder ihre Tour nach Koblenz oder die Besprechung mit Beppo noch den Besuch im Kloster Eberbach an die große Glocke gehängt.

Trotz dieses unguten Gefühls dachte sie nicht im Traum daran, die Flagge zu streichen und den Fall auf sich beruhen zu lassen. Ganz im Gegenteil: Mehr denn je wollte Tinne das Rätsel des Jakobsbergs lösen, Hannahs ›Knaller‹ entdecken und ihrer Freundin dadurch eine Art letzte Ehre erweisen.

Entschlossen stand sie auf und wartete, bis das Zimmer nicht mehr schwankte. Ihr war schlecht und schwindlig, wahrscheinlich hatte sie eine leichte Gehirnerschütterung davongetragen. Aber Jammern galt nicht. Sie wollte ihren gestern gefassten Plan in die Tat umsetzen und bei Professor Nümbrecht Einsicht in Hannahs Forschungsergebnisse einfordern. Vorhin war der Professor nicht in seinem Büro gewesen, Gero hatte ihr gesagt, dass sein Chef heute etwas später kommen würde.

Tinne ging zur Tür und fragte sich gerade, ob sie Nümbrecht auf seinen Besuch im Kloster Eberbach ansprechen sollte, als ihr Bürotelefon klingelte.

»Guten Morgen, Frau Nachtigall, Werner Gutdünk hier. Frau Nachtigall, wenn Sie es einrichten können, würde ich Sie bitten, so bald wie möglich hier im Kloster Eberbach bei mir vorbeizuschauen. Es gibt eine spannende neue Entwicklung.«

»Oh, hallo, Herr Gutdünk. Was haben Sie denn für mich?«

»Sie erinnern sich an die Dokumentenbox aus dem Mainzer Stadtarchiv, die ich Ihnen gezeigt habe? Darin gibt es tatsächlich einige neue, überaus interessante Fakten zu Ihrem Türmchen auf dem Jakobsberg. Ich verspreche Ihnen nicht zu viel, wenn ich sage, dass es sich um eine kleine Sensation handelt.«

Tinne war wie elektrisiert.

»Okay, ich bin schon auf dem Weg. Danke erst mal.«

Sie legte auf und rief Elvis' Handy an, er ging aber nicht dran. Ein Blick auf die Uhr verriet ihr, dass er aller Wahrscheinlichkeit nach gerade in der täglichen Zehn-Uhr-Konferenz der Lokalredaktion saß. Tinne ärgerte sich über das schlechte Timing und wählte eine weitere Nummer.

»Hallo, Bertie. Sag, hättest du demnächst mal wieder Lust auf ein handgezaubertes Abendessen?«

*

Kommissar Brandauer starrte über die sanften Hügel Rheinhessens, ohne die Rebzeilen, die Äcker und die knospenden Bäume am Straßenrand überhaupt wahrzunehmen. Sein Kollege Henning Dall lenkte den Dienstwagen über die B 420 in Richtung Autobahn. Sie waren auf der Rückfahrt von der JVA Rohrbach nach Mainz. Der Kommissar trommelte mit den Fingern auf einem Ordner herum, der auf seinen Knien lag. Darin steckten die Ermittlungsergebnisse der Soko ›Volkspark‹, die im Fall Hannah Lohmann ermittelte. Unter anderem enthielt der Ordner die Abschriften der zahlreichen Verhöre, die er in den letzten Tagen mit diesem widerborstigen Penner Wolle geführt hatte – alle vergebens. Der Penner wollte um alles in der Welt nicht gestehen, dass er die Frau umgebracht und in den Volkspark geschleift hatte. Und heute früh war das eingetreten, was Brandauer schon die ganze Zeit befürchtete: Die Geduld von Staatsanwalt Kümmerle war zu Ende, er verfügte sofortige Haftentlassung für Wolle.

Der Kommissar knirschte mit den Zähnen. Da hatte er zwei Tage nach dem Mord bereits einen Tatverdächtigen gefasst, der bleischwer von Indizien belastet wurde, und dann blieb der Kerl stumm wie ein Fisch!

Sein Kollege riss ihn aus den Gedanken.

»Was machen wir jetzt, Chef?«

Brandauer ließ sich Zeit mit der Antwort.

»Wir fühlen dieser Ernestine Nachtigall ein bisschen näher auf den Zahn.«

Er öffnete den Ordner, blätterte darin herum und nahm einen schmalen Papierstapel heraus.

»Ich bin sehr gespannt auf Nachtigalls Erklärungen für das, was sie in den letzten Tagen so getrieben hat. Und noch mehr interessiert mich, wie sie uns das hier erklären will.«

Lässig hielt er einige ausgedruckte Emails in die Höhe. Sein Handy bimmelte, er warf einen Blick auf das Display. Die Zentrale.

»Ja?«, bellte er kurz angebunden. Dann hörte er zu, während sich seine Augenbrauen langsam zusammenschoben. Schließlich knallte er das Telefon auf seinen Ordner.

»Henning, gib Gas. Wir haben da was.«

*

Tinne saß aufgeregt wie ein kleines Kind neben Bertie, der sein Taxi von der Schiersteiner Brücke auf die A 66 in Richtung Rüdesheim lenkte.

»Und du hast nicht die Polizei angerufen oder einen Krankenwagen oder sonst was?« Bertie war entsetzt. »Der Typ hätte ja noch in der Nähe herumlungern können, oder du hättest eine schwere Verletzung haben können! Mensch, Tinne, du bist manchmal aber echt leichtsinnig!«

»Ist ja alles gut gegangen, das Kopfweh wird schon besser«, schwindelte Tinne. Gerade hatte sie ihren Mitbewohner über die neuesten Entwicklungen informiert, über das verschwundene Türmchen, die Gewaltboten-Führung und Elvis' Verdacht, dass der Baulöwe Kalkbrenner seine Finger in der Sache hatte. Bertie runzelte die Stirn.

»So, und jetzt hat dein ehemaliger Prof irgendetwas entdeckt, was dich weiterbringen soll?«

Tinne rutschte aufgeregt herum.

»Ich hoffe es. Immerhin hat er sich für seine Verhältnisse fast überschlagen vor Begeisterung. Es muss etwas wirklich Außergewöhnliches sein.«

»Na, ich hoffe jedenfalls, dass du in Zukunft vorsichtig bist. Da hat dich irgendjemand auf dem Kieker, und das scheint kein angenehmer Zeitgenosse zu sein.«

Eine Viertelstunde später bog der cremefarbene Passat auf den Klosterparkplatz. Tinne öffnete die Tür, noch ehe das Auto stand.

»Ich beeil' mich, Bertie, tausend Dank schon mal fürs Warten.«

Der Karottenkopf ihres WG-Genossen tauchte auf dem Beifahrersitz auf.

»Keine Eile, ich fahre hoch auf den Westparkplatz zur Klosterschenke. Die verkaufen helles und dunkles Klosterbier in Flaschen, da nehme ich ein Kistchen fürs nächste Brigadetreffen mit. Komm doch einfach dorthin, okay?«

Tinne nickte, dann marschierte sie hurtig den Zugangsweg entlang. Das hintere Tor zum Schlosserbau war wie beim letzten Mal nur angelehnt, sie nahm auf der Treppe nach oben zwei Stufen auf einmal. Nach kurzem Anklopfen riss sie die Tür zur Studierstube des alten Emeritus auf.

»Hallo, Herr Gutdünk, ich habe mich …«

Der Rest des Satzes blieb Tinne im Hals stecken. Das Bibliotheksstübchen war komplett verwüstet, Bücher, Folianten und Schriftstücke waren kreuz und quer durcheinander geworfen. Am Boden lag neben einem umgestürzten Stuhl eine schmächtige Gestalt mit Anzughose und Weste, die dünnen, grauen Haare blutgetränkt. Professor Gutdünk!

Nach einer ersten Schrecksekunde sprang Tinne heran, schob den Stuhl zur Seite und kniete sich auf den Boden. Das faltige Gesicht des alten Mannes hatte eine teigige Farbe, sein Mund war eingefallen. An seinem Kopf lief helles Blut herunter.

»Herr Gutdünk! Herr Gutdünk, hören Sie mich?«

Keine Reaktion. Sie rüttelte ihn leicht an der Schulter, während tausend Gedanken durch ihr Hirn schossen. Ein Überfall! Jemand hatte den alten Mann niedergeschlagen! Was war bei einem solchen Notfall zu tun? Stabile Seitenlage? Beatmung? Herzmassage? Wie die meisten Menschen war Tinne total überfordert, wenn es um Erste Hilfe für einen Schwerverletzten ging. Schließlich versuchte sie, den Herzschlag an seinem Hals zu erfühlen, doch sie fand nicht die richtige Stelle. Verzweiflung packte sie, während sie ihr Handy aus der Tasche zog. Gleichzeitig warf sie einen Blick über das Chaos auf dem Schreibtisch. Es überraschte sie nicht, dass die Dokumentenbox des Mainzer Stadtarchivs verschwunden war.

In diesem Augenblick hörte sie draußen vor der halb geöffneten Tür ein lautes Poltern und eilige Schritte. Panisch fuhr sie herum – kehrte derjenige zurück, der das hier angerichtet hatte?

Eine Sekunde später knallte die Tür vollends auf, Kommissar Brandauer stürmte mit gezückter Waffe herein. Hinter ihm kamen sein Kollege und mehrere Beamte in Uniform, alle hielten ihre Waffen in den Händen.

»Gott sei Dank, Herr Brandauer, holen Sie schnell einen Krankenwagen, wir müssen …«

»Maul halten und weg von dem Mann!«, herrschte der Kommissar sie an. Tinne starrte entsetzt in die Mündung seiner Pistole, ihr Gehirn war wie ausgeknipst.

»Los, weg von dem Mann! Da rüber und die Hände in die Höhe!«

Wie in Trance erhob sich Tinne und trat zur Seite. Einer der Polizisten sprach bereits in sein Handy, ein anderer untersuchte den am Boden Liegenden behutsam. Er überprüfte Puls und Atmung, dann nickte er Brandauer kurz zu und brachte den alten Professor in die stabile Seitenlage.

Captain America war mit einem Schritt bei Tinne, bog ihre Arme vor den Körper und ließ Handschellen klicken. Dann gönnte er sich einen triumphierenden Blick.

»Ernestine Nachtigall, ich nehme Sie fest wegen des dringenden Verdachts, Hannah Lohmann ermordet und einen Mordversuch an Werner Gutdünk unternommen zu haben.«

*

Elvis trat aus dem Besprechungszimmer der AZ. Während der Redaktionskonferenz hatte er sich kaum auf die Themen konzentrieren können, so sehr beschäftigten ihn die merkwürdigen Geschehnisse um den Jakobsberg. Die einzige Information, die er sofort gespeichert hatte, war von seiner Kollegin Frauke gekommen: Kalkbrenners

Bauprojekt lief tatsächlich im Zeitraffer ab, der Baulöwe hatte nach dem nächtlichen Brandanschlag in Windeseile Ersatzmaschinen heranschaffen lassen und würde übermorgen mit der Auffüllung des Grabens und der Verdichtung anfangen. Sein Reporterinstinkt sagte ihm, dass Kalkbrenners Eile einen ganz bestimmten Grund hatte.

Ein anderer Kollege, Jannik, unterbrach seine Überlegungen.

»Hey, Elvis, du bist doch an der Sache mit der Toten im Volkspark dran, oder?«

Elvis nickte kaum merklich. Jannik war ihm nicht sehr sympathisch, er hielt ihn für einen Action-Journalisten, der seine eigene Großmutter für eine gute Story verkaufen würde. Der groß gewachsene junge Mann legte größten Wert auf sein Äußeres, trug das Haar akkurat gescheitelt und hatte einen Kaschmir-Schal lässig über den Kragen seines Boss-Sakkos geworfen. Er hätte in jeder Soap als aufstrebender Jung-Reporter mitspielen können.

»Pass auf, ich habe vor ein paar Wochen eine Reportage über die Obdachlosen-Szene in Mainz gemacht, du erinnerst dich vielleicht.«

Und wie Elvis sich erinnerte. Jannik hatte diese Reportage so vollmundig angekündigt, als hätte er den Grimme-Preis schon in der Tasche. Herausgekommen war schließlich eine rührselige Boulevardblatt-Schmonzette, die nichts mit ernst zu nehmendem Journalismus zu tun hatte.

»Im Lauf der Recherchen habe ich einen ganz guten Draht zu einigen der Jungs bekommen. Gestern Nachmittag kam einer von ihnen hierher und hat nicht locker gelassen, bis er mich persönlich sprechen konnte. Die Jungs auf der Straße nennen ihn alle nur ›den Kölner‹, keine Ahnung, wie er richtig heißt. Ist nicht sehr helle, aber ein ziemliches Muskelpaket.«

Elvis schaute ihn unbewegt an. Jannik beeilte sich, zum Punkt zu kommen und hielt eine Papiertüte in die Höhe.

»Jedenfalls hatte der Kölner ein paar Sachen dabei. Er sagte, er könne mir nicht verraten, von wem er die bekommen hätte, aber sie hätten auf jeden Fall mit der Toten im Park zu tun. Ob ich sie ihm abkaufen wollte.«

In Elvis' Gesicht rührte sich noch immer kein Muskel, obwohl seine Aufregung wuchs. Jannik zuckte mit den Schultern.

»Na ja, und ich dachte mir, das wäre vielleicht was für dich. Ich hab ihm die Sachen abgekauft, 100 Euro wollte er dafür haben. Wenn dich das interessiert, gebe ich sie gern an dich weiter. Wenn nicht, war's halt ein schlechtes Geschäft für mich.« Er lachte gezwungen.

Elvis behielt sein ausdrucksloses Gesicht bei, als er in seine Hosentasche griff und den Geldbeutel herausholte. Obwohl er sich sicher war, dass der Kölner nicht mehr als 50 Euro bekommen hatte, zählte er fünf Zwanziger in Janniks Hand. Der junge Journalist schaute verblüfft auf das Geld.

»Willst du nicht wenigstens mal vorher in die Tüte reinschauen?«

»Jannik, dein Tippelbruder wollte 100 Euro dafür. Für so viel Geld *muss* einfach etwas Wichtiges drin sein.«

Das Basset-Gesicht war undurchschaubar, doch ein kleines Zucken an Janniks rechtem Auge verriet, dass er die Spitze verstanden hatte. Mit einem gemurmelten Dankeswort schwirrte er ab. Elvis wartete noch einige Sekunden, dann ging er betont langsam zu seinem Schreibtisch und räumte die Papiertüte aus. Darin befanden sich eine Maglight-Taschenlampe, ein klobiger Armband-Kompass und ein Handy mit zersplittertem Display und verbogenem Gehäuse. Etwas ratlos drehte Elvis die Gegenstände in den Händen herum, bis sein Blick an einer Einritzung auf der Rückseite des Kompasses hängen blieb: H.L. – Hannah Lohmann.

Eilig holte er sein Handy heraus. Das musste Tinne erfahren!

*

Mit unpassender Fröhlichkeit erklang die Melodie von Wallace & Gromit, gleichzeitig brummte es in Tinnes Hosentasche.

»Rühren Sie sich nicht. Gehen Sie bloß nicht ran«, warnte Brandauer. Die Atmosphäre in dem schmalen Studierzimmer war angespannt. Einer der Polizisten hatte einen Druckverband an Professor Gutdünks Kopf angelegt und die starke Blutung dadurch gestillt. Die Übrigen standen im hinteren Raumteil. Ein Funkgerät krächzte, vor der Tür waren die aufgeregten Stimmen der anderen Mitarbeiter des Hauses zu hören. Tinne fühlte sich wie in einem schlechten Traum. Die Handschellen an ihren Armen kamen ihr schwer, kalt und fremd vor.

»Was haben Sie hier gesucht, Frau Nachtigall?«

Captain America ließ die Waffe unter seinem Jackett verschwinden und deutete auf das Durcheinander an Papieren und Büchern. Tinne bemühte sich, ihre Gedanken zu sortieren. Das Handy hörte endlich auf zu dudeln.

»Ich … ich habe hier gar nichts gesucht. Professor Gutdünk hatte mich angerufen, ich sollte zu ihm kommen, weil
er …«

»Jaja«, winkte der Kommissar ab. Dann trat er einen
Schritt an Tinne heran und funkelte sie an.

»Ich sag Ihnen, was Sie hier gesucht haben, nämlich einen
weiteren Baustein für Ihre brillante Forschungsarbeit – oder
sollte ich besser sagen: für Hannah Lohmanns Arbeit, die
inzwischen heimlich, still und leise Ihre eigene geworden ist?«

Tinne schluckte. Sie erinnerte sich an Brandauers unverschämte Behauptung, die er ihr im Museum nach dem Bil-
derdiebstahl an den Kopf geworfen hatte: Sie würde versuchen, Hannahs Ergebnisse zu stehlen. Sie öffnete den Mund,
um zu widersprechen, doch der Kommissar ließ sie nicht
zu Wort kommen.

»Ich habe nämlich keine leeren Versprechungen gemacht,
als ich sagte, ich würde Sie im Auge behalten.«

Ohne hinzusehen streckte er einen Arm zu seinem klei-
nen Kollegen und schnippte ungeduldig mit dem Finger.
Tinne wurde wütend – was für ein selbstverliebter Idiot!
Der Kollege fingerte dienstfertig einige Papiere aus einer
Mappe und drückte sie Brandauer in die Hand.

»So, Frau Nachtigall, dann schauen wir doch mal.«

Er warf einen Blick auf die Blätter.

»Am Mittwoch, dem 14. März, ist Ihr Name rot umran-
det im Kalender von Hannah Lohmann eingetragen. Zum
Zeitpunkt des scheinbar wichtigen Treffens ist sie aber
bereits tot. Einen Tag später, am 15. März, treffe ich Sie im
Büro von Hannah Lohmann an, kurz nachdem deren Tod
bekannt geworden ist. Sie haben regulär keinen Schlüssel
zu diesem Büro, und Sie bekunden gegenüber Professor

244

Nümbrecht deutliches Interesse an Lohmanns Arbeits-
unterlagen. Am Samstag, dem 17. März, sagen Sie der stellvertretenden Direktorin des Mainzer Landesmuseums,
Frau Kerstin Klessinger, Sie wollten ein dort gestohlenes
Bild für Ihre Doktorarbeit einsehen.«

Er schaute sie an.

»Merken Sie etwas, Frau Nachtigall? Für Ihre Doktorarbeit. Dabei schreiben Sie laut Aussage Ihres Vorgesetzten,
Professor Dominik Raffael, doch gar keine Doktorarbeit.«

Siedend heiß fiel Tinne die Ausrede ein, die sie Frau
Klessinger gegenüber benutzt hatte, um Informationen
über das Gemälde zu bekommen.

»Ich ... eh, ich ...«, fing sie lahm an, doch der Kommissar redete bereits weiter.

»Am Montag, dem 19. März, findet von Ihrem Uni-
versitätscomputer ein Zugriffsversuch auf den Rechner in
Lohmanns Büro statt, obwohl Sie beide an keinem einzigen gemeinsamen Projekt gearbeitet haben.«

Tinne erinnerte sich erschrocken, dass sie versucht hatte,
in Hannahs öffentlichen Ordnern einen Hinweis auf die
Besonderheit der Stadtansicht zu finden.

»Das verstehen Sie falsch, ich ...«

Doch schon wieder fuhr Brandauer ihr über den Mund.

»Ebenfalls am 19. März treffen Sie sich mit Professor Giu-
seppe Domenico in der Kunsthochschule Mainz, Thema ist
wiederum die Arbeit von Hannah Lohmann. Seiner Aussage
nach haben Sie später nochmals mit ihm telefoniert und so
detaillierte Fragen gestellt, dass er regelrecht stutzig wurde.«

Erschrocken erinnerte Tinne sich an Beppos Nachfrage
und ihr Abwiegeln. Derweilen deutete der Kommissar lässig auf das Chaos um sie herum.

»Und hier sind wir bei einem anerkannten Fachmann für das mittelalterliche Mainz – passt haargenau zu Lohmanns Forschungen. Wollten Sie sich von dem alten Professor ein paar Sachen erklären lassen, die Sie nicht kapiert haben in der Arbeit Ihrer so genannten ›Freundin‹? Und hat der Alte Sie auflaufen lassen, weil er sofort gemerkt hat, dass Sie keine Ahnung haben? Oder wollte er ein bestimmtes Buch nicht herausrücken, das Sie aber unbedingt brauchen? Und dann sind Sie ein bisschen grob geworden, oder? Das kann schon mal passieren bei einem so starrköpfigen alten Mann.«

Tinne schüttelte schweigend den Kopf und presste die Lippen zusammen. Captain America hatte wirklich ernst gemacht und ihre Schritte in den letzten Tagen sorgfältig nachvollzogen. Und wenn sie ehrlich war, konnte man anhand ihrer Tätigkeiten durchaus den Eindruck gewinnen, dass sie etwas ganz anderes im Schilde führte.

Doch der Kommissar war noch nicht fertig. Mit maliziösem Grinsen hob er eines der Papiere hoch, die er in der Hand hielt.

»Und falls Ihnen diese Beobachtungen noch nicht aussagekräftig genug sind, habe ich hier schwarz auf weiß einen kleinen Zuschlag für Sie. Die Kollegen von der EDV haben Lohmanns Uni-Rechner genau durchleuchtet und dabei eine sehr interessante Entdeckung gemacht – einige Emails, die gelöscht wurden, aber in Fragmenten noch auf der Festplatte vorhanden waren. Wir können nicht mehr nachvollziehen, wer der Empfänger war, aber die Inhalte sprechen für sich. Ich zitiere …« Genüsslich heftete er seinen Blick auf das Blatt. »Blabla … mache ich mir Sorgen wegen ›Tinne‹ …«, er betonte das Wort wie eine ansteckende Krankheit, »das sind Sie, oder? Also … mache ich mir Sorgen wegen Tinne, sie hat ein auffallendes Interesse an meiner Arbeit. Blabla … ich weiß, dass sie unzufrieden ist mit ihrer Situation am Institut. Ihr ist klar, dass sie ohne Doktor nicht weiter hochkommt, aber sie ist viel zu bequem, um sich dranzusetzen.«

Tinne merkte, wie ihr Kopf zornesrot anlief.

»Das … das stimmt nicht! So etwas würde Hannah niemals …«

Doch der Kommissar brachte sie mit einem Wink zum Schweigen und fuhr fort.

»Nächste Email. Blabla … frage mich, ob Tinne meine Forschung in irgendeiner Weise ausspioniert. Ich weiß, es klingt albern, aber ich habe sie jetzt schon zwei-, dreimal in meinem Büro angetroffen, wo sie angeblich nur auf mich gewartet hat. Sie behauptet, die Tür wäre offen gewesen, aber das stimmt nicht. Woher hat sie den Schlüssel???« Brandauer betonte: »Drei Fragezeichen.« Dann zog er die Augenbrauen hoch. »Letzte Email: Ich bin mir inzwischen sicher, dass Tinne meine Ergebnisse zu einer schnellen Doktorarbeit umschlampen, wörtlich, Frau Nachtigall: umschlampen will, um sie an irgendeiner Uni einzureichen und dafür den Titel zu kassieren. Ich werde mit ihr reden müssen. Zitatende.«

Er schaute hoch.

»Nun, Frau Nachtigall, dieses ›reden müssen‹ hat Ihnen nicht so gut in den Kram gepasst, oder? Sie haben gewusst, was Hannah von Ihnen wollte, als sie um ein Gespräch gebeten hat. Und dann sind Sie ihr einfach zuvorgekommen. Sie hatten inzwischen ja alles, was Sie brauchten. Jetzt durfte Hannah Lohmann nur ihre Arbeit nicht mehr zu

Ende schreiben.« Seine Stimme wurde giftig. »Denn das würden Sie ja erledigen … Frau *Doktor* Nachtigall.«

Tinne hatte Tränen in den Augen. Sie konnte sich nicht erinnern, wann sie sich zuletzt so gedemütigt vorgekommen war – und das auch noch grundlos! Denn nichts davon stimmte, sie war niemals allein in Hannahs Büro gewesen, sie hatte niemals die Arbeit ihrer Freundin ausspioniert. Und vor allem hätte Hannah niemals eine solche Email verfasst. Da fiel ihr eine entscheidende Kleinigkeit ein. Sie wurde ganz ruhig.

»Herr Brandauer, diese Emails sind Fälschungen, ganz klar. Ich verrate Ihnen auch, warum. Den Inhalt kann ich Ihnen leider nicht aus dem Stegreif widerlegen, da muss ich Leute zusammensuchen, die Hannahs und mein Verhältnis beschreiben können. Aber eine Sache ist ganz klar: Hannah hat niemals, wirklich niemals etwas Wichtiges oder etwas Persönliches auf ihrem Uni-Computer gespeichert. Sie misstraute dem Netzwerk zutiefst und hat alles separat abgelegt. Da können Sie jeden im Fachbereich fragen, das war eine bekannte Marotte von ihr. Und das wiederum bedeutet, dass diese widerlichen Mails von irgendjemand anders auf Hannahs Rechner gespielt worden sind – mit der Absicht, dass Sie darüber stolpern.«

Captain America blickte sie mitleidlos an.

»Schön und gut, Frau Nachtigall. Das können Sie dann in aller Ruhe dem Haftrichter erzählen, Ihrem Anwalt oder sonst wem, aber eines verspreche ich Ihnen: Aus dieser Nummer kommen Sie nicht mehr raus.«

Er schob den Kopf ein Stück nach vorn.

»Und beten Sie, dass der alte Professor durchkommt. Sonst sind Sie nämlich eine Doppelmörderin.«

In diesem Moment legte sich in Tinnes Kopf ein Schalter um. Ihr wurde plötzlich klar, dass hier kein Missverständnis vorlag, über das in fünf Minuten alle lachen würden. Nein, sie war auf dem Weg ins Gefängnis – unschuldig, aber mit einer erdrückenden Anzahl belastender Indizien. Es gab nur eine Chance: Sie musste hier weg und die Wahrheit auf eigene Faust herausfinden. Nur ... wie?

Eine Idee begann sich in ihrem Kopf zu formen.

Als Sirenen und Motorengeräusch vom Klosterhof heraufschallten, waren die Polizisten von der Ankunft des Krankenwagens kurz abgelenkt. Tinne reagierte blitzschnell, machte einen Schritt auf das Bücherregal zu und verschwand in dem schmalen Durchschlupf, der die Studierstube mit der eigentlichen Bibliothek verband.

Sofort wurde die Luft kühler und modriger. Einen kurzen Augenblick staunte Tinne erneut über die riesigen Buchreihen, die sich im Halbdunkel majestätisch vor ihr erstreckten, aber schon brachten Rufe und Befehle aus dem Nachbarraum sie wieder auf den Boden der Tatsachen zurück. Mit ihren vor dem Körper gefesselten Armen war Tinne zwar etwas gehandicapt, aber sie konnte sich trotzdem recht agil zwischen den Bücherregalen hin und her bewegen. Rasch trat sie hinter ein Regal, das dem kleinen Durchschlupf gegenüberstand, entschuldigte sich im Geiste bei Professor Gutdünk und stemmte ihre Schulter mit aller Macht gegen die alten Folianten. Durch ihre Körpergröße konnte sie im oberen Bereich des Regals großen Druck ausüben, es stellte sich mit einem seufzenden Geräusch schräg. Auf der anderen Seite kam erst ein Buch ins Rutschen, dann ein zweites, dann viele. Das gesamte Regal kippte um und krachte donnernd auf den schmalen Durchgang. Erstickte Schreie und Warnrufe verrieten Tinne, dass die Polizisten ihr bereits gefolgt waren. Ohne sich länger aufzuhalten nahm sie die Beine in die Hand und fegte die Buchreihen entlang. Sie hoffte von ganzem Herzen, dass ihre Vermutung richtig war und die große Bibliothek über mehrere Ausgänge verfügte. Tatsächlich, im Dämmerdunkel erspähte sie eine Holztür an der gegenüberliegenden Wand. Wie zu erwarten ließ sich der Türknauf von innen öffnen – im brandschutzreglementierten Deutschland wäre eine Bibliothek ohne Fluchttüren undenkbar, selbst wenn sie in einem Jahrhunderte alten Kloster untergebracht war.

Nun befand Tinne sich in einem grauen Flur mit breiter Treppe, der in jedes 70er-Jahre-Bürogebäude gepasst hätte. Sie rannte die Stufen hinunter und öffnete vorsichtig eine Holztür. Sonnenlicht fiel herein. Aha, sie befand sich auf der Rückseite des Schlosserbaus. Gerätschaften, Kisten, Holzpaletten und alte Säcke waren hier gestapelt, kein Mensch zeigte sich. Dieser Teil des Klosters war offenbar nicht für den Publikumsverkehr freigegeben. Als Erstes schaltete Tinne ihr Handy aus – sie wusste, dass man eingeschaltete Mobiltelefone auf irgendeine Art und Weise orten konnte. Danach suchte sie einen verschlissenen Sack und hängte ihn über ihre Handgelenke. Als Letztes nahm sie eine leere Weinkiste und trug sie auf ihren Händen. Damit waren die Handschellen und ihre seltsame Armhaltung für einen arglosen Beobachter nicht weiter auffällig. Sie schlich zum Ende des Schlosserbaus und lugte um die Ecke. Rechts verbargen Grünanlagen den hinteren Parkplatz, links erstreckte sich der lang gezogene Konversenbau, hinter dem die Klosterschenke lag. Dort wartete Bertie auf sie. Alles sah ruhig aus, Besucher streunten herum, Kinder spielten Fangen,

nirgendwo waren Polizisten zu sehen. Aus einem Neben-
gebäude traten einige Männer in Arbeitskleidung hervor,
die allerlei Kisten trugen und sich lachend in einer fremden
Sprache unterhielten, Polnisch vielleicht oder Rumänisch.
Tinne zögerte nicht lang und schloss sich ihnen an. Wenn
die Männer es komisch fanden, dass ihnen auf einmal eine
große Frau mit einem Stoffsack und einer Weinkiste folgte,
ließen sie es sich zumindest nicht anmerken. Tinne war sehr
dankbar dafür und nickte freundlich.

Die seltsame Prozession marschierte am Konversenbau
entlang. Einmal sah Tinne mit Schrecken zwei Polizisten, die es offensichtlich sehr eilig hatten, doch die Beamten schenkten der Arbeitergruppe keinen Blick. Schließlich bogen die Männer in Richtung der Basilika ab, Tinne
nickte nochmals lächelnd und hastete weiter zur Klosterschenke. Auf dem Parkplatz stand der cremefarbene Passat, Bertie hockte hinter dem Steuer und blätterte in einer
Zeitung. Geduckt schlich sie zum Auto. Ihr Mitbewohner entdeckte sie im Spiegel und stieg aus.

»Hey, Tinne, da bist du ja. Hast du gleich mal ein Wein-
kistchen …«

Er stockte, als er ihr Gesicht sah.

»Bertie, keine Fragen, die Sache läuft gerade aus dem
Ruder«, wisperte sie. »Versteck mich im Kofferraum und
mach die Abdeckung zu. An der Ausfahrt stehen vielleicht
die Bullen. Lass dir was einfallen.«

Bertie bekam große Augen, nickte aber gehorsam. Tinne
ließ ihren Kram fallen und krabbelte in den Kofferraum,
den sie sich mit zwei Kisten Klosterbier teilen musste.
Hektisch faltete sie ihre langen Arme und Beine zusammen, bis sie wie ein Embryo auf der Seite lag. Bertie zog das

Rollo zu, sodass niemand ins Heck des Kombis schauen konnte. Dann setzte er sich ans Steuer und fuhr gemächlich zur Ausfahrt des Klostergeländes.

*

Die Kommissare Kai Himmighofer und Metin Arslan hatten ihren Dienstwagen am westlichen Zufahrtsweg geparkt und kontrollierten jedes ausfahrende Auto. Durch das schöne Wetter waren zahllose Besucher angelockt worden, sodass die beiden Polizisten alle Hände voll zu tun hatten. Die Personenbeschreibung der gesuchten Person lautete ›Frau mittleren Alters, schlank, auffallend groß, braune Augen, braune, halblange Locken, trägt wahrscheinlich Handschellen‹. Nach diesen Kriterien nahmen sie die passierenden Autos in Augenschein. Die meisten Leute waren verständnisvoll und ließen die Beamten bereitwillig in Fond und Kofferraum schauen, nur selten echauffierte sich ein Wichtigtuer.

Gerade inspizierte Himmighofer einen dunklen Mercedes, als ein Taxi hinter dem Polizeiwagen anhielt. Ein rothaariges Dickerchen sprang heraus und winkte enthusiastisch.

»Hey, hey! Suchen Sie jemanden? Ist was passiert? Was ist los, kann ich helfen?«

Himmighofer verdrehte für eine Sekunde die Augen. Ein selbst ernannter Hilfssheriff – Erbarmen! Er schüttelte den Kopf.

»Nein, ist nur eine Routinekontrolle.«

Doch der Dicke winkte großspurig ab.

»Quatsch, ich seh doch, dass Sie jemanden suchen. Ich kenn mich da aus, ich bin schon zweimal überfallen worden. Zweimal!« Mit zwei Fingern betonte er die Zahl. »Und beides Mal hat die Polizei den Täter geschnappt! Und warum? Weil ich ein super Zeuge bin! Ich merke mir alles. Ich konnte denen genau sagen, was die Typen anhatten und wie die geredet haben und so, und das ist ja total wichtig!«

Himmighofer und Arslan reagierten nicht und winkten das nächste Auto heran. Der Ton des Rothaarigen wurde quengeliger.

»Hey, ich sag Ihnen was: Ich kann Ihnen helfen. Weil, niemand verdächtigt ein Taxi, niemand! Ich könnte … passen Sie auf: Ich könnte einfach übers Klostergelände fahren mit dem Taxi, so, als würde ich meinen Fahrgast suchen. Das kommt nämlich echt oft vor, dass die Leute ein Taxi an die unmöglichsten Flecken bestellen, und dann fährt man 'ne Viertelstunde im Kreis, bis man … also, jedenfalls, ich könnte unten einmal durchfahren und die Augen offen halten, und dann kann ich Ihnen haargenau sagen, wo sich jemand aufhält oder ob mir was aufgefallen …«

Arslan fuhr herum und blaffte Bertie an.

»Sie da, gehen Sie uns nicht länger auf den Geist. Zum wiederholten Male: Nein, Sie können uns nicht helfen. Bitte setzen Sie sich in Ihr Auto und verlassen Sie das Gelände! Danke!«

Der Dicke starrte die Beamten empört an.

»Okay, okay, dann halt nicht. Dann komm ich eben nicht meiner Bürgerpflicht nach. Soviel zum Thema Zivilcourage.«

Maulend setzte er sich in sein Taxi, ließ den Motor aufheulen und zog an den beiden Polizisten vorbei, die ihn keines Blickes würdigten. Himmighofer atmete heimlich auf. Lieber zehn Autos durchsuchen als eine solche Nervensäge ertragen!

*

Auf der Straße nach Kiedrich, als das Klosteranwesen längst schon hinter den Hügeln verschwunden war, hielt Bertie an und klappte einen Teil der Rückbank nach vorn.

»Mensch, Bertie, da hast du dir aber deutlich mehr verdient als ein Abendessen«, kam Tinnes Stimme gedämpft aus dem Zwischenraum. Sie hatte den Dialog mit den Polizisten verfolgt und dabei Blut und Wasser geschwitzt.

Bertie lachte erleichtert und ließ das Auto wieder anrollen.

»Tja, und ich hab denen noch gesagt: Niemand verdächtigt ein Taxi.«

Dann wurde er ernst und erhob seine Stimme, um sie bis in den Kofferraum dringen zu lassen. »Tinne, was um alles in der Welt ist los?«

Sie erzählte ihm in ähnlicher Lautstärke, was in der kleinen Studierstube passiert war, und warum sie nun die Polizei auf den Fersen hatte.

Bertie nickte nachdenklich, obwohl sie ihn natürlich nicht sehen konnte.

»Und was hat du jetzt vor?«

Tinne schwieg einen Augenblick. Über ebendiesen Punkt hatte sie inzwischen ebenfalls nachgedacht und war zu einer Lösung gekommen, die ihr immer besser gefiel.

»Ich kann das alles ziemlich schnell aufklären, dazu brauche ich allerdings mal dein Handy.«

Mit einer uneleganten Bewegung warf er sein Telefon nach hinten und traf tatsächlich den schmalen Spalt neben dem umgeklappten Rücksitz. Tinne wälzte sich hin und her, bis sie sich wieder einigermaßen entfaltet hatte. Dann wählte sie im Halbdunkel die Nummer der Auskunft und ließ sich mit der Kripo Mainz verbinden. Sie knipste ihre freundlichste Stimme an.

»Guten Tag, hier spricht Melanie Schlüter. Kann ich bitte mal mit Kriminalhauptkommissar Laurent Pelizaeus sprechen?«

Die Dame in der Zentrale klickte auf einer Tastatur herum.

»Tut mir leid, Herr Pelizaeus ist bis Anfang nächster Woche im Urlaub. Kann ich Sie mit seiner Vertretung verbinden?«

Tinne starrte vor sich hin. Verflixt. Ihr schöner Plan, Laurent Pelizaeus den kompletten Sachverhalt zu erklären, war dahin. Denn zu dem pferdegesichtigen Kommissar hatte sie von Anfang an Vertrauen gefasst, sie war sich sicher, dass er ihr zuhören und die schlimmen Beschuldigungen rasch aufklären würde.

»Und, eh, seine Handynummer? Können Sie mir die vielleicht geben?«

Die Stimme klang deutlich reservierter.

»Nein, wir geben grundsätzlich keine Mobilnummern unserer Beamten heraus. Darf ich fragen, um was es geht?«

Rasch murmelte Tinne eine Entschuldigung und legte auf.

Bertie hatte mitgehört.

»Und jetzt?«

Tja, und jetzt? Tinne merkte mit einem Mal, dass sie keinen Plan B hatte, keinen sicheren Hafen, keine engen Freunde, an die sie sich wenden konnte. Hannah wäre eine solche Person gewesen, Hannah hätte sie in den Arm genommen, die Angelegenheit angepackt und sofort eine Lösung parat gehabt. Aber Tinne war leider aus anderem Holz geschnitzt, das wusste sie: Pläne schmieden war nicht gerade ihre größte Begabung, sie ließ die Dinge eher auf sich zukommen und machte dann das Beste daraus. Tolle Eigenschaften, um vor der Polizei zu fliehen und sich im Untergrund versteckt zu halten.

Sie verdrängte ihre Angst und dachte einen Augenblick nach.

»Tja, jetzt muss ich auf eigene Faust weitermachen und mir einen Unterschlupf suchen. Die Kommune ist erst mal tabu. Ich hoffe nur, dass mich Elvis irgendwie bei sich unterbringen kann. Schließlich steckt er in der Sache mit drin und kann mir am ehesten helfen, die wahren Schuldigen zu finden.«

»Also bringe ich dich direkt zu ihm?«

»Nein, vorher müssen wir noch einen Abstecher nach Hechtsheim machen. Axl muss seinen Schmiedehammer heute mal ganz besonders elegant schwingen. Und fahr die Kurven bitte nicht so sportlich, sonst kotze ich dir deinen Kofferraum voll.«

*

Die nächsten Stunden waren für Tinne sehr aufregend. Zuerst schlich sie gemeinsam mit Bertie durch den Hintereingang in Axls Werkstatt. Umgeben von gespenstischen, halb vollendeten Metallskulpturen befreite der langhaarige Künstler sie mit einer gewaltigen Flex von ihren Handschellen. Tinne starb tausend Tode, als sich die Trennscheibe kreischend und Funken schlagend durch den Stahl fraß, doch Axl war so vorsichtig, dass er ihr kein Haar krümmte. Alles, was der Heavy-Metal-Fan zu der gesetzeswidrigen Befreiungsaktion sagte, war:

»So what? Einmal Anarchist, immer Anarchist.«

Da Tinne nicht wusste, wie intensiv die Polizei nach ihr suchte und wie weit Brandauers Beobachtungsnetz gespannt war, holte Bertie vorsichtshalber per Funk einen Brigadekumpel zu Hilfe. Tinne kletterte in den Kofferraum von Dietmar Laurenzis E-Klasse und wurde vom Chef des Taxiunternehmens durch die Stadt geschaukelt. Er stellte den Wagen in der Emmeranstraße ab und besorgte ein paar Sachen, während Tinne im dunklen Kofferraum Däumchen drehte. Anschließend fuhren sie nach Bretzenheim zu Dietmar nach Hause, wo der Mercedes in der Garage geparkt wurde und Tinne durch einen direkten Zugang ins Haus schlüpfen konnte.

In einem großen Badezimmer packte Dietmar schließlich seine Einkäufe aus: eine schwarze Faschingsperücke mit Rasta-Zöpfen, eine abgrundhässliche Hornbrille, zwei gelbe Osterküken aus Filz sowie einen ganzen Stapel an Kleidern.

»Nee, oder?« Tinne starrte die Sachen an, als kämen sie vom Mars.

»O doch!«, bestätigte Dietmar. Sein Freddy-Mercury-Überbiss verzog sich zu einem spöttischen Grinsen. »Schließlich bist du jetzt Staatsfeind Nummer eins, da müssen wir ein bisschen an deinem Aussehen basteln. Von jetzt an wirst du als Bob, der Baumeister, unterwegs sein.«

Tinne brauchte 20 Minuten, um die Zöpfe der Perücke zu entflechten und das struppige Ding mit der Nagelschere auf Männerlänge zu kürzen. Danach zog sie mehrere unförmige Pullis übereinander. Dietmar stopfte ihr ein Extra-Kissen als Bauch darunter, kaschierte ihre weiblichen Rundungen mit einem übergroßen, karierten Flanellhemd und zauberte aus seiner Werkstatt einen abgetragenen Blaumann samt passender Kappe hervor. Sie stülpte die Perücke über ihre Locken, zog die Kappe darüber und setzte die Hornbrille auf ihre Nase. Fragend schaute sie auf die Osterküken, worauf Dietmar den Filz platt klopfte und grinsend auf ihre Wangen zeigte. Tinne verdrehte die Augen, sperrte den Mund auf und stopfte sich die gelben Filzkissen rechts und links in die Backentaschen. Als sie anschließend in den Spiegel schaute, traf sie fast der Schlag: Sie hatte sich von einer groß gewachsenen, schlanken Brünetten in einen pummeligen Handwerksgesellen mit strähnigen Haaren verwandelt, der pausbäckig durch eine hässliche Hornbrille blinzelte. Dietmar steckte ihr lachend einen Zollstock in die Brusttasche.

»Klasse! So könntest du dem Kommissar die Heizung reparieren, und er würde dich nicht erkennen!«

Tinne grinste dümmlich mit den zwei Küken in ihren Backen und fragte sich, warum zum Teufel sie immer wieder in solche Situationen geriet.

*

Um Viertel nach sieben abends lungerte Tinne in der Römer-Passage in der Mainzer Innenstadt herum und versuchte, so unauffällig wie möglich zu wirken. In den ersten Minuten hatte sie das Gefühl gehabt, alle Menschen würden sie anstarren und ihre Verkleidung sofort durchschauen. Doch nach einer Weile entspannte sie sich etwas –

die Leute schauten durch sie hindurch und nahmen den dicklichen Handwerker nicht weiter zur Kenntnis.

Sie war hier mit Elvis verabredet, seine Wohnung befand sich zwei Ecken weiter. Da sie beide befürchteten, Brandauer könnte die Wohnung beobachten lassen, hatte Elvis einen Plan ausgetüftelt, um sie hineinzuschmuggeln. Tinne trat in den Tchibo-Shop, ihren vereinbarten Treffpunkt, genoss einen Augenblick den herrlichen Kaffeeduft und drehte sich dann rasch zu den aufgereihten Wochenangeboten um. Elektrische Zahnbürsten, Hausschuhe im Hundepfotendesign, Badewannenschwimmradios. Großartig.

Ein paar Minuten später eilte Elvis kurzatmig durch die Tür. Er brauchte eine Sekunde, um ihre Verkleidung zu durchschauen, dann schob ein gemeines Grinsen seine Koteletten zur Seite. Tinne hasste ihn dafür.

Sie stellten sich wie in einem schlechten Agentenfilm unauffällig nebeneinander und studierten die Auslagen. Tinne hatte ein Perlenset zum Selbststecken vor sich, Elvis interessierte sich für einen Teleskop-Mikrofaser-Staubwedel.

»Hallo, Sie da, mein Abfluss tropft. Können Sie da was machen?«, wisperte der Reporter.

»Halt bloß den Rand und erklär mir deinen Plan. Ich hab die Faxen dicke.«

Die Küken in ihren Backentaschen ließen Tinne etwas nuschelig klingen.

»Okay, pass auf. Ich wohne über dem Friseurladen in der Klarastraße, rechts um die Ecke. Schräg gegenüber der Römerpassage gibt es ein mexikanisches Restaurant, das ›Mexico Lindo‹, da führt der Küchenausgang zum Innenhof. Dieser Innenhof geht in den Hof hinter dem Friseur über, von dort kommst du durch den Hintereingang in den

Hausflur. Der Koch vom Mexikaner weiß Bescheid, die Chefin vom Friseurladen auch. Sie hat ihren Feierabend heute ausnahmsweise ein bisschen nach hinten geschoben.«

Tinne wiederholte brav die Regieanweisungen und war wieder einmal beeindruckt, dass Elvis' Bekanntschaften sich offensichtlich über ganz Mainz verteilten – Friseurinnen und mexikanische Köche eingeschlossen.

Der Plan war tatsächlich kinderleicht auszuführen, nach weniger als fünf Minuten klopfte Tinne an Elvis' Wohnungstür im dritten Stock. Der Reporter ließ sie herein. Tinne hatte das Gefühl, als würde ein Zentnergewicht von ihr abfallen – sie war fürs Erste in Sicherheit! Spontan umarmte sie Elvis, er drückte sie tröstend an seinen dicken Bauch.

»Na, komm erst mal rein«, brummte er gutmütig und schob sie ins Wohnzimmer. Tinne schaute sich um und war erstaunt. Sie hatte sich seine Einrichtung eher hausbacken und ein wenig altmodisch vorgestellt, doch der Reporter erwies sich als überraschend stilsicher. Das Zimmer war groß, eine Dachschräge und zwei Gauben sorgten für einen behaglichen Eindruck. Drei edle Louis Philippe-Antiquitäten sprangen sofort ins Auge, eine Kommode, ein Sekretär und eine schlanke Vitrine. Jedes der dunklen Möbelstücke hatte eine eigene Seite des Zimmers bekommen, an der es perfekt zur Geltung kam. Kontrastierend dazu waren zwei Wände gedeckt weiß und zwei leinenfarben gestrichen, die großen, hellen Flächen wurden von hochwertigen Jasper Jones-Drucken belebt. Der Boden bestand aus breiten Dielen, darauf standen zwei niedrige, fast quadratische Ledersessel in knalligem Rot. In einer Ecke lehnte ein Cello an einem schlichten Holzstuhl, die Noten daneben verrieten, dass es nicht nur Dekoration war. Eine kleine Dachterrasse schloss sich an, Gartenstühle und ein eingemotteter Sonnenschirm warteten auf den Sommer. Die Luft roch frisch, ein klein wenig nach Möbelpflege und Küchenkräutern. Offensichtlich pflegte Elvis in seiner Wohnung nicht zu rauchen, wofür Tinne überaus dankbar war.

Sie schnaufte durch und nahm ihre Perücke ab. Danach riss sie sich die dicken Pullis vom Leib, zum Schluss waren die vollkommen durchweichten Küken dran. Dergestalt erleichtert ließ sie sich auf einen der Sessel plumpsen. Elvis eilte in die Küche, um einen Teller mit Käsewürfeln, zwei Scheiben Brot und ein Glas Wein herbeizuzaubern. Heißhungrig machte Tinne sich darüber her, sie merkte, dass sie den ganzen Tag noch nichts gegessen hatte. Schließlich ließ sie sich aufseufzend nach hinten sinken. Ohne dass sie etwas dafürkonnte, hatte sie plötzlich Tränen in den Augen. Die schlimme Nacht und der entsetzliche Tag schlugen mit einem Mal voll durch – der Überfall in der Kommune 47, der verletzte Professor auf dem Boden, Brandauers Anschuldigungen, ihre Flucht durch die Bibliothek, die Taxi-Wechselspiele der Brigade, ihre irrwitzige Verkleidung. All das machte ihr auf erschreckende Art und Weise klar, dass sie als Verbrecherin gesucht wurde, und dass jede Sekunde ein Einsatzkommando der Polizei durch die Tür brechen könnte. Dazu kam, dass sie keine Ahnung hatte, wie es um Professor Gutdünk stand. Hatte der alte Mann den Angriff überlebt oder war er inzwischen etwa tot? Und was hatte er ihr zeigen wollen, welche Überraschung war in der Dokumentenbox verborgen gewesen? Tinne konnte mit dem Heulen gar nicht mehr aufhören, sie fühlte sich am Ende ihrer Kräfte und wollte sich am liebsten eine Decke über den Kopf ziehen, um für die große, böse Welt unsichtbar zu werden.

Elvis strich ihr unbeholfen über die Haare.

»Ist ja gut, wir kriegen das schon alles wieder in Ordnung«, murmelte er wie zu einem Kind. Tinne blinzelte zwischen ihren Tränen hervor.

»Spiel mir was auf dem Cello vor!«, schluchzte sie. Elvis zog ein überraschtes Gesicht, setzte sich aber folgsam auf den Holzstuhl und nahm das Instrument zu sich heran. Nachdem er einen Augenblick lang gestimmt hatte, setzte er den Bogen an und begann zu spielen.

Der warme, weiche Ton des Cellos erfüllte den Raum. Es war keine besondere Melodie, die Elvis spielte, sondern nur das, was ihm in diesem Augenblick in den Sinn kam. Die Töne kullerten auf und nieder, verweilten einen Moment, umspielten eine kleine Phrase und wanderten weiter. Tinne merkte, wie ihre Verzweiflung langsam nachließ. Sie schniefte, wischte über ihre Wangen und sah Elvis zu. Der dicke Mann hielt die Augen geschlossen, seine sonst so plumpen Finger strichen elegant über den Hals des Instruments. Er war völlig in sich versunken.

Tinne liebte Cellomusik, es war ihr liebstes klassisches Instrument. Obwohl sie sonst eher moderne Musik und rockige Sachen hörte, wurde sie beim schwebenden Klang eines Cellos schwach. Sie hatte sich sogar eine spätpubertäre Verliebtheitsphase gegönnt, als in den 1980er Jahren die TV-Serie *Airwolf* ins Deutsche Fernsehen kam: Der Held, Stringfellow ›Huckleberry‹ Hawke, lebte abseits der Zivilisation in einer versteckten Berghütte, und jedes Mal, wenn er inmitten der Natur nur für sich selbst Cello spielte, war Tinnes Herz übervoll gewesen.

Nach einer Weile, die ihr viel zu kurz vorkam, stellte Elvis das Instrument zur Seite. Ohne viele Worte bezog er die Couch in seinem Arbeitszimmer, Tinne schlüpfte unter die Decke, und noch ehe Elvis aus der Tür war, dämmerte sie auch schon in den Schlaf hinüber.

Donnerstag, 22. März 2012

»Was für ein Handy hatte Hannah? Weißt du das?«

Elvis strich eine üppige Portion Leberwurst auf sein Brötchen, während Tinne an einem Stück Käse nagte. Sie frühstückten gemeinsam in Elvis' Küche. Tinne war deutlich besser gelaunt als am Abend vorher, der Schlaf hatte ihr gut getan und sie mit neuer Energie erfüllt. Nur der Kaffee aus der asthmatisch röchelnden Filtermaschine konnte in keiner Weise mit dem Espresso aus ihrer Bezzera konkurrieren. Sehnsüchtig schielte sie nach draußen auf die kleine Dachterrasse, wo der Tisch und die Gartenstühle einladend in der Morgensonne leuchteten. Doch Elvis hatte ein Veto eingelegt und klargemacht, dass seine Terrasse von einigen anderen Fenstern eingesehen werden konnte und man bei Brandauer mit allen Tricks rechnen musste. Tinne konzentrierte sich wieder auf Elvis' Frage.

»Hm, ein Nokia, glaube ich. Jedenfalls eines von diesen Dingern, das man aufschieben kann, und dann steckt eine komplette Tastatur darunter.«

Der Reporter langte auf die Küchenablage, griff in eine Papiertüte und holte ein zerbeultes Etwas heraus.

»So eins?«

Tinne drehte ein verbogenes und zerbrochenes Handy hin und her.

»Ja, das kommt hin. Wieso, warum?«

Elvis erzählte ihr von Janniks Geschäftchen mit dem Obdachlosen und zeigte ihr die eingeritzten Buchstaben auf dem Kompass. Tinne wurde aufgeregt.

»Ja, klar, das ist Hannahs Kompass, ich kenne ihn. Eigentlich ist es ein Tauchkompass, deshalb ist er so dick und wuchtig. Aber schon früher auf Exkursion hatte Hannah ihn immer dabei, weil sie im Gelände damit die Hände freihatte.«

Erneut nahm sie das zerschmetterte Handy in die Finger.

»Ein Jammer, dass das Ding kaputt ist. Es würde mich brennend interessieren, was da drauf ist – Nummernspeicher, Fotos oder so. Vielleicht gäbe es da ja irgendeinen Hinweis.«

Elvis nickte.

»Das habe ich mir auch schon überlegt. Und ich kenne jemanden, der uns da weiterhelfen kann. Iss auf und verhandwerker dich wieder, wir müssen los.«

Tinne wandte den Friseur-Restaurant-Trick an, um wieder ungesehen von der Wohnung auf die Straße zu kommen. Die drei Pullis und der Blaumann ließen sie trotz der morgendlichen Kühle schwitzen, die Brille drückte auf der Nase, und die Filzküken schmeckten wie nasse Watte. Aber durch die Verkleidung fühlte sie sich einigermaßen sicher und unbeobachtet. Sie hatte Elvis eine

264

halbe Stunde Vorsprung gelassen, damit sie auf keinen Fall zusammen gesehen wurden, und marschierte nun die Klarastraße entlang zur Großen Bleiche.

Hier änderte Mainz sein Gesicht. Im südöstlichen Teil der Stadt, den sie gerade verließ, hatten viele klassizistische Gebäude und Kirchen den Bombenhagel des Zweiten Weltkrieges überstanden, zahlreiche kleine Plätze und Fußgängerzonen ließen das Gebiet aufgelockert erscheinen. Im Gegensatz dazu zeugte das Bleichenviertel von der Wohnungsnot und den raschen, oft schmucklosen Aufbauarbeiten nach dem Krieg. Die breite Kaiserstraße, die Tinne danach überquerte, bildete die Grenze zur ›Neustadt‹. Vier- und fünfgeschossige Wohnblöcke umstanden das schachbrettartige Straßennetz, überall parkten Autos kreuz und quer, Geschäfte und Läden aller Nationalitäten säumten die Gehwege. Die Neustadt galt als quirligstes und lebendigstes Stadtviertel in Mainz, hatte viel junges Publikum und war vor allem unter Studenten sehr beliebt.

In der Adam-Karrillon-Straße 14, einem Mietshaus im nüchternen 50er-Jahre-Stil, klingelte Tinne am Namensschild Dreikert/Frick und wurde eingelassen. Im dritten Stock empfing Elvis sie.

»Komm rein.«

Er schob sie in eine Wohnung und schloss die Tür. Als Erstes nahm Tinne die tropfnassen Küken aus dem Mund und schälte sich aus ihrer Verkleidung, dann schaute sie sich um. An den engen Flur schloss sich ein rechteckiges Wohnzimmer an, dessen Einrichtung von kleinem Geldbeutel, aber großem Einfallsreichtum kündete. Auf einer Couch saß eine sommersprossige Mittzwanzigerin und spielte mit einem glucksenden Baby. Ein junger, gut aussehender Mann mit wirren, blonden Haaren und peppigem T-Shirt stand daneben.

»Das ist Ferdinand, mein Neffe. Ferdi, das ist unser Sorgenkind Tinne«, stellte Elvis sie überaus charmant vor. Ferdi nickte mit schelmischem Lächeln, und Tinne freute sich für den jungen Mann, dass sich Elvis' Genmaterial offensichtlich nicht bis zu ihm durchgeschlagen hatte.

»So, ihr beiden, was habt ihr denn auf dem Herzen?«

Ferdi riss sie aus ihren lästerlichen Überlegungen. Elvis reichte ihm das zerbrochene Handy, erklärte ihr Anliegen und nickte Tinne dann zu.

»Ferdi ist nämlich ein regelrechter Computer-Crack, musst du wissen. Er repariert alles Mögliche an Elektronik-Kram und kennt sich da ziemlich gut aus.«

Der junge Mann war inzwischen in ein Nebenzimmer gegangen, die beiden folgten ihm. Hier hatte Ferdi einen Arbeitsplatz eingerichtet, aufgeschraubte Rechner, Festplatten, Kabelbrücken und jede Menge Kleinkram standen und lagen herum. Er hatte bereits angefangen, am Chassis des Handys herumzudrücken.

»Also, die SIM-Karte ist völlig im Eimer. Das bedeutet, dass Kontakte, Telefonnummern, Anruflisten und Kurznachrichten futsch sind.«

Tinnes Hoffnung dämpfte sich merklich. Soviel zu den Themen SMS und Anrufprotokolle. Doch Ferdi wühlte in einer kleinen Werkzeugbox.

»Damit bleiben noch die Daten, die im Telefon selbst abgelegt sind. Manche Geräte haben eine separate Speicherkarte, die solche Unfälle meist ganz gut übersteht.

Hat das hier aber nicht. Das heißt, der Speicher steckt im Inneren auf der Platine, oft ist das eine integrierte Micro-SD-Karte oder so. Die Frage ist, ob der Controller es noch tut.«

Tinne und Elvis nickten, als wüssten sie 100prozentig, wovon Ferdi sprach. Der junge Mann stemmte das Handy auf, Glassplitter und Einzelteile purzelten auf den Arbeitstisch. Mit winzigen Pinzetten und Schraubendrehern entfernte er ein Bauteil nach dem anderen, während er mal missmutig, mal zufrieden vor sich hin murmelte. Nach ein paar Minuten hielt er triumphierend ein winziges Ding mit der Pinzette in die Höhe.

»Bitteschön, die Micro-SD-Karte.«

Elvis zog sein Basset-Gesicht in Falten, als er aus nächster Nähe darauf starrte.

»Ist das jetzt gut oder schlecht?«

»Das werden wir gleich sehen«, antwortete Ferdi und fuhr einen Rechner hoch. Er platzierte das kleine Teil mit viel Fingerspitzengefühl in ein eckiges Kästchen, das per Kabel mit dem Computer verbunden war. Der charakteristische Jingle für ›neue Hardware‹ ertönte, Ferdi gab ein paar Befehle ein und nickte erleichtert.

»Alles klar, die Karte ist noch in Ordnung. Wir können darauf zugreifen.«

Tinne und Elvis stießen einen mit Rücksicht auf das Baby gedämpften Jubelschrei aus, dann scharten sie sich um den Bildschirm.

»Und, was ist alles drauf?« Tinne platzte fast vor Neugierde.

Ferdi klickte in einem Verzeichnisbaum herum.

»Na ja, nicht allzu viel. Keine Emails, keine gespeicherten Webadressen, keine Favoriten. Ein paar Cookies. Das Ding ist wohl nicht allzu oft online gewesen.«

Er öffnete weitere Ordner. »Keine Dokumente, aber ein paar Fotos. Wollt ihr die sehen?«

Tinne überlegte einen Augenblick, ob sie einfach so in Hannahs Privatsphäre eindringen konnte, selbst wenn ihre Freundin das nun nicht mehr mitbekommen würde. Dann nickte sie knapp. Ihre Vorbehalte waren aber grundlos, die Karte enthielt nur eine Handvoll harmlose Fotos: einen Schnappschuss von Hannahs Lebensgefährten Joachim in ihrer gemeinsamen Wohnung und Bilder verschiedener Kleidungsstücke, die in eBay-typischer Art und Weise auf dem Boden ausgebreitet waren.

»Hier ist ein Download, ein PDF.« Ferdi klickte darauf, der Viewer öffnete sich und zeigte ein seltsam schraffiertes, schwarz-weißes Rechteck, enge Linien unterschiedlicher Breite, durchbrochen von kurzen Strichen.

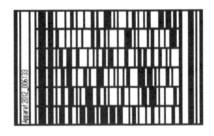

Darin stand eine winzige Textzeile. Erst in einer vergrößerten Ansicht konnten sie die Zeile entziffern: Apparat 2012_006133. Alle schauten sich ratlos an.

»Was ist denn das? Moderne Kunst?«, brummte Elvis. Ferdi schaute genauer hin.

»Sieht fast wie ein Barcode aus, irgendetwas, das maschinenlesbar ist.«

»Vielleicht braucht man diesen Apparat 2012-irgendwas, um es lesen zu können«, schlug Tinne vor.

Der junge Mann schnippte mit den Fingern, rannte ins Wohnzimmer und kam mit einem iPhone zurück.

»Wir haben hier einen Apparat, der Barcodes lesen kann. Mal sehen, ob *barcoo* uns weiterhilft.«

Unter Tinnes und Elvis' interessierten Blicken öffnete er die *barcoo*-App und richtete die Kamera des iPhones auf das schraffierte Rechteck. Piep – ›keine Zuordnung möglich‹. Ferdi zuckte mit den Schultern.

»War einen Versuch wert.«

Er klickte weiter und öffnete den nächsten Ordner.

»Hier ist einiges drin, MP3s, ach, okay, das sind Musikdateien.«

Tinne wusste, dass Hannah gern und oft Musik gehört hatte. Es gab ihr einen Stich, bekannte Titel zu lesen, die sie selbst mochte: *I don't like Mondays* von den Boomtown Rats, *Telegraph Road* von Dire Straits, ein paar Stücke von Norah Jones und Nickelback.

»Ach, schaut mal, was haben wir denn da?«

Ferdi deutete mit dem Mauszeiger auf eine Audiodatei, die als Namen nur eine lange Zahlenkolonne trug.

»Das sieht aus wie eine vom Betriebssystem generierte Dateibezeichnung, also etwas, das mit dem Handy selbst aufgenommen worden ist. Vielleicht mit der Diktiergerät-Funktion.«

Er öffnete die Datei im Medienplayer und drehte die kleinen Boxen lauter, die neben dem Rechner standen. Zunächst waren nur Rausch- und Knistergeräusche zu hören, als würde das Aufnahmegerät an Kleiderstoff entlang schaben, dann ertönte ein leises Räuspern. Tinne fühlte, wie es sie heiß durchzuckte. Sie kannte das Räuspern – das war Hannah!

»Mittwoch, 14. März 2012, zwei Uhr 24 in der Nacht.« Hannahs Stimme klang entfernt und ein wenig dumpf, aber sie war eindeutig zu erkennen. »Ich habe den Eingang an der vermuteten Stelle gefunden und in circa halbstündiger Arbeit freilegen können. Nun befinde ich mich in einem gemauerten Gang, rund eineinhalb Meter hoch, sehr schlechter Zustand. Der Gang führt in, eh … in südwestlicher Richtung steil nach unten.« Nun waren schabende Geräusche zu hören, ab und zu schweres, angestrengtes Atmen. Tinne und Elvis schauten sich an, die Augen weit aufgerissen. Es schien, als hätten sie eine Aufnahme entdeckt, die Hannahs letztes Abenteuer dokumentierte.

»Sie muss das Handy irgendwie an ihrer Kleidung befestigt haben, wie ein Diktiergerät eben, um alles zu protokollieren«, murmelte Tinne.

»140 Schritte. Jetzt verzweigt sich der Tunnel. Der linke Gang scheint eingestürzt zu sein und ist unpassierbar, ich wende mich nach rechts in Richtung Nordwesten.«

Kratzen und Rauschen erklangen, dumpf polterten Steine, Sand rieselte. Hannahs Stimme klang mit einem Mal ängstlich, obwohl sie ihren dokumentarischen Stil beibehielt. »Auch dieser Tunnel führt bergab. Baumwurzeln haben die Mauern auseinander gedrückt, es besteht Einsturzgefahr.« Die kaum hörbaren Schrittgeräusche und das Kleiderrascheln wurden immer wieder von einem scharfen Klicken unterbrochen, wenn Hannah die Handyaufnahme aus- und wieder einschaltete. Sie schien nur die wichtigsten Teile ihrer Expedition aufgezeichnet zu haben.

»Bin jetzt 25 Schritte in nordwestliche Richtung gegangen. Der Tunnel ist nach wie vor gemauert, allerdings in schlechtem Zustand. Alles ist feucht, der Boden ist mit Geröll und losem Erdreich bedeckt.«

Wieder Rascheln und Schleifgeräusche.

»Ich gehe jetzt weiter. 35 Schritte. Der Gang wird schwerer passierbar.«

Auch Ferdi war inzwischen von Tinnes und Elvis' Aufregung angesteckt worden. Alle drei beugten sich zu den kleinen Boxen vor, um keinen Laut zu verpassen.

»Jetzt macht der Gang eine 90-Grad-Kehre nach rechts, ich befinde mich ...« Hannah brach ab, das Rascheln hörte auf. Es war, als horche sie konzentriert in die Dunkelheit. Schließlich fuhr sie fort.

»Ich befinde mich in einem größeren Gang, der Boden ist besser erhalten, aber auch hier sind überall Brüche an den Wänden zu sehen.«

Die Geräusche, die das Handy aufgenommen hatten, veränderten sich und klangen weniger dumpf. Man hörte förmlich, dass der Raum größer wurde.

»Der Tunnel, eh, macht einen akut einsturzgefährdeten Eindruck.«

Wieder raschelte Stoff, knirschende Schritte waren zu hören. Plötzlich klang die Stimme aufgeregt.

»Vor mir ist etwas, das wie der Übergang zur eigentlichen Kammer aussieht.«

Tinne und Elvis wechselten erneut einen Blick. ›Der Übergang zur eigentlichen Kammer‹ – das war endlich ein Hinweis auf das Ziel von Hannahs Suche! Gespannt lauschten sie, doch außer Schaben und Kratzen war nicht viel zu hören. Plötzlich schienen die Bewegungen hektischer zu werden, etwas wie ein leiser Fluch erklang. Dann herrschte Stille.

»War's das?«, fragte Elvis unsicher. Ferdi schüttelte schweigend den Kopf und zeigte mit der Maus auf die Laufleiste des Medienplayers. Ein paar Sekunden blieben noch. Erneut ertönte ein Rascheln, aber es war leise und klang weiter entfernt. Dann Stille, gefolgt von einem scharfen Klicken. Jemand zog überrascht die Luft ein.

»Na, das ist ja mal eine Überraschung«, sagte Hannah laut und deutlich. Eine männliche Stimme antwortete etwas, doch gleichzeitig schien Hannah sich zu bewegen, sodass das Kleiderrascheln die Stimme übertönte. Dann ging alles sehr schnell: Ein Kratzen war zu hören, ein Poltern und ein erstickter Schrei. Knack – die Aufnahme war zu Ende.

Keiner der drei sagte ein Wort. Sie hatten soeben die letzten Sekunden im Leben von Hannah Lohmann mit angehört.

*

Direkt vor Elias Kalkbrenner kamen die mächtigen Kettenglieder eines Baggers zum Stehen. Das durchdringende Brummen, das die Schalldämpfung aus dem Motorraum quellen ließ, verstummte. Ein Arbeiter kletterte herunter, grüßte schüchtern und begann mit Wartungsarbeiten. Kalkbrenner schaute die Maschine zufrieden an. Teuer, aber gut. Das gelbe Monstrum war ein Komatsu PC 120, dessen Schaufel bei einem einzigen Hubvorgang mehrere

Kubikmeter Erde bewegen konnte. Zwei dieser Riesen standen vor ihm auf dem Gelände, der dritte wurde in dieser Sekunde auf einem Tieflader durch Mainz gefahren und sollte in zehn Minuten auf dem Jakobsberg eintreffen.

Ab morgen würden die drei Bagger von früh bis spät im Einsatz sein. Denn der morgige Freitag war als Start für die Verfüllung des Zitadellengrabens vorgesehen. Drei Wochen lang würden Schwerlastkipper über die Zufahrts-Trasse Schutt und Erde hierher bringen und den Graben damit langsam, aber sicher auffüllen. Die Bagger, Radlader und Walzen sollten das angekarrte Material verteilen, egalisieren und verdichten. Am Ende der Erdarbeiten würde das Baugebiet dasselbe Höhenniveau haben wie die südwestlich gelegene Oberstadt. Lediglich die Kronen der alten Festungsmauern sollten dann noch sichtbar sein – als ›historisierende Einfassung der Wohnanlage‹, wie das Infoprospekt vollmundig beschrieb. Der Boden des Zitadellengrabens wäre dann endlich unter 100 000 Tonnen Erde und Gestein bedeckt – der Boden und alles, was sonst noch darin stecken mochte.

Der Baulöwe konnte ein hässliches Grinsen nicht verbergen, während er mit halbem Ohr den Gesängen aus der Oberstadt zuhörte:

»Geschichte muss für alle sein,
wir wollen hier kein Bonzenschwein!«

Wieder und wieder skandierten die Demonstranten ihr Sprüchlein. Die Gruppe war heute besonders groß, offensichtlich hatten die Leute den Zeitungsartikel über die anstehende Verfüllung gelesen. Viele Mainzer sahen den heutigen Tag als letzte Möglichkeit an, das verhasste Bauprojekt doch noch zu stoppen.

Kalkbrenner schüttelte geringschätzig den Kopf und schaute nach oben zur westlichen Zitadellenmauer, wo die Menschenmenge von seinen schwarz gekleideten Sicherheitsleuten in Schach gehalten wurde. Es war ihm unbegreiflich, wie die Leute auf diese Weise ihre Zeit verplempern konnten. Sie demonstrierten für ein paar alte Steine! Wenn jeder von denen sich zu Hause hinsetzen und etwas Vernünftiges arbeiten würde, hätte die Menschheit mehr davon.

Gerade wollte er sich wegdrehen, als die Stimmen lauter wurden. Bewegung entstand in der Menge, die Menschen reckten die Köpfe und jubelten. Mit gerunzelter Stirn trat Kalkbrenner ein paar Schritte heran. Was war denn nun schon wieder los?

Motorengeräusch mischte sich in das Stimmengewirr, Kalkbrenners Wachleute waren in Alarmbereitschaft, die Demonstranten brüllten immer lauter. Da tauchten auf der Zufahrts-Trasse zum Baugebiet drei Autos auf. Kalkbrenner fluchte. Er fragte sich, wie um alles in der Welt diese Idioten es geschafft hatten, auf die Zufahrtsstraße zu kommen, denn diese war an ihrem anderen Ende, dem Drususwall, mit einem Wachhäuschen und einem Schlagbaum gesichert. Er schaute genauer hin. Es waren ganz normale Pkws, ein Golf, ein Mercedes und ein Audi.

Die Autos kamen herangefahren, bremsten auf der Trasse und begannen, vorwärts und rückwärts zu rangieren. Die Wachleute sprangen dazwischen herum, doch nach weniger als einer Minute waren die Autos so nebeneinander geparkt, dass sie die gesamte Zufahrt blockierten.

Die Fahrer stiegen aus, schlossen ihre Autos ab und gingen mit halb erhobenen Händen den Sicherheitsleuten aus dem Weg. Als sie bei den Demonstranten ankamen, brach die Menge in Jubel aus. Triumphierend fanden die Stimmen sich zu einem neuen Schlachtruf zusammen:

»Bauaufschub, Bauaufschub, Bauaufschub!«

Versteinert vor Wut starrte Kalkbrenner auf die Zufahrts-Trasse, wo gerade der Tieflader mit dem dritten Bagger auftauchte. Der Lkw blieb stehen, der Fahrer hatte offensichtlich die Blockade entdeckt. Die Trasse bildete die einzige Zufahrt in den Zitadellengraben, der Boden fiel rechts und links von ihr einige Meter ab, sodass der Tieflader nicht um die Hindernisse herumfahren konnte. In der Zwischenzeit hatten die Wachleute angefangen, mit den Demonstranten zu debattieren und zeigten immer wieder herrisch auf die parkenden Wagen, doch die einzige Reaktion war stoisches Kopfschütteln. Kalkbrenner konnte sich die Diskussion lebhaft vorstellen ... Demonstrationsrecht ... freies Land, freie Meinung ... Oberstadt gehört nicht zum Baugebiet ... Autos bleiben, bis die Stadtverwaltung eine Entscheidung trifft. Der Lkw auf der Zufahrt ließ sein Horn ertönen, der Fahrer beugte sich aus dem Fenster und gestikulierte wütend.

In diesem Augenblick sah der Baulöwe rot. Mit zwei, drei Riesenschritten war er bei dem Arbeiter, der gerade vom Bagger gestiegen war, riss ihm ohne ein Wort den Schlüssel aus der Hand und kletterte in den Führerstand.

Elias M. Kalkbrenner hatte seinen Job von der Pike auf gelernt – nicht auf irgendwelchen Schulen oder im Hörsaal einer Uni, oh nein, er hatte schon mit 15 auf dem Bau gearbeitet und im Laufe von Jahrzehnten mit Gerissenheit,

Wagemut und manchmal auch mit roher Gewalt seinen Weg nach oben gemacht. Aber er beherrschte noch immer jeden gottverdammten Handgriff auf einer Baustelle! Der Motor des Komatsu sprang an. Kalkbrenner orientierte sich einen Augenblick in der engen Kabine. Was für ein Zeug es hier inzwischen gab: Arm- und Nackenstützen, ein farbiges Display, eine Klimaanlage, einen ganzen Haufen unnützer Anzeigen. Aber die beiden kleinen Joysticks rechts und links und die zwei Hebel vor ihm waren noch immer an den gewohnten Stellen, und das war gut so. Zwar hatte Kalkbrenner die klassische O+K-Steuerung gelernt, aber inzwischen fand er sich auch mit der neuen Euro-Steuerung zurecht. Die gewaltigen Kettenglieder rasselten los, als er die mittleren Hebel nach vorn schob und der Komatsu Fahrt aufnahm. Zwei Männer der Wachmannschaft rannten auf den Bagger zu und winkten gebieterisch mit den Händen. Nach ein paar Sekunden hatten sie aber ihren Boss in der Kabine erkannt und gaben eingeschüchtert den Weg frei. Mit einem fast unterschwelligen Brummen kroch die gelbe Riesenmaschine auf der schrägen Zufahrts-Trasse nach oben. Die Demonstranten stellten nach und nach ihre Gesänge ein und verfolgten das Schauspiel verblüfft. Einzelne Personen traten nach vorn, offensichtlich sorgten sie sich um ihre Autos.

Ihr sorgt euch ganz zu recht, dachte Kalkbrenner. Als der Komatsu das obere Ende der Trasse und damit die parkenden Autos erreicht hatte, ließ der Baulöwe die tonnenschwere Baggerschaufel nach oben fahren und suchte sich ein schönes Ziel. Der gepflegte, schwarze C-Klasse Mercedes sah doch genau richtig aus! Die Hydraulik jaulte, als die Schaufel herunter krachte und das Auto von einer

Sekunde zur nächsten in einen Haufen Schrott verwandelte. Das klägliche Kreischen des verbogenen Metalls und das Klirren von Glas waren Musik in Kalkbrenners Ohren.

Inzwischen rannten die Autobesitzer panisch zu dem Bagger und ihren Wagen. Durch die Schalldämpfung der Kabine und das dumpfe Brummen des Motors sah Kalkbrenner sie nur ohne Worte herumhüpfen wie die Trottel in einem alten Stummfilm. Grinsend ließ er die Schaufel in den Audi krachen. Dann klappte er sie nach vorn, ging tiefer und grub die stählernen Zähne in das Auto hinein. Der Komatsu jaulte, als Kalkbrenner den kompletten Wagen anhob und seitlich neben der Trasse einige Meter nach unten krachen ließ. Dann kroch der Bagger weiter, seine 23 Tonnen zermalmten den Golf, als wäre das Auto aus Papier.

Die Besitzer und die übrigen Demonstranten rannten umher wie die aufgescheuchten Hühner. Die Sicherheitsleute griffen ein und hinderten die Menschen daran, in den Gefahrenbereich des Komatsu zu treten.

In aller Ruhe räumte Kalkbrenner die Trasse frei, die Baggerschaufel leistete ganze Arbeit. Keine fünf Minuten später lagen drei verbogene Blechknäuel auf dem Boden des Zitadellengrabens. Als der Komatsu wieder nach unten auf das Baugebiet kroch, schloss der Lkw auf und fuhr unbehelligt auf das Gelände. Der Fahrer winkte Kalkbrenner bewundernd zu, die Show hatte ihm als unbeteiligtem Zuschauer offensichtlich eine Menge Spaß bereitet.

Kalkbrenner stoppte den Motor und kletterte von der Maschine herunter. Das Geschrei zwischen den Demonstranten und den Sicherheitsleuten hallte zu ihm herüber, aber das war ihm völlig einerlei. Sollten seine Anwälte die

Sache irgendwann klären, Hauptsache, der Aushub und die Verdichtung fanden morgen statt.

*

Tinne und Elvis saßen in der Wohnung des Reporters und redeten sich die Köpfe heiß.

»Warum hat Hannah nicht den kleinsten Hinweis darauf gegeben, wo ihre Tour angefangen hat! Damit wären wir einen Riesenschritt weiter!«, wetterte Elvis zum wiederholten Mal.

»Sie war eben übervorsichtig. Das passt total zu ihr«, seufzte Tinne. Sie trank Elvis' grauenhaften Filterkaffee und war in Gedanken noch immer bei dem abrupten Ende der Aufzeichnung.

»Was mag da am Schluss nur passiert sein? Wenn man die Männerstimme nur besser verstehen würde!«

Elvis verzog den Mund.

»Was wir auf jeden Fall wissen, ist, dass Hannah ihren Mörder gekannt hat. Zu einem wildfremden Menschen sagt man nicht ›Na, das ist ja mal eine Überraschung‹, und schon gar nicht in so einem süffisanten Ton.«

Tinne nickte.

»Ja, der Tonfall, der ist seltsam. Es klingt ein bisschen, als hätte sie gespottet, als wollte sie sagen: Hey, haben Sie sich's doch noch überlegt und schauen mal vorbei.«

»Oder du.«

»Ich?«

Elvis verdrehte die Augen.

»Nicht du. Die vertraute Anrede ›du‹. Wir wissen noch nicht einmal, ob sie mit dem Mann per du oder per Sie war.«

»Oh ja, verstehe. Gute Beobachtung.«
Beide schwiegen. Dann fragte Tinne vorsichtig:
»Und ›der Übergang zur eigentlichen Kammer‹?«
Der Reporter schnaufte.
»Tja, das ist das große Rätsel.« Seine Stimme wurde übertrieben pathetisch. »Eine geheimnisvolle Kammer, irgendwo tief in den Eingeweiden der Zitadelle – da kann Jean sich gleich eine weitere Geschichte daraus schnitzen.«
Tinne dachte laut nach.
»Muss er vielleicht gar nicht. Im Grunde laufen all seine Legenden darauf hinaus, dass irgendetwas Wertvolles auf dem Jakobsberg versteckt ist.«
»Bewacht von einem untoten Erzbischof«, setzte Elvis ironisch dazu. Tinne seufzte. Der Dicke war offensichtlich nicht in Stimmung, die Geschichten des Gewaltboten nochmals durchzugehen. Also hob sie ein Blatt in die Höhe.
»Und das hier?«
Ferdi hatte ihnen die seltsame PDF-Datei ausgedruckt, das Rechteck aus dünnen Linien.

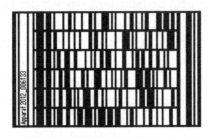

Elvis zuckte mit den Achseln.
»Da bin ich noch immer nicht schlauer. Keine Ahnung, was das ist oder wo es herkommen könnte.«

Tinne horchte auf.

»Wo es herkommen könnte?«, wiederholte sie nachdenklich. Dann bat sie Elvis, bei seinem Neffen anzurufen. Kaum war die Leitung frei, schnappte sie sich das Telefon.

»Ferdi, Tinne noch mal hier, das Sorgenkind.«

Er lachte.

»Was gibt's?«

»Hör mal, dieses PDF, hat das nicht noch ein paar weitere Datei-Informationen? Manchmal kann man doch irgendwie rauskriegen, wer so ein PDF erstellt hat oder wo es herkommt oder so.«

Ferdi überlegte.

»Klar, einen Versuch wär's wert. Die meisten Angaben beim PDF-Format werden zwar automatisch erstellt und lassen wenige Rückschlüsse auf den Urheber zu, aber manchmal gibt es da auch Ausnahmen.«

Tinne hörte, wie er seinen Rechner hochfuhr und mit der Tastatur klapperte.

»Okay, da ist die Datei. Im normalen Infofeld steht nichts außer dem Erstelldatum, das war der 13.3.2012.«

Sie rechnete kurz nach. In der Nacht vom 13. auf den 14. März hatte Hannah ihre nächtliche Tour unternommen, das hatte ihnen die Tonaufzeichnung des Handys verraten. Es konnte also durchaus sein, dass das PDF etwas mit Hannahs Entdeckung zu tun hatte. Ferdi murmelte derweilen weiter vor sich hin.

»Ich öffne sicherheitshalber mal den Reader plus, vielleicht steckt ein Log-Mark drin.«

Mit einem Mal änderte sich Ferdis Tonfall.

»Ich werd verrückt! Die Datei hat tatsächlich einen Log-Mark!«

Tinne zappelte aufgeregt herum, suchte die Freisprech-Taste an Elvis' Telefon und drückte darauf.

»Okay, Ferdi, wir verstehen hier zwar nur Bahnhof, aber du kannst uns bestimmt erklären, was du gerade entdeckt hast.«

Seine Stimme klang blechern durch den kleinen Lautsprecher.

»Also, ein Log-Mark ist eine Zusatzangabe, die quasi unsichtbar an eine PDF-Datei angehängt wird. Der normale Acrobat Reader kann sie nicht lesen, man braucht den Reader plus oder gleich den Distiller. Diesen Log-Mark kann man sich vorstellen wie eine Zertifizierung, die beweist, dass die Datei original und unverändert ist. Wenn jemand das Dokument bearbeitet und erneut abspeichert, geht der Marker verloren. Sensible Dokumente, wichtige Infomaterialien oder Forschungsunterlagen haben oft einen Log-Mark.«

Elvis beugte sich zum Telefon.

»Verrät dieses Mark-Ding denn auch, wo eine Datei herkommt?«

»In der Regel schon, man soll sie ja einer eindeutigen Quelle zuordnen können. Ich schau mal …«

Tinne bekam feuchte Hände vor Anspannung, als sie Ferdi tippen hörte.

»Ja, hier ist es. Das PDF kommt vom Hessischen Staatsarchiv in Darmstadt und hat die Apparat-Nummer 2012_006133.«

»Na klar!« Tinne schlug sich klatschend an die Stirn.

Elvis blinzelte verständnislos. »Hä?«

Doch Tinne hatte sich schon das Telefon geschnappt.

»Danke vielmals, Ferdi, du bist super. Damit kommen wir auf jeden Fall weiter.«

Nachdem sie aufgelegt hatte, strahlte sie Elvis an.

»Jetzt geht's endlich voran. Als rasender Reporter hast du doch bestimmt einen Computer und Internet im Haus, stimmt's? Her damit!«

*

Eine Stunde später saßen Tinne und Elvis im cremefarbenen Passat auf dem Weg nach Darmstadt. Bertie hatte es sich nicht nehmen lassen, diese Tour selbst zu fahren und sie in bester Geheimdienst-Manier an zwei verschiedenen Treffpunkten abzuholen. Als erste Amtshandlung hatte er sein Handy gezückt und ein Foto von Tinne in ihrer Handwerker-Verkleidung gemacht, wofür er einige nicht sehr damenhafte Bezeichnungen einstecken musste. Auf der A 60 in Richtung Darmstadt erklärte Tinne dem Reporter, was sie im Internet herausgefunden hatte.

»Also, dieses PDF ist tatsächlich ein maschinenlesbarer Code, wie Ferdi schon beim allerersten Angucken vermutet hatte. Der Code dient dazu, einen bestimmten Apparat aus den Beständen des Staatsarchivs anzufordern.«

Die Filzküken hatte sie im Auto herausgenommen, sie machten ihre Aussprache für eine längere Erklärung einfach zu undeutlich. Elvis schaute sie trotzdem verständnislos an.

»Was für einen Apparat denn? Eine Maschine oder was?«

Tinne schüttelte den schwarzhaarigen Kopf.

»Nein, eben nicht, das hat mich am Anfang ja auch verwirrt. Ich habe mir unter ›Apparat‹ irgendeine Art von technischem Gegenstand vorgestellt, aber in der Wissenschaft bezeichnet man noch etwas anderes als Apparat, nämlich eine Materialsammlung.«

»Du meinst Bücher?«

»Nicht nur. In einem Apparat kann alles Mögliche drinstehen, Artikel, Zeitschriften, Loseblatt-Sammlungen, natürlich auch Bücher, aber auch so etwas wie CDs, DVDs oder Mikrofiche. Wenn zum Beispiel ein Professor ein Seminar über ein bestimmtes Thema anbietet, dann stellt er oft einen solchen Apparat zusammen. In der Bibliothek stehen dann sämtliche Materialen in einem separaten Regal bereit, sodass die Studenten nicht erst stundenlang Literaturrecherche betreiben müssen.«

»Aha. Und dieser Code verweist auf einen solchen Apparat?«

»Ganz genau. Ich habe mir das System auf der Homepage des Staatsarchivs angeschaut, es ist hochmodern und wurde erst vor zwei Jahren eingeführt. Also: Sämtliche Bestandsinformationen des Archivs liegen digital vor – wohlgemerkt nur Informationen über Autor, Titel, Beschreibung, Zuordnungen und so weiter, nicht aber die Inhalte selbst. Auf diese Bestandsinformationen kann jeder, der beim Staatsarchiv als Benutzer registriert ist, online zugreifen und sich einen Apparat zusammenstellen. Die Recherchedatenbank, die das ermöglicht, heißt HADIS. Der tatsächliche Apparat wird dann von den Mitarbeitern des Archivs aus den Beständen herausgesucht und bereitgestellt. Nun will der Benutzer natürlich mit seinem Apparat arbeiten. Deshalb schickt ihm das Staatsarchiv eine Email mit einem Barcode, den der Benutzer entweder ausdruckt oder, wie Hannah, auf dem Handy-Display sichtbar macht. Wenn dieser Code dann im Archiv an das entsprechende Lesegerät gehalten wird, werden die Materialien herausgegeben, und HADIS registriert, wer zu welchem Zeitpunkt Einsicht nimmt.«

Elvis schaute skeptisch.

»Mein Gott, ist das kompliziert. Wäre es nicht einfacher, die Bücher schön altmodisch herauszureichen und aufzuschreiben, wer was bekommt?«

»Nicht bei mehr als eineinhalb Millionen Quellenmaterialien, die im Archiv lagern. Nicht, wenn du neben Büchern auch Bilder, Stiche, Handschriften, Tonträger, Mikrofiche und digitale Medien hast. Und erst recht nicht bei über 30 000 solcher Anfragen im Jahr.«

»Und die Nummer unter dem Code?«

»Das ist die automatische Nummerierung von HADIS. Jeder Apparat bekommt eine fortlaufende Nummer, und unser Code gehört eben zur 6133. Anfrage im Jahr 2012.«

Elvis legte den Kopf schief.

»Okay, das heißt also im Klartext, dass Hannah sich einen solchen Apparat hat zusammenstellen lassen und der Code quasi ihre Eintrittskarte dafür war.«

»Richtig. Und weil sie den Code am 13. März vom Archiv bekommen hat und in der darauf folgenden Nacht zu ihrer Tour aufgebrochen ist, vermute ich mal ganz stark, dass dieser Apparat uns endlich zu ihrem ›Knaller‹ führt.«

*

Schwester Nergiz machte ihren halbstündlichen Rundgang durch die Intensivstation der Asklepios-Klinik in Wiesbaden. Die hübsche 25jährige Türkin mochte den Dienst auf der Intensivstation, wenngleich er sehr anstrengend war.

Doch die dankbaren Augen der Schwerkranken, denen sie half, die ersten Tage nach einem Unfall oder einer OP einigermaßen gut zu überstehen, glichen Schlafmangel und Überstunden immer wieder aus.

Leise verließ sie Zimmer 9. Ein schlimmer Fall – ein 16-Jähriger hatte zusammen mit seinen Kumpels gezündelt und im falschen Augenblick in eine aufgeschnittene und mit Benzin gefüllte Plastikflasche hineingeschaut. Jetzt lag der Junge mit Verbrennungen dritten Grades im Gesicht und am Oberkörper hier in der Klinik, eingepackt wie eine Mumie, und Schwester Nergiz wusste, dass sein Spiegelbild ihn den Rest seines Lebens an jenen unseligen Tag erinnern würde.

Sie trat auf den Flur hinaus. Hier herrschte eine ruhige Atmosphäre, wie man sie von den anderen Stockwerken nicht kannte. Das war ein weiterer Grund, weshalb sie gern auf der Intensivstation arbeitete: Die Hektik des Klinikalltags, die schnatternden Besucher, die genervten Schwestern und die überforderten Jungärzte, all das führte auf den normalen Stationen zu einer Grundspannung, die hier nicht zu spüren war. Auf Intensiv lief alles streng, aber geordnet ab – außer, es kam ein Notfall dazwischen.

Ein Notfall wie der, der heute Vormittag für Betriebsamkeit in Zimmer 10 gesorgt hatte. Kreislauf und Herzfrequenz des Patienten waren plötzlich abgefallen, Doktor Brenner und zwei Assistenzärzte hatten eine halbe Stunde lang zu tun gehabt, um ihn wieder zu stabilisieren.

Schwester Nergiz seufzte, als sie Zimmer 10 betrat. Armer alter Herr! Der Mann war gestern eingeliefert worden, nachdem man ihn überfallen und brutal niedergeschlagen hatte. Schädelfraktur, Verdacht auf Hirnblutung.

Sie fragte sich, wer einem Greis von fast 80 so etwas antun konnte, und schüttelte den Kopf. Es liefen viel zu viele Idioten auf der Welt herum! Aber wenigstens sahen die Werte wieder normal aus, das Piepen des EKGs und das leise Zischen von Sauerstoff vermittelten eine Atmosphäre vertrauter medizinischer Grundversorgung. Nach wie vor lag der alte Mann wie tot im Bett, sein weißes Gesicht unterschied sich kaum vom Kopfkissen, die dicken Verbände um den rasierter Schädel ließen ihn zerbrechlich wirken. Sie maß Temperatur und Blutdruck und trug beide Werte in den Patientenbogen von ›Gutdünk, Werner‹ ein.

»Na, Herr Gutdünk, jetzt geht es Ihnen doch schon wieder ein bisschen besser, oder?«

Ihre Kollegen lachten oft über sie, weil sie stets mit ihren Patienten redete, ob diese bei Bewusstsein waren oder nicht. Aber Schwester Nergiz glaubte fest daran, dass freundliche Stimmen den Leuten im Kampf gegen Krankheit und Verletzung halfen, ob sie diese nun bewusst wahrnahmen oder nicht.

Die dünne Gestalt unter dem Laken begann, sich zu regen. Schwester Nergiz trat besorgt einen Schritt heran. Hoffentlich nicht wieder ein Kreislaufabsturz! Doch der alte Mann hatte offensichtlich ihre Worte vernommen und begann, etwas zu murmeln.

»Alles in Ordnung, Herr Gutdünk, Sie sind hier bei uns in guten Händen, wir kümmern uns um Sie.« Beruhigend streichelte sie seine Arme unter dem dünnen Stoff und erschrak, wie mager sie waren.

»…pelle …irrt …«

Der Mann wollte wohl etwas sagen. Schwester Nergiz beugte sich zu ihm herunter.

»Hallo, Herr Gutdünk, können Sie mich hören? Was haben Sie gesagt?«

Seine Augenlider flatterten, es sah so aus, als kämpfe er gegen die Bewusstlosigkeit an.

»Kapelle ... geirrt ... Irrtum ...«

Kapelle? Irrtum? Schwester Nergiz blätterte die Krankenakte durch, ob ihr Patient vielleicht irgendetwas mit einer Kirche oder einer Kapelle zu tun hatte. Vielleicht war er ja Pfarrer oder so. Doch sie fand nichts dergleichen, als Beruf war ›Pensionär, ehem. Hochschulprofessor‹ vermerkt.

»Alles kommt wieder in Ordnung, Herr Gutdünk, machen Sie sich mal keine Sorgen. Ruhen Sie sich aus, und wenn es Ihnen wieder besser geht, dann kümmern wir uns um alles«, redete sie ihm gut zu. Der alte Mann warf den Kopf noch einige Male hin und her, dann beruhigte er sich wieder.

Leise ging Schwester Nergiz zur Tür und trat auf den Flur hinaus. Was auch immer Herr Gutdünk hatte sagen wollen – es musste warten, bis sich sein Gesundheitszustand stabilisiert hatte.

*

Das Hessische Staatsarchiv war im ›Haus der Geschichte‹ untergebracht, einem klassizistischen Bau mit beeindruckender Säulenfront, der in stoischer Ruhe der viel befahrenen Zeughausstraße trotzte. Die Eingangshalle im Inneren des Gebäudes setzte die klassische Linienführung mit edlen Gesimsen und ausladenden Kronleuchtern fort, in den Räumen dahinter dominierte dann doch eher nackter Funktionalismus. Eine kurz angebundene Dame an der Auskunft schickte Tinne und Elvis in den Georg-Büchner-Saal zum HADIS-Desk. Der Raum entpuppte sich als weitläufiger Lesesaal, in dem zahlreiche Leute an Einzeltischen saßen und Literaturstapel neben sich ausgebreitet hatten. Rollwagen mit Büchern, Folianten und Dokumentenboxen wurden von Archivmitarbeitern hin und her bewegt, auf der rechten Seite gab es einen Infoschalter mit mehreren Computern, zwischen denen ein blasser Sachbearbeiter kaum auffiel.

Elvis trat heran, Tinne hielt sich dezent im Hintergrund. Sie wollte ihr Verkleidungsglück nicht überstrapazieren, obwohl sie inzwischen wieder pausbäckig war.

»Hallo, ich würde gern diesen, eh, Apparat einsehen.«

Er wedelte mit dem PDF-Ausdruck. Der Sachbearbeiter, der einen wächsernen Teint hatte und mit seinen glatten, hängenden Gesichtszügen an eine riesige Nacktschnecke erinnerte, deutete wortlos auf einen senkrecht stehenden Scanner. Gehorsam hielt Elvis das Blatt vor die Glasplatte, das Gerät piepte vernehmlich. Die Nacktschnecke beäugte einen der Computer und hackte auf der Tastatur herum.

»Der Apparat besteht nur aus einem einzigen Mikroplanfilm. Ich lasse ihn im Lesesaal 4 einlegen, Gerät 7.«

Elvis bedankte sich artig und wollte weggehen, doch der Mann hielt ihn zurück.

»Moment. Die Abrechnung bar, per Karte oder per Lastschrift vom angemeldeten Konto?«

»Tja, also … vom angemeldeten Konto, bitte.«

Rasch drehte der Reporter sich um, Tinne folgte ihm. Sie verspürte zwar ansatzweise ein schlechtes Gewissen, weil sie die anfallenden Kosten auf das Konto einer Toten abwälzten, doch die Neugierde auf das, was nun kommen würde, überwog bei Weitem.

Während sie im Atrium des Archivs umherliefen und Lesesaal 4 suchten, fragte Elvis:

»Ein Mikroplanfilm, was ist das?«

Tinne bemühte sich, trotz der dicken Backen deutlich zu sprechen.

»Ein Mikrofiche, also ein abfotografiertes, stark verkleinertes Dokument. Vor der Computerzeit war das eine gängige Methode, um brüchige und empfindliche Originale zu sichern und problemlos einsehbar zu machen. Aber auch heute noch schwören viele Archive auf dieses System, weil sich immer wieder zeigt, dass digitale Daten verloren gehen können, aber die Mikrofiche bei richtiger Lagerung quasi unendlich haltbar sind.«

»Aha. Und was hat so ein Mikrofiche-Dokument, das über den Mainzer Zitadellenhügel berichtet, im Hessischen Staatsarchiv verloren?«

»Oh, hier gibt es massenweise Daten aus dem heutigen Rheinland-Pfalz, schließlich war Rheinhessen im 19. Jahrhundert Teil des Großherzogtums Hessen. Und nach dem Zweiten Weltkrieg sind nochmals viele alte Dokumente von Mainz nach Darmstadt ausgelagert und auf Mikrofiche kopiert worden, die Amerikaner hatten das angeordnet.«

Endlich entdeckten sie ein Schild, das ihnen den Weg zum Lesesaal 4 wies. Der Raum war deutlich kleiner als der Büchner-Saal, er hatte keine Fenster und eine niedrige Decke. Glotzäugige Bildschirmgeräte standen herum, die wie massige Uralt-Computer aussahen.

Ein Mann mit Sakko und Namensschild kniete neben

einem der Geräte und hielt den Stecker in der Hand. Als er Tinne sah, stand er auf und klopfte seine Knie ab.

»Da sind Sie ja endlich«, rief er mit hörbarem Vorwurf. »Ich habe schon vor einer Stunde mit Ihnen gerechnet!«

Tinne schaute hilflos zwischen ihm und Elvis hin und her. Der Mann war offensichtlich ein Mitarbeiter des Archivs und wartete auf einen Handwerker, auf einen echten allerdings. Wenn sie jedoch den Mund aufmachen würde, wäre ihre Tarnung dahin, soviel war klar. Elvis reagierte geistesgegenwärtig und legte seinen schärfsten Reporterton an.

»Ich weiß nicht genau, was Sie von uns wollen«, schnappte er von oben herab, »aber wir sind hier, um universitäre Forschung zu betreiben. Kann es sein, dass Sie meinen Kollegen … verwechseln?« In das letzte Wort legte er so viel Empörung, dass der Mann eine Entschuldigung murmelte und verschwand.

Nun waren sie alleine in dem Raum. Tinne atmete hörbar aus.

»Phuu, das Thema Sprechrollen hätten wir mal zu Ende denken sollen, bevor Dietmar in seine Verkleidungskiste gegriffen hat«, nuschelte sie.

Das Gerät Nummer 7 war angeschaltet, sie setzten sich davor. Tinne fummelte die vollgesabberten Küken aus ihrem Mund und legte sie auf ein Taschentuch. So konnte sie wenigstens vernünftig reden.

»Das sind die Lesegeräte. Sie arbeiten mit Rückvergrößerung und projizieren den Inhalt der Mikrofiche auf das Leseglas. Also, was haben wir hier?«

Sie drehte behutsam an zwei Handrädern und bewegte dadurch den kleinen Original-Bildstreifen unter dem Gerät hin und her. Auf dem Leseschirm schossen eng

290

beschriebene Zeilen vorbei. Der Hintergrund des Leseschirms war komplett schwarz, die Schrift hingegen weiß, weil die Mikrofiche Fotos im Negativformat waren. Während ihres Studiums hatte Tinne schon einige Male mit dem System gearbeitet und fand sich rasch zurecht. Langsam stieg ihre Aufregung – verbarg dieses Schriftstück das Geheimnis, das Hannah den Tod gebracht hatte?

»Es ist auf jeden Fall eine Handschrift, mittelalterlich, wie's aussieht«, murmelte sie halb zu Elvis, halb zu sich selbst. »Die Sprache ist Latein, Vulgärlatein, verflixt, da werde ich ein bisschen in meinem Kopf kramen müssen.«

Zum Glück hatte Tinne schon immer ein Faible für die lateinische Sprache gehabt. Bereits in der Schule war sie Mitglied der Latein-AG gewesen, und während des Studiums hatte sie ihre Kenntnisse stetig erweitern können. Diese Fähigkeit kam ihr nun zugute, als sie das Mikrofiche Millimeter für Millimeter voranschob. Die Bewegungen wurden um ein Vielfaches beschleunigt auf dem Leseschirm angezeigt. Elvis kniff die Augen zusammen. Die weiße Schrift des Dokuments war fast unleserlich, die einzelnen Worte kaum voneinander getrennt. Vieles war durchgestrichen und verbessert, hier und dort waren komplette Stellen herausgerissen oder durch Flecken verdorben.

»*coenobium*, hm, *moguntiae*, aha, es sind Aufzeichnungen eines Mainzer Franziskanermönchs, *frater Basilius*.«

Sie blinzelte angestrengt, auf ihrer Stirn bildete sich eine steile Konzentrationsfalte.

»Sieht so aus, als würde er in knappen Worten über das berichten, was sich im Kloster und in der Gemeinde zuträgt, hier zum Beispiel, *in iudicium adducent haereti-*

cos, da geht es um einen Ketzerprozess, blabla, *Iohannes de Vesalia* …«

Sie setzte sich kerzengerade auf und schaute Elvis begeistert an.

»Damit liegen wir auf jeden Fall schon mal richtig. Denn diesen Ketzerprozess gegen *Iohannes de Vesalia*, Johann von Wesel, den hat nämlich Diether von Isenburg geführt – also lebte unser Franziskanermönch Basilius in der Zeit der Stiftsfehde und der Johanniskapelle.«

Mit Feuereifer wandte sie sich wieder dem Dokument zu und murmelte weiter.

»Hm, das sind alles nur kurze Passagen und Auszüge, oft unvollständig. Das ursprüngliche Dokument ist wohl irgendwann auseinandergerissen worden. Die einzelnen Teile scheinen auch nicht in der richtigen Reihenfolge zu sein, hier erwähnt er jedenfalls einen *Adolphus*, das muss wohl Adolf von Nassau sein. Und der war schließlich Diethers Vorgänger.«

Zentimeter für Zentimeter ließ sie die alten Schriften über den Leseschirm wandern.

»*Pascham hilarem*, die Osterfeierlichkeiten werden erwähnt, dann schreibt er ausführlich über irgendwelche Zwistigkeiten zwischen den Klosterbrüdern, blabla …«

Plötzlich stockte Tinne, ihre Augen wurden groß. Atemlos flüsterte sie:

»Das ist es, Elvis! Da haben wir's!«

*

Auf dem zentralen Platz der Mainzer Zitadelle, dem ehemaligen Exerzierplatz, fuhren Autos im Minutentakt in

Richtung Ausfahrt. Die als Parkplatz genutzte Freifläche inmitten der alten Kasernenbauten leerte sich zusehends, da die Verwaltungsbüros und Dezernate am Nachmittag schlossen und die Mitarbeiter entsprechend eilig in den Feierabend entschwanden. Alle Zeit der Welt schienen hingegen die müßigen Touristen zu haben, die mit geschulterten Rucksäcken über den Platz schlenderten und ihre Blicke über die alten Mauern schweifen ließen.

Im ehemaligen Kommandantenbau, dem östlichsten Gebäude der Zitadelle, war das Dezernat VI für Bauen, Denkmalpflege und Kultur untergebracht. Dr. Christian Conradi saß in seinem geräumigen Büro und beobachtete durch das Fenster die Aufbruchstimmung auf dem Exerzierplatz, ohne sie wirklich wahrzunehmen. Der Baudezernent hatte eigentlich eine Menge Arbeit auf dem Tisch, Begutachtungen, Projektvorschläge und Schlichtungspapiere stapelten sich säuberlich geheftet vor ihm. Doch nachdem er mehrfach vergeblich versucht hatte, sich auf die Papiere zu konzentrieren, malte er nur noch geistesabwesend auf einem Spiralblock herum und hing seinen Gedanken nach.

»Herr Conradi, haben Sie die Unterlagen für das Bauaufsichtsverfahren am Winterhafen fertiggemacht?«

Der schlanke, schwarzhaarige Mann schrak zusammen. Er hatte nicht gehört, dass seine Sekretärin Sybille hereingekommen war. Verwirrt schaute er sie an.

»Eh, n… nein, ich glaube nicht. Ich bin noch nicht dazu gekommen.«

Kommentarlos warf Sybille einen Blick auf den bekritzelten Block und die unangetasteten Papierstapel.

»Dann werden die Leute vom Planungsausschuss eine offizielle Beschwerde einreichen, das haben die schon lang genug angekündigt. Da kann ich jetzt auch nichts mehr machen.«

Die Sekretärin drehte sich um, verließ das Büro und schloss die Tür lauter, als es nötig gewesen wäre.

Conradi konnte es ihr nicht verdenken. Seit Tagen schon kam er kaum mit seiner Arbeit voran, alles blieb liegen, und Sybille war diejenige, die die erbosten Anrufe ausbaden musste. Aber sein Gehirn war wie leer gefegt. Immer, wenn er seine tägliche Arbeit anpacken wollte, schweiften seine Gedanken ab zu der kaum 300 Meter entfernten Baustelle im Zitadellengraben.

Der Baudezernent stützte seinen Kopf schwer auf die Hände und schloss die Augen. Er wusste weder ein noch aus. Niemals zuvor in seinem Leben hatte er sich so hilflos gefühlt. Als Conradi schließlich seine Augen wieder aufschlug, sah er direkt vor sich sein Gekritzel auf dem Spiralblock, unbeholfen gezeichnet, aber trotzdem klar erkennbar. Seine Hand hatte, ohne dass es seine Absicht gewesen war, einen Galgen mit Henkersschlinge gemalt.

*

Im Lesesaal 4 starrten Elvis und Tinne mit klopfenden Herzen auf den schwarzweißen Leseschirm. Obwohl keiner außer ihnen im Raum war, flüsterte Elvis.

»Was? Wo? Zeig her!«

Tinne deutete auf eine bestimmte Textstelle.

»Pass auf, ich lese es dir vor:

Hodie capulus Iohannis Gensfleischii sub sacrario sancti Iacobi positus est. Alteram portam fratres Iacobi post Alexandrum qui dicitur fecerunt sancto Martino teste.

So, und jetzt die Übersetzung, zumindest Pi mal Daumen:

Heute wurde das ›capulus‹ von Johannes Gensfleisch unter die Kapelle St. Jakob gelegt. Eine zweite Tür haben die Jakobsbrüder hinter dem, der Alexander genannt wird, geschaffen, St. Martin war Zeuge.«

Elvis hatte den Mund offen.

»Das ›capulus‹ ... das war doch das Ding, von dem Jean erzählt hat. Dieser Setzkasten mit Gutenbergs Lettern drin, oder?«

Tinne nickte, ihre Augen fingen an zu leuchten.

»Mensch, Elvis, stell dir das mal vor: der original Letternsatz, mit dem der *Man of the Millennium* den Buchdruck erfunden hat! Das Ende des Mittelalters, der Startschuss für die Neuzeit! Das ... das ist ...« Sie suchte nach Worten.

»... ein Knaller!«, ergänzte Elvis trocken. Doch die Aufregung war ihm deutlich anzumerken, als er beeindruckt nickte. »Kein Wunder, dass Hannah aus ihrer Entdeckung ein Geheimnis gemacht hat.«

»Sie wusste, dass da oben kein Goldschatz verbuddelt ist – das Material von so einem Letternsatz ist wahrscheinlich nur ein paar Cent wert. Aber die Idee, die in diesem ›capulus‹ steckt, hat die Welt verändert. Schätze gibt es viele, aber diese Lettern nur ein einziges Mal.«

Beide schwiegen einen Augenblick und hingen ihren Gedanken nach. Dann hob Tinne die Hände wie ein Varietékünstler.

»Und jetzt wissen wir auch, warum Hannah guten Mutes war, das ›capulus‹ zu finden, obwohl die Kapelle schon seit Jahrhunderten abgerissen ist: Es wurde nicht *hineingebracht*, sondern *darunter gelegt*. Das Kästchen liegt in einer unterirdischen Kammer, deren Existenz mit dem Abbruch des Gebäudes in Vergessenheit geraten ist.«

»Aber hältst du es denn für möglich, dass ein solches Versteck über viele Hundert Jahre unentdeckt geblieben ist?«

»Absolut. Der ganze Zitadellenhügel ist durchlöchert wie ein Schweizer Käse, Generationen von Mönchen, Soldaten und Festungsbaumeistern haben darin herumgebuddelt. Vor ein paar Jahren, 2008, hat man beim Ausbau des neuen Eisenbahntunnels bisher unbekannte Miniergänge auf dem Jakobsberg gefunden. Es ist mehr als wahrscheinlich, dass es da oben noch eine Menge verborgener Gänge und Kammern gibt.«

Elvis ließ seinen Blick über den Leseschirm schweifen und zeigte auf einzelne Worte.

»Aber so ganz verstehe ich die Sache noch immer nicht. Gensfleisch ist klar, so hieß Gutenberg ja mit Geburtsnamen. Jakob bezieht sich wohl auf den Jakobsberg. Aber was haben die anderen Namen zu bedeuten, Alexander und Martino?«

Tinne deutete ihm an, Geduld zu haben.

»Pass auf, ich übersetze es noch mal:

Eine zweite Tür haben die Jakobsbrüder hinter dem, der Alexander genannt wird, geschaffen, St. Martin war Zeuge.

Also, die Jakobsbrüder sind wohl die Mönche von St. Jakob. Ich verstehe den Satz so, dass die Mönche einen weiteren Zugang zu der unterirdischen Kammer angelegt haben.«

»Warum?«

»Keine Ahnung, vielleicht wollten sie die Kammer als Versteck für den Fall eines Angriffs nutzen. Jedenfalls gibt uns Bruder Basilius einen deutlichen Hinweis darauf, wo dieser zweite Eingang zu finden ist, nämlich ›hinter dem, der Alexander genannt wird‹.«

»Und daraus wirst du schlau?«

Tinne zog ein oberlehrerhaftes Gesicht, das durch ihre schwarzen Strähnenhaare und die knittrige Handwerkerkappe allerdings nicht sehr glaubhaft wirkte.

»Der ›Alexander‹ ist nichts anderes als der Drususstein. Man hielt den Turm damals allerdings noch für das Grabmal des Kaisers Severus Alexander, deshalb nannte man ihn Alexanderturm – *turris alexandri*. Otto von Freising beschreibt den Alexanderturm schon im 12. Jahrhundert sehr genau.«

Elvis schaute sie verblüfft an.

»Und das weißt du einfach so auswendig?«

Sie lachte.

»Hey, schon vergessen? Der Alexanderturm war mein Thema im Proseminar ›Moguntiacum‹, das ich damals bei Professor Gutdünk besucht habe. Das hat er bei unserem Besuch in Eberbach extra noch einmal lobend erwähnt.«

Der Reporter zeigte sich beeindruckt.

»Kluges Köpfchen. Glaubt man gar nicht bei dem Outfit.«

Tinne streckte ihm die Zunge heraus.

»So, dann bleibt nur noch St. Martin. Da kommst aber sogar du drauf, Elvis, oder? Welchen berühmten St. Martin haben wir denn hier in Mainz?«

Elvis brauchte genau drei Sekunden, dann machten die Koteletten einem breiten Lächeln Platz.

»Der Dom natürlich! Der ist Sankt Martin geweiht.«

»Richtig, und er stand ja schließlich schon zu Basilius' Zeiten seit fast 500 Jahren.«

»Und wie soll der Dom nun Zeuge sein?«

Tinne wiegte den Kopf.

»Ich vermute mal, Bruder Basilius hat die Sache etwas blumig ausgedrückt. Er meint, dass der Dom bezeugt, wo man nach dem zweiten Eingang suchen muss. Der Einstieg könnte ja überall sein, noch heute ist hinter dem Drususstein nur abfallendes, unbefestigtes Gelände. Das wird damals nicht anders gewesen sein. Wenn man aber am Drususstein vorbeischaut und dabei den Dom anpeilt, bekommt man eine kerzengerade Linie. Die muss man dann quasi nach hinten hin verlängern, um zu wissen, wo der Eingang liegt.«

Elvis war nicht überzeugt.

»Das ist doch Quatsch. Der Dom liegt südlich der Zitadelle und der Drususstein nördlich davon. Von da aus kannst du nie und nimmer den Dom sehen, sämtliche Zitadellengebäude stehen dazwischen.«

»Heute ist das so, klar. Aber kein Mensch weiß, wie der Jakobshügel um das Jahr 1475 ausgesehen hat. Da war längst noch nicht alles zugebaut, vielleicht gab es weniger Bäume, vielleicht war der Hügel noch nicht so hoch aufgetürmt, wie es später für die Befestigungen nötig wurde.«

Sie erschraken, als sich hinter ihnen die Tür zum Saal öffnete. Eilig stopfte Tinne die tropfnassen Ekel-Küken wieder in den Mund und drehte einen anderen, unverfänglichen Teil der Handschrift auf den Leseschirm.

Im Türrahmen stand die Nacktschnecke mit zwei ernst blickenden Männern in grauen Overalls und zog ein erbostes Gesicht.

»Da sind Sie ja. Es gibt ein Problem.«

Tinne merkte, wie ihr das Herz in die Hose rutschte.

*

Frau Schillmer, die Sekretärin des Instituts für Mittelalterliche Geschichte, nutzte das kleine Aktenarchiv, das durch eine Tür mit ihrem Büro verbunden war, auf zweierlei Weise. Zum einen gab es im Archiv hinten links, gut versteckt zwischen zwei hohen Aktenschränken, einen Stuhl und einen winzigen Tisch. Hier pflegte Frau Schillmer eine Pause zu machen, wenn der Alltag am Institut mal wieder allzu turbulent wurde. Ein halbes Stündchen Nichtstun oder das Blättern in einer mitgebrachten Frauenzeitschrift wirkten da wahre Wunder.

Zum anderen besaß der Archivraum eine zweite Tür, die zum Flur hinausging. Und diese Tür kam Frau Schillmers Neugierde sehr entgegen. Denn sie konnte, ohne ihre eigentliche Bürotür öffnen zu müssen, durch einen Spalt in der Archivtür den gesamten Flur einsehen. Gerade früh morgens oder am späten Nachmittag gab es dabei durchaus Interessantes zu beobachten. So wusste sie seit geraumer Zeit, dass Professor Arnheimer ein Verhältnis mit einer Studentin hatte, dass ein duckmäuserischer Doktorand immer wieder freche Kommentare an fremde Türen schmierte und dass eine der Hilfskräfte Büromaterialien und Druckerpapier für den Privatgebrauch mitgehen ließ. Diese und viele weitere Informationen plauderte sie nicht etwa aus, sondern nutzte sie geschickt, um ihre Position innerhalb des Historischen Seminars zu festigen.

Es ging auf 17 Uhr zu, die meisten Büros im Fachbereich waren bereits verlassen. Frau Schillmer hielt ein wachsames Auge an den Türspalt gepresst und beobachtete den Assistenten von Professor Nümbrecht, Gero Frey. Der junge Mann mit dem Teufelsbärtchen war einer der interessantesten Kandidaten auf der Beobachtungsliste des Drachens. Denn Frey schien keine festen Arbeitszeiten zu kennen, er kam und ging, wie es ihm gefiel, und war oft sogar noch in den Abendstunden am Institut. Das allein war nicht weiter verwunderlich, denn Professor Nümbrecht spannte seinen Doktoranden tüchtig in Verwaltungsaufgaben ein und ließ ihn den kompletten antiken Buchbestand des Instituts betreuen. Doch Frau Schillmer hatte ihn schon mehrfach mit einem fremden Mann gesehen, der zu alt war, um Student zu sein, aber auch nicht zum Personal des Instituts gehörte. Außerdem nahm Frey sich augenscheinlich viel Zeit für sein Hobby, das Klettern, denn er hatte oft seinen Kletterrucksack dabei.

Auch jetzt trug der Assistent wieder den Rucksack bei sich. Er verschloss die Tür seines Büros sorgfältig, dann schaute er sich um. Frau Schillmer hatte gute Antennen für die Gefühlslage anderer Menschen – eine Fähigkeit, die ihr im Universitätsalltag oft zugute kam – und sah sofort, dass der junge Mann sich nicht sehr wohl in seiner Haut fühlte. Angst? Nervosität? Gespannt beobachtete der Drache, wie Frey seinen Rucksack zu Boden stellte und darin herum nestelte. Mit einem Mal erschrak Frau Schillmer. Sie war sich nicht sicher, aber hatte da nicht für eine halbe Sekunde der glänzende Lauf einer Pistole herausgelugt? Noch ehe sie genauer hinschauen konnte, schulterte Frey seinen Rucksack, schaute sich ein letztes Mal um und verschwand in Richtung Ausgang.

Frau Schillmer atmete hektisch. Im Nachhinein war sie sicher, dass ihre Augen sie nicht getrogen hatten. War Frey nun zusätzlich zum Klettern als Sportschütze aktiv? Aber soweit sie wusste, pflegten Sportschützen ihre Waffen nicht einfach so in irgendwelchen Rucksäcken herumzutragen. Das konnte nur bedeuten, dass Frey …

»Hallo? Hallo, Frau Schillmer! Sind Sie hier irgendwo? Ich brauche Sie mal eben!«

Eine ungeduldige Stimme mit hessischem Dialekt klang aus ihrem Büro herüber ins Archiv. Professor Nümbrecht, der Institutsleiter! Sie wusste, dass er nervös und gereizt war, wenn sein Frankfurter Heimatdialekt hörbar wurde. Rasch schnappte sie sich ein paar Unterlagen und eilte durch die Zwischentür an ihren Arbeitsplatz zurück. Ihr Chef stand in der offenen Flurtür. Sein schmales Gesicht mit der römischen Nase sah angespannt aus.

»Frau Schillmer, ich kann heute um 18 Uhr das Examenskolloquium leider nicht abhalten, ich muss dringend weg. Bitte sagen Sie den Teilnehmern ab und hängen Sie einen Zettel an die Tür. Tut mir leid.«

Ohne auf eine Antwort zu warten stürmte er hinaus. Frau Schillmer hörte seine Schritte stoppen, Nümbrecht kehrte um und erschien nochmals in der Tür.

»Ach, und mieten Sie mir bitte bei Europcar unten in Mombach einen Kleinbus, so einen von VW oder Mercedes oder so. Aber bitte einen einfachen, schlichten, nicht so ein auffälliges Ding mit Werbung an der Seite. Und eine Anhängerkupplung muss er haben. Ich werde ihn um halb sieben abholen und morgen wiederbringen. Danke.«

Der Professor verschwand und ließ eine völlig verwirrte Frau Schillmer zurück.

*

Die Nacktschnecke trat einen Schritt in den Raum. Tinne merkte, wie ihr Herz bis zum Hals schlug.

»Sie waren vorhin so schnell weg. Dabei müssen Sie doch noch die Abbuchungsbestätigung unterschreiben!«

Anklagend hielt der Sachbearbeiter ein Formular in die Höhe und ging auf Elvis zu. Die beiden anderen Männer traten derweilen an das Lesegerät heran, an dem vorhin der Archivmitarbeiter gekniet hatte. Sie hoben es an und trugen es vorsichtig in den Flur hinaus. Mit Erleichterung erkannte Tinne, dass es wohl die echten Techniker waren, die bereits erwartet worden waren.

Elvis hatte sich derweilen das Formular geschnappt und schmierte eine unleserliche Unterschrift darunter. Daneben schrieb er in Druckbuchstaben: Prof. Dr. Elmar Wissmann, Universität Mainz.

Die Nacktschnecke nickte zufrieden und schlurfte wieder hinaus.

Tinne atmete auf und fummelte an den Filzbatzen herum.

»Dasch nenne ich ja mal eine schagenhafte Uni-Karriere. Ein Doktortitel und eine Professchur in tschehn Schekunden.«

Elvis lupfte die Augenbrauen.

»Hättest du dem Herrn lieber die Geschichte von deinem Haftbefehl vornuscheln wollen?«

Tinne schnitt eine Grimasse, während Elvis konzentriert die Stirn runzelte und zum Thema zurückkehrte.

»Also, nehmen wir einmal an, Hannah stößt während ihrer Recherchen über die mittelalterliche Stadtbefestigung auf einen Hinweis, dass unter der ehemaligen Johanniskapelle dieses ›capulus‹ von Gutenberg verborgen liegt.

Sie grübelt, wie sie überprüfen könnte, ob das Ganze ein Märchen ist oder die Wahrheit.«

Tinne war inzwischen wieder kükenlos und fuhr fort:

»Sie kommt auf die Idee, die Stadtansicht des Meisters WB durchleuchten zu lassen. Denn wenn dort eine ältere Malschicht ein Abbild der Kapelle zeigen würde, könnte sie davon ausgehen, dass der Rest der Geschichte ebenfalls einen wahren Kern hat.«

Elvis hob den Finger.

»Ein paar Tage vor dem Durchleuchtungstermin findet sie aber hier in Darmstadt einen eindeutigen Beweis, dass sie auf der richtigen Spur ist. Denn in einer unauffälligen Handschrift berichtet ein Zeitzeuge, dass das ›capulus‹ tatsächlich unter der Kapelle eingelagert wurde. Und nicht nur das – er liefert praktischerweise gleich noch eine Wegbeschreibung zu einem zweiten, verborgenen Eingang.«

Tinne war wieder an der Reihe.

»Aber die Zeit drängt. Sie weiß nämlich, dass die Bauarbeiten auf dem Jakobsberg voranschreiten und Kalkbrenner drauf und dran ist, den gesamten Bereich nördlich des Drusussteins aufzufüllen, zu verfestigen und darauf Neubauappartements hochzuziehen. Dann wäre die Kammer endgültig verloren.«

»Also macht sie sich nachts heimlich auf die Suche, ausgerüstet mit Wegbeschreibung, Taschenlampe, Kompass und Handy. Und wie die Tonaufzeichnung uns verrät, hat sie sowohl den Eingang gefunden als auch die Stelle, an der sie ihre große Entdeckung vermutet – ›den Übergang zur eigentlichen Kammer‹.«

Nachdenklich nickte Tinne.

»Aber irgendjemand ist ihr auf die Schliche gekommen und folgt ihr in den Tunnel. Damit sie das Geheimnis nicht publik machen kann, bringt er sie dort unten zum Schweigen und drapiert die Leiche im Volkspark, weit weg vom Jakobsberg.«

»Und um zu verhindern, dass jemand anders Hannahs Ideen folgen kann, klaut er das Bild aus dem Museum. Nun kann niemand mehr ihren ursprünglichen Plan umsetzen und die Stadtansicht durchleuchten lassen. Die Johanniskapelle ist für immer verschwunden.« Elvis wischte mit der Hand durch die Luft, als würde er das Türmchen höchstpersönlich ausradieren.

Stille breitete sich aus. Tinne ging ihre gemeinsame Aufzählung im Geiste nochmals durch. Schließlich kniff sie die Lippen zusammen.

»Und es sieht verdammt danach aus, als wäre dieser geheimnisvolle Jemand niemand anders als Elias Kalkbrenner. Er will nicht, dass dieses Geheimnis gelüftet wird, weil er dann sein Bauvorhaben für lange, lange Zeit auf Pause schalten muss.«

Elvis nickte stumm. Sie fuhr fort:

»Aber dann frage ich mich, woher er überhaupt von der ganzen Sache weiß. Schließlich ist Hannah mit ihrer Entdeckung nicht gerade hausieren gegangen. Und wieso weiß er über uns beide so gut Bescheid? Wie kann es sein, dass Brandauer genau in der Sekunde im Kloster auftaucht, in der ich mich über den verletzten Professor beuge? Da muss jemand sehr gut planen und jeden unserer Schritte kennen.«

Wieder versanken beide in Schweigen. Diesmal war es Elvis, der die Stille unterbrach.

»Die Gretchenfrage ist doch jetzt, was wir noch tun können. Kalkbrenners Zeitplan ist eisenhart, das habe ich gerade gestern auf der Redaktionssitzung noch einmal gehört: Morgen früh werden die ersten Kipper rollen, dann geht es Schlag auf Schlag. Der gesamte Graben wird aufgeschüttet, mit Baggern egalisiert und mit Walzen verdichtet. Danach gibt es dort unter der Erde nichts mehr, was sich auszubuddeln lohnt.«

Tinne hatte eine Idee.

»Können wir beide nicht jetzt gleich zum Mainzer Bauamt fahren und einen Baustopp erwirken? Mit den Beweisen, die wir haben?«

Der dicke Reporter schnaufte.

»Welche Beweise? Ein überpinseltes Türmchen, ein Mönchstagebuch von anno dazumal und eine Legende aus dem Mund von Jean, dem Gewaltboten? Wohl kaum.«

Tinne musste zustimmen, dass diese Argumentationskette nicht sehr überzeugend klang. Die Tür hinter ihnen öffnete sich erneut, leise redend kamen zwei junge Männer herein, offensichtlich Studenten. Sie gingen zu einem anderen Lesegerät und legten ein Mikrofiche ein.

Elvis und Tinne verständigten sich mit einem Blick. Ihr Besuch im Hessischen Staatsarchiv war vorbei, sie hatten den ›Knaller‹ gefunden. Elvis stand auf und schob seinen breiten Körper zwischen Tinne und die Neuankömmlinge, damit sie sich wieder ordnungsgemäß in Schale werfen konnte.

Flüsternd fragte er:

»So, und was machen wir jetzt? Wie können wir verhindern, dass morgen dieses ›capulus‹ zum zweiten Mal in seiner Geschichte verloren geht, und diesmal für immer?«

Tinne stopfte sich todesmutig die Küken in die Backen. »Gansch einfach: Wir müschen heute Nacht auf den Jakobschberg und schelbscht nach der Kammer schuchen.«

Freitag, 23. März 2012

Der Mond, der auf Kalkbrenners Gartenparty rund und dick wie ein Camembert gewesen war, nahm inzwischen ab und goss sein Licht nicht mehr ganz so verschwenderisch auf den Jakobsberg. Doch es reichte aus, um den Weg zu erkennen, als Tinne und Elvis an der Nordostseite der Citadellkaserne vorbeischlichen. Das Gebäude ragte wie ein riesiges, schwarzes Schiff neben ihnen in die Höhe, um halb zwei Uhr nachts brannte kein einziges Licht darin.

Tinne war erstaunt, wie leise die nächtlichen Geräusche der Stadt hier auf dem Hügel waren. Es schien, als würde sich die geschichtsträchtige Erhebung dem Lärm von Autos, Motorrädern und anderen modernen Erfindungen beharrlich verweigern. Auch die Luft roch hier ganz anders als einige Hundert Meter weiter in den Straßen – eher nach Erde, Pflanzen und verrottendem Grün.

Halb über ihrer Schulter hängend trug Tinne einen Rucksack, Elvis ließ dasselbe Modell an seiner Hand baumeln. In den Rucksäcken steckte ihre Ausrüstung, die sie am frühen Abend beim ›Outdoor-Stiefel‹ in der Rheinstraße gekauft hatten: stabile Kletterhelme, Handschuhe, starke Maglight-Taschenlampen und Geländeschuhe mit groben Sohlen. Den ›Outdoor-Stiefel‹ hatte Bertie ihnen auf der Rückfahrt von Darmstadt empfohlen. Er war dort schon öfter mit seinen beiden Buben für Zeltwochenenden und Abenteuertouren einkaufen gewesen, und tatsächlich konnte die Inhaberin Tinne und Elvis schnell und kompetent weiterhelfen.

Im Rucksack des Reporters klimperten zudem eine Brechstange, ein Hammer und ein Klappspaten, Tinne trug Hannahs Tauchkompass am Handgelenk und eine kleine Digitalkamera aus den Beständen der AZ in der Hosentasche. Darüber hinaus nannte sie seit heute einen programmierbaren GPS-Empfänger ihr Eigen, wenngleich ihr Konto dafür nun noch weiter ins Minus ragte.

Beide waren komplett schwarz angezogen. Tinnes Kleidung stammte aus einem Elvis'schen Blitzeinkauf, dankenswerterweise stimmten die Größen einigermaßen. Sogar ihre Gesichter waren schwarz, der Dicke bestand in guter, alter Einzelkämpfer-Manier darauf, dass nur ein geschwärzter Soldat ein unsichtbarer Soldat sei. Tinne rollte die Augen und hatte den Geschmack von Schuhcreme im Mund – der einfachsten und preisgünstigsten Lösung für die schnelle Gesichtsfärbung zwischendurch.

Sie stiegen über einige Treppen zum Drususstein hinauf. Der kegelförmige Turm, der um die Zeit von Christi Geburt zu Ehren des römischen Feldherrn Drusus errichtet worden war, erhob sich auf der südlichen Zitadellenspitze. Einige halbkreisförmig gruppierte Bänke lockten tagsüber Besucher und Spaziergänger an, doch im Mondlicht sah das Ensemble in Tinnes Augen aus wie ein gespenstisches Theater, bei dem unsichtbare Totengeis-

ter einem ebenso unsichtbaren Bühnenstück zuschauten.
Sie fröstelte nicht nur wegen der kalten Luft.

»Elvis, was machen wir, wenn Kalkbrenner nicht nur
unten, sondern auch hier oben Wachen aufgestellt hat?«,
wisperte sie.

Elvis klang entnervt und raschelte mit seinem Rotkreuz-
Tabakbeutel.

»Zum zehnten Mal: Sein Sicherheitsdienst steht nur
unten an der Baustelle. Ich habe extra heute Nachmittag
von der AZ aus in seinem Büro angerufen und Zeitungs-
interesse geheuchelt, deshalb weiß ich, dass seine Sorge
nur der Oberstadt gilt. Nach hinten hin grenzt das Bau-
gelände an die Grabenmauer, an die steile Böschung und
an die Zitadellenspitze, auf der wir gerade herumlaufen.
Da steht kein Wachmann, glaub mir.«

Er ließ sein Feuerzeug aufflammen und zündete eine
Zigarette an, als wolle er zeigen, wie sicher er seiner Sache
war. Doch Tinne war nur halb beruhigt. Sie fragte sich, ob
sie beide gerade eine Riesendummheit begingen – immerhin war ihre Freundin Hannah bei einer ganz ähnlichen
Aktion ums Leben gekommen. Gleichzeitig fühlte sie sich
aufgeregt wie ein Kind zu Weihnachten. Schließlich war
sie in ihrem bisherigen Leben noch nicht allzu oft auf den
Spuren eines Jahrhunderte alten Geheimnisses durch eine
dunkle Grünanlage geschlichen.

»So, da sind wir.«

Elvis lehnte sich an das Geländer neben dem Drususstein und erinnerte an Obelix, der sich an einen überdimensionalen Hinkelstein heranwagt. Aus seinem schuhcremeschwarzen Gesicht schauten zwei weiße Augen zu
Tinne hinüber, die Spitze seiner Zigarette glühte rot.

»Dann schauen wir doch mal, ob dein Bruder Basilius nicht einfach nur zu lang im Klosterweinkeller gehockt hat. Wie war das? Freie Sicht auf den Dom?«

Er tat so, als würde er sich mit der Hand die Augen beschatten und starrte übertrieben auf die Zitadellengebäude.

»Ich sehe aber keinen Dom.«

Der dicke Reporter war nicht sehr begeistert von Tinnes Idee, nachts auf eigene Faust auf dem Jakobsberg herumzulaufen und Hannahs Spur zu folgen. Doch Tinne ignorierte seinen Pessimismus und kramte in ihrem Rucksack. Sie hatte sich im Internet die GPS-Koordinaten des Mainzer Doms herausgesucht und programmierte sie nun im Schein ihrer Taschenlampe in das GPS-Gerät. Probeweise schwenkte sie den Empfänger nach rechts und links. Tatsächlich, die Position des Doms wurde auf dem kleinen Display zuverlässig durch einen Strich und einen Gradbogen angezeigt.

»So, Motzkopf, unsere Dom-Peilung haben wir schon mal. Jetzt suchen wir die Gerade zwischen Dom und Drususstein, und genau dort klettern wir hinunter.«

Hinter dem Drususstein führte einer der Pfade entlang, die das Zitadellengelände komplett umrundeten. Tinne hielt das GPS-Gerät fest im Auge, während sie den Weg entlang lief. Elvis folgte ihr misslaunig.

»Stopp!« Sie blieb stehen und überprüfte noch einmal die Anzeige auf dem Display.

»Genau hier bilden Drususstein und Dom eine Linie.«

»Klar, ich seh's – wenn ich die Bäume fälle, die Zitadellengebäude abbrenne und den Hügel planiere«, brummte Elvis und drückte seine Zigarette aus.

Erneut überhörte Tinne seine Ironie und warf einen Blick hinter sich. Das Gelände jenseits des schmalen Weges fiel steil ab. Dichtes Buschwerk, Bäume und Sträucher bedeckten die Böschung und erschienen im Mondlicht wie eine schwarze Wand. Sie konnte es nicht sehen, doch sie wusste, dass tief unter ihr das Baugebiet von Elias Kalkbrenner lag.

»Auf geht's, Tarzan, die Lianen warten«, meinte sie spöttisch zu Elvis und setzte einen Fuß auf den Abhang. Sofort gab der sandige Boden unter ihr nach. Sie rutschte ein Stück abwärts, verfing sich in dornigen Zweigen und fiel auf die Knie.

»Sehr elegant, Jane«, gab er zurück und trat entsprechend behutsam auf. Tinne rieb sich die schmerzenden Knie, kämpfte eine aufkommende Panik nieder und wagte sich ebenfalls weiter. Innerhalb einer Minute wurde das Mondlicht durch die Bäume und das dichte Buschwerk verschluckt. Wie auf geheime Absprache hin ließen sie ihre Maglights aufflammen, deckten die hellen Lichter aber mit ihren Händen ab. Es war alles andere als einfach, die Böschung in einer geraden Linie hinabzuklettern, knorrige Wurzeln und undurchdringliche Büsche zwangen sie zu Umwegen nach rechts oder links. Es war kaum zu glauben, dass ein solches Unterholz mitten im Mainzer Stadtgebiet existierte. Tinne hatte Mühe, ihre große Gestalt durch das Unterholz zu zwängen. Das Rascheln und Knacken, das sie bei ihrem Vordringen erzeugte, klang laut und störend durch die Nacht.

»Autsch!«

Elvis hatte sich den Schädel an einem Ast gestoßen, er rieb sich die Stirn und fluchte danach gleich nochmals über seine schuhcremeverschmierten Hände. Tinne hielt sich bei jedem Schritt an Ästen und Wurzeln fest, um auf dem steilen Abhang nicht das Gleichgewicht zu verlieren. Das Licht ihrer Taschenlampe glitt über leere Bierflaschen, Plastiktüten und Abfall hinweg. Trotz des scheinbaren Wildwuchses hatte die Zivilisation das Gebiet längst schon erobert.

Ihr Mut sank. In der Theorie hatte der Plan geradezu phänomenal geklungen, der Wegbeschreibung des Mönchs zu folgen und den verborgenen Eingang zu finden. Sie hatte sich sogar ein klein wenig wie Hannah gefühlt, mutig, verwegen und abenteuerlustig – eben so, wie sie schon immer sein wollte. Doch nun, inmitten von Bäumen und Wohlstandsmüll, kam sie sich hoffnungslos verloren vor. Elvis leuchtete derweilen zwischen den Büschen umher, als erwarte er ein beschildertes Portal mit Parkplatz und Klohäuschen. Tinne biss die Zähne zusammen und erinnerte sich daran, dass Hannah denselben Weg gegangen sein musste – und zwar ohne die tröstliche und beruhigende Gesellschaft eines Begleiters.

»Was ist das hier?«, fragte die beruhigende Gesellschaft in dieser Sekunde. Tinne trat einen vorsichtigen Schritt heran. Im Licht von Elvis' Maglight erhob sich ein Hügelchen, das wie ein Auswuchs auf der Böschung thronte. Es war völlig in das umgebende Buschwerk eingewachsen, knorrige Bäume ragten heraus, deren krumme Stämme an gichtige Glieder erinnerten.

»Das schauen wir uns mal an«, beschloss Tinne mit pseudo-optimistischer Stimme. Elvis bückte sich ächzend und versuchte, das dichte Buschwerk zur Seite zu drücken. Doch die Sträucher waren widerspenstig und starrten vor gemeinen Dornen. Also holte er die Brechstange aus seinem Rucksack und riss mit dem kurzen, gebogenen Ende daran herum. Beim dritten Versuch erwischte er eine Stelle, an der sich das Buschwerk mit Leichtigkeit zur Seite räumen ließ. Überrascht leuchtete er hin.

»Hey, alles nur Fake, das war schon losgerissen!«

Alarmiert bückte Tinne sich und leuchtete ebenfalls. Tatsächlich – jemand hatte die abgerissenen Sträucher wieder an den Fuß des Hügelchens drapiert, um einen unversehrten Bewuchs vorzutäuschen. Dahinter war rotes Gestein zu sehen, ein Bogen, der zu ebenmäßig war, um natürlichen Ursprungs zu sein. Eifrig rissen und schoben sie die übrigen Ranken zur Seite. Nach einer Minute hatten sie eine schräge Öffnung freigelegt, die in den Hang hineinführte und oben von einem verwitterten, roten Sandsteinbogen umschlossen wurde.

»Ich werd verrückt. Der zweite Eingang«, murmelte Elvis. Tinne starrte stumm auf das Loch. Dahinter lag das Labyrinth, in dem Hannah gestorben war.

*

Ein unwirkliches grünes Licht erhellte die gesamte Szenerie. Büsche, Bäume und Äste schienen auf eine merkwürdige Art zu leuchten, alle Konturen hatten scharfe, grünliche Kanten. Die beiden fluoreszierenden Gestalten inmitten des Unterholzes hantierten mit ihren Rucksäcken, eine setzte sich gerade einen Helm auf.

Elias Kalkbrenner nahm den Restlichtverstärker von den Augen und biss die Zähne zusammen. Seine Wangenknochen traten hervor.

Nach einer Weile erhob er sich leise von seinem Beobachtungsposten an der Zitadellenmauer und umrundete das bewaldete Gebiet. Für einen Mann seiner Statur bewegte Kalkbrenner sich überraschend geräuschlos, seine Silhouette verschmolz mit der Nacht.

Nach einer Viertelstunde erreichte er den Zitadellengraben und damit sein Baugebiet. Jenseits der Bäume tauchte der Mond das Gelände in kaltes Licht. Als Kalkbrenner über die Zufahrts-Trasse nach unten ging, war in Sekundenschnelle einer der Wachleute hinter ihm.

»Was machen Sie hier?«, fragte der Sicherheitsmann scharf. Seit dem Brandanschlag auf die Baumaschinen behielten drei Wachmänner das Baugebiet nachts im Auge. Kalkbrenner drehte sich um, der Mann erkannte ihn und salutierte fast vor Schreck.

»Oh, Entschuldigung, ich … ich habe Sie nicht erkannt.«

Kalkbrenner winkte ihn zu sich heran.

»Hören Sie zu«, knurrte er. »Ich brauche Sie und die anderen heute Nacht nicht mehr. Sagen Sie Ihren Kollegen Bescheid und zischen Sie ab. Den Dienst kriegen Sie trotzdem bezahlt.«

Der Wachmann schaute eine Sekunde verwirrt drein, dann breitete sich ein Grinsen auf seinem Gesicht aus.

»Okay, alles klar, machen wir gern. Dankeschön, Herr Kalkbrenner.«

Ohne weitere Umstände griff er nach seinem Funkgerät und informierte die anderen beiden Sicherheitsleute, nach einer halben Minute war er verschwunden. Die Aussicht auf ein paar Stunden gut bezahlten Schlafes ließen ihn eilen.

Kalkbrenner stand inmitten des mondhellen Platzes und schaute dem Mann nach. Bei dem, was er heute Nacht vorhatte, konnte er keine Zeugen brauchen.

*

Die wenigen Autos, die mitten in der Nacht die Breite Straße in Gonsenheim entlang fuhren, waren in der Maler-Becker-Straße kaum zu hören. Die hübschen Einfamilienhäuser hielten Abstand zu den Nachbargebäuden, jedes Haus hatte einen gepflegten Garten und mindestens einen Wagen in der Einfahrt. Vor der Hausnummer 44 parkten zwei, ein Mini Cooper Cabrio und ein dunkler M-Klasse Mercedes, der im Mondlicht glänzte, als wäre er aus gegossenem Blei.

Im Inneren des Hauses schlief Julia Conradi im Ehebett, sie seufzte leise und bewegte ihre Beine unter der Decke. Ihre Träume waren wirr wie so oft in letzter Zeit, denn ihr Unterbewusstsein war mit dem seltsamen Verhalten ihres Mannes beschäftigt. In quälenden nächtlichen Bilderreihen verlor sie ihren Mann immer und immer wieder: Er wurde in der Wüste von Sand zugeweht, trieb im ewigen Eis auf einer Scholle davon oder hing in den Bergen am Abgrund. Jedes Mal streckte Julia ihm bittend die Hand hin, doch trotz ihres Flehens schaute Christian sie nur unendlich verzweifelt an und verschwand, ohne ihre Hilfe anzunehmen. Solche Träume ließen Julia stets voller Verzweiflung aufwachen. Mit dem sicheren Instinkt einer Lebenspartnerin ahnte sie, dass ihr Mann in Ereignisse verstrickt war, die ihm zusehends über den Kopf wuchsen und ihm die Luft zum Atmen nahmen. Doch all ihre Nachfragen und Unterstützungsangebote ließ er nicht an sich heran. Christian hatte sich zurückgezogen wie die sprichwörtliche Schnecke.

Plötzlich schrak Julia auf, sie hatte einen Laut wahrgenommen. Das Schlafzimmer war dunkel, Einzelheiten konnte sie nicht erkennen. Dann merkte sie, dass das Bett neben ihr leer war. Alarmiert schaute sie auf den Wecker: halb zwei!

Leise Geräusche ertönten im Flur, sie erkannte die typische Schrittfolge ihres Mannes, der ins Erdgeschoss hinunter schlich. Schnell stand sie auf und trat an die Treppe. Er stand komplett angekleidet im halbdunklen Eingangsbereich und schloss gerade die Haustür auf.

»Christian, um Himmels willen, wo willst du hin? Was ist denn eigentlich los?«

Die Angst machte ihre Stimme lauter als beabsichtigt. Sie hoffte, die beiden Mädchen nicht geweckt zu haben.

Erschrocken fuhr ihr Mann herum.

»Ich, ich … ich muss noch mal weg. Ins Büro.«

»Was? Mitten in der Nacht?«

Er antwortete nicht, sondern trat durch die offene Tür nach draußen. Die Angst, die schon seit Tagen an Julia nagte, brach nun mit Macht hervor. Der Schlaf ihrer Töchter war ihr nun egal, sie schrie mit Panik in der Stimme:

»Christian, was ist los? Verdammt, rede endlich mit mir, was ist denn los mit dir?«

Prompt erklang klägliches Weinen aus dem Zimmer der Mädchen, doch ihr Mann reagierte nicht darauf. Wie in ihren schlimmen Träumen blieb er eine Sekunde stehen, schaute sie hilflos an und trat hinaus in die Nacht. Sie hörte, wie der Motor des Mercedes ansprang und das Auto aus der Einfahrt fuhr.

Julia Conradi nahm automatisch ihre Töchter in den Arm, die heulend aus ihrem Zimmer stolperten, und ließ den Tränen freien Lauf.

*

Vorsichtig setzte Tinne einen Fuß vor den anderen. Sie musste sich ständig ducken, um mit dem Kopf nicht an die niedrige Decke des unterirdischen Ganges zu stoßen. Der Weg führte ohne Stufen steil nach unten, sodass sie bei jedem Schritt vorsichtig austesten musste, ob ihre Sohlen griffen. Vor ihr erhellte der Lichtkegel ihrer Maglight roh behauene Steine, Wurzelwerk und Schlamm.

Tinne leuchtete nach hinten. Elvis stolperte hinter ihr her, sein Schuhcreme-Gesicht glänzte vor Schweiß, obwohl die Temperatur direkt hinter dem schmalen Eingang um mehrere Grade gefallen war.

»Geht's, Elvis?«

Ein Ächzen war die Antwort.

»Wenn ich hier drin stecken bleibe, darfst du höchstpersönlich den Schuhlöffel holen.«

Sie musste sich ein Grinsen verbeißen. Die dicke Gestalt des Reporters füllte den Stollen komplett aus. Unwillkürlich fühlte Tinne sich an die Indiana Jones-Szene erinnert, in der ein runder Fels durch einen Tunnel donnert und Indy vor sich her treibt. Sie behielt ihre wenig schmeichelhaften Gedanken aber für sich.

»Na komm, enger als der Eingang kann der Stollen ja nicht sein.«

Mit Grausen erinnerte sie sich daran, wie sie mit Hilfe des Spatens und der Brechstange das Loch im Hang vergrößert hatten, damit Elvis seinen Bauch durchzwängen konnte.

»Ich frage mich eh, wie ein solcher Eingang über Jahrhunderte unbemerkt bleiben konnte«, brummte der Reporter und blieb einen Augenblick stehen, um zu verschnaufen.

Tinne war nicht undankbar für die Pause. Das Gefälle beanspruchte die Beinmuskulatur, ihre Waden fühlten sich schon jetzt an wie nach einem Marathonlauf. Darüber hinaus schmerzten ihr Nacken und der Rücken durch das gebückte Gehen. Wie schon hunderttausend Mal im Leben wünschte sie sich mädchenhafte 1,65 Meter.

»Na ja, die Baumeister, die im 17. Jahrhundert die Festungsanlagen errichtet haben, machten sich natürlich nicht mehr Arbeit als unbedingt erforderlich. Deshalb sind weite Teile der natürlichen Jakobsberg-Erhebung in die Anlage integriert worden, zum Beispiel der Hang nördlich des Drusussteins, an dem der Einstieg liegt. Und wir haben ja selbst gesehen, dass die halbrunden Steine komplett zugewachsen waren. Wenn jemand nicht ganz gezielt an genau dieser Stelle sucht, hat er keine Chance, den Eingang zu finden.«

»Ganz schön mutig von Hannah, sich mutterseelenallein nachts hierher zu stehlen und einen zig hundert Jahre alten Tunnel zu suchen.«

Tinne nickte stumm. Die Erinnerung an ihre Freundin begleitete sie bei jedem Schritt. Hier in dem dunklen, engen Tunnel schien Hannah fast körperlich anwesend zu sein, ganz so, als wäre sie erst wenige Minuten zuvor denselben Weg gegangen.

»Nun befinde ich mich in einem gemauerten Gang, rund eineinhalb Meter hoch, sehr schlechter Zustand. Der Gang führt in südwestlicher Richtung steil nach unten.«« Tinne las laut vor, während sie mit der Taschenlampe ein Blatt Papier erhellte. Am frühen Abend hatte sie Hannahs Audiokommentar abgetippt und ausgedruckt, damit sie zumindest hin und wieder ihre Orientierung überprüfen konnte. Sie warf einen Blick auf den Tauchkompass an ihrem Arm.

»Okay, alles richtig soweit. Der Weg führt nach unten und zeigt nach Südwesten. Weiter geht's.«

Scharrend und kratzend bewegten sie sich nach unten. Alle paar Minuten holte Tinne die Digitalkamera heraus und fotografierte ihre Umgebung. Ein beklemmendes Gefühl beschlich sie, als ihr bewusst wurde, wie viele Tonnen Steine und Erdreich über ihren Köpfen aufgetürmt waren. Die Luft roch abgestanden und muffig, sie schien seit Jahrhunderten unbewegt in dem alten Stollen gestanden zu haben.

Nach einer gefühlten Ewigkeit flachte das Gefälle endlich ab. Tinne, die seit ihrem Eintritt in die unterirdische Welt ihre Schritte grob mitzählte, rechnete nach. 120 Schritte, das mochten rund 70 Meter sein. Sie hatten die Sohle des Zitadellengrabens erreicht, nun lag die Baustelle des Elias Kalkbrenner über ihren Köpfen.

»Bald sollten wir die Verzweigung erreichen, die Hannah erwähnt hat«, murmelte sie halb zu Elvis, halb zu sich selbst. Sie warf einen Blick auf das Blatt in ihrer Hand. »›140 Schritte. Jetzt verzweigt sich der Tunnel. Der linke Gang scheint eingestürzt zu sein und ist unpassierbar, ich wende mich nach rechts in Richtung Nordwesten.‹«

Tatsächlich: Nach einigen Metern teilte sich der Stollen. Der Bereich der Abzweigung war stärker ausgemauert, die niedrige Decke bestand aus mächtigen Sandsteinblöcken.

»So, der linke Gang soll also unpassierbar sein.«

Tinne wartete, bis Elvis aufgeschlossen hatte und sich

erschöpft auf den Boden fallen ließ, dann leuchteten sie gemeinsam in den linken Tunnel. Die Lichtkegel wanderten über einen Haufen Geröll, über Steine, Erde und Holzstücke. Die Decke des Tunnels war offensichtlich eingebrochen und hatte das darüber liegende Erdreich mitgerissen. Das beklemmende Gefühl verstärkte sich, unwillkürlich schielte Tinne zur Decke. Wenn ein solcher Einsturz hier und jetzt stattfinden würde, wäre das nicht nur das Ende ihres Abenteuers, sondern auch das Ende ihres Lebens.

»Also, dann auf nach rechts«, meinte Elvis leidend und erhob sich. Hannahs Beschreibung entsprechend führte der Tunnel erneut abwärts, wenn auch nicht mehr so stark wie vorher. Die Wände rückten enger zusammen, Tinne hörte, wie Elvis hinter ihr rechts und links an den alten Steinen entlang streifte und erbärmlich keuchte. Sie hoffte inständig, dass der Dicke nicht tatsächlich irgendwo stecken bleiben würde, behielt ihre Befürchtungen aber für sich. Bleiche Baumwurzeln ragten wie Knochenfinger aus den Wänden, Wasser hatte sich auf dem Boden gesammelt und ließ ihre Schritte schlammig schmatzen.

»›Bin jetzt 25 Schritte in nordwestliche Richtung gegangen.‹«, las sie halblaut vom Blatt ab. »›Der Tunnel ist nach wie vor gemauert, allerdings in schlechtem Zustand. Alles ist feucht, der Boden ist mit Geröll und losem Erdreich bedeckt.‹«

»Verdammt, wenn das noch enger wird, passe ich nicht mehr durch.« Ein Anflug von Panik flackerte über Elvis' Gesicht, als er sich mit Gewalt an einer Engstelle vorbei zwängte und Erde und Sand auf ihn herunterrieselten. Tinne musste schlucken. Vielleicht war es doch keine so gute Idee gewesen, den übergewichtigen Reporter mit auf die Expedition zu nehmen. Sie warf einen Blick auf Hannahs Beschreibung.

»Pass auf, Elvis, gleich wird's besser. Noch ein paar Meter, dann kommt ein Knick nach rechts, und der Gang wird größer und breiter.«

Zunächst rückten die grob gemauerten Wände aber noch näher zusammen, sodass Elvis seitlich durchrutschen musste. Er war klatschnass geschwitzt, längst hatte Tinne seinen Rucksack übernommen und half ihm, indem sie störrische Wurzeln zur Seite bog und vorspringende Steine anleuchtete.

»Wenn wir hier wieder raus sind, specke ich 50 Kilo ab!« Mit verkniffenem Gesicht presste Elvis seinen Bauch durch eine Engstelle, während sein Helm mit hohlem Knallen mehrfach an die Decke stieß. Tinne versuchte ein schiefes Grinsen.

»Ich nehm dich beim Wort«, flachste sie bemüht.

Endlich kam die in Hannahs Beschreibung angekündigte Kehre nach rechts. Sofort wurde der Stollen merklich breiter und höher. Tinne richtete sich auf und merkte, wie ihr Rücken knackte. Elvis ließ sich mit einem Seufzer der Erleichterung zu Boden plumpsen. Seine Kleider hatten Risse, er war über und über mit Schlamm bedeckt und sah aus wie ein Sumpfmonster. Sogar seine Koteletten waren vom Sand regelrecht versilbert.

»Auaaa, ich fühle mich wie durch den Wolf gedreht. Das war der härteste Spaziergang in meinem ganzen Leben.«

Seine Stimme klang anders, weniger dumpf. Der Tunnel schluckte den Schall nicht so sehr wie die engen Stollen vorher. Tinne hörte seinem Gejammer nur mit halbem Ohr zu, während sie neugierig ihre Maglight schwenkte.

»Schau mal, Elvis, dieser Gang ist anders gebaut. Hier

sind die Wände gerade und ordentlich verfugt, alles ist viel breiter und höher. Sieht so aus, als wären wir jetzt in einem anderen Teil des Tunnelsystems angekommen.«

Elvis leuchtete ebenfalls umher. Sein Lichtkegel streifte halb eingestürzte Bereiche, in denen wirre Haufen aus Steinen und Erde umherlagen.

»Und das soll jetzt unser Ziel sein?«, fragte er zweifelnd und rieb seine schlammigen Hände an den Hosenbeinen ab, ohne dass sie wirklich sauberer wurden.

»›Vor mir ist etwas, das wie der Übergang zur eigentlichen Kammer aussieht.‹«, zitierte Tinne aus Hannahs Beschreibung. »Das ist der letzte Kommentar der Tondatei, danach kommt nur noch ihr seltsames ›Na, das ist ja mal eine Überraschung‹.«

»Also dann werden wir mal versuchen, ihren geheimnisvollen ›Knaller‹ zu finden«, ächzte Elvis und erhob sich. Gemeinsam gingen sie Schritt für Schritt weiter und beleuchteten sorgfältig jede Erhebung und jeden Spalt in den Wänden. Es war schwierig, den Überblick zu behalten, weil zahllose Wurzeln, zerbrochene Steine und halb eingestürzte Bereiche den Gang unübersichtlich machten. Darüber hinaus wussten sie nicht genau, nach was sie eigentlich suchen sollten.

»Hey, was ist das?«

Elvis leuchtete einen glänzenden Gegenstand auf dem Boden an. Tinne bückte sich und hob einen Karabinerhaken auf. Das Metall funkelte im Lampenschein, der Karabiner war augenscheinlich fabrikneu.

»Der gehört zu Hannahs Ausrüstung, jede Wette.«

Die Lichtkegel ihrer Maglights zeigten einen zerwühlten und schlammigen Boden, mehrere grobe Steinblöcke lagen herum. Elvis ging in die Knie, nahm eine Handvoll Erde auf und zerrieb sie zwischen den Fingern.

»Schwere Erde. Viel Lehm drin.«

Einen Augenblick herrschte Schweigen. Beide erinnerten sich, dass lehmiger Schlamm an Hannahs Leiche gefunden worden war. Tinne hörte, wie ihr Blut in den Ohren rauschte. War ihre Freundin an dieser Stelle gestorben? Hatte ihr Mörder sie hier eingeholt? War der Lichtschein ihrer Lampe hier auf sein Gesicht gefallen? ›Na, das ist ja mal eine Überraschung.‹ Ein Kratzen, ein Poltern, ein erstickter Schrei. Dann Stille. Totenstille.

Sie steckte den Karabiner in ihre Hosentasche und richtete die Maglight entschlossen auf die Wände.

»Auf, Elvis, jetzt erst recht. Das sind wir Hannah schuldig.«

Mit neuem Mut leuchteten sie den Gang ab. Die Lichtkegel huschten über Sandsteinblöcke und Spalten. Nach wenigen Metern blieb Tinnes Lichtkegel an einer Art Türsturz hängen, einem niedrigen Durchgang, der mit einer massiven Steinplatte verschlossen war.

Aufgeregt flüsterte sie: »Hier ist etwas. Komm, leuchte mal hierher.«

Elvis trat heran. Im Lichtschein beider Maglights sah Tinne, dass in die Steinplatte lateinische Worte eingemeißelt waren. Mit ihrem Ärmel wischte sie behutsam darüber. Staub, Sand und Schmutz rieselten zu Boden, die Worte traten deutlicher hervor. Schließlich ging sie einen Schritt zurück, um den gesamten Schriftzug überblicken zu können.

Elvis starrte auf die Worte, dann stieß er Tinne in die Rippen.

»Und? Jetzt übersetz doch mal. Steht da was von diesem Letternkasten-Ding?«

Doch Tinne hatte den Mund offen stehen und sah aus wie vom Donner gerührt. In Zeitlupe schüttelte sie den Kopf.

»Elvis, ich glaub's einfach nicht. Wir sind die ganze Zeit auf dem falschen Dampfer gewesen!«

*

Als der graue T5 Multivan vom Drususwall auf die Zufahrt zum Baugebiet einbog, erloschen seine Scheinwerfer. Mit Standgas rollte der VW-Bus ein paar Dutzend Meter weiter, dann hielt er an. Der Motor verstummte, das Scharren der Reifen auf der Schotterpiste erstarb.

Im Mondlicht sah die aufgeschüttete Trasse auf der Rasenfläche aus wie ein weißer Steg in einem schwarzen Meer. In weniger als 100 Metern Entfernung schien die Trasse wie abgeschnitten zu sein. An dieser Stelle begann das Gefälle, das rund acht Meter nach unten auf den Boden des Zitadellengrabens führte. Dahinter erhob sich der schwarze Zitadellenberg.

Professor Nümbrecht stieg aus dem VW-Bus, den er am frühen Abend bei Europcar abgeholt hatte. Eine halbe Minute stand er still auf der Rasenfläche, die zwischen der Oberstadt und dem Graben lag, und konzentrierte sich auf seinen Atem und seinen Herzschlag. Die Luft war kühl, trotz der fast schon sommerlichen Temperaturen, die tagsüber herrschten. Ein schwacher Duft nach Blüten und Gras war zu riechen, das Flattern eines Nachtfalters drang an sein Ohr. In der Ferne fuhren vereinzelte Autos.

Das Schleifen der seitlichen Schiebetür klang metallisch durch die Nacht, als der Professor sie öffnete und eine Kiste mit merkwürdigen Gegenständen herausnahm. Bedächtig griff er hinein und begann, einen nach dem anderen herauszunehmen und auf dem Boden nebeneinander anzuordnen, als wolle er seinen Plan nochmals Schritt für Schritt durchgehen. Nur die Handschellen glitten ihm aus den Fingern und rasselten misstönend auf den Schotter der Trasse. Verärgert legte er sie auf ihren Platz in die Reihe. Nachdem alle Gegenstände griffbereit lagen, nahm Nümbrecht eine kreisrunde, weiße Atemmaske und platzierte sie sorgfältig auf Mund und Nase. Seine Augen oberhalb der Maske waren entschlossen zusammengekniffen.

Jetzt war die Zeit zum Handeln gekommen.

*

Gero Frey stand nervös neben seinem geparkten Golf und starrte in die Dunkelheit. Außer dem leisen Rauschen eines Luftzugs in den Bäumen und dem Scharren irgendeines Nachttiers herrschte Totenstille. Sein Rucksack hing schwer an seiner Schulter, zum zehnten Mal innerhalb weniger Minuten tastete Gero an der Seite seiner Windjacke entlang und spürte den beruhigenden Umriss der Pistole. Sein Atem ging schwer. In letzter Zeit ertappte er sich immer wieder bei dem Gedanken, dass er vielleicht einen Schritt zu weit gegangen war. Er schloss die Augen. Egal, jetzt konnte er nicht mehr zurück.

Ein Geräusch stahl sich in die nächtliche Stille. Ein Automotor erklang sehr leise, dann waren rollende Reifen zu hören. Gero strengte seine Augen an, doch er sah keinen

Lichtschein. Schließlich reflektierte zwischen den Bäumen etwas Glänzendes, Großes, und endlich erschien ein dunkler Geländewagen, der ohne Licht mit leise schnurrendem Motor herankam. Als das Schnurren schließlich verstummte und von dem metallischen Ticken abgelöst wurde, mit dem der erhitzte Motor abzukühlen begann, öffnete sich die Tür des Wagens. Eine schlanke Gestalt glitt nach draußen, blieb einen Augenblick stehen und trat dann auf Gero zu.

»Bereit?«, fragte die Gestalt anstelle einer Begrüßung. Und anstelle einer Antwort nickte Gero nur und packte seinen Rucksack fester.

*

Requiem aeternam Dona ei Domine
Et lux perpetua luceat ei
Requiescat in pace

Hir sepultus est Ioannes Gensfleisch
Anno Domini 1472

Wie betäubt starrte Tinne auf den Schriftzug in der Steinplatte. Alle Einzelheiten rutschten an ihren Platz, sie durchschaute ein 500 Jahre altes Rätsel. Nun war ihr klar, warum Hannah ihre Entdeckung geheim gehalten hatte. Warum Professor Nümbrecht ihre Unterlagen sofort an sich genommen hatte. Warum Kalkbrenner verzweifelt versuchte, weitere Forschungen auf seinem Baugebiet zu unterbinden.

»Elvis«, flüsterte sie und packte den Arm des Reporters, »wir stehen vor der größten historischen Entdeckung, die jemals in Mainz gemacht wurde.«

Sie drehte sich zu ihm um.

»Hinter diesem Stein liegen nicht die Lettern des Johannes Gutenberg versteckt. Hier liegt sein Leichnam. Hier ist *the Man of the Millennium* begraben.«

Stille senkte sich über den uralten Tunnel. Der Reporter brauchte ein paar Sekunden, bis er erneut auf den Schriftzug leuchtete.

»*Requiem aeternam dona ei*«, las er stockend und warf Tinne einen fragenden Blick zu.

»Ewige Ruhe schenke ihm, Herr«, übersetzte sie. »Und das ewige Licht leuchte ihm. Er ruhe in Frieden. Hier wurde Johannes Gensfleisch begraben im Jahre des Herrn 1472.«

Dann leuchtete sie Elvis vor Begeisterung voll in die Augen, sodass er erschrocken die Hand vor sein Gesicht hielt.

»Mensch, Elvis, wir haben uns die ganze Zeit von der blöden Gewaltboten-Geschichte an der Nase herumführen lassen! Weißt du noch, was uns Jean über die Gutenberg-Legende erzählt hat?«

»Eh, ja, klar, dass sein Letternkasten-Dings auf dem Jakobsberg versteckt worden sein soll.«

»Genau! Aber dieses Letternkasten-Dings, das hat Jean doch auch benannt, nämlich als ›capulus‹. Das wäre, so hat er gesagt, ein Wort aus der Druckersprache.«

»Ja, und?«

»Ich Riesenrindvieh habe nicht weiter darüber nachgedacht, dabei hat das Wort ›capulus‹ eine eigene, ganz wörtliche Bedeutung. Es heißt nämlich Sarg! Kapiert? Man hat

Gutenbergs Sarg unter der Johanniskapelle begraben! Seinen richtigen, echten Sarg! Damals, zu seiner Zeit, war ein ›capulus‹ auch nichts anderes als ein Sarg. Ich denke mir die Sache so: Im Lauf der nächsten Jahrhunderte wurde ›capulus‹ nach und nach ein feststehender Begriff in der Druckersprache und bezeichnete einen Letternkasten. So ist es nicht weiter verwunderlich, dass die Leute irgendwann davon ausgegangen sind, Gutenbergs ›capulus‹ müsse eben dieser Letternkasten sein. Bedeutungsverschiebung, so nennen wir Historiker einen solchen Vorgang. Und schon war die Legende geboren, die Jean heute noch kennt.«

Elvis schaute verblüfft von Tinne zur Steinplatte und zurück. Dann schüttelte er unwillig den Kopf.

»So ein Quatsch, das stimmt doch hinten und vorn nicht. Erstens ist Gutenberg nicht 1472 gestorben, sondern 1468. Und zweitens ist er mit 100prozentiger Sicherheit in der Kirche des Franziskanerklosters beerdigt worden. Kein Mensch hat jemals etwas von einer Grabstätte auf dem Jakobsberg gehört. Und ich habe beileibe schon genug Zeitungsartikel über Gutenberg geschrieben, glaub mir!«

Tinne hätte ihn fast gebeutelt, als sie aufgeregt an seinem Ärmel riss.

»Elvis, das ist ja gerade das Geheimnis! Niemand kennt die Wahrheit, sie ist mehr als 500 Jahre lang verborgen gewesen – und zwar mit voller Absicht! Die Leute *sollten* gar nicht wissen, dass Gutenberg hier begraben liegt, er sollte vergessen sein, ein Ausgestoßener, ein Ungeliebter, dem keiner die Aufwartung macht und an dessen Grab keiner ein Gebet spricht.«

Der Reporter schaute Tinne mit einem Blick an, der ihren Geisteszustand in Frage stellte.

»Das, meine liebe Frau Nachtigall, musst du mir etwas näher erläutern.«

Tinne holte tief Luft und beruhigte sich.

»Also gut. Was weißt du über Gutenberg?«

Elvis überlegte kurz und ließ seine zahlreichen AZ-Artikel Revue passieren.

»Na ja, allzu viel ist ja nicht gesichert. Geboren um 1400 in Mainz als Johannes Gensfleisch, wahrscheinlich im Hof zum Gutenberg, da kam später dann sein Rufname her. Wie er seine Kindheit verbracht hat, ob und wo er studiert hat, das alles ist unbekannt. Erste Versuche mit dem Gießen und Drucken hat er in Straßburg unternommen, aber erst später in Mainz wurden seine Arbeiten professionell. Er hat am Anfang viel Auftragsarbeit gemacht, Einblattdrucke, Kalender, Ablassbriefe und so. Es gab dann ein paar finanzielle Streitigkeiten mit seinem Partner, Johannes Fust – er musste, glaube ich, diesem Fust sogar seine Werkstatt überlassen. Weitermachen konnte Gutenberg dann im elterlichen Hof, und dort hat er sein berühmtestes Werk gedruckt, nämlich die 42zeilige Gutenberg-Bibel. Seinen Lebensabend hat er recht beschaulich hier in Mainz im Algesheimer Hof verbracht. Ja, und gestorben ist er eben im Jahr 1468, da gibt es irgendeinen Hinweis in einem zeitgenössischen Druckwerk, deshalb gilt dieses Datum als gesichert.«

Tinne nickte langsam.

»*Anno Domini 1468 uf Sankt-Blasius-Tag starb der ehrsam Meister Henne Gensfleisch, dem Gott gnade.* So steht es tatsächlich in einem Mainzer Druck, und das ist sicherlich soweit richtig.«

Elvis schaute sie schief an.

»Ach ja. Dieses Zitat hat man als Historikerin einfach so parat, oder was?«

Sie schmunzelte.

»Nicht wirklich. Aber ich habe ein paar Jahre hier in Mainz in einem Fachbuch-Verlag gearbeitet, dort war ich zuständig für eine Gutenberg-Monografie. Einiges ist hängen geblieben. Was weißt du über sein Grab?«

Elvis kramte mit sichtbaren Mühen in seinem Reportergedächtnis.

»Also, ein Verwandter von ihm hat einen Nachruf geschrieben, da steht drin, dass Gutenberg in der Mainzer Franziskanerkirche beerdigt worden sei. Diese Kirche ist später aber abgerissen worden, und kein Mensch hat sich dabei um irgendwelche alten Gebeine gekümmert. Das war's.«

»Auch richtig. Die Franziskanerkirche gehörte damals zum Franziskanerkloster, das lag dort, wo heute die Schöfferstraße ist. Im 16. Jahrhundert wurde das Kloster Eigentum der Jesuiten, die es Anfang des 18. Jahrhunderts abbrechen ließen, um Platz für eine neue Kirche zu schaffen.«

Sie schwieg und sortierte im Geiste die historischen Details.

»Und was soll das jetzt mit dem angeblichen Grab hier?«, fragte Elvis ungeduldig. Tinne fixierte ihn konzentriert. Ihr schoss der Gedanke durch den Kopf, dass dieser Ort wohl der seltsamste Platz für eine Nachhilfestunde im Fach Geschichte war, den man sich vorstellen konnte.

»Weißt du, wie Gutenberg seine letzten Jahre verbracht hat? War er arm? Reich? Berühmt? Unbekannt?«

»Tja, also, reich und berühmt war er jedenfalls nicht. Schließlich hat man erst viel später gemerkt, wie bahnbrechend seine Erfindung eigentlich war.«

329

»Stimmt. Aber am Hungertuch nagen musste er trotzdem nicht, denn er bezog eine Leibrente, die aus Naturalien, aus Kleidung, Korn und Wein bestand. Im Jahre 1465, drei Jahre vor seinem Tod, wurde Gutenberg nämlich zum Hofmann des amtierenden Kurfürsten ernannt, und damit stand ihm diese Leibrente zu. Und wer war zu dieser Zeit Kurfürst von Mainz?«

Erwartungsvoll schaute sie Elvis an, der wieder seine Erinnerung anstrengte.

»Na, das hat uns doch der alte Professor im Kloster Eberbach erzählt, das war der Typ aus Nassau, Adolf. Der, der auch die Kapelle gebaut hat.«

»Adolf II. von Nassau, richtig. Der Professor hat uns aber noch etwas viel Wichtigeres erzählt. Du erinnerst dich an die Mainzer Stiftsfehde zwischen Adolf und Diether von Isenburg?«

»Klar, das war der Streit um das Erzbischofs-Amt, dieser Nacht-und-Nebel-Überfall, der 500 Leute das Leben gekostet hat.«

»Ganz genau. Die beiden Erzbischöfe standen sich vor diesem Überfall quasi im Patt gegenüber. Auf der einen Seite Adolf, der neue Erzbischof, vom Papst frisch ernannt, auf der anderen Seite Diether, der nicht daran dachte, seinen Platz zu räumen. Weißt du noch, wie Adolf versucht hat, die Mainzer für sich zu gewinnen?«

Elvis dachte eine Sekunde lang nach, dann zog er scharf die Luft ein und nickte.

»Der alte Professor hat gesagt, das wäre sozusagen der erste Einsatz eines neuen Massenmediums gewesen: In Gutenbergs Werkstatt wären jede Menge ›Werbezettel‹ für Adolf gedruckt worden.«

Tinne spießte ihn mit ihrem Finger auf.

»Und da haben wir den Grund, warum Adolf II. den greisen Gutenberg zum Hofmann gemacht hat. Denn Gutenberg war zu Lebzeiten, wie du gerade ganz richtig gesagt hast, alles andere als bekannt und berühmt, sodass er in seinen späten Jahren sicherlich nicht allzu üppig bei Kasse war. Der Kurfürst hat ihm aber nie vergessen, dass er vor vielen Jahren bei der Stiftsfehde quasi ›auf der richtigen Seite‹ stand, und diese alte Schuld hat er in Gutenbergs letzten Lebensjahren beglichen.«

Elvis legte den Kopf schief und dachte nach.

»Okay soweit. Aber was hat das jetzt mit unserer Entdeckung zu tun?«

»Die Geschichte geht noch weiter. Die Forschung ist sich heutzutage einig, dass Adolf II. ein gebildeter Mann war, studiert, belesen und recht weitblickend in seinen Entscheidungen. Ich könnte mir vorstellen, dass Adolf als einer der Ersten begriffen hat, was die Erfindung des Johannes Gutenberg tatsächlich bedeutet. Er konnte ja den Beweis in den Händen halten: Die Heilige Schrift in einer bis dahin nie gekannten Druckqualität, und das Ganze ohne größeren Aufwand beliebig oft reproduzierbar – einem intelligenten, vorausschauenden Menschen muss klar gewesen sein, dass Gutenberg ein epochales Werk vollbracht hatte.«

Sie schwieg eine Sekunde und nagte an ihrer Unterlippe.

»Nun stirbt Gutenberg im Jahre 1468. Adolf II. ist noch im Amt, und er fasst einen Entschluss: Er will diesem außergewöhnlichen Mann ein ehrenvolles Grabmal bauen lassen, eine letzte Ruhestätte, die dem großen Erfinder und Schöpfer des bis dato schönsten Bibeldrucks gerecht würde.«

Elvis schnippte mit dem Finger.

»Jetzt kapiere ich die Sache. Adolf gibt den Befehl, auf dem Jakobsberg eine Kapelle errichten zu lassen, sozusagen eine Grabkapelle für den verstorbenen Gutenberg, die dann auch folgerichtig ›Johanniskapelle‹ genannt wird.«

»So ist es! Da der Bau einer solchen Kapelle aber nicht von heute auf morgen geschieht, wird der Leichnam Gutenbergs zuerst in der Franziskanerkirche zur Ruhe gebettet – genau, wie es einer seiner Verwandten aufschreibt.«

Tinne leuchtete mit der Maglight auf die Steintafel und fuhr fort.

»Dann kommt das Jahr 1472. Nun passieren zwei Sachen: Zum einen wird Johannes Gutenberg von der Franziskanerkirche in die Krypta seiner eigenen Grabkapelle umgebettet, und zum anderen lässt Kurfürst Adolf von Wolfgang Beurer eine Mainzer Stadtansicht malen. Teil der Stadtansicht ist der Turm der Johanniskapelle, die damit für die Nachwelt festgehalten ist.«

Elvis hing an ihren Lippen wie ein Schuljunge. Fast hätte er sich zu Wort gemeldet, als er herausplatzte: »Aber dann kam der andere zum Zug.«

»Richtig! 1475 stirbt Adolf II., und wir wissen, wer sein Nachfolger wurde: Diether von Isenburg, jener Mann, der ihm in der Stiftsfehde unterlegen war und tief gedemütigt über den Rhein fliehen musste. Professor Gutdünk hat uns ja berichtet, wie hasserfüllt Diether gewesen war – alle Werke seines Vorgängers ließ er vernichten, die Schriften verbrennen, die Bauwerke schleifen. Der Professor erwähnte auch, dass Diethers Hass sogar vor Adolfs Günstlingen nicht haltgemacht hat und sie samt und sonders ihrer Posten enthoben wurden. Schließlich und endlich wurde auch Johannes Gutenberg Jahre nach seinem Tod ein Opfer von Diethers Rache. Denn so, wie Adolf Gutenbergs Wirken bei der Stiftsfehde nicht vergessen hatte, so war die Erinnerung auch in Diether noch wach: Für ihn war Gutenberg ein Verräter, dessen Andenken getilgt werden musste. Also ließ er die Grabkapelle dem Erdboden gleichmachen und die Krypta versiegeln, auf dass keines Menschen Auge je wieder die Ruhestätte des Johannes Gensfleisch auffinden würde. Er hat aus der von Adolf II. angelegten Gedenkstätte ein Schandgrab gemacht.«

»Schandgrab?«

»So nennen Historiker und Archäologen Gräber, bei denen die Benennung mutwillig zerstört wurde. Solche Schandgräber gab es schon im alten Ägypten, da kam es oft vor, dass Pharaonen die Hieroglyphen ihrer Vorgänger ausmeißeln ließen und den Toten somit die Namen raubten. Hier bei uns wurden die sprichwörtlichen schwarzen Schafe eines einflussreichen Geschlechts oft abseits der Familiengruft in Schandgräbern verbuddelt und ihre Namen getilgt. Ebenso verfuhr man mit Nonnen, die unkeusch gelebt und ein Kind zur Welt gebracht hatten: Man verbannte sie an die Friedhofsmauer, weit weg von den anderen Schwestern. Und genau das haben wir hier – das Grab eines Namenlosen, ein Schandgrab.«

Eine vollkommene Stille senkte sich über den dunklen Tunnel. Die Abwesenheit jedes Geräusches – Wind, Verkehr, Vögel, Insekten – ließ das Schweigen fast bedrückend wirken. Schließlich fuhr Tinne halblaut fort.

»Der Rest ist rasch erzählt: Diether lässt die Stadtansicht übermalen und vernichtet alle Dokumente, die einen Hinweis auf die Johanniskapelle und – viel wichtiger! – auf die Umbettung des Leichnams enthalten. Im Lauf der Jahrhunderte vergessen die Menschen in Mainz die Geschichte der Kapelle. In der allgemeinen Erinnerung bleibt nur die Randnotiz von Gutenbergs Verwandten, dass der Tote in der Franziskanerkirche beigesetzt wurde. Aber die kleine, handschriftliche Bemerkung eines unbedeutenden Mönchs überdauert die Zeiten, sie hat Hannah und uns nach mehr als 500 Jahren hierher geführt.«

Elvis starrte auf die Steinplatte.

»Das heißt, dass dahinter die Krypta des Johannes Gutenberg liegt und sein Leichnam dort begraben ist.« Es war mehr eine Feststellung als eine Frage.

Tinne nickte.

»Und jetzt wissen wir endlich, was Hannahs ›Knaller‹ wirklich ist: Nicht mehr und nicht weniger als eine der wichtigsten historischen Entdeckungen, die je in Deutschland gemacht wurden.«

Während ihre Worte verklangen, dröhnte ein dumpfer Schlag durch den Tunnel, ein so tiefer Ton, dass man ihn kaum wahrnehmen konnte. Die Erde bebte für eine Sekunde, Sand und Staub rieselten aus der Decke und den Wänden.

Tinne schrie entsetzt auf und fuhr hoch, Elvis packte sie an den Armen.

»Was war das? Um Himmels willen, was war das?« Angstvoll schaute er zur Decke und ließ das Licht seiner Taschenlampe daran entlang zucken.

»Ein … ein Erdbeben?«, fragte Tinne panisch, während ihr Herz bis zum Hals schlug.

Elvis schüttelte den Kopf.

»Das wäre aber ein arger Zufall!«

Kaum hatte er ausgesprochen, da dröhnte der nächste Schlag durch den Stollen. Diesmal brachen einzelne Steine aus der Decke und schlugen mit Donnergetöse auf den Boden. Staub wallte auf, die Wände schienen die Druckwelle aufzunehmen und fortzuführen. Tinne schrie erneut und hastete in Richtung der Steinplatte, um unter dem Türsturz Schutz zu suchen. Elvis hustete inmitten des feinen Staubes und tastete ziellos umher, als ein weiterer Schlag die alten Mauern zum Schwingen brachte. Ein Teil der rechten Wand brach ein, das Knallen und Bersten der Steine vervielfachte sich in dem Stollen und klang wie eine Explosion. Elvis verlor das Gleichgewicht und prallte neben Tinne auf den Boden. Reflexartig verbarg sie den Kopf unter ihren verschränkten Armen und kroch an den dicken Mann heran.

»Elvis, wir werden hier drin sterben!«, schrie sie und versuchte, sich noch weiter unter den Türsturz zu ducken. Todesangst lähmte sie, als die nächste Druckwelle durch den Tunnel schoss.

*

Elias Kalkbrenner drückte den rechten Joystick mit aller Gewalt nach unten. Mit einer Reißkraft von 15 Tonnen gruben sich die stählernen Zähne des Komatsu-Baggers in den Untergrund und hebelten mehrere Kubikmeter Erde, Steine und Wurzeln heraus. Das Gesicht des Baulöwen war zu einer Maske der Wut erstarrt, Zornesfalten zerfurchten seine Züge.

»Ihr Idioten, jetzt mache ich euch platt!«, knurrte er und ließ den Bagger einige Meter nach vorn kriechen. Die gewaltigen Kettenglieder pressten 23 Tonnen Stahl auf den Untergrund, erneut krachte die Schaufel herunter und biss sich in der Erde fest. Die vier grellen Arbeitsleuchten der

Maschine tauchten das Gelände in gespenstisches bläuliches Licht, jedes Detail des Zitadellengrabens kam übergenau zur Geltung. Das tiefe Brummen aus dem schallgedämpften Motorraum füllte die Kabine, eine Übersetzung jaulte, als Kalkbrenner den Komatsu mit roher Gewalt voran zwang. Schweiß lief ihm über das Gesicht.

»Hoffentlich habt ihr euren Scheiß-Toten da unten gefunden, dann könnt ihr euch gleich daneben legen.«

Trotz seiner schäumenden Wut ging Kalkbrenner planvoll vor. Er wusste zwar nicht genau, wo die alten Tunnel unter seinem Baugebiet entlang führten und die Krypta der Johanniskapelle verborgen war, doch er kannte die ungefähre Position. Und das reichte ihm. Systematisch durchpflügte er das Gelände, denn er wusste: Der ungestümen Kraft eines 23-Tonnen-Baggers hatte ein uraltes Gewölbe nichts entgegenzusetzen. Kalkbrenner vertraute darauf, dass das monotone Brummen des Baggers und die Geräusche der Schaufel durch die hohen Festungsmauern soweit gedämpft wurden, dass die Anwohner in der Oberstadt nichts von seiner Aktion mitbekamen. Und selbst wenn er im Nachhinein eine Strafzahlung des Baudezernats oder des Ordnungsamts bekommen würde, wäre ihm das mehr als schnuppe. Denn morgen früh würden die Kipplaster alle Spuren seiner nächtlichen Aktion mit Erde und Bauschutt zudecken, und was auch immer unter dem Boden begraben lag, würde es auf ewig bleiben.

»Vielleicht hättet ihr hören sollen, als man euch gesagt hat, ihr sollt die Finger davon lassen. Aber wer nicht hören will, muss fühlen!«

Wieder und wieder ließ Kalkbrenner die riesige Schaufel auf den Boden krachen, wie ein metallenes Maul grub

sie sich ins Erdreich hinein und riss alles mit sich, was
ihr im Weg war.

*

Professor Nümbrecht war in großer Eile. Planlos warf er
das Sammelsurium an Gegenständen, das er gerade benutzt
hatte, zurück in den VW-Bus und hastete zur Fahrertür. Die
weiße Maske baumelte um seinen Hals und erinnerte an
ein seltsames Babylätzchen. Eine Sekunde hielt er inne und
lauschte. Kein Zweifel, unten im Zitadellengraben war etwas
im Gange. Ein tiefes Brummen, das Quietschen mechani-
scher Bauteile und das Zischen einer Hydraulik verrieten
ihm, dass dort unten eine schallgedämpfte Baumaschine
arbeitete. Die Geräusche wurden zwar durch die Festungsmauern und die Vegetation stark gedämpft, doch der Professor kannte die Brummer-Maschinen, er hatte sie schon oft bei
Exkursionen und Forschungsprojekten in Aktion gesehen.

Er musste sich beeilen! Rasch öffnete er die Tür des
T5, hockte sich auf den Fahrersitz und suchte in seinen
Taschen nach dem Schlüssel. Plötzlich durchfuhr ihn heißer Schreck – eine Hand griff durch die offene Tür und
packte ihn hart am Arm. Gleichzeitig legte sich eine zweite
Hand über seinen Mund, sodass der Schrei, der ihm ent-
wich, zu einem dumpfen Stöhnen wurde.

*

»Da versucht jemand, den Tunnel einzureißen! Wir müssen hier raus!«

Trotz ihrer Panik versuchte Tinne, logisch zu denken.

Die Sicht in dem alten Stollen war inzwischen gleich null, aufgewirbelter Staub ließ die Strahlen ihrer Maglights wie spindeldürre Lichtfinger durch den Nebel schneiden.

Elvis rappelte sich unterhalb des Türsturzes auf und schielte nach oben.

»Du bist witzig. Wie denn? Zurück können wir nicht, da muss es nur einmal rumpeln, und ich stecke fest bis in alle Ewigkeit.«

Tinne wagte sich einen Schritt nach vorn. Überall lagen losgerissene Steinquader, Erde rieselte von der Decke. In regelmäßigen Abständen donnerte etwas Schweres herab und ließ den gesamten Tunnel erbeben. Inzwischen hatte sich ein weiteres Geräusch in das Bröckeln des Gesteins und in das feine Rieseln des Sandes hineingemischt. Sie horchte genauer hin.

»Das Brummen da, das kommt von irgendeiner Maschine.« Elvis kam geduckt an.

»Das ist eine der Baumaschinen. Und ich wette, Kalkbrenner sitzt drin. Der Kerl weiß ganz genau, dass wir hier unten stecken, und er will die Sache ein für alle Mal aus dem Weg haben. Wenn er uns hier unten begräbt, hat er endlich freie Bahn für sein Bauprojekt.«

Hastig schaute Tinne sich um. Wieder traf ein gewaltiger Schlag den alten Stollen, die Steine schienen zu dröhnen und in ihren Fugen hin und her zu hüpfen. Sie hörte, wie in einiger Entfernung ein Teil des Gangs zusammenbrach und die Steinblöcke herunter krachten. Ein Hustenreiz beutelte sie und ließ sie trocken ausspucken. Der allgegenwärtige Staub kroch ihr in die Nasenlöcher, in den Mund und in die Kehle.

»Wir müssen weiter nach vorn. Irgendwo muss dieser Gang ja hinführen, vielleicht finden wir einen zweiten Ausgang. Lass uns eng zusammenbleiben, los geht's.«

Tief gebeugt lief sie einen Slalom zwischen den Steinbrocken, stets auf der Hut vor nachbrechendem Material. Halb wandte sie sich zu Elvis um, der hinter ihr her stolperte.

»Aber woher weiß Kalkbrenner, dass wir hier sind? Wir haben den Hinweis im Stadtarchiv schließlich erst heute Nachmittag gefunden. Er kann ja schließlich nicht …«

Der Rest ihres Satzes ging in einem infernalischen Krachen unter, als wenige Meter vor ihr eine stählerne Klaue die Decke des Tunnels zerfetzte und einen Erdrutsch aus Steinen und Schutt auslöste. Schreiend taumelte Tinne nach hinten und riss die Arme hoch, um ihr Gesicht vor umherfliegenden Splittern zu schützen. Sie prallte an Elvis, beide gingen zu Boden und wälzten sich instinktiv auf den Bauch. Ein Hagel an Steinen und Erde prasselte auf sie herab. Das dumpfe Brummen, das bisher kaum hörbar gewesen war, füllte nun den Stollen aus. Metallisches Knirschen, ein heulendes Getriebe und das Knacken von zermalmten Steinen bildeten eine schreckliche Kakofonie.

Tinne überwand ihr Entsetzen und hob den Kopf. Was sie sah, ließ ihr das Blut in den Adern erstarren.

Vor ihr war der alte Stollen aufgerissen, zwischen den geborstenen Deckensteinen wölbte sich ein stahlblauer Nachthimmel. Am Rand der zerrissenen Decke kauerte ein gewaltiger Bagger wie ein monströser eiserner Dinosaurier, seine Schaufel hob sich, als wolle sie den Stollen mit einem einzigen Hieb zermalmen. Die grellen, bläulichen Lichter des Ungetüms erhellten die Szenerie und erinnerten an ein gelandetes UFO oder einen Tiefsee-Roboter. Mit einem fast triumphierenden Jaulen holte der Arm des Baggers Schwung, seine Schaufel donnerte auf den noch intakten Teil der Decke und brachte sie zum Einsturz. Blitz-

339

schnell zog Tinne ihren Kopf ein und verbarg ihn unter den Armen. Zerbrochene Steine regneten auf sie beide herab, sie hörte Elvis neben sich stöhnen. Plötzlich durchzuckte ein scharfer Schmerz ihr rechtes Bein – ein Splitter musste ihren Oberschenkel getroffen haben. Das Prasseln und Krachen kumulierte zu einem solchen Höllenlärm, dass Tinne den Schmerz ignorierte und vorsichtig aufschaute.

Der Tunnel vor ihr brach im Zeitlupentempo ein, als würde eine Erdbebenspalte in einem schlechten Hollywoodfilm aufreißen – direkt auf den Bagger zu. Die Deckensteine knallten nach unten, Erde brach nach. Die riesige Baumaschine schien einen Augenblick in der Luft zu hängen, bevor sie sich wie in Zeitlupe zur Seite drehte und halb in dem einstürzenden Tunnel verschwand. Staub wallte auf, die Lichter der Maschine strahlten wie Suchscheinwerfer durch die weißen Wolken.

Elias Kalkbrenner schüttelte sich, um die Benommenheit aus seinem Kopf zu vertreiben. In seinem Mund spürte er den metallischen Geschmack von Blut. Halb hing, halb lag er in der Fahrerkabine, er brauchte ein paar Sekunden, um sich zu orientieren.

Verdammt! Schnell kletterte er auf den Sitz zurück, der eine bedenkliche Schräglage aufwies. Doch zum Glück brummte der Diesel des Baggers vor sich hin, die Maschine schien keine schweren Schäden davongetragen zu haben. Mit Kraft drückte er den vorderen Hebel herum. Die mächtigen Kettenglieder zermalmten Steinblöcke zu Staub und ließen das Chassis des Baggers erbeben, doch die Schräglage des 23-Tonners blieb bestehen. An Kalkbrenners Hals schwollen die Adern. Mit aller Gewalt riss er am Joystick der

Oberwagen-Steuerung, als könne er die zierlichen Hebel dazu bringen, mehr Kraft in die Untersetzung zu pumpen.

Das Fahrwerk des Komatsu blieb schräg im eingebrochenen Tunnel stecken, während der Oberwagen mit der Fahrerkabine summend um 90 Grad schwenkte. Nun platzierte Kalkbrenner den Schaufelarm des Baggers an der Bruchkante und gab behutsam Druck darauf. Im Schneckentempo hob der mächtige Hydraulikarm das gesamte Fahrzeug nach oben, während die Ketten mahlend über die Steine glitten und nach Halt suchten. Doch nach zwei, drei Metern brachen die Steine nach, der Komatsu sackte erneut in den Tunnel zurück.

Kalkbrenner blinzelte die Schweißtropfen aus seinen Augen, als er einen neuen Anlauf startete. Er wusste, dass er nah dran war. Denn kurz vor dem Einsturz des Stollens hatte er sein Ziel im kalten Licht der Scheinwerfer erspäht: zwei Figuren, angstvoll auf den Grund des Tunnels gepresst. Ein hässliches Grinsen verzerrte seine Miene. Noch zwei, drei Anläufe, dann würde der Komatsu wieder frei sein. Und dann könnte er endlich seinen Plan in die Tat umsetzen.

Kalkbrenner war so beschäftigt, den Bagger flott zu machen, dass er die dunkle Gestalt übersah, die geduckt auf den neu geschaffenen Graben im Erdboden zurannte.

»Auf, Elvis, das ist unsere Chance!«

Tinne trotzte dem stechenden Schmerz in ihrem rechten Bein. Sie rappelte sich auf und schielte zu dem Bagger. Die Baumaschine steckte schräg im Tunnel und wühlte sich krachend durch die Steine wie ein verletztes Urtier.

»Wenn wir's schaffen, seitlich aus dem Graben zu krabbeln, können wir übers ebene Gelände abhauen und Hilfe holen.«

Elvis erhob sich ächzend und schwankte einen Augenblick. Steine und Geröll fielen von ihm ab und purzelten zu Boden, als würde eine Statue zum Leben erwachen.

»Und wie soll ich da hochkommen? Soll ich meine Flügel ausklappen und hinaufflattern?« Mit zusammengekniffenen Augen taxierte er die zerbrochene Decke des Stollens, die rund drei Meter über ihnen lag.

Tinne schob seinen massigen Körper kurzerhand zu einer der Seitenmauern. Wieder zuckte ein scharfer Schmerz durch ihr Bein.

»Hier sind jede Menge Klüfte und Spalten, da wirst du dich schon festhalten können.«

Doch der Reporter blieb merkwürdig still und ließ den Rand des Deckendurchbruchs nicht aus den Augen. Er packte Tinne am Ärmel und zog sie ein Stück zu sich heran.

»Du hast dich doch gerade gefragt, woher Kalkbrenner wusste, dass wir heute Nacht hier sind.« Mit dem Kinn deutete er nach oben zum Grabenrand. »Schau mal da hoch. Da stehen Kalkbrenners Augen und Ohren.«

Tinne folgte seinem Blick. Eine Gestalt kauerte geduckt am Rand der Grube. Die grellen Scheinwerfer des Baggers strahlten durch seine Schräglage nach oben, sodass nur ein schwacher Lichtstreifen auf die Figur fiel. Trotzdem kam Tinne der Umriss merkwürdig bekannt vor. Mit einer raschen Bewegung schwenkte sie ihre Maglight nach oben.

Der Lichtkegel fiel auf ein Gesicht, das sie gut kannte. Es war das Gesicht von Bertie, ihrem WG-Genossen.

Tinne stand wie versteinert auf dem Boden des Tunnels. In einer einzigen Sekunde verstand sie, wie Kalkbrenner es geschafft hatte, Elvis und ihr auf der Spur zu bleiben. Vor ihrem geistigen Auge sah sie die Szenen glasklar:

Bertie rätselt in der Küche an der Zahlen-Buchstaben-Kombination, die sie anschließend ins Museum führen würde.

Bertie bringt sie nach Koblenz und erfährt im Auto, welches Geheimnis sie hinter der Stadtansicht des Meisters WB vermuten.

Bertie hört ihr auf dem Weg zum Kloster Eberbach zu, als sie ihm aufgeregt von der Entdeckung des alten Professors berichtet. Er sagt, er würde auf dem oberen Parkplatz auf sie warten und verschwindet. Zehn Minuten später findet sie den überfallenen Professor in seiner Stube.

Bertie bringt sie nach Darmstadt ins Hessische Staatsarchiv. Auf dem Rückweg planen sie in seinem Auto ihren nächtlichen Coup und fragen sogar noch bei ihm nach, in welchem Geschäft man gutes Outdoor-Equipment kaufen könne.

Maßlose Enttäuschung, Angst und Ärger über die eigene Gutgläubigkeit kämpften in ihrem Inneren miteinander, während sie unverwandt ihre Taschenlampe auf Bertie gerichtet hielt. Mit dem Lichtstrahl im Gesicht und seiner kauernden Haltung sah er aus wie eine Missgeburt in einem Horrorfilm. Er schützte seine Augen vor dem Licht aus der Grube.

»Tinne? Elvis? Seid ihr da unten?«, brüllte Bertie gegen das Brummen des Komatsu an. Hinter ihm schlug der Bagger wieder und wieder seinen Hydraulikarm in den Tunnel, jedes Mal griffen seine Ketten ein klein wenig besser und hievten ihn ein Stück höher.

»Knips das Licht aus! Mach schon, damit sind wir prima Ziele!«, zischte Elvis. Tinne gehorchte automatisch. Doch sie konnte ihre Augen nicht von Bertie losreißen, dem dicken, gemütlichen Bertie, der gern aß, gern lachte und mit seinen beiden Buben Star Wars-Abenteuer in der Kommune erlebte. Die dunkle Gestalt wühlte in der Jacke und zog etwas heraus. Plötzlich langte ein Lichtfinger nach unten und schwirrte durch den Raum. Da rastete Tinnes Wahrnehmung wieder ein. Sie verstand endlich, dass sie in Lebensgefahr schwebte, und wollte nach hinten springen. Doch ihr verletztes Bein knickte ein, sie fiel unsanft zu Boden. Im selben Augenblick erwischte sie der Lichtstrahl von Berties Taschenlampe voll im Gesicht. Geblendet lag sie da und starrte nach oben wie das Kaninchen auf die Schlange. Bertie balancierte einige Schritte nach unten, kauerte sich auf einen der massiven Deckensteine und holte mit seiner freien Hand ein metallisch glänzendes Ding aus seiner Jacke.

»Jetzt komm endlich, du scheiß Kiste!«

Wie von Sinnen hieb Kalkbrenner auf die Steuerung des Komatsu ein. Und tatsächlich: Als hätte die Maschine seine Worte verstanden, fassten die Ketten den festen Boden neben dem eingestürzten Tunnel. Mit einem mahlenden Geräusch richtete der Bagger sich auf, seine Scheinwerfer glitten über den Boden des Zitadellengrabens. Der eingestürzte Tunnel geriet außer Sicht. Hektisch riss Kalkbrenner die Steuerungshebel herum und zwang den Komatsu in eine enge Kurve. Brummend wie ein böses gelbes Insekt kroch der Bagger von der anderen Seite an das Loch heran. Seine Schaufel holte aus und krachte auf den Erdboden, der in den darunter liegenden Stollen einbrach und Fontänen aus Sand und Staub aufwallen ließ. Kalkbrenners manisches Lachen dröhnte durch die enge Kabine.

Vor Tinne ragte ein gewaltiger Berg aus zerschmetterten Sandsteinblöcken in die Höhe, auf allen Vieren krabbelte

344

sie nach oben. Adrenalin flutete durch ihre Adern, der Überlebensinstinkt hatte die Herrschaft übernommen. Nur weg, weg von hier! Direkt über ihr wuchtete Elvis seinen schweren Körper empor, er keuchte wie eine Lokomotive, seine Bewegungen wurden langsamer. Auch Tinne kam schlecht voran. Mit Schrecken hatte sie feststellen müssen, dass ihr rechtes Bein inzwischen blutüberströmt war, offensichtlich hatte der Splitter eine tiefe Fleischwunde in ihren Oberschenkel gerissen.

»Auf, Elvis, los, los, los! Noch ein kleines Stück!«, presste sie hervor und trieb sich selbst damit genauso an wie den dicken Reporter. Wieder und wieder brachen Steine unter ihren Händen und Füßen weg. Der Schutthaufen ragte fast bis zur klaffenden Decke hinauf. Und genau dort lag Tinnes letzte und einzige Hoffnung. Wenn sie und Elvis es schaffen würden, sich den letzten Meter nach oben zum Erdboden hochzuziehen, könnten sie ihre Flucht außerhalb des Tunnelsystems fortsetzen. Mit ihrer Maglight leuchtete Tinne an den Rand des Abbruchs, wo Wurzelwerk und zersplitterte Steine hingen. Dann warf sie einen raschen Blick zurück. Der Bagger war aus ihrem Gesichtsfeld verschwunden. Offensichtlich hatte er sich aus seiner Schräglage befreien können, sein aggressives Brummen war nach wie vor zu hören. Bertie kauerte noch immer auf einem der Deckensteine und hielt das merkwürdige metallische Ding in der Hand. Doch nun sah es eher aus, als würde er hineinsprechen. Noch ehe Tinne sich darüber wundern konnte, rief Elvis:

»Ich bin oben!«

Ächzend wuchtete der Reporter seinen Körper in die Höhe und versuchte, sich an Wurzeln ganz nach oben zu ziehen, Tinne folgte ihm eilig. In diesem Augenblick schwoll das Brummen des Baggers an wie ein Hornissenschwarm, direkt über ihnen erschien die riesige Schaufel und hob sich in die Höhe. Starr vor Schreck sah Tinne den Bagger mit grausam glitzernden Scheinwerferaugen herankriechen, das Jaulen der Hydraulik klang wie ein schriller Totenchor. Irgendjemand schrie. Als Tinne merkte, dass es ihr eigener Schrei war, sauste die tonnenschwere Schaufel bereits nach unten.

Elias Kalkbrenner sah voller Triumph zu, wie der Hydraulikarm herab fuhr. Er wusste, dass die beiden direkt unter ihm waren, er hatte ihre Taschenlampen am Rand der Grube herumfunzeln sehen. Ein irres Gefühl der Allmacht überkam ihn. Er konnte jedes Ziel erreichen, wenn er nur wollte! Keiner sollte es wagen, sich ihm in den Weg zu stellen!

Da nahm er einen irritierenden Lichtschein im Augenwinkel wahr, eher reflexartig ließ er den rechten Joystick los. Verwirrt legte er den Kopf schief. Was war das für ein Geräusch? Es klang fast wie …

… eine Autohupe? Tinne öffnete ihre zusammengepressten Augen einen Spaltbreit, als sie den merkwürdigen Laut hörte. Einen Meter über ihrem und Elvis' Kopf wippte die Baggerschaufel, die aus der Nähe groß wie ein Scheunentor aussah. Sie reagierte instinktiv. Ein rüder Stoß ließ Elvis zur Seite torkeln, sie selbst machte einen schmerzhaften Ausfallschritt nach hinten und brachte sich aus dem Gefahrenbereich. Dann erst reckte sie den Kopf und versuchte, über den Rand des Erdlochs hinwegzuschauen.

Dank ihrer Größe konnte sie einen Blick in den Zitadellengraben erhaschen.

Was sie sah, war so skurril, dass ihr Mund aufklappte: Auf der Trasse, die von der Oberstadt in den Zitadellengraben hinabführte, rasten mehrere Autos nach unten. Sie hatten die Warnblinkanlagen an, alle Lampen und Nebelscheinwerfer leuchteten, dazu hupten die Wagen wie bei einem Fußballkorso. Am auffälligsten waren aber die kleinen Leuchtschilder, die auf den Dächern angebracht waren. TAXI stand da in gelbschwarzen Buchstaben. Tinne klappte ihren Mund wieder zu.

»Die Brigade!«, sagte sie mit einem erleichterten Lächeln im Gesicht.

Der Komatsu machte einen mächtigen Satz zurück, als Kalkbrenner die Steuerungshebel nach hinten knallen ließ. Mit einer fahrigen Bewegung wischte er den Schweiß weg, der ihm in die Augen geflossen war. Sah er richtig? Kamen da tatsächlich vier – fünf – sechs – sieben Taxis hupend die Trasse herunter? Er hatte zwar keine Ahnung, was das sollte, aber eines wusste er: Jetzt würde es Ärger geben, und zwar mächtig!

Jaulend fuhr der Oberwagen des Baggers herum, seine Schaufel klappte angriffslustig nach vorn. Da war das erste Taxi auch schon um das aufgerissene Erdloch herumgekurvt, die A-Klasse fuhr frontal auf die Baumaschine zu. Ihre Fernlichter blendeten Kalkbrenners Augen, er brüllte wie ein Stier und riss den Arm des Baggers genau im richtigen Moment zur Seite. Mit einem metallischen Knall riss die Schaufel die Seite des Mercedes auf, der ins Schlingern geriet und sich mit scharrenden Reifen um sich selbst drehte. Doch schon waren zwei weitere Autos am Bagger und bedrängten ihn. Eines der Taxis, ein A 6 Kombi, streifte das Fahrwerk des Komatsu, Kalkbrenner spürte, wie der Bagger erbebte und zur Seite ausbrach.

Die Adern an seinem Hals schwollen an, als er die Maschine wieder in die Spur zurückzwang. Ein weiteres Auto schabte an der Kette entlang, schrill kreischte Metall an Metall.

»Ich mach euch platt!«, brüllte er, während Speicheltröpfchen gegen die Seitenscheibe flogen. Sein Kopf fuhr herum. Er keuchte, als er sah, wie zwei dunkle Gestalten mühsam aus dem eingestürzten Tunnel krochen und eine dritte Figur gestikulierend zu ihnen gelaufen kam. Sofort riss Kalkbrenner den Komatsu herum und beschleunigte.

»Jetzt seid ihr dran.«

»Tinne, Elvis! Da seid ihr ja, um Gottes willen, ist alles okay? Seid ihr verletzt? Ich hab schon gedacht, ich bin zu spät und ihr … ihr wärt tot!«

Wie ein Wasserfall brachen die Sätze aus Bertie heraus, als er den beiden auf die Füße half. Ein metallisch glänzendes Funkgerät in seiner Hand krächzte ohne Unterbrechung, die einzelnen Fahrer gaben laufend ihre Position und ihre Absichten durch. Tinne konnte nicht antworten, so unwirklich und verrückt war das Bild, das sich ihr im Zitadellengraben bot: Der riesige Raupenbagger rasselte hell erleuchtet auf sie zu, während sieben Taxis wie bösartige Wespen um den stählernen Koloss herumkurvten, hupten, ihn hier und dort touchierten und durch waghalsige Lenkmanöver zum Ausweichen zwangen.

»Die sechs, bin hinter ihm, fahre rechts vorbei … die

vier, bin vor ihm, versuche, die linke Kette zu kriegen ...
die sieben, kann die eins mit mir zusammen vorn runter-
bremsen? ... die eins, bin unterwegs ...«, klangen die Stimmen der Brigadiere aus dem Funkgerät.

Elvis stand daneben und hatte ebenso wie sie die Augen
aufgesperrt, doch endlich riss Tinne sich von dem außergewöhnlichen Anblick los.

»Bertie, was ... wieso ... also ...«

Doch der Rothaarige schüttelte nur den Kopf und schob
die beiden vor sich her.

»Später, alles später. Jetzt müssen wir euch erst mal in
Sicherheit bringen.« Mit dem Kopf deutete er nach hinten.
»Sieht so aus, als wäre da jemand mächtig sauer auf euch.«

Der Bagger war inzwischen bedenklich nah gekommen,
seine stählerne Front und die gleißenden Lichter ließen
ihn gewaltig erscheinen.

Tinne wollte loslaufen, doch schon nach einem Schritt
merkte sie, dass ihr rechtes Bein sie nicht mehr trug. Mit
einem Wimmern sackte sie zur Seite. Elvis konnte sie
in letzter Sekunde auffangen, stürzte aber selbst fast zu
Boden. Der übergewichtige Reporter war am Ende seiner Kräfte angelangt.

»Verdammt!«, fluchte Bertie, schlang Tinnes Arm stüt-
zend um seinen Hals und hob das Funkgerät.

»An alle, hier ist Skywalker. Ich habe die beiden, aber
wir kommen hier nicht ohne Weiteres weg. Wir brauchen
die Notbremse, ich wiederhole, die Notbremse! Skywalker Ende.«

Trotz der gefährlichen Situation registrierte Tinne, dass
Bertie – natürlich! – eine Figur aus Star Wars als Code-
name gewählt hatte. Derweilen holte Elvis mühsam Luft.

349

Mit Panik in den Augen warf er einen Blick nach hinten, wo das nervaufreibende Brummen des Baggers immer mehr anschwoll.

»Was ist die Notbremse?«, keuchte er.

Bertie, der Tinne weiterhin stützte, deutete lässig auf die rasselnde Baumaschine.

»Schau zu.«

Die Taxis änderten blitzschnell ihre Strategie. Anstatt den Bagger zu umkurven oder ihn leicht zu touchieren, gingen sie nun zum Frontalangriff über. Ein Renault Laguna krachte seitlich in die Schaufel, seine Räder wühlten Staub und Dreck auf, während er den Stahlkoloss in eine andere Richtung zwang. Als der Komatsu gegensteuern wollte, knallte eine E-Klasse schräg in die rechte Kette und zerfetzte mehrere Glieder. Atemlos sah Tinne zu, wie die Fahrerin, Margarete, aus der Beifahrertür herausschlüpfte und sofort von einem anderen Auto aufgenommen wurde. Die zerrissene Kette spulte sich vom Fahrwerk ab, der Bagger jaulte und begann, nach rechts auszubrechen.

Elias Kalkbrenner schäumte vor Wut. Weniger als 50 Meter vor sich sah er die beiden schlammigen Gestalten aus dem Tunnel gemeinsam mit einem rothaarigen Fettsack herumstehen, doch er kam partout nicht an sie heran. Wie Bullterrier schnappten diese verdammten Taxis nach dem Komatsu, der Bagger hatte bereits Schäden davongetragen. Die Steuerung reagierte nur noch schwammig, mit einer der Ketten war etwas nicht in Ordnung, der Hydraulikarm hatte ebenfalls einen Schlag abbekommen.

Mit zusammengebissenen Zähnen wartete Kalkbrenner, bis ein VW-Touran sich herangepirscht hatte, dann riss er den Bagger überraschend nach links. Der Komatsu bäumte sich auf, als er das Heck des Wagens mit der Kette erwischte und zu einem Klumpen Blech zerdrückte. Kalkbrenners Hass war inzwischen so gewaltig geworden, dass ihm das Leben der anderen Menschen hier im Zitadellengraben nichts mehr bedeutete. Seine kalten Augen beobachteten, wie der Fahrer des Touran davonrannte. Mit einer raschen Bewegung tastete Kalkbrenner hinter den Fahrersitz und berührte kühles Metall.

»Ich kriege euch alle. Am Ende kriege ich euch alle«, zischte er.

Fasziniert beobachtete Tinne, wie die Autos der Brigade den Bagger nach und nach kampfunfähig machten. Zwar waren die Taxis inzwischen selbst nur noch fahrende Schrotthaufen, doch mit biestiger Beharrlichkeit stürzten sie sich immer wieder auf das gelbe Ungetüm. Beide Ketten des Baggers waren zerrissen, der Oberwagen rührte sich kaum noch, nur der hydraulische Arm pumpte auf und ab wie ein Schmiedehammer. Schließlich passte der E-Klasse Mercedes von Dietmar, dem Taxichef, genau den richtigen Moment ab und donnerte an die Schaufel. Eines der Gelenke gab nach, einen Augenblick hing das riesige Ding schief am Arm, dann wurde es von seinem eigenen Gewicht abgerissen und krachte zu Boden.

Der Bagger war besiegt.

Innerhalb von Sekunden kletterten die Brigadiere aus ihren Schrottkarren und fingen an zu jubeln, es klang wie eine Mischung aus Indianergeheul und *We are the Champions*. Erleichtert sah Tinne, dass keiner der Männer und Frauen ernsthafte Verletzungen davongetragen hatte. Bertie nickte zufrieden und hob sein Funkgerät.

»Skywalker an alle: Holt die Sau raus aus ihrem Kabuff!«

Das ließen sich Dietmar und die übrigen Männer nicht zweimal sagen. Mit langen Schritten traten sie auf das Wrack des Baggers zu – und erstarrten.

Aus der geöffneten Tür des Komatsu schob sich Elias Kalkbrenner heraus, in seiner Hand hielt er eine doppelläufige Schrotflinte.

Eiskalter Schreck durchfuhr Tinne. Atemlos sah sie zu, wie Kalkbrenner die Brigadiere vor sich her in Richtung des aufgerissenen Grabens trieb. Schließlich kam das Grüppchen bei Bertie, Elvis und ihr an.

Kalkbrenner stand schwer atmend da, hinter ihm zischten und dampften die zerschmetterten Autos. Die Lampen des Baggers brannten noch und tauchten den Graben in unwirkliches, grelles Licht. Die Szene verströmte eine apokalyptische Atmosphäre und erinnerte an ein Endzeit-Spektakel von Roland Emmerich.

Tinne schluckte, als sie Kalkbrenners Gesicht sah. Es war puterrot und glänzte vor Schweiß, die Sehnen am Hals waren straff gespannt wie Drahtseile, die blutunterlaufenen Augen quollen aus den Höhlen. Der Blick des Baulöwen zuckte unstet hin und her, blutige Speichelfäden hingen aus seinem Mund. Dieser Mann war nicht mehr zurechnungsfähig, das erkannte sie sofort. Sie holte mühsam Luft.

»Herr Kalkbrenner, lassen Sie uns …«, fing sie so sanft wie möglich an, doch sofort fuhr er herum und fiel ihr brüllend ins Wort.

»Halt's Maul, du Schlampe! Wegen dir und der fetten Sau ist doch alles aus dem Ruder gelaufen!«

Seine Gesichtsmuskeln zuckten unkontrolliert, als er sich nach vorn beugte.

»Aber dafür lasse ich euch bluten, bei Gott, das schwöre ich.«

Mit einer raschen Bewegung hob er die Schrotflinte, deren Doppellauf im Mondlicht kalt glänzte. Voller Entsetzen trat Tinne einen Schritt nach hinten. Ihr Bein knickte ein, reflexartig hielt sie sich an Elvis fest, der wie versteinert neben ihr stand. Ihr gesamter Körper verkrampfte sich, sie starrte in die Mündung der Waffe, hinter der Kalkbrenners Augen glommen. Der Irrsinn flackerte darin, als er mit scharfem Klicken die beiden Hähne spannte.

»Ihr habt zum letzten Mal meine Pläne durchkreuzt«, zischte der Baulöwe hasserfüllt. Tinne presste die Augen zusammen, eine Welle nackter Todesangst durchflutete sie.

Als ein Schuss donnerte, schloss sie mit ihrem Leben ab.

Eigentlich hatte Tinne erwartet, ihr bisheriges Dasein vor ihrem geistigen Auge vorbeiflimmern zu sehen und durch einen Tunnel auf ein Licht zuzuschweben. Ein metallisches Knallen und ein erstickter Schrei gehörten hingegen nicht so ganz zu ihren Jenseitsvorstellungen. Vorsichtig öffnete sie ein Auge.

Elias Kalkbrenner krümmte sich und umfasste seine Unterarme. Ein Wimmern drang aus seiner Kehle, Blut troff von seinen Händen, die Schrotflinte lag auf dem Boden. Mit schnellen Schritten waren Dietmar und ein anderer Taxifahrer bei ihm, traten die Waffe zur Seite und schnappten den Baulöwen mit starken Händen.

In diesem Augenblick flammten Handscheinwerfer rechts und links im Dickicht des Zitadellengrabens auf, dunkel gekleidete Männer mit Sturmhauben und Helmen brachen hervor. Eine verzerrte Lautsprecherstimme gellte:

»Hier spricht die Polizei. Bleiben Sie stehen, wo Sie sind, und heben Sie deutlich sichtbar die Hände!«

Tinne reckte automatisch ihre Hände in die Höhe und nahm das Geschehen wie in Zeitlupe wahr: Eine bewaffnete Einsatztruppe stürmte hervor, die starken Lampen an ihren automatischen Waffen warfen unstete Lichtkegel auf die kleine Gruppe der Taxifahrer. Befehle wurden gebellt, innerhalb von Sekunden hatten die Polizisten die einzelnen Personen separiert und sicherten das Gelände in alle Richtungen. Tinne selbst wurde von einer groben Hand gepackt und ein Stück weit zur Seite gerissen. Die schwarze Kleidung, der dunkle Helm und das matte Visier ließen den Mann neben ihr aussehen wie einen Sternenkrieger aus einem Science-Fiction-Film. Willenlos ließ Tinne alles mit sich geschehen, erst allmählich registrierte ihr Verstand, dass sie noch am Leben war.

Einige Gestalten in Zivilkleidung näherten sich der Gruppe im Laufschritt. Tinne brauchte einige Sekunden, bis sie den mittleren Mann erkannte, doch dann durchströmte sie Erleichterung.

»Herr Pelizaeus!«, rief sie und trat einen Schritt nach vorn, worauf der Mann neben ihr rasch nach ihrem Arm fasste. Einen Augenblick später erreichten die Neuankömmlinge den aufgerissenen Graben und traten in den Lichtkegel der Baggerlampen. Das Pferdegesicht von Kriminalhauptkommissar Pelizaeus erschien Tinne in dieser Sekunde wunderschön, nach einem Wink von ihm ließ der Druck an ihrem Oberarm nach.

»Herr Pelizaeus!«, wiederholte sie atemlos und versuchte, auf ihn zuzulaufen, doch schon wieder knickte ihr Bein weg. Der Kommissar schnappte sie, sodass sie sich an seinem Arm abstützen konnte.

»Frau Nachtigall!«

Seine tiefe, angenehme Stimme klang wie Musik in ihren Ohren, sie hörte eine große Erleichterung heraus.

»Keine Sorge, jetzt sind Sie in Sicherheit. Ist alles in Ordnung mit Ihnen? Sind Sie verletzt?« Er warf einen Blick auf ihren schuhcremeschwarzen, staubigen Teint und hob eine Augenbraue.

»Und was, um alles in der Welt, ist das für ein Zeug in Ihrem Gesicht?«

In den nächsten zehn Minuten berichteten Tinne und Elvis abwechselnd von ihren Erlebnissen. Der Kommissar hörte aufmerksam zu, nickte und warf hin und wieder eine kurze Frage ein. In der Zwischenzeit waren ein Krankenwagen mit rotierenden Blaulichtern und mehrere Polizeifahrzeuge nach unten in den Zitadellengraben gefahren, Elias Kalkbrenner wurde unter Bewachung von einem Notarzt versorgt. Ein Druckverband zierte Tinnes Oberschenkel, doch sie würde nicht um einen Besuch im Krankenhaus herumkommen. Eine gütige Seele hatte Elvis und ihr ein Handtuch gereicht, sodass sie zumindest die ärgsten Schuhcreme- und Schmutzspuren aus ihren Gesichtern wischen konnten. Die Brigadiere standen zusammen, schnatterten aufgeregt und fotografierten das Ensemble der Schrottfahrzeuge mit ihren Handykameras.

»Und nachdem die Taxileute seinen Bagger zu Klump gefahren hatten, ist Kalkbrenner mit seiner Flinte herausgeklettert und wollte kurzen Prozess mit uns machen. Na ja, den Rest kennen Sie ja«, beendete Tinne ihren Bericht. Don Camillo lächelte schmal und winkte einen Mann der Einsatztruppe herbei. Er trug ein schlankes, langes Gewehr bei sich, das ein kompliziert aussehendes Zielfernrohr aufgesteckt hatte.

»Darf ich vorstellen, Frau Nachtigall: Das ist Ihr Lebensretter, André Schwerdter, Scharfschütze beim SEK.«

Der Mann zog seinen Helm und die Sturmhaube ab, darunter kam ein hübscher Blondschopf von vielleicht 25 Jahren zum Vorschein. Verlegen lächelnd streckte er Tinne die Hand hin.

»Hallo. Freut mich, Sie kennenzulernen.«

Seine Stimme hatte einen ostdeutschen Einschlag, sie klang hell und freundlich und stand in krassem Gegensatz zu seinem martialischen Outfit.

»Ich hatte nicht den richtigen Schusswinkel, deshalb musste ich so lang warten«, erklärte er entschuldigend. Tinne drückte seine Hand.

»Kein Problem«, meinte sie trocken. »Eine ordentliche Nahtoderfahrung macht so eine Nacht erst richtig spannend.«

Schwerdter schaute sie verwirrt an. Erst als Pelizaeus und Elvis zu lachen anfingen, merkte er, dass Tinne zu scherzen beliebte. Das befreiende Lachen tat allen gut, Tinne merkte, wie ihre Anspannung nachließ.

Elvis trat einen Schritt nach vorn.

»Und wie haben Sie es nun geschafft, genau im richtigen Moment hier aufzutauchen?«, wandte er sich mit reportermäßiger Neugier an den Kommissar. Statt einer Antwort gab Pelizaeus seinen Kollegen einen Wink, sie führten eine gebeugte Gestalt zu der Gruppe. Als das Licht der Baggerlampen auf den dunkelhaarigen Mann fiel, zog Elvis erstaunt die Luft ein.

»Sieh an, der Herr Baudezernent Dr. Christian Conradi. Na, Herr Conradi, war die Trennschärfe zwischen Ihrem Dezernat und den Tätigkeiten des Herrn Kalkbrenner nicht mehr ganz klar ausdefiniert, oder was?«

Conradi reagierte nicht auf den spöttischen Ton des Reporters, sondern starrte nur vor sich hin. Pelizaeus trat an den Baudezernenten heran.

»Sparen Sie sich die Bissigkeiten, Elvis. Es stimmt, Herr Conradi hat seine Amtsgewalt missbraucht, um Kalkbrenners Bauprojekte voranzutreiben und die Genehmigungsverfahren zu vereinfachen, und darüber wird er in einem eigenen Prozess Rechenschaft ablegen müssen. Aber wenn er heute Nacht nicht die Polizei informiert und die Geschehnisse hier auf dem Jakobsberg offen gelegt hätte, dann würden Sie und Frau Nachtigall jetzt mit einer Ladung Schrot im Bauch auf dem Boden liegen. Mausetot.«

Seine drastischen Worte verfehlten ihre Wirkung nicht, Elvis schaute betreten zur Seite. Doch Tinnes Interesse war geweckt.

»Herr Conradi, woher wussten Sie, dass wir heute Nacht hier sein würden?«

Der Baudezernent zuckte schwach mit den Schultern, seine Stimme war nur ein Flüstern.

»Das wusste ich nicht, das war nur eine logische Schlussfolgerung. Heute Nacht war schließlich die letzte Möglichkeit, in den Tunnel zu steigen und die Krypta zu suchen. Mir war klar, dass Kalkbrenner mit allen Mitteln versuchen würde, das Geheimnis zu verschleiern und dadurch sein Bauprojekt zu retten. Ich wollte nicht, dass es Tote gibt.«

Einen Augenblick schwieg er, dann fügte er noch leiser hinzu:

»Es ist schon genug passiert.«

Tinne dachte eine Sekunde lang über seine Worte nach, dann nickte sie.

»Sie wussten über das Geheimnis der Kapelle Bescheid, stimmt's? Hannah Lohmann hat sich an Sie gewandt, um einen Baustopp zu erwirken, aber sie konnte natürlich nicht ahnen, dass Sie auf Kalkbrenners Gehaltsliste stehen. Was ist dann passiert? Sind Sie Hannah in Kalkbrenners Auftrag nachgeschlichen, als sie in den Tunnel gekrochen ist?«

Ihre Stimme wurde lauter, sie merkte, dass sie sich in Rage redete.

»Und dann? Hannah hat Sie natürlich erkannt, nicht wahr, ihr letzter Satz hat alles klar gemacht: ›Na, das ist ja mal eine Überraschung!‹ Dann sind Ihnen die Nerven durchgegangen, oder? Ein schneller Schlag mit einem Stein, und Ende.«

Conradi war kreideweiß geworden und sah im grellen Scheinwerferlicht aus wie ein Gespenst. Fahrig schüttelte er den Kopf.

»So ist es nicht gewesen. Es war ein Unfall, das schwöre ich. Sie ist einen Schritt zurückgetreten und dabei an die Wand gestoßen. Und dann … dann ist ein Stein runtergeknallt, direkt auf ihre Schulter, sie ist umgestürzt und mit dem Kopf aufgeschlagen. Ich habe versucht, ihr zu helfen, aber … es war nichts mehr zu machen.«

Tränen rannen über sein bleiches Gesicht, er rang sichtlich um Fassung.

Pelizaeus legte ihm eine Hand auf die Schulter.

»Herr Conradi, beruhigen Sie sich. Es wird alles geklärt werden, Sie werden noch genügend Zeit haben, Ihre Aussage zu machen und Ihre Sicht der Dinge darzustellen.«

Auf seinen Befehl hin erschienen zwei Beamte und führten Conradi zu einem der wartenden Polizeiautos.

Doch Tinne wollte den Mann nicht einfach so gehen lassen. Ihre Wut und ihre Trauer um Hannahs Tod hatten endlich ein Ventil gefunden, Tränen liefen ihr über die Wangen, ohne dass sie es wahrnahm. Mühsam humpelte sie ihm einige Schritte nach und brüllte:

»Das glaube ich Ihnen nicht, hören Sie? Das war vorsätzlich! Sie haben Hannah umgebracht, um mit Ihrem scheiß Bauprojekt weitermachen zu können! Sie ... Sie wollten doch bloß ...«

Eine Hand zog sie sanft zurück.

»Lassen Sie es gut sein, Frau Nachtigall.« Pelizaeus schaute sie ernst an. »Sie werden jetzt und hier die Wahrheit nicht erfahren. Ich halte Sie auf dem Laufenden über unsere Erkenntnisse, okay?«

Tinne schluckte und atmete zwei, drei Mal tief durch, um sich zu beruhigen. Ihre Wut ließ nach. Natürlich, der Kommissar hatte recht – was genau Hannah in dem Tunnel zugestoßen war, würden erst die polizeilichen Ermittlungen ans Tageslicht bringen. Sie wechselte das Thema.

»Wie kommt es, dass Sie hier sind? Ich dachte, Sie wären in Urlaub?«

Sein Pferdegesicht verzog sich zu einem Grinsen.

»War ich auch – bis vor drei Stunden. Aber trotz meines Urlaubs habe ich immer mal wieder Einsicht in die Ergebnisse der Soko Volkspark genommen und gesehen, dass eine gewisse Ernestine Nachtigall bis zum Hals in Schwierigkeiten steckt. Ich erwähne da nur mal Flucht aus Polizeigewahrsam, Unterschlagung von Beweismitteln und einiges mehr.«

Er überlegte einen Augenblick, als suche er nach der richtigen Formulierung.

»Wissen Sie, nach unserem Gespräch in Ihrer Wohnung konnte ich mir beim besten Willen nicht vorstellen, dass Sie hinter all diesen Vorkommnissen stecken – und meine Menschenkenntnis lässt mich zum Glück selten im Stich.«

Er hob die Hände in einer allumfassenden Geste.

»Also habe ich nach Ihrem spektakulären Abgang aus dem Kloster Eberbach den Diensthabenden angewiesen, mich auch im Urlaub über alle Entwicklungen auf dem Laufenden zu halten, in denen Ihr Name vorkommt. Na ja, und heute Nacht um halb drei bimmelte das Telefon: Der Mainzer Baudezernent hatte Alarm geschlagen, dass auf dem Jakobsberg Gefahr im Verzug sei und ebenjene Ernestine Nachtigall in der Sache mit drinhängen würde. Zum Glück war ich auf Balkonien und nicht in der Südsee.«

Tinne knipste ihr freundlichstes Lächeln an.

»Sie ahnen gar nicht, wie froh ich bin, Sie zu sehen und nicht diesen Wichtigtuer Brandauer.«

Pelizaeus lachte leise.

»Ja, für den Kollegen Brandauer sind Sie ein rotes Tuch. Vorsichtshalber habe ich dann mal die Leitung dieses nächtlichen Einsatzes übernommen.«

Elvis grinste frech.

»Da haben Sie gut dran getan. Brandauer hätte wahrscheinlich noch nachgeschaut, ob Kalkbrenners Flinte auch wirklich geladen ist.«

Ein Hupen riss sie aus ihrem Gespräch. Erstaunt sahen sie zu, wie ein silberner VW-Bus langsam die Trasse herunterfuhr und auf den Lichtkegel in der Mitte des Zitadellengrabens zuhielt. Als er näher kam, waren Einzelheiten zu erkennen: Die komplette Seitenwand des Busses war mit ungelenken Lettern besprüht, vorn saßen zwei feixende Brigadiere, Margarete und der kleine Micha. Der T5 hielt vor dem aufgerissenen Graben, die beiden stiegen aus und öffneten die seitliche Schiebetür. Herausgestolpert kam zu Tinnes Überraschung Professor Nümbrecht, seine Haare waren zerzaust, die Kleidung derangiert. Um seinen Hals baumelte ein weißer Mundschutz, wie ihn Lackierer benutzen. Metallene Handschellen hielten seine Hände vor dem Körper zusammen, er blinzelte unsicher in das grelle Baggerlicht und versuchte, die gesamte Situation zu erfassen.

»Professor Nümbrecht!« Tinne humpelte ein paar Schritte auf ihn zu. »Was machen Sie denn hier?«

Anstelle des Professors antwortete Micha:

»Den alten Knaben haben wir oben im Park entdeckt, als wir vorhin auf der Lauer gelegen und auf Berties Anweisungen gewartet haben. Er hat irgendetwas an seinem Auto herumgefuhrwerkt, und wir haben ihn ruhiggestellt, damit er uns nicht dazwischenfunken kann.« Er lachte meckernd. »Die Handschellen hatte er zum Glück schon dabei.«

Verwundert humpelte Tinne an den VW-Bus und schob die Seitentür zu. Nun waren die gesprühten Buchstaben deutlich zu lesen:

IN DIESER ERDE LIEGT EIN SCHATZ VERBORGEN!
ER DARF NICHT VERSCHÜTTET WERDEN!

Ungläubig drehte Tinne sich zu Nümbrecht um.

»Was wollten Sie denn damit bezwecken? Sollte das ...
so etwas wie ein Aufruf an die Öffentlichkeit werden?«

Er nickte matt. Alle Energie schien aus seinem hoch-
gewachsenen Körper verschwunden zu sein, er sah um
Jahre gealtert aus.

»Das war die letzte Chance, um das Projekt noch zu
stoppen und Hannahs Theorie zu beweisen.«

Die Erschöpfung ließ seinen hessischen Dialekt überdeutlich hervortreten, er klang wie eine schlechte Kopie
von Heinz Schenk.

»Sehen Sie, Frau Nachtigall ... nach dem Bilderdieb-
stahl im Museum bin ich sämtliche Unterlagen zur Stadtansicht des Meisters WB durchgegangen. Bei meinem
Vorgänger Gutdünk habe ich versucht, weitere Hinweise
über die Johanniskapelle zu sammeln, und mit all diesen
Unterlagen bin ich danach zum Baudezernenten Conradi gegangen und habe inständig um einen Bauaufschub
gebeten. Vergebens, alles vergebens. Also blieb mir nur
der Schritt an die Öffentlichkeit, und zwar auf eine möglichst spektakuläre Art und Weise. Ich habe diesen Bus
gemietet, ihn mit einem entsprechenden Text besprüht
und wollte ihn mitten im Baugebiet parken. Schließlich
hätte ich Flugblätter verstreut, mich mit Handschellen
an die Anhängerkupplung gekettet und darauf gewartet, dass die Szene publik wird. Meine Hoffnung waren
irgendwelche Spaziergänger, Anwohner oder sogar Bau-

arbeiter, ganz egal – verstehen Sie, wenn das Foto des beschrifteten Busses und des angeketteten Mannes erst einmal in Umlauf gekommen wäre, in Zeitungen, im Internet, wo auch immer, dann hätte Kalkbrenner viele Fragen beantworten müssen. Die ganze Sache wäre plötzlich öffentlich gewesen.«

Tinne starrte den Professor an. Dann humpelte sie einen Schritt nach vorn und rammte ihm ohne Vorwarnung beide Fäuste vor die Brust, sodass er einen überraschten Laut von sich gab und nach hinten gegen die Tür des VW-Busses knallte.

»Sie haben Hannahs Ergebnisse an sich gerissen, Herr Nümbrecht, Sie haben es darauf angelegt, dieses Rätsel selbst zu lösen und Ihren Namen unter die Entdeckung von Gutenbergs Grab zu setzen! Das ... das ist Diebstahl, geistiger Diebstahl!«

Der Professor schaute Tinne erschrocken an. Die große Gestalt mit den wirren Haaren und dem dreckstarrenden Gesicht sah im grellen Licht der Baggerlampen aus wie eine Rachegöttin.

»N... nein, Frau Nachtigall, um Gottes willen, das stimmt nicht! Ich ... ich wollte ...«

»Sie haben Hannahs Unterlagen weggenommen!«, brüllte Tinne gegen seinen hessischen Dialekt an. »Sie haben Brandauer angeschwindelt und gesagt, Sie wüssten nichts über Hannahs Forschung! Und dann sind Sie zum alten Gutdünk ins Kloster gefahren und haben ihm Löcher in den Bauch gefragt! Und das alles nur, um den Ruhm für diese Entdeckung selbst einzuheimsen!«

Der Professor wurde ebenfalls laut.

»Nein, nein und nochmals nein! Ich wollte Hannah

nicht ausbooten, das gesamte Projekt war von vornherein als Gemeinschaftsarbeit angelegt, und es wären ganz klar beide Namen als Urheber genannt worden!«

»Und warum haben Sie dann niemandem Einblick in Hannahs Unterlagen gewährt und schön Ihr eigenes Süppchen gekocht?«

»Frau Nachtigall, Sie wissen doch, was für ein Haifischbecken die Uni sein kann – schneller, als Sie gucken, hat jemand anders Ihr Thema weggeschnappt und veröffentlicht. Ich wusste, dass es um Gutenbergs Grabstätte geht, aber der plötzliche und schreckliche Tod von Hannah hat alles durcheinandergewirbelt. Sie kannten ja ihre eigenbrötlerische und verschwiegene Art, wenn es um die Forschung ging. Und auf einmal stand ich mit mehr oder weniger leeren Händen da, denn all ihre Entdeckungen waren nirgendwo mehr greifbar. Also habe ich mich drangesetzt und alle Unterlagen, alle Notizen wieder und wieder durchgesehen in der Hoffnung, ihre letzten und entscheidenden Erkenntnisse nachvollziehen zu können – leider vergebens.«

Ihm fiel etwas ein, hektisch zog er die Tür des Busses auf und wühlte mit gefesselten Händen auf der Rückbank herum.

»Wenn Sie mir nicht glauben, dann schauen Sie sich das an: Das sind die Flugblätter, die ich hier verstreuen wollte.«

Er hielt Tinne ein kopiertes DIN A 4-Blatt unter die Nase.

IM BODEN DES ZITADELLENGRABENS LIEGT EIN HISTORISCHER SCHATZ!

Universitäre Forschungen haben ergeben, dass ein unschätzbar wertvolles Objekt im Zitadellengraben verborgen liegt. Die aktuellen Bauarbeiten würden seine Bergung unmöglich machen, doch die Stadtverwaltung verschließt ihre Augen.

Helfen Sie mit, diesen Schatz zu retten und zu bergen!

BAUSTOPP SOFORT!

gezeichnet:

Dr. Hannah Lohmann, Historisches Seminar der Universität Mainz

Prof. Dr. Eckhard Nümbrecht, Historisches Seminar der Universität Mainz

---

Tinne merkte, wie ihr Ärger abkühlte. In gewisser Weise konnte sie verstehen, dass der Professor inmitten des hellhörigen Instituts Hannahs Erkenntnisse nicht an die große Glocke hängen wollte. Während sie noch nachdachte, ob sein VW-Bus-Plan lachhaft oder genial war, trat Pelizaeus heran, der die hitzige Diskussion mitgehört hatte. Er warf einen Blick auf das Blatt, ließ sich von Micha den Schlüssel geben und öffnete die Handschellen.

»Herr Nümbrecht, Sie beschäftigen an der Universität einen Assistenten namens Gero Frey?«, fragte er mit seiner wohlklingenden Stimme.

Der Professor nickte überrascht.

»Ja, Gero ist schon seit ein paar Jahren meine Hilfskraft, er schreibt seine Dissertation bei mir. Warum?«

Pelizaeus wischte sich müde mit einer Hand über die Augen und seufzte.

»Der Auflauf hier ist nicht die einzige Polizeiaktion heute Nacht. Gemeinsam mit Interpol und den Kollegen aus Österreich beobachten wir schon seit einiger Zeit einen Verbrecherring, der sich auf Diebstahl, Schmuggel und Verkauf von Antiquitäten und mittelalterlicher Kunst spezialisiert hat. Gero Frey steht schon länger unter Verdacht, und heute Nacht haben die Kollegen im Gonsenheimer Wald zugeschlagen. Da hat er mit einem der Bandenköpfe, einem Österreicher namens Marc Steiner, eine Übergabe arrangiert: 14 mittelalterliche Bücher aus dem Bestand der Universität, drei aus dem Stadtarchiv.«

Nümbrecht starrte ihn an.

»Was? Gero? Das kann nicht sein! Er hat schon seit mehr als zwei Jahren ...«

Seine Stimme wurde leise, er dachte ein paar Sekunden nach. Dann ließ er die Schultern herabsinken, seine lange Gestalt nahm die Form eines verbogenen Fragezeichens an.

»Es könnte hinkommen, tatsächlich. Vor einigen Jahren sind wertvolle Bücher aus dem verschlossenen Teil der Bibliothek verschwunden, deshalb habe ich Gero die Verwaltung dieses Archivs übertragen. Die Diebstähle haben danach aufgehört, aber natürlich können wir uns da nur auf die von ihm erstellten Listen berufen.«

Er stockte und schüttelte den Kopf.

»Gott weiß, wie viele Bücher nur noch in seinen Verzeichnissen existieren.«

Tinne war wie vor den Kopf gestoßen. Gero – ein Dieb? Da fiel ihr die seltsame Szene ein, die sie vor ein paar Tagen zu später Stunde im Philosophicum beobachtet hatte: Gero, der sich mit einem fremden Mann traf und ihr mit sichtlich schlechtem Gewissen zuwinkte, bevor er verschwand.

Pelizaeus riss sie aus ihren Gedanken.

»So, Schluss für heute«, entschied er und unterdrückte ein Gähnen.

»Es ist halb fünf, morgen gibt es hier und im Präsidium jede Menge zu tun. Danke übrigens, Frau Nachtigall – der Rest meines Urlaubs ist hiermit wohl hinfällig.«

Bärbeißig zwinkerte er Tinne zu. Doch sie schüttelte entschieden den Kopf.

»Oh nein, Herr Pelizaeus, hier ist noch nicht Feierabend. Schließlich habe ich nicht Kopf und Kragen riskiert, um jetzt ohne jede Bestätigung abzuzischen.«

Der Kommissar schaute sie verständnislos an. Tinne lupfte die Augenbrauen und warf einen vielsagenden Blick hinunter in den halb eingestürzten Stollen.

»Da unten wartet ein 500 Jahre altes Geheimnis auf seine Entdeckung – und den Spaß will ich mir nicht entgehen lassen!«

Wenig später stiegen Tinne, Elvis und Professor Nümbrecht vorsichtig über den Schutt und das Wurzelwerk nach unten in den Tunnel. Tinne stützte sich auf den dicken Reporter, der inzwischen wieder einigermaßen zu Kräften gekommen war. Pelizaeus hatte versucht, Tinne die Kletterpartie auszureden, aber sie war hartnäckig geblieben. Nun standen ein halbes Dutzend Polizisten und Einsatzkräfte am Rand der eingebrochenen Decke und leuchteten mit ihren starken Handlampen nach unten.

»Ohne Bagger und Todesangst ist es hier unten gleich viel gemütlicher«, meinte Elvis trocken, als sie den Boden des Stollens erreichten. Tinne spürte einen Schauer auf ihrem Rücken, als sie an die Ereignisse dachte, die sich hier vor wenigen Stunden abgespielt hatten.

»Trotzdem bin ich froh, wenn ich wieder oben bin«, meinte sie und beleuchtete mit ihrer Maglight den Türsturz und die beschriftete Steinplatte.

»Tatsächlich! Es ist also wahr!«, murmelte Nümbrecht, als er die Inschrift las. In seinem grauen Anzug sah er merkwürdig deplatziert aus, doch seine Augen waren vor Begeisterung weit aufgerissen. Tinne stellte derweilen fest, dass die massiven Angriffe des Baggers direkt neben dem Türsturz einen Teil der Wand eingerissen hatten. Neugierig leuchtete sie in die entstandene Öffnung. Der Lichtstahl tastete sich durch einen quadratischen Raum, der unversehrt aussah und in dessen Mitte ein steinernes Rechteck emporragte – ein Sarkophag.

»Volltreffer!«

Innerhalb einer halben Minute war sie durch das schmale Loch gekrochen, der Professor folgte ihr, und sogar Elvis quetschte seinen Bauch hindurch. Dann standen sie zu dritt an der Wand und trauten sich nicht, weiter nach vorn zu treten. Ihre Lampen beleuchteten einen schmucklosen Sarkophag, er stand auf einer erhöhten Plattform.

»Was sagt man in so einem Augenblick?«, fragte Elvis unsicher.

Tinne humpelte einen entschlossenen Schritt nach vorn.

»Für Hannah«, sagte sie schlicht, schob sich auf die erhöhte Plattform und beugte ihren Oberkörper über den Steinsarg.

Schon auf den ersten Blick merkte sie, dass etwas nicht stimmte, denn es lag kein Deckel darauf. Als sie ihre Lampe ins Innere richtete, bestätigten sich ihre schlimmsten Befürchtungen: Er war leer, nichts lag darin. Kein Leichnam, kein Johannes Gutenberg. Ein bodenloses Loch schien sich aufzutun, um sie zu verschlingen.

Sie hatten ein Phantom gejagt, und Hannah war für eine Entdeckung gestorben, die keine war.

DRITTER TEIL

Montag, 26. März 2012

Can you tell a green field from a cold steel rail? A smile from a vail? Do you think you can tell?

Tinne saß in ihrem Büro an der Uni. Aus den winzig kleinen PC-Lautsprechern erklang Pink Floyd, sie hielt die Augen geschlossen und ließ sich von der Musik wegtragen. Mühsam versuchte sie, sich mit der Tatsache abzufinden, dass ihre Spurensuche ins Nichts geführt hatte.

Auf eine merkwürdige Art und Weise war sie der Meinung, Hannah verraten zu haben, weil sie den Leichnam von Johannes Gutenberg nicht gefunden hatte. Natürlich wusste sie, dass dieser Gedanke unsinnig war, denn Hannah war denselben Spuren gefolgt wie sie selbst und hätte letztendlich genau wie sie und Elvis in den leeren Sarkophag gestarrt. Aber schwermütigen Gedanken und dem Gefühl, versagt zu haben, war mit rationalen Erklärungen nicht beizukommen, das wusste Tinne. Im Laufe von 36 Lebensjahren waren schon einige solcher Erfahrungswerte zusammengekommen – ein klarer Vorteil gegenüber blauäugigen Erstsemestern, die dachten, die Welt würde untergehen, wenn sie in einer Klausur eine Drei minus schrieben.

Sie öffnete die Augen einen Spaltbreit. An der Wand lehnte eine Krücke, ihre Hände und Arme waren mit Pflastern verklebt und von antiseptischer Lösung verfärbt. Das komplette Wochenende hatte sie sich im Krankenhaus und im Polizeipräsidium um die Ohren geschlagen und dabei kaum Zeit gefunden, ihre eigenen Gedanken und Gefühle zu sortieren. Wenigstens wusste sie, dass Professor Gutdünk den hinterhältigen Anschlag überlebt hatte und auf dem Weg der Besserung war. Inzwischen hatte man ihn sogar von der Intensiv- auf die Normalstation verlegt.

Vor ihr lag ein Stapel Seminararbeiten, die sie zu korrigieren hatte. Es schien Tinne auf eine seltsame Weise grotesk, dass sie noch vor drei Tagen einer archäologischen Sensation auf der Spur gewesen war und nun stinklangweilige Arbeiten durchgehen sollte. Am Rand ihres Schreibtisches lagen die Ausdrucke von Geros halb fertiger Doktorarbeit über die Mainzer Juden im Mittelalter. Sie nahm die Blätter zur Hand und ließ sie müßig durch die Finger gleiten – diese Arbeit würde wohl niemals vollendet werden, Gero wartete auf seinen Prozess wegen Diebstahls, Unterschlagung und Hehlerei. Vertane Zeit, verschwendete Energie. Sie seufzte.

Ein Rumpeln nebenan in Annegrets Büro riss Tinne aus ihren Gedanken. Doch statt ihrer Kollegin erschien der Kopf des Drachens in der Verbindungstür.

»Ist Frau Dahlmann nicht hier?«

Tinne hatte keine Ahnung, was der Drache von Annegret wollte. Sie schüttelte den Kopf. »Nö, die hat einen Termin beim Stadtplanungsamt und kommt erst heute Nachmittag wieder. Soll ich was ausrichten?«

Frau Schillmer schüttelte den Kopf.

»Nein, ich wollte sie nur etwas fragen.«

Die Verbindungstür schloss sich. Tinne drückte gelangweilt an ihrem Verband herum. Die Wunde am Bein war mit fünf Stichen genäht worden, darüber hinaus hatte sie zahlreiche Prellungen, Blutergüsse und Abschürfungen davongetragen. Na ja, wenigstens sah Elvis auch nicht besser aus. Sie entschloss sich, den dicken Reporter anzurufen, vielleicht konnte er sie ja ein wenig aufheitern. Ein Blick auf die Uhr verriet ihr, dass es Punkt elf war, die Zehn-Uhr-Konferenz der Lokalredaktion sollte also vorbei sein.

Elvis hatte sie offensichtlich an der Nummer erkannt und meldete sich mit brummiger Stimme:

»Sag, wer du bist, Wicht, und nenne dein Begehr.«

Tinne überlegte an einer schlagfertigen Antwort, als plötzlich eine aufgeregte Frauenstimme in der Leitung erklang:

»Ja, hallo, Edeltraut Schillmer hier. Bin ich da richtig bei *Punch-it*? Bin ich endlich durchgekommen?«

Verblüfft hielt Tinne sich den Hörer vors Gesicht, als könne sie sehen, was darin vorging. Frau Schillmer war doch gerade noch im Nachbarzimmer gewesen!

Sie schnappte ihre Krücke, humpelte blitzschnell zur Verbindungstür und riss sie auf. Der Drache saß auf Annegrets Platz und fuhr zu Tode erschrocken zusammen.

»Ich … eh …«, stotterte die Sekretärin, lief knallrot an und ließ den Hörer des Bürotelefons zurück auf die Gabel fallen, als wäre er glühend heiß.

Tinne schluckte. »Was haben Sie eben gemacht, Frau Schillmer?«

Der Drache wand sich.

»Also, ich wollte gerade bei meinem Mann anrufen …«

»Sie haben eben mein Telefonat mitgehört, oder?«, unterbrach Tinne sie aufgeregt.

Unsicher nickte Frau Schillmer.

»Ich … ich hatte kaum abgehoben und gewählt, da fragte auf einmal ein Mann nach … eh, nach meinem Begehr. Dann, ja, dann sind Sie auch schon hereingekommen und …«

»Bleiben Sie sitzen, wo Sie sind, und nehmen Sie nach einer halben Minute noch mal den Hörer ab!«, befahl Tinne und humpelte auf ihren Platz zurück. Erneut wählte sie Elvis' Nummer. Der Dicke war ungehalten.

»Sag mal, was rufst du dauernd hier an und quatschst irgendeinen Blödsinn zusammen …«

»Elvis, halt mal den Rand.« Tinne wartete einen Augenblick, dann fragte sie vorsichtig:

»Frau Schillmer?«

Eine Sekunde später kam zögerlich die Antwort durchs Telefon.

»Also, hier am Gerät hat ein Licht geblinkt, dann habe ich den Hörer abgenommen, und jetzt höre ich Sie und diesen Mann.« Leise fügte sie hinzu: »Habe ich was falsch gemacht?«

Tinne legte auf, humpelte hinüber und lächelte den erschrockenen Drachen an.

»Nein, Frau Schillmer, alles in Ordnung. Danke für Ihre Hilfe.«

Wie ein Blitz verschwand die Sekretärin und ließ Tinne in Annegrets Büro zurück. Mit den Augen verfolgte Tinne das Telefonkabel – ihr Kabel! – von der Trennwand zu Annegrets Telefon und von dort weiter zur Buchse an der Wand.

Sie schlug sich klatschend die Hand an die Stirn. Wie hatte sie nur so blind sein können! Anstatt den armen

Bertie zu verdächtigen, Kalkbrenners Kontaktmann zu sein, hätte sie besser in ihrem eigenen Büro die Augen aufmachen sollen! Die korrekte und biedere Annegret war das perfekte Instrument für Kalkbrenner, um über Tinnes komplettes Vorgehen Bescheid zu wissen. Der Zufall spielte Annegret dabei in die Hände: Dadurch, dass ihre beiden Büros früher ein Raum gewesen waren, schien Tinnes Telefon eine Art Nebenstelle von Annegrets Apparat zu sein. Annegret hatte nichts weiter tun müssen, als zu warten, bis das rote Lämpchen ein Gespräch auf der zweiten Leitung signalisierte, und schon konnte sie in aller Seelenruhe Tinnes Telefonate mithören.

Mit erschreckender Klarheit sah sie die Zusammenhänge vor sich:

In Hannahs leerem Büro: Brandauer erwischt Tinne und befragt sie. Vor der Tür drängen sich die Institutsmitarbeiter, Annegret ist mittendrin.

Tinnes Bürotelefon: Sie telefoniert mit Kerstin Klessinger und erfährt Details über die Stadtansicht des Meisters WB.

In Tinnes Büro: Sie und Elvis rätseln an der Stadtansicht herum, der Fotoband des Museums liegt aufgeschlagen auf ihrem Tisch. Annegret schaut vorbei und stibitzt einen Kräppel.

Tinnes Bürotelefon: Sie fragt Beppo, ob sie vorbeikommen und mit ihm über ein mittelalterliches Bild sprechen könne.

Tinnes Bürotelefon: Sie spricht mit Professor Gutdünk und meldet sich und Elvis zu einem Besuch im Kloster Eberbach an.

*Tinnes Bürotelefon: Professor Gutdünk ruft an und
berichtet von einem sensationellen Fund in den alten
Handschriften, der mit dem Jakobsberg zusammenhängt.
Tinne verspricht ihm, sofort vorbeizukommen und findet
den alten Professor halb erschlagen vor.*

Langsam humpelte Tinne zu ihrem Platz zurück und rief
das Mainzer Polizeipräsidium an.

»Herr Pelizaeus, befragen Sie Kalkbrenner doch mal
zu einer gewissen Annegret Dahlmann. Ich bin sicher, es
wird Sie interessieren, was er zu erzählen hat.«

*

Mittags saßen Tinne und Elvis im Baron. Tinne stocherte
lustlos in ihren Penne Arrabiata herum, während Elvis
mit gutem Appetit ein Putenschnitzel in sich hinein
schaufelte.

»Iss, mein Kind, du brauchst Kraft«, schmatzte der
Reporter mit vollem Mund. Tinne verdrehte die Augen
über den elternmäßigen Spruch und schubste eine Nudel
quer über ihren Teller. Gerade hatte sie Elvis von ihrer
Entdeckung berichtet.

»Ich könnte mich in den Hintern beißen, dass ich nicht
früher draufgekommen bin. Annegret tratscht schön brav
alles weiter, was wir unternehmen, bis es Kalkbrenner nach
unserem Besuch bei Professor Gutdünk zu bunt wird. Er
weiß, dass wir gefährlich nah dran sind, also schickt er
nachts einen seiner Schergen zu mir nach Hause, um mir
Angst einzujagen. Aber am nächsten Morgen kommt es
noch dicker: Annegret hört den Anruf aus Eberbach mit

und weiß, dass ich mich sofort auf den Weg zum Professor mache. Sie informiert Kalkbrenner, und der lässt seine Knochenbrecher los. Gleichzeitig ruft er anonym bei Brandauer an und steckt ihm, dass die liebe Frau Nachtigall gerade einen alten Emeritus im Kloster Eberbach zu Brei schlägt. Perfektes Timing!«

Die Nudel glitt vom Teller und hinterließ passend zu ihrer drastischen Schilderung einen blutroten Abdruck auf dem Tisch.

»Und die angeblichen Emails von Hannah, in denen sie mich verdächtigt, ihre Forschungsergebnisse zu klauen, die hat Annegret in Kalkbrenners Auftrag getippt und in Hannahs Bürorechner gespeichert. Dadurch hatte Brandauer einen Sündenbock wie aus dem Bilderbuch!«

Elvis wischte sich mit einer überdimensionalen Serviette den Mund sauber und schnaufte.

»Und die ganze Show für einen leeren Sarg.«

Tinne schwieg. Das Bild des leeren Sarkophags stand überdeutlich vor ihrem geistigen Auge. All die Mühe … für nichts!

Die heitere Melodie von Wallace & Gromit klimperte in ihre trüben Gedanken hinein. Ihr Handy bimmelte und zeigte eine Wiesbadener Vorwahl.

»Hallo, Frau Nachtigall, Werner Gutdünk hier. Es tut mir unendlich leid, dass ich mich so lang nicht gemeldet habe, aber wie Sie vielleicht wissen, bin ich im Moment ein wenig unpässlich. Ich möchte Sie bitten, bei mir in der Wiesbadener Asklepios-Klinik im Zimmer 217 vorbeizuschauen, wenn es Ihnen keine Umstände macht. Ich habe großartige Neuigkeiten bezüglich der Johanniskapelle.«

Tinne freute sich, die Stimme des alten Mannes und seine altmodische Ausdrucksweise zu hören. Offensichtlich ging es ihm schon deutlich besser. Sein Enthusiasmus war fast mit Händen zu greifen, doch leider musste sie ihm einen Dämpfer verpassen.

»Herr Gutdünk, ich fürchte, die Neuigkeiten sind nicht mehr so neu. Wir wissen inzwischen, dass der Leichnam von Johannes Gutenberg in die Kapelle umgebettet wurde. Wir waren sogar dort und haben die Krypta in Augenschein genommen. Aber leider ... leider ist der Sarg leer.«

Verwundert hörte sie, dass der alte Professor kicherte.

»Frau Nachtigall, da erzählen Sie mir nichts, was ich nicht schon wüsste. Wenn es Sie interessiert, warum der Sarg leer ist, würde ich Ihnen empfehlen, rasch hier vorbeizukommen. Ich habe eine interessante Geschichte für Sie.«

*

Eine halbe Stunde später eilte Tinne durch den zweiten Stock der Asklepios-Klinik, so schnell ihr Krückengang es erlaubte. Elvis war ihr dicht auf den Fersen und watschelte wie ein Erpel im Zeitraffer. Die große Frau und der dicke Mann zogen manch amüsierten Blick auf sich, doch das kümmerte sie nicht. Nach dem Totalausfall der Brigade hatten sie ein reguläres Taxi gerufen und sich für schlappe 30 Euro zur Klinik fahren lassen.

»Zimmer 217, wo ist das, bitte?«, fragte Tinne atemlos eine junge Schwester. Kaum hatte diese den Weg gezeigt, schwang sie auch schon wieder ihre Krücke. Schließlich klopfte sie an die Tür. Im Zimmer standen zwei Betten, eins war leer, im anderen richtete Professor Gutdünk erfreut den Oberkörper auf. Der alte Mann sah schmal aus in dem großen Krankenhausbett, er trug einen Verband am Kopf, seine Haut war fahl. Ohne Anzug, Weste und die obligatorische Fliege wirkte der Professor befremdlich, doch seine Augen funkelten vergnügt. Er winkte zur Begrüßung.

»Hallo, hallo, da sind Sie ja. Und Herrn Wissmann haben Sie auch gleich mitgebracht, das freut mich. Setzen Sie sich.«

Sie zogen zwei Besucherstühle zu sich heran. Tinne befürchtete, erst den üblichen Gesundheits-Small-Talk machen und ihre eigene Verletzung erklären zu müssen, doch der alte Professor kam ohne Umschweife zur Sache.

»Ich habe Ihnen bei Ihrem Besuch im Kloster von den alten Schriften erzählt, die Jean Rosenzweig in dem Geheimfach eines antiken Möbelstücks gefunden hatte. Sie erinnern sich, das Möbelstück, das beim Erdbeben umgestürzt ist?«

Beide nickten.

»Die Papiere sind insgesamt von höchstem Interesse, aber ein lateinisches Schriftstück sticht besonders heraus. Es handelt sich um den Brief eines alten Mannes, in dem er seinem Sohn von einem lang zurückliegenden Ereignis berichtet. Er hat damals etwas erlebt, was ihn nachhaltig berührte und aufwühlte. Die Erinnerung daran hat der Mann offensichtlich sein ganzes Leben mit sich herumgetragen. Ein genaues Datum nennt der Brief nicht, ich kann aber durch verschiedene, im Text erwähnte Geschehnisse darauf schließen, dass der Vorfall irgendwann zwischen 1480 und 1485 stattgefunden haben muss.«

Tinne beugte sich wie elektrisiert vor. Das war das Jahrzehnt nach der Umbettung des Leichnams, die Zeit, in der Diether von Isenburg als Erzbischof und Kurfürst über Mainz herrschte. Gutdünk holte ein beschriebenes Blatt Papier hervor. Sie schaute gierig darauf, doch er winkte ab.

»Das ist leider nicht der Originaltext, Frau Nachtigall, der ist unglücklicherweise bei dem Überfall in meinem Büro gestohlen worden, zusammen mit der kompletten Dokumentenbox des Stadtarchivs. Doch tatsächlich hatte ich in der Nacht davor, direkt nach der Entdeckung des Briefes, eine deutsche Übersetzung vorgenommen in der Absicht, Ihnen diese am nächsten Morgen zu übergeben. Die Übersetzung war zum Glück an anderer Stelle untergebracht, sodass sie erhalten geblieben ist.«

Der Professor setzte seine Lesebrille auf die Nase und rutschte im Bett herum, bis er bequem saß. Tinne und Elvis spürten förmlich, wie er sich nach seiner Pfeife sehnte.

»Also, unser Autor, ein Mann namens Jerg von Homburg, war Scholar an der damals recht jungen Mainzer Universität, sie war ja erst im Jahre 1477 durch Diether von Isenburg gegründet worden. Jerg beschreibt in seinem Brief eine Begebenheit, die er gemeinsam mit seinen Freunden Utz und Nickel erlebte. Das Ereignis ist wahrhaft außergewöhnlich, Sie werden gleich verstehen, weshalb Jerg es Zeit seines Lebens nicht vergessen konnte.«

Er schaute über den Rand seiner Lesebrille hinweg zwischen Elvis und Tinne hin und her.

»Ich habe mich bemüht, meine Transkription recht nah am Original zu halten. Dadurch klingt der Text ein wenig sperrig, aber ich vermute, dass Sie am genauen Wortlaut interessiert sind und nicht an einer wachsweichen, eingängigen Übersetzung.«

Er schmunzelte, als er die Aufregung in ihren Gesichtern sah, und wandte sich dem Papier zu.

Mein Sohn, ich möchte diese Geschichte aufschreiben, solange mein Leben noch andauert. Ich bin nun ein alter Mann, doch will ich nicht von dieser Welt gehen, ohne über jene Ereignisse zu berichten, die sich vor langer Zeit zugetragen haben. Wenn ich dereinst gestorben sein werde, dann bete für meine arme Seele, denn ich habe gesündigt.

Zu meiner Scholarenzeit an der universitas *in Mainz geschah es, dass einer der Magister mir sein Vertrauen schenkte. Ebenso tat er bei Nickel und Utz, zwei Burschen, mit denen mich die Freundschaft verband. Magister Frencklein, ein Mann von großem Mut und großem Wissen, ließ uns nächtens in seiner Stube etwas erblicken, was er seinen wertvollsten Besitz nannte. Das Wort war es, wie ich es noch niemals sehen durfte.«*

»Das Wort?« Elvis schaute den Professor fragend an.

»Ich nehme an, dass der Autor damit die Bibel meint. *Logus* steht im Allgemeinen für das Wort Gottes.«

Gutdünk schielte wieder über seinen Brillenrand hinweg.

»Ich möchte Ihr Augenmerk aber auf die besondere Formulierung richten, die wir hier finden, nämlich *das Wort, wie ich es noch niemals sehen durfte.* Jerg beschreibt damit eine ganz besondere Bibel, ein Exemplar, das ihn nachhaltig beeindruckt hat.«

Tinne brauchte keine Sekunde, um zu verstehen, worauf er hinauswollte.

»Gutenbergs Bibel. Die, die wir heute als B42 bezeichnen.«

Der Professor nickte, offensichtlich war er mit seiner ehemaligen Studentin zufrieden.

»Die 42zeilige Gutenberg-Bibel, vollendet um das Jahr 1450. Eines der beeindruckendsten Werke, die je hergestellt wurden. Handwerkliche Präzision, Schönheit und Ebenmaß der B42 faszinieren sogar noch uns moderne Menschen. Sie können sich vorstellen, wie dieser Anblick auf drei junge Männer im Spätmittelalter gewirkt haben muss.«

Elvis schürzte die Lippen.

»Und ein so wertvolles Exemplar hatte ein einfacher Magister eben mal in seiner Stube herumliegen? Wie viele Exemplare hat Gutenberg denn überhaupt hergestellt?«

»In Gutenbergs Werkstatt sind rund 180 Exemplare dieser Bibel entstanden. Es wäre in der Tat außergewöhnlich, aber nicht unmöglich, dass besagter Magister Frencklein eines besessen hat. Wer weiß, vielleicht stammte er aus reichem Hause oder hatte einen wohlhabenden Gönner.«

Gutdünk räusperte sich umständlich, schob an seiner Brille herum und fuhr fort.

»*Magister Frencklein berichtete uns über den Meister, der das Wort geschaffen hat. Der ehemalige sehr verehrte episcopus Adolphus ließ ihm ein Kirchlein errichten und ihn dort in christlichen Würden bestatten. Doch sein Nachfolger, der sehr verehrte episcopus Dietherr, hegte einen*

Groll gegen den Meister und hub an, das Kirchlein abzu-
mauern. Ebenso wollte er das Grab des Meisters verschlie-
ßen auf ewig.«

Tinne und Elvis wechselten einen Blick. Also hatten sie
unten im Tunnel richtig gelegen mit ihrer Vermutung, dass
Diether von Isenburg Gutenbergs Krypta in ein Schandgrab verwandelt hatte.

»Doch Magister Frencklein beschwor uns, dass diese Tat
ein Frevel wäre, denn das Werk des Meisters sei gewal-
tig, und sein Andenken dürfe nicht auf diese schändliche
Weise geschmäht werden. Wir schlichen uns nächtens aus
der Burse und liefen auf den Jankel.«

Nach einer kurzen Pause fügte der Professor erklärend
hinzu:

»Der Jankel ist eine alte Bezeichnung für den Jakobsberg.«

Seine beiden Zuhörer hatten sich unwillkürlich auf
ihren Stühlen nach vorn gelehnt. Außer der Stimme des
alten Mannes und dem leisen Piepen eines medizinischen
Gerätes war nichts zu hören, die Spannung im Raum war
fast mit den Händen zu greifen. Endlich erfuhren sie die
gesamte Geschichte.

»In der Gruft des Meisters sprachen wir ein Gebet, dann
nahmen wir seinen Leib und hüllten ihn in ein gezeichne-
tes Linnen, welches Magister Frencklein hatte weben las-
sen und das vom ehrwürdigen Abt auf dem Jankel geseg-
net war.«

Er machte eine effektvolle Pause und nickte Tinne zu.

»Nun wissen Sie, Frau Nachtigall, warum mich Ihr
Bericht über die leere Krypta nicht überrascht hat.«

Tinne suchte nach Worten.

»Die … die Studenten haben Gutenbergs Leichnam gestohlen? Ihn aus seinem Grab geraubt?«

Gutdünk nickte langsam.

»Sie verstehen jetzt sicherlich, warum Jerg dieses Ereignis nicht vergessen konnte. Die Schuldgefühle müssen ihn bis ans Ende seines Lebens begleitet haben, denn die Störung der Totenruhe war in der damaligen strenggläubigen Zeit ein schweres Vergehen.«

Elvis deutete unbestimmt auf das Papier.

»Was meint er mit einem *gezeichneten Linnen*?«

»Etwas *Gezeichnetes* ist heraldisch kenntlich gemacht, also mit einem Wappen oder einem Siegel versehen. Ich vermute, dass dieser Magister Frencklein eine Art Leichentuch mit Gutenbergs Familienwappen anfertigen ließ, einen seitwärts schreitenden Pilger mit Schale und Wanderstab, und dass der Abt von St. Jakob das Tuch gesegnet hat. Auf diese Weise hofften die Männer wohl, den Nimbus eines christlichen Begräbnisses aufrechtzuerhalten und das Seelenheil des Verstorbenen nicht in Gefahr zu bringen.«

Tinne machte eine ungeduldige Handbewegung.

»Lesen Sie weiter, bitte. Was ist dann passiert?«

»Wir trugen den Leib des Meisters zu den Fraunwiesen und begruben ihn in weißer Erde, eines Christenmenschen würdig. Hernach sprachen wir ein zweites Gebet, seiner Seele willen.

Ich schwöre dir, mein Sohn, dass wir den Leib des Meisters wieder der Erden entnehmen und an seinen Platz zurück bringen wollten, wenn der sehr verehrte episcopus Dietherr nicht mehr den Stuhl haben würde. Doch der Herr hat andere Wege gezeichnet, bald musste ich

Mainz verlassen, und auch meine Gefährten verstreuten sich. Nach vielen Jahren habe ich die Stadt noch einmal gesehen, doch weder die Johanniskapelle noch das Grab des Meisters waren zu finden.

Mein Sohn, eine Sünde wider den Herrgott haben wir begangen, doch glaube mir, unsere Gedanken waren lauter. Bete für meine Seele, ich selbst kann's nimmermehr.«

Der Professor senkte das Blatt und schwieg. Eine ganze Weile fiel kein Wort, nur das Messgerät piepte beharrlich gegen die Stille an.

Schließlich räusperte sich Elvis. Es ging ihm genauso wie Tinne: Er brauchte ein paar Sekunden, um das Gehörte zu verarbeiten.

»Aber wo um alles in der Welt haben die Studenten den Leichnam hingebracht? Dieser Jerg schreibt etwas von Frauenwiesen und weißer Erde. Was bedeutet das?«

Gutdünk wiegte den Kopf.

»Ich kann Ihnen da leider nichts mit absoluter Sicherheit sagen, Herr Wissmann, aber ich habe einen begründeten Verdacht. Als *Fraunwiesen* wurde im Mittelalter ein Gebiet außerhalb der Mainzer Stadtmauer bezeichnet, das von den Frauen genutzt wurde, um die Wäsche zu trocknen und zu bleichen. Letzteres hat diesem Areal später einen anderen Namen gegeben, nämlich die *Bleichenwiesen.*«

Er wartete einen Augenblick, dann fiel der Groschen bei Tinne und Elvis gleichzeitig.

»Das Bleichenviertel!«, riefen sie.

»Richtig. Die Bleichenwiesen wurden erst sehr spät bebaut, gegen 1870, weil der Boden feucht war und entwässert werden musste. Der Name blieb aber erhalten und fand sich in der Bezeichnung des neuen Stadtviertels wieder.«

Tinne hatte vor Aufregung riesengroße Augen.

»Und wo könnten die Studenten dort den Leichnam hingebracht haben?«

»Nun ja, bei der Beantwortung dieser Frage hilft uns die Bezeichnung *weiße Erde* weiter, die Jerg verwendet. *Weiße Erde* ist ein anderer Ausdruck für geweihte Erde, also eine Fläche, die im Namen der christlichen Kirche gesegnet wurde. Es ist ja auch absolut nachvollziehbar, dass die Studenten den Leichnam in geweihter Erde vergraben wollten – schließlich hatten sie nach der damaligen Heilsauffassung schon durch den Diebstahl des Toten eine schwere Sünde auf sich geladen und das Seelenheil des Verstorbenen in Gefahr gebracht. Hätten sie nun einen x-beliebigen Platz gewählt, wäre das ein Sakrileg sondergleichen gewesen.«

Er schaute seine Zuhörer verschwörerisch an.

»Aber wo sollten die Studenten nun ein Eckchen geweihter Erde finden, und zwar nach Möglichkeit an einer Stelle, die nicht allzu häufig frequentiert wurde? Um ihren Plan nachvollziehen zu können, müssen wir noch ein Stück weiter zurückgehen in der Geschichte von Mainz, nämlich bis ins Jahr 1348. Frau Nachtigall, was passierte in diesem Jahr?«

Er schien nach wie vor der Meinung zu sein, dass er seiner ehemaligen Studentin gegenüber durchaus prüfungsberechtigt war. Zu ihrem Glück musste Tinne nicht lang nachdenken.

»Die Pest«, sagte sie schlicht.

»Ganz genau. Mainz wurde von einigen Pestepidemien

heimgesucht, aber diejenige von 1348 war die schlimmste. Viele Hundert Tote waren zu beklagen, die Menschen starben jeden Tag zu Dutzenden. Sie können sich vorstellen, dass in der Stadt chaotische Zustände herrschten und den Überlebenden daran gelegen war, die Pestopfer so schnell wie möglich zu beerdigen. Und zwar außerhalb der Stadtmauern.«

Elvis zog die Augenbrauen hoch.

»Auf den Bleichenwiesen?«

»Sie treffen den Nagel auf den Kopf, Herr Wissmann. Ein Teil des Wiesengebiets wurde in aller Eile gesegnet, um den Pestopfern ein christliches Begräbnis zu ermöglichen. Dieses Areal hatte danach verständlicherweise einen schlechten Ruf, man nannte es den ›Pestacker‹. Dieser Pestacker wurde seither gemieden und nur selten betreten.«

Tinne spürte, wie sich eine Welle der Enttäuschung in ihr ausbreitete. Sie verstand, welche traurige Wahrheit der Professor aus dem alten Brief herausgelesen hatte. Tonlos fuhr sie fort:

»Und damit war der Pestacker 130 Jahre später geradezu perfekt für den Plan der Studenten: ein geweihtes Stück Erde außerhalb der Stadtmauern, zu dem sich selten jemand hin verirrte. Die *weiße Erde* auf den *Fraunwiesen*.«

Gutdünk nahm seine Lesebrille ab und schaute die beiden an.

»So ist es, genau dieses Geheimnis hat der ehemalige Scholar Jerg sein Leben lang mit sich herumgetragen. Nun wissen Sie endlich, was in Wahrheit mit Johannes Gutenbergs Leichnam geschehen ist.«

Elvis hatte nun ebenfalls die Tragweite dieser Entdeckung verstanden.

»Die haben den Toten also irgendwo im heutigen Bleichenviertel begraben?«, fragte er entsetzt und ließ die Arme hängen. Zusammen mit seinem dicken Bauch sah er aus wie ein trauriger Orang-Utan. »Dort, wo inzwischen jeder Quadratmeter bebaut ist und es kein Fleckchen der ursprünglichen Wiese mehr gibt? Dann … dann ist der Leichnam …«

Er klappte den Mund zu, als sich die Tür öffnete. Eine ältliche Krankenschwester mit Solariumsbräune und grün gefärbtem Pony kam herein.

»So, Herr Gutdünk, Zeit für Ihren nächsten Röntgen-Check, ich bringe Sie hin.«

Resolut trat sie an das Bett heran und löste die Kabel, die den alten Professor mit dem piependen Überwachungsgerät verbanden.

Tinne hatte das Gefühl, sie müsse gleich platzen. Ihre Niedergeschlagenheit, dass sich das Jakobsberg-Geheimnis einmal mehr als Fehlschlag entpuppte, ließ sie einen grundlosen Groll auf die Krankenschwester entwickeln. Diese grüne Henne rollte den ganzen Tag nur irgendwelche Betten hin und her und hatte dabei keine Ahnung, was es bedeutete, eine Entdeckung von solcher Tragweite zu machen oder eben *nicht* zu machen! Hannahs große Entdeckung – endgültig eine Sackgasse! Natürlich wusste Tinne tief in ihrem Innersten, dass Krankenschwestern einen verdammt harten Job hatten, aber in dieser Sekunde war ihr das herzlich egal.

Der alte Mann legte sich auf sein Kissen zurück.

»Schauen Sie nicht so enttäuscht, Frau Nachtigall. Sie

wissen doch, wie es allzu oft bei uns Historikern ist – man verfolgt eine Fährte durch die Jahrhunderte, und irgendwann endet sie sang- und klanglos.«

Er reichte ihr das handbeschriebene Blatt Papier, als die Schwester das Bett in Richtung Tür rollte.

»Mein Tipp: Schreiben Sie eine wissenschaftliche Abhandlung über Ihre Forschungen, ich helfe Ihnen gern dabei. Das Objekt Ihrer Begierde haben Sie zwar nicht gefunden, aber der Weg dorthin war ja schließlich mehr als spannend.«

Tinne nahm das Blatt automatisch an sich, doch mehr als ein knappes Nicken brachte sie nicht zustande. Der schlechte Geschmack der Enttäuschung war so präsent, dass sie an nichts anderes denken konnte. In einem Pestgrab verbuddelt. Über Jahrhunderte vergessen. Bei irgendwelchen Ausschachtungsarbeiten achtlos weggekippt. Eine wissenschaftliche Abhandlung schreiben.

Da zuckte der Hauch einer Erinnerung durch ihr Hirn. Irgendein Detail, das damit zusammenhing. Sie versuchte, ihre Idee ans Tageslicht zu zerren. Das Bleichenviertel … Pesttote … Abhandlung …

Sie schnippte mit dem Finger.

»Stopp! Ich habe letztens etwas darüber gelesen. Und zwar in der Doktorarbeit eines Kollegen, na ja, eines ehemaligen Kollegen, die ich Korrektur lese. Er schreibt über die Juden im mittelalterlichen Mainz, und im letzten Abschnitt ging es um den Vorwurf der Brunnenvergiftung.«

Elvis schaute sie verwirrt an, doch Gutdünk schaltete sofort. Er deutete der Schwester an, noch eine Sekunde zu warten. Sie ließ das Bett ausrollen, schnappte sich entnervt ein leeres Essenstablett vom Nachttisch und rauschte hinaus.

»Während der Pestepidemien im Mittelalter suchten die Leute nach allen möglichen und unmöglichen Ursachen für ihr Unglück«, erklärte er Elvis. »Eine gern geglaubte Erklärung war, dass die Juden die städtischen Brunnen vergiftet hatten und sozusagen schuld an den Erkrankungen waren – ein vortrefflicher Grund, sie aus der Stadt zu werfen und ihr Vermögen einzubehalten. Das ist auch in Mainz geschehen, und zwar im Jahr 1348, als, wie vorhin erwähnt, die Pest besonders schlimm gewütet hat.«

Er warf Tinne einen prüfenden Blick zu.

»Ich verstehe allerdings nicht, was das mit unserer Fragestellung zu tun hat.«

Tinne blinzelte konzentriert vor sich hin.

»Eine Fußnote von Gero ist mir gerade wieder eingefallen. Er schreibt, dass in den 1980er Jahren bei Bauarbeiten im Bleichenviertel Knochen gefunden wurden, die man dieser Pestepidemie zuordnen konnte.«

Der Professor schaute eine Sekunde lang ungläubig, dann legte sich sein Gesicht in zahllose amüsierte Falten.

»Ihr Optimismus in allen Ehren, Frau Nachtigall, aber während dieser Pestepidemie wurden Hunderte Tote verscharrt. Die Chance, dass Ihr Objekt bei diesem Fund dabei war, ist verschwindend gering. Darüber hinaus wissen Sie als Historikerin doch am allerbesten, was mit dem Knochenmaterial aus solchen Funden passiert: Es wird im Anschluss an die wissenschaftliche Untersuchung dem städtischen Krematorium übergeben und verbrannt.«

Doch Elvis wechselte einen Blick mit Tinne, und sie waren sich wortlos einig: Sie würden jede noch so kleine Spur weiterverfolgen, auch wenn die Erfolgsaussichten gegen null gingen. Nachdenklich knetete der Reporter sein imposantes Doppelkinn.

»In den 80ern, sagst du? Dann haben wir darüber einen Artikel im AZ-Archiv auf dem Lerchenberg, jede Wette.«

Tinne horchte auf. »Okay, lass uns hinfahren.«

Elvis winkte ab. »Schneller und einfacher ist es, wenn ich dort anrufe und den entsprechenden Artikel scannen lasse. Der wird mir dann per Email zugeschickt, das dauert keine Viertelstunde.«

»Wie ... scannen? Ist euer Zeitungsarchiv nicht digital?«

Der Dicke lachte. »Schön wär's. Die neuen Sachen schon, klar, die älteren aber nicht. Die Papiermenge ist so riesig, dass sich der Aufwand schlicht und einfach nicht lohnt – unser Archiv reicht schließlich mehr als 100 Jahre in die Vergangenheit. Sämtliche alte Ausgaben sind zu großen Mappen gebunden, erst ab 1997 wird's digital.«

Er zog sein klobiges Handy aus der Tasche und wedelte damit herum. »Aber genau dafür haben wir Michael Bischoff und seine Kollegen. Sie sind unsere Archivgötter – wenn ein Mitarbeiter der AZ eine Information aus grauer Vorzeit braucht, haben sie ratz, fatz den passenden Artikel herausgesucht.«

Er verzog sich in eine Ecke des Raumes, murmelte in das Telefon und kam nach einer Minute zurück.

»Alles klar, Michael macht sich auf die Suche nach allem, was in den 1980ern zum Thema Pestgräber im Bleichenviertel geschrieben wurde, und lädt es hoch. Kann dein

Handy online gehen? Meins ist leider zehn Jahre zu alt dafür.«

Tinne schüttelte bedauernd den Kopf. Aufgrund ihrer permanenten Geldknappheit hatte sie keinen vernünftigen Telefonvertrag, stattdessen ärgerte sie sich schon seit ewigen Zeiten mit einer simplen Prepaid-Card herum.

»Verflixt. Dann sollten wir uns ein Internet-Café in der Nähe suchen«, brummte Elvis.

Gutdünk hatte ihren Wortwechsel gespannt verfolgt. Nun nickte er, zauberte einen kleinen Schlüssel hervor und schloss eine Schublade seines Nachttischs auf. Darin lag das iPad, auf dem er vor einigen Tagen in seinem Büro die Informationen über Jean, den Gewaltboten, herausgesucht hatte. Er öffnete den Safari-Browser und drückte Elvis das Tablet in die Hand.

»Frau Nachtigall, Herr Wissmann, ich bin beeindruckt von Ihrer Hartnäckigkeit. Vergessen Sie das Internet-Café, hiermit geht's schneller.«

In dieser Sekunde öffnete sich die Tür, die grünhaarige Schwester kam wieder herein und packte die Handgriffe des Bettes mit einer Entschlossenheit, die jeden weiteren Widerspruch im Keim erstickte. Während sie das Bett hinausrollte und die beiden Besucher in den Flur scheuchte, wisperte der alte Professor:

»Und lassen Sie sich bloß nicht von den Schwestern erwischen, der Betrieb des Gerätes ist hier drin streng verboten. Wenn Sie fertig sind, geben Sie es Dr. Brunk, zu ihm habe ich einen guten Draht. Und halten Sie mich auf dem Laufenden!«

Zum Abschied zwinkerte er ihnen verschwörerisch zu, dann verschwanden die grünhaarige Schwester und das Bett im Krankenhausgewimmel. Tinne und Elvis verzogen sich in einen Besucherraum. Zwischen trockenen Topfpflanzen und Seniorenzeitschriften tippte der Reporter seine Zugangsdaten ein und kontrollierte die Emails, doch es war noch nichts eingetroffen. Alle paar Sekunden aktualisierte er den Eingang, während Tinne auf das Gerät starrte, als wäre es der Stein der Weisen. Keiner sagte ein Wort, keiner wollte sich eingestehen, dass ihre Suche inzwischen fast aussichtslos geworden war.

Nach einigen Minuten erschien eine neue Email mit einigen PDF-Anhängen im Postfach. Elvis zielte und traf die erste Datei, einen Artikel vom 18. November 1981. Die beiden beugten sich neugierig über das Gerät.

Gruseliger Fund im Keller

Eine Entdeckung der besonderen Art haben Bauarbeiter bei Ausschachtungen im Gemeindehaus der Paulusgemeinde in der Moltkestraße gemacht: Ihre Schaufeln förderten Leichenteile zutage.

Der Schreck war groß, als am Dienstag bei der Tieferlegung des lehmgestampften Kellerbodens plötzlich menschliche Überreste auftauchten. Die erste Befürchtung, nämlich am Schauplatz eines Verbrechens zu sein, erhärtete sich zum Glück nicht – die rasch hinzugerufenen Einsatzkräfte der Kriminalpolizei verwiesen den ›Fall‹ an ihre Kollegen von der Direktion Archäologie des Landesamtes für Denkmalpflege.

Doch sogar für Abteilungsleiter Dr. Bernhard Kempf und seine Mitarbeiter ist dieser Fund eine Besonderheit: »Die schiere Anzahl der Individuen ist beeindruckend. Wir können hier die Reste von mindestens 34 Körperbestattungen beobachten, die in atypischer Begräbnisform über- und nebeneinanderliegen.«

Der Boden unter dem Gemeindehaus scheint allerdings nur Teil eines weit größeren Begräbnisfeldes zu sein. Kempf: »In den Fundamentgrubenwänden setzen sich die Funde nach allen Seiten noch weiter fort.«

Der schwere Boden aus Flusskies und Lehm hat die Toten außergewöhnlich gut konserviert, teilweise sogar »sichtbar im anatomischen Verbund«. Reste von Lederbändern, Kopfbedeckungen und Schmuckgegenständen helfen den Archäologen bei der zeitlichen Einordnung: »Eine mittelalterliche Begräbnisstätte außerhalb der damaligen Stadtmauer«, stellt Kempf nach einem Blick auf historische Pläne fest. »Aller Wahrscheinlichkeit nach haben wir es hier mit Pestgräbern zu tun. Aus Angst vor Ansteckung wurden die Toten mit allem, was sie bei sich trugen, verscharrt.«

Diese ungewöhnliche Bestattungsart ist für den Abteilungsleiter ein Glücksfall. Denn durch mehrere aufgefundene Münzen gelingt es ihm, die Gräber auf ein bestimmtes Jahr festzulegen. »Der Florenus Rheni, der Rheinische Goldgulden, war in der Mitte des 14. Jahrhunderts ein gängiges Zahlungsmittel hier im Rheinland. Wir können also davon ausgehen, dass wir es mit Opfern der schlimmsten Mainzer Pestepidemie zu tun haben, die im Jahre 1348 stattfand«, fasst Kempf zusammen.

Die Toten aus der Moltkestraße haben damit eine eigene Geschichte bekommen, die Archäologen können ihren ›Fall‹ befriedigt abschließen.

»Tja, das klingt ja nicht gerade vielversprechend«, brummte Elvis. »Kein Wort von einer außergewöhnlichen Leiche oder besonderen Begräbnisumständen.«

Tinne starrte weiter auf den Text, als könne sie durch die Buchstaben hindurch bei der damaligen Ausgrabung zuschauen. Elvis öffnete den zweiten Anhang.

Asche zu Asche

Das städtische Krematorium unter Leitung von Tilmann Kehr setzt das biblische Wort mehrmals pro Woche in die Tat um.

Er hob vielsagend die Augenbrauen.

»Ein Bericht über das Krematorium am Hauptfriedhof. Da schwant mir nichts Gutes.«

Gemeinsam überflogen sie den Text, bis sie im letzten Drittel fündig wurden.

Doch die ältesten Kunden von Tilmann Kehr haben mehrere Hundert Jahre auf dem Buckel. Denn ab und an bekommt das Krematorium historische Gebeinfunde überstellt, auf die am Ende der wissenschaftlichen Untersuchung der Verbrennungsofen wartet. Jüngstes Beispiel sind die mittelalterlichen Pestleichen, die im November letzten Jahres bei Bauarbeiten in der Moltkestraße entdeckt und nun dem Feuer übergeben wurden.

»Wie in solchen Fällen üblich haben wir die Asche im Rahmen einer christlichen Begräbniszeremonie bestattet. Das ist das Mindeste, was wir für die Jahrhunderte alten, unbekannten Toten tun können«, erläutert Kehr.

Der Artikel ging noch weiter, doch Tinne schloss die Augen. Um sie herum eilten Ärzte, Besucher, Schwestern und Patienten schnatternd hin und her, Besteck klapperte, Geräte piepten, ein Telefon bimmelte, doch sie nahm keine Notiz davon. Sie wehrte sich gegen die Gewissheit, endgültig am Ende ihrer Suche angekommen zu sein. Nach einer Sekunde merkte sie, dass sie die Zähne mit aller Macht aufeinander biss. Aus und vorbei.

Als sie die Augen aufschlug, zeigte das iPad einen grauen Bildschirm mit einem kleinen Textabsatz.

»Es gab noch ein drittes PDF«, meinte Elvis fast entschuldigend. »Ist nichts Internes, sondern ein Literaturhinweis auf irgendeinen Zeitschriftenartikel, der wohl auch mit dem Krematorium oder den Pesttoten zu tun hat.«

Tinne schaute genauer hin. Nach einer Sekunde legte sie überrascht den Kopf schief und fing an, nach ihrem Handy zu wühlen.

*

Professor Nümbrecht heftete Hannah Lohmanns Forschungsmaterialien in mehrere Ordner ab. Zahllose Papiere, Notizen und Handschriften lagen auf seinem Schreibtisch, hin und wieder ruhte sein Blick etwas länger auf einem Blatt oder einer alten Karte, bevor er das Dokument einordnete. Die Arbeit bedrückte ihn, denn er war fest davon überzeugt gewesen, dass die Erkenntnisse seiner Mitarbeiterin zu einem großen Erfolg für die Wissenschaft werden würden. Und nun war Hannah tot, der große Erfolg hatte sich als leerer Steinsarkophag entpuppt. Darüber hinaus steckte sein Doktorand in Untersuchungshaft. Die ermittelnden Beamten wussten inzwischen, dass Gero Frey in regelmäßigen Abständen nachts in seinem, Nümbrechts, Büro und im nicht-öffentlichen Teil der Bibliothek Bücher umgruppiert und gestohlen hatte. Die von ihm geführten Listen waren ein perfektes Hilfsmittel gewesen, diese Diebstähle zu verschleiern. Nümbrecht würde dem Dekan und dem Kanzler bald schon Rede und Antwort über die Diebstähle in seinem Fachbereich stehen müssen.

Das Bürotelefon klingelte, der Professor meldete sich lustlos. Nach ein paar Sekunden schnaufte er und schüttelte unwillkürlich den Kopf.

»Ein Artikel von mir, der 1991 in der *Zeitschrift für Historische Forschung* veröffentlicht wurde? Meine Güte, Frau Nachtigall, das ist eine halbe Ewigkeit her, da war ich noch ein kleiner Lehrbeauftragter an der Uni Frankfurt. Was wollen Sie denn damit?«

Er hörte weiter zu, dann wurden seine Augen groß.

»Bleiben Sie, wo Sie sind. Ich hole Sie in 20 Minuten ab.«

*

Passend zu seinem gepflegten Äußeren und den sorgfältig frisierten grauen Haaren fuhr Eckhard Nümbrecht einen schwarzen 5er BMW, dessen Inneres dezent nach Holz, Leder und teurem Rasierwasser duftete. Elvis quetschte seine dicke Figur in den Fond, Tinne ließ sich auf den Beifahrersitz fallen. Kaum hatte der Professor den Wagen vom Parkplatz der Asklepios-Klinik gesteuert, als er sich auch schon wissbegierig zu Tinne hindrehte.

»Also, Frau Nachtigall, ich fasse noch mal zusammen, was Sie mir gerade am Telefon gesagt haben: Ein mittelalterlicher Brief verrät, dass Erzbischof Diether die für Johannes Gutenberg angelegte Krypta zu einem Schandgrab gemacht hat. Daraufhin haben einige Mainzer Studenten den Leichnam aus der Gruft entfernt und auf die Bleichenwiesen umgebettet. Der Tote wurde in ein eigens angefertigtes Tuch gehüllt und in den Pestgräbern der 1348er-Epidemie bestattet. Richtig?«

Tinne nickte. Ohne große Hoffnung hatte sie Professor Nümbrecht angerufen, den Verfasser der im AZ-Archiv erwähnten wissenschaftlichen Abhandlung über die Pestleichen. Zu ihrer Überraschung war Nümbrecht völlig aus dem Häuschen geraten und hatte sogar jetzt noch Mühe, sich auf den Verkehr zu konzentrieren. Sie schaute ihn von der Seite an.

»Herr Nümbrecht, Sie haben 1991 in der *Zeitschrift für Historische Forschung* einen Artikel über die Pesttoten in Mainz geschrieben. 1991! Die AZ berichtet aber, dass die Leichen im Jahr 1982 im Krematorium verbrannt wurden. Ich frage mich: Wie konnten Sie fast zehn Jahre später einen Aufsatz über diesen Fund verfassen, obwohl die Untersuchungsobjekte längst nicht mehr vorhanden waren?«

Doch der Professor winkte nur ab, wechselte ohne Blinker zwei Fahrspuren und ließ den BMW auf die Autobahnzufahrt zur A 66 schießen, ohne sich um das erboste Hupkonzert hinter ihm zu kümmern. Dann wechselte er das Thema und schlug einen Plauderton an.

»Frau Nachtigall, wissen Sie eigentlich, wo ich studiert habe?«

Tinne verkniff sich die Bemerkung, dass sein singender hessischer Dialekt Antwort genug war. Stattdessen nickte sie brav.

»Ja, in Frankfurt.«

»Und welche Fächer?«

Seine Fragerei fing an, sie zu nerven.

»Geschichte, Philosophie und Physik. Erzählen Sie jetzt noch ein paar Anekdoten aus der Studentenzeit, bevor wir wieder aufs Thema kommen?«

Doch er ließ sich nicht beirren.

»Keine Studentengeschichten, Frau Nachtigall, eher Schülergeschichten. Physik war in der Schule nämlich mein Lieblingsfach, und entsprechend hatte ich mir für mein erstes Berufspraktikum in der neunten Klasse etwas ganz Besonders ausgesucht: die Physikalische Abteilung der Senckenberg Naturforschenden Gesellschaft in Frankfurt.«

Tinne gab die Drängelei auf und ergab sich ihrem Schicksal.

»Aha«, kommentierte sie geduldig. Elvis saß breitbeinig auf der Rückbank und verfolgte den Wortwechsel gespannt. Er schien zu spüren, dass Nümbrecht auf ein bestimmtes Ziel hinsteuerte.

»Ich war damals 16, fand meinen Vornamen entsetzlich und ließ mich von allen ›Hardy‹ nennen.« Er schmunzelte. »1982 war Hardy entschieden cooler als Eckhard, wissen Sie?«

Tinne musste sich schon wieder auf die Zunge beißen, um nicht herauszuplatzen, dass das heute noch genauso war.

»Ich hatte mir eine spannende Zeit ausgesucht, das Institut machte gerade die ersten Gehversuche mit der AMS-Technologie.«

Er ging automatisch davon aus, dass Tinne den Fachterminus einordnen konnte, suchte im Rückspiegel aber Blickkontakt mit Elvis.

»Sagt Ihnen der Begriff etwas, Herr Wissmann?«

Der Reporter schüttelte stumm den Kopf.

»Aber von der C14-Methode haben Sie doch bestimmt schon einmal gehört, oder?«

»C14 sagt mir was, da wird das Alter von organischem Material durch den Zerfall von Kohlenstoff gemessen oder so.«

»Richtig. Ein Massenspektrometer, das nach der AMS-Technologie funktioniert, nutzt dieselben Grundlagen, ist aber viel exakter. Die Ergebnisse haben meist nur eine Streuung von Jahrzehnten statt wie früher von Jahrhunderten. Also, die Frankfurter waren damals gerade am Testen dieser nigelnagelneuen AMS-Apparatur, aber irgendetwas stimmte partout nicht. Die Ergebnisse wichen immer wieder ab, und kein Mensch wusste, warum. Das hat den Projektleiter, einen Wichtigtuer namens Melb, wahnsinnig auf die Palme gebracht, und auch der Institutsleiter Schnaitteisen war alles andere als glücklich darüber.«

Der Professor schwieg, während er mit deutlich überhöhter Geschwindigkeit das Wiesbadener Kreuz passierte und auf der rechten Spur einige langsamere Autos überholte. Dann fuhr er fort:

»Während meines zweiwöchigen Praktikums haben die Senckenberg-Leute es nicht geschafft, dieses Problem in den Griff zu kriegen. Ich hatte aber einen guten Draht zum Institutsleiter bekommen, er mochte mich scheinbar, und so erlaubte er mir, drei Jahre später meine Facharbeit wiederum am Physikalischen Institut zu schreiben. Dabei habe ich dann beiläufig erfahren, dass die damaligen Schwierigkeiten mit der AMS-Methode längst ausgeräumt waren – und dass die Lösung des Problems geradezu verblüffend einfach gewesen war.«

Nümbrecht schwieg und ließ den BMW weiter über die A 66 schießen.

Tinne wartete eine Weile, doch er schien nicht gewillt, seine Erzählung fortzusetzen.

»Also … was hatte es nun mit diesen geheimnisvollen Problemen der AMS-Technologie auf sich? Und wie passt Ihre Veröffentlichung über die Mainzer Pestleichen in diese Geschichte hinein?«, fragte sie fordernd. Doch der Professor schüttelte nur mit leisem Lächeln den Kopf.

»Das, meine liebe Frau Nachtigall, werden Sie gleich aus weit berufenerem Mund erfahren.«

Und zu Tinnes Ärger sagte er während der weiteren Fahrt nach Frankfurt kein Wort mehr.

*

Mit quietschenden Reifen hielt der schwarze BMW im absoluten Halteverbot direkt vor dem altehrwürdigen Senckenberg-Museum. Professor Nümbrecht führte Tinne und Elvis im Laufschritt durch den Mitarbeiter-Eingang auf der rechten Seite in das Gebäude hinein. Im Gegensatz zur klassizistischen Fassade und zu den großen Ausstellungssälen herrschte hier der herbe Charme der 1970er Jahre. In einem kleinen Foyer standen mehrere Menschen in Laborkitteln beisammen und unterhielten sich, doch als die Neuankömmlinge hereinströmten, traten sie zur Seite. In ihrer Mitte saß ein alter, kleiner Mann im Rollstuhl. Er hatte kaum Haare auf dem Kopf, die Haut war von Altersflecken übersät, sein Körper schlotterte in einem altmodischen, braunen Anzug. Die hellen, farblosen Augen wurden durch eine dicke Hornbrille unnatürlich vergrößert, sodass sein Blick an den eines neugierigen Kindes erinnerte.

»Hardy!« Erfreut hob der Alte einen Arm. Nümbrecht trat heran und schüttelte ihm herzlich die Hand.

»Friedhelm, schön, dich mal wiederzusehen. Und vielen Dank, dass du so kurzfristig hierher kommen konntest.«

Die beiden steckten die Köpfe zusammen, wechselten flüsternd einige Sätze und nickten begeistert. Schließlich stellte Nümbrecht Tinne und Elvis vor, dann deutete er auf den alten Mann.

»Das ist Professor Friedhelm Schnaitteisen, der ehemalige Leiter der Physikalischen Abteilung hier im Haus.

Ich habe ihn vorhin angerufen und unser Kommen angekündigt, und dankenswerterweise hat er es ebenfalls hierher geschafft.«

Der alte Professor schmunzelte und winkte ab.

»Ach was, die jungen Leute hier«, er deutete mit dem
Kopf auf die Menschen, die in Gespräche vertieft das Foyer
verließen, »behaupten, ich wäre eh viel zu oft am Institut
und würde meine Nase ständig in ihre Arbeit stecken.«

Seine Stimme klang hoch und brüchig wie sprödes Papier.
Er nahm Elvis und Tinne ins Visier und schien sie mit den
Blicken seiner vergrößerten Augen zu durchleuchten.

»Und Sie sind also hier, um Marty zu sehen?«

Tinne schüttelte ungeduldig den Kopf.

»Hören Sie, ich weiß nicht, was Herr Nümbrecht Ihnen
erzählt hat, aber unser Interesse gilt …«

Nümbrecht hob eine Hand und unterbrach sie.

»Frau Nachtigall, ich bitte Sie um ein wenig Geduld.
Friedhelm, die beiden kennen die Vorgeschichte noch gar
nicht. Ich schlage vor, du fängst ganz am Anfang an, während wir uns gemeinsam auf den Weg nach unten machen.«

Tinne schwieg verstimmt, doch der alte Mann nickte
zustimmend. Trotz seines hinfälligen Körpers war er geis-
tig hellwach. Nümbrecht drehte den Rollstuhl herum
und schob ihn in einen der langen Flure, die vom Foyer
abzweigten, Tinne und Elvis gingen nebenher.

»Also gut, wo fangen wir an?«

Schnaitteisen räusperte sich ausgiebig, dann holte er
tief Luft.

»Die Frankfurter Senckenberg-Gesellschaft für Naturforschung betrieb bis in die 1990er Jahre eine enge Zusammenarbeit mit der Direktion Archäologie des Mainzer

Landesamtes für Denkmalpflege, die Abteilung heißt heute schlicht und einfach Landesarchäologie. Wir haben uns gegenseitig ausgeholfen mit Exponaten, Forschungsergebnissen und Gerätschaften, haben gemeinsame Tagungen veranstaltet und vieles mehr. Im Jahr 1982 war die Physikalische Abteilung unter meiner Leitung mit dem Aufbau eines Datierungs-Labors beschäftigt, wir haben damals große Hoffnungen in die neue und geradezu revolutionäre AMS-Technologie gesetzt. Nun, wie etabliert man solch eine neue Methode? Ganz einfach: indem man bekannte und gesicherte Werte mit den Ergebnissen der neuen Technik vergleicht und hofft, dass sie übereinstimmen.«

Die kleine Gruppe durchquerte einen Labortrakt, Mitarbeiter liefen geschäftig zwischen den Türen hin und her. Schnaitteisen wurde von vielen freudig begrüßt, der ehemalige Leiter schien am Institut sehr beliebt zu sein.

»Wir haben also händeringend nach einer größeren Menge an Probenmaterial gesucht, um die AMS-Technologie auf Herz und Nieren testen zu können. Aber natürlich nicht nach irgendwelchen Proben, sondern nach organischem Material, das mehrere Hundert Jahre alt war und – ganz wichtig! – einem bestimmten Jahr zugeordnet werden konnte.«

Elvis hob die Augenbrauen und warf zum ersten Mal etwas ein.

»Da würden mir spontan ein paar tote Mainzer einfallen, deren Sterbejahr durch Münzfunde sehr exakt auf die große Pestepidemie im 14. Jahrhundert festgelegt werden kann.«

»Ganz genau! Der damalige Mainzer Abteilungsleiter Kempf und seine Archäologen haben uns 1982 einige der geborgenen Leichen zur Verfügung gestellt, damit wir unsere AMS-Untersuchungen machen konnten. Schließlich waren die Toten in einem erstaunlich guten Zustand und hatten ein genaues Sterbedatum.«

»Warum hat die Zeitung in Mainz nichts darüber berichtet? Immerhin wird in einem Artikel erwähnt, dass die Leichen verbrannt worden sind. Von Ausnahmen war keine Rede.«

Schnaitteisen schnaufte.

»Um Himmels willen! So etwas erfahren Zeitungen nie, da kommen die Leser bloß auf dumme Gedanken von wegen Totenruhe, ethische und moralische Bedenken und so weiter.«

Tinne wischte die Diskussion mit einer Handbewegung zur Seite.

»Wie ging es weiter mit den Datierungsarbeiten?«

»Wir haben sofort mit der Arbeit angefangen und erste Proben ionisiert. Um Verunreinigungen oder Kontamination einzelner Individuen auszuschließen, haben wir stets sogenannte Clusterproben aufbereitet, also organisches Material aus mehreren Körpern entnommen, es quasi ›zusammengemischt‹ und damit eine Durchschnittsprobe gebildet. Das hätte theoretisch kein Problem sein dürfen, da alle Individuen zum selben Zeitpunkt gestorben sind und entsprechend dieselbe Menge Kohlenstoff enthalten sollten. Theoretisch!«

Der alte Professor betonte das letzte Wort so dramatisch, dass Tinne nicht widerstehen konnte, ebenso dramatisch die Augen aufzureißen.

»Aber … es war nicht so, stimmt's?«

»Stimmt! Meist waren die Ergebnisse völlig korrekt, aber hin und wieder gab es Ungenauigkeiten, falsche

Datierungen, Werte, die nicht mit dem tatsächlichen Alter der Proben übereinstimmten.«

Er schüttelte den Kopf, als würde er diese schwierige Phase nochmals durchleben.

»Was haben wir nicht alles versucht, mein Team und ich! Sämtliche Aufbereitungsroutinen wurden immer und immer wieder abgeändert, wir haben auf peinlichste Probenhygiene geachtet, die komplexen Computerprogramme mehrmals umschreiben lassen und und und. Sie können sich vorstellen, wie verzweifelt wir waren – es wäre ja völlig undenkbar gewesen, mit einer fehlerhaften Datierungsmethode an die wissenschaftliche Öffentlichkeit zu gehen.«

Er nickte Nümbrecht zu, der mit einem versonnenen Lächeln nebenher lief.

»In dieser spannenden Zeit ist Hardy zum ersten Mal hier gewesen und hat unsere Bemühungen jeden Tag miterlebt. Die Lösung kam schließlich erst nach einigen Wochen ans Tageslicht: Die Clusterproben waren das Problem, weil eben *nicht* alle Individuen dasselbe Sterbedatum hatten! Und je nachdem, welches Objekt Teil einer Clusterprobe wurde, lag das Ergebnis im erwarteten Rahmen – oder weit daneben. Verstehen Sie: Wir waren so sehr von der Komplexität der AMS-Maschinerie geblendet gewesen, dass wir die einfachste Lösung von Anfang an übersehen hatten – das Probenmaterial war nicht stimmig.«

Tinne hatte ihre Wahrnehmung komplett auf Schnaitteisens Erzählung ausgerichtet. Sie sah weder die langen, von Bürotüren gesäumten Flure, die sie passierten, noch den Fahrstuhl, der die kleine Gruppe ins zweite Untergeschoss des Gebäudes brachte. Vollkommen konzentriert fuhr sie sich mit der Zunge über die trockenen Lippen.

»Wie viele Individuen stammten aus einer anderen Epoche?«

Der Mann im Rollstuhl schmunzelte, als er ihren gespannten Gesichtsausdruck sah.

»Genau das hat uns natürlich auch interessiert, und wir holten das nach, was wir gleich zu Anfang der Untersuchungsreihe hätten machen sollen: Wir datierten jedes einzelne Objekt und sicherten die Datierungen durch Mehrfachdurchläufe ab. Das Ergebnis war verblüffend. 15 Leichen hatten wir von den Mainzern bekommen, und 14 waren tatsächlich bei der Pest 1348 ums Leben gekommen.«

Er machte eine kleine Pause.

»Die Nummer 15 aber nicht.«

Tinne spürte, wie ihr Gesicht heiß wurde. Ihre Gedanken wirbelten durcheinander, Bruchstücke der jüngsten Ereignisse huschten vorbei ... die Stadtansicht des Meisters WB ... die Handschrift in Darmstadt ... die Abenteuer im Tunnel. Sie schluckte und traute sich kaum, ihre nächste Frage zu stellen.

»Wann ... wann ist die Nummer 15 gestorben?«

Doch Schnaitteisen ignorierte ihre Frage und zog eine Magnetkarte aus seiner Hemdtasche. Die Gruppe war inzwischen in einem unterirdischen Gebäudeteil angekommen, dessen Flure niedrig und schlecht belüftet waren. Armdicke Kabelstränge zogen sich an der Decke entlang. Vor ihnen war eine Metalltür in die Wand eingelassen.

»Das ist eines der Archive des Anthropologischen Instituts«, erklärte Nümbrecht, während Schnaitteisen mit der Codekarte herumhantierte. »Die Mainzer Proben sind aufgrund ihres exzellenten Erhaltungszustands 1991 von der Anthropologischen Fakultät übernommen worden.

Damals war die Universität Frankfurt an den Arbeiten beteiligt, und ich habe in diesem Zusammenhang den Artikel in der *Zeitschrift für Historische Forschung* veröffentlicht, den Sie vorhin erwähnt haben.«

In der Zwischenzeit hatte Schnaitteisen die Magnetkarte durch einen Scanner gezogen und die schwere Tür geöffnet. Es dauerte einen Augenblick, bis sie den sperrigen Rollstuhl hindurch bugsiert hatten, doch schließlich standen sie in einem kleinen, weißen Durchgangsraum. Ein merkwürdig unpassender Kleiderständer im Kaufhaus-Look dominierte den Raum, daran hingen dicke, beigefarbene Arbeitsjacken, Handschuhe und Mützen. Der alte Professor machte eine einladende Handbewegung in Richtung der Winterausrüstung.

»Bedienen Sie sich. Wir betreten gleich das Archiv des Anthropologischen Instituts, dort werden alle Arten von organischem Untersuchungsmaterial aufbewahrt, pflanzliche, tierische und menschliche Fragmente, Gewebeteile, Knochen und Ähnliches. Um die Proben bestmöglich zu konservieren, halten wir darin eine konstante Luftfeuchtigkeit von 20 Prozent und eine Temperatur von minus zwölf Grad. Glauben Sie mir: Da drin sind Sie froh über die Jacken.«

Gehorsam suchten sie sich passende Kleidungsstücke heraus. Nach einer Minute erinnerte Elvis an das Michelinmännchen, Tinne fühlte sich in der gefütterten XL-Jacke so beweglich wie ein Astronaut. Die beiden Professoren zogen zuerst weiße Latexhandschuhe an, bevor sie dicke Fäustlinge darüber stülpten. Schnaitteisen bekam eine Decke über seine Beine gelegt, dann reichte er jedem einen weißen Mundschutz.

»Sonst können winzige Speicheltröpfchen die Proben kontaminieren«, erklärte er und zog selbst einen über.

Die eingemummte Truppe trat durch eine weitere Metalltür. Die Temperatur sank deutlich ab, Atemwolken bildeten sich vor den weißen Masken. Sie befanden sich in einem lang gestreckten Raum, der von mehreren Dutzend Edelstahlschubfächern in verschiedenen Größen dominiert wurde. Tinne fühlte sich sofort an die Leichenschauhäuser erinnert, die gern in Fernsehkrimis gezeigt wurden. Kein Geräusch war zu hören außer dem Summen einer Klimaanlage und dem leisen Quietschen des Rollstuhls, als sie die Fächer passierten. An jedem hing ein gedrucktes Schild mit Archivnummer, Fundort und Objektbeschreibung.

Nach einigen Metern stoppte Schnaitteisen und wandte sich an Tinne und Elvis. Durch den weißen Mundschutz und die hinter der Brille unnatürlich vergrößerten Augen bot er einen gespenstischen Anblick. Der dünne Stoff vor seinem Mund ließ seine Stimme etwas gedämpft klingen.

»Wir sind nun in dem Bereich angelangt, in dem die 15 Objekte aus Mainz aufbewahrt werden. Frau Nachtigall, Herr Wissmann, ein letzter Hinweis, bevor ich das betreffende Fach öffne. Der Anblick mag vielleicht etwas, hm, verstörend sein, deshalb zunächst meine Frage: Wissen Sie, was eine Wachsleiche ist?«

Die beiden verneinten. Tinne merkte, wie ihr Herz bis zum Hals schlug. Nicht nur die extrem trockene Luft sorgte dafür, dass sie ständig schlucken musste.

»Unter besonderen Bedingungen kommt es vor, dass Leichen nicht oder nur unzureichend verwesen. Das Unterhaut-Fettgewebe verflüssigt sich und umhüllt den

Toten, danach härtet diese Schicht aus und konserviert den Körper auf natürliche Art und Weise. Früher hielt man diese Substanz aufgrund ihres Aussehens für Wachs, daher stammt die Bezeichnung ›Wachsleiche‹.«

Er drehte seinen Rollstuhl zu den Edelstahl-Schubfächern um und machte sich an einem zu schaffen. Neben das offizielle Nummerierungsschild hatte jemand ein gelbes Post-it gepappt, auf dem in krakeligen Buchstaben der Name *Marty* und ein Smiley zu sehen waren.

»Besonders bei schweren, feuchten und lehmhaltigen Böden ist dieses Phänomen zu beobachten, es sorgt bei der Räumung von Gräbern auf Friedhöfen immer wieder für überraschende und unheimliche Entdeckungen. In sehr seltenen Fällen werden Leichen dadurch sogar über Jahrhunderte konserviert.«

Er wandte sich halb zu Elvis und Tinne um.

»Sie wissen, warum das Bleichenviertel in Mainz erst sehr spät, nämlich im 19. Jahrhundert, bebaut wurde?«

»Weil der Boden dort sehr nass und schwer war, man musste das gesamte Areal vorher entwässern«, murmelte Tinne und hielt ihren Blick wie gebannt auf das Schubfach gerichtet, das der Professor bereits einen Spalt weit geöffnet hatte.

»Sehr gut. Dann wissen Sie also, welchen besonderen Umständen Sie den Erhaltungszustand dieses Objekts zu verdanken haben.«

Mit einem kräftigen Ruck ließ er das Stahlfach wie eine Bahre herausgleiten. Darauf lag ein weißer, rund eineinhalb Meter langer Plastiksack, der mit dem Logo des Anthropologischen Instituts gekennzeichnet war. Mehrere kleinere Säcke und Beutel lagen daneben.

Die beiden Professoren zogen wie auf einen geheimen Befehl hin ihre Fäustlinge aus und trugen nur noch
die dünnen Latex-Untersuchungshandschuhe. Gemeinsam fummelten sie an dem Reißverschluss herum, der
den großen Sack verschloss. Dann schlug Schnaitteisen
die weiße Hülle zurück und offenbarte den Inhalt. Der
Anblick verschlug Tinne und Elvis den Atem.

Im kalten Neonlicht des Archivs lag ein dunkler, erdfar-
bener Leichnam ausgestreckt auf dem Rücken. Tinnes erste
Assoziation war die Gletschermumie Ötzi, denn ebenso
wie bei der Eisleiche vom Hauslabjoch spannte sich die
gegerbte, glänzende Haut straff um die Knochen. Das gelb-
liche Totengesicht war in ewigem Zähneblecken erstarrt,
die Augenhöhlen glotzen blicklos nach oben.

Unwillkürlich zog Tinne die Nase kraus. Sie erwartete
einen modrigen Lufthauch, doch der antiseptische, sterile
Geruch der kalten Luft änderte sich nicht.

Vorsichtig näherte sie sich dem Toten und rief sich
ins Gedächtnis zurück, dass der Körper vor ihr mehr
als 500 Jahre alt war. Für diese lange Zeitspanne war der
Erhaltungszustand geradezu phänomenal. Aus der Nähe
erkannte sie die glänzende Schicht, die das Gewebe umgab
und es konservierte, ganz so, als hätte ein unheimlicher
Präparator ein gruseliges Exponat zur Unvergänglichkeit
verurteilt.

Die wenigen verbliebenen Haupthaare des Mannes
lagen wie ein vertrocknetes Gewächs am Schädel an, doch
an den ledrigen Wangen und dem Kinn waren regelrechte
Haarbüschel zu sehen. Er schien zu Lebzeiten einen wal-
lenden Bart getragen zu haben.

Tinne begann zu zittern, doch sie konnte nicht sagen,

ob die trockene Kälte, die unerträgliche Spannung oder ihre eigene Nervosität schuld daran war.

Der Tote war komplett unbekleidet. Eine Hand, zur Klaue geschrumpft, lag auf der Brust, darunter waren die Rippenbögen zu erahnen. Der gesamte Leichnam sah klein und federleicht aus, ein Bündel aus Haut, Knochen und Haaren, das in dem klinisch weißen Sack merkwürdig verloren wirkte.

Schließlich überwand Tinne die seltsame Mischung aus Scheu, Ehrfurcht und Faszination. Sie riss sich von dem Anblick los und fixierte den alten Professor.

»Sie schulden mir eine Antwort, Herr Schnaitteisen. Auf welches Todesjahr hat Ihr Team diesen Körper datiert?«

Sie sah seine Augen hinter der dicken Brille lächeln.

»Die Antwort wird Sie erfreuen, Frau Nachtigall: 1465, plus/minus fünf Jahre.«

Tinne warf Elvis einen Blick zu, dieser zuckte lässig die Achseln.

»1468 ist Gutenberg gestorben. Könnte passen.«

Doch Tinne kannte den dicken Reporter inzwischen gut genug, um sein cooles Gehabe zu durchschauen – er war genauso aufgeregt wie sie selbst. Der Anblick des Jahrhunderte alten Toten erfüllte sie beide mit einem merkwürdigen Gefühlschaos.

Mühsam versuchte Tinne, ihre Gedanken zu ordnen. Und nun? Konnte das Sterbedatum nicht auch ein unglaublicher Zufall sein? War der Tote vor ihr tatsächlich Johannes Gutenberg oder nicht? Plötzlich fiel ihr etwas ein, sie fuhr zu den Professoren herum.

»In der Zeitung stand, dass allerlei Gegenstände bei den Toten gefunden wurden, Kleidung, Lederbänder, Münzen. Gibt es Fundstücke, die speziell zu diesem Leichnam gehören?«

Nümbrecht holte Luft und strapazierte Tinnes Nerven wieder einmal mit einer Gegenfrage.

»Frau Nachtigall, erinnern Sie sich noch an den Inhalt des Briefes, wie Sie ihn mir vorhin am Telefon geschildert haben? Was schreibt der Autor über den Transport und die erneute Beerdigung der Leiche?«

Tinne schnaufte und verdrehte die Augen. Warum konnte der Mann nicht einfach mal eine Frage beantworten!

»Er schreibt, dass die Studenten und ein Magister namens Frencklein nachts zum Jakobsberg gegangen sind und den Leichnam Gutenbergs aus der Gruft der Johanniskapelle genommen haben. Der Tote wurde in ein Tuch eingeschlagen, das der Abt von Sankt Jakob gesegnet hatte und das *gezeichnet* war, also mit einem Wappen versehen. Dann sind sie zu den Fraunwiesen gegangen und haben ihn dort beerdigt.«

»Kennen Sie das Wappen der Familie Gensfleisch zum Gutenberg?«

Tinne erinnerte sich dunkel, dass Professor Gutdünk im Krankenhaus das Wappen erwähnt hatte, doch Elvis antwortete sofort:

»Ein schreitender Pilger mit Schale und Wanderstab.«

Nümbrecht nickte zufrieden, beugte sich über das Schubfach und nestelte an den weißen Säckchen herum, die neben dem Toten lagen. Die kleinen Beutel bestanden aus demselben strapazierfähigen Kunststoff wie der Leichensack.

»Alle Objekte, die einzelnen Körpern zugeordnet werden konnten, sind separat konserviert«, erklärte er. Schließlich holte er eine transparente Plastikfolie heraus, in die faseriger Stoff eingeschweißt war. Er legte die Folie auf die stählerne Bahre und entfaltete sie unendlich behutsam.

Vor ihnen lag, durch die Kunststoffumhüllung geschützt, ein großes, grob gewebtes Tuch. Es war dunkelbraun, an vielen Stellen schwarz verfärbt und zerrissen, ein Teil fehlte komplett, doch in der Mitte war ein Muster aus hellerem Garn zu erkennen. Tinne schaute genauer hin. Nein, kein Muster, es war … eine Figur. Ein Mann, der nach links zu gehen schien und einen merkwürdigen Hut trug. Einen Pilgerhut. In seinen Händen hielt der Wanderer einen Stab und eine Schale.

»In dieses Tuch war der Leichnam eingeschlagen. Wir haben damals zwar auch schon das Wappen der Familie Gensfleisch erkannt, der Entdeckung aber keine größere Bedeutung zugemessen. Der sauerstoffarme, schwere Boden hat den Stoff fast genauso perfekt konserviert wie den Toten selbst«, erklärte Schnaitteisen leise.

Einen langen Augenblick schwiegen alle, nur das Summen des Kühlaggregats war zu hören. Schließlich kratzte Elvis sich mit seinen dicken Fäustlingen am Kopf.

»Ich glaub' es nicht. Wir haben ihn tatsächlich gefunden«, murmelte er mehr zu sich selbst.

Tinne schlug die Augen nieder. Sie fühlte sich von einer Sekunde zur nächsten leer und ausgebrannt, anstelle von Freude, Triumph und Genugtuung spürte sie einfach – nichts. Da lag Hannahs ›Knaller‹, eine archäologische Sensation, ein Exponat, dessen Entdeckung weite Kreise ziehen würde … und sie war unendlich müde. Mit Bitterkeit dachte sie daran, dass eigentlich Hannah Lohmann hier stehen und den Leichnam betrachten sollte, nicht sie. Am liebsten hätte sie sich umgedreht und wäre schnurstracks nach Hause in ihr Bett gelaufen.

Elvis deutete derweilen auf das gelbe Post-it am Schubfach.

»Warum *Marty*?«

Schnaitteisen schmunzelte.

»Das hat sich 1991 so entwickelt, als die Anthropologen unsere Objekte übernommen haben. Wir brauchten eine Bezeichnung für unseren Ausreißer, der uns so oft die Clusterproben verdorben hatte. Irgendwie war er ja eine Art Zeitreisender, der aus einer anderen Epoche in das Pestgrab geraten war, und deshalb hieß er eines Tages einfach Marty, in Anlehnung an Marty McFly.«

Elvis blinzelte und musste grinsen.

»Marty McFly? Aus *Zurück in die Zukunft*?«

»Genau! Der hat ja auch einige Zeitreisen unternommen, und offensichtlich gab es bei den Anthropologen ein paar Michael J. Fox-Fans. Jedenfalls ist *Marty* als Name hängen geblieben.«

Der alte Professor machte eine Pause, und Tinne merkte, wie ihn die heutige, unerwartete Entwicklung mit Freude erfüllte.

»Aber von jetzt an wird er einen neuen Namen tragen, und zwar seinen Geburtsnamen.«

Mit einer raschen Bewegung zog er das Post-it ab, holte einen Stift aus seiner Tasche und schrieb ein Wort. Schließlich nickte er zufrieden und klebte den Zettel an den Schrank zurück.

Auf dem gelben Sticker stand der Vorname des Toten. *Johannes.*

Samstag, 7. April 2012

Schick – Schick – Schickeria ... Schick – Schick – Schickeria
Die fetzigen Akkorde der Spider Murphy Gang hallten aus Tinnes Zimmer heraus, doch sie schafften es nicht, die lachende und schwatzende Runde in der Kommunen-Küche zu übertönen.

Tinne und Elvis hatten sich entschlossen, eine kleine Feier für all diejenigen auszurichten, die sie bei ihrer spannenden Suche nach den Gebeinen des Johannes Gutenberg unterstützt hatten. Alle Stühle der Kommune waren in Beschlag genommen und der Küchentisch durch einen kleinen Nachtschrank erweitert worden, damit alle Platz fanden. Die acht Brigadiere und Axl dezimierten die Weinvorräte in beängstigender Geschwindigkeit, neben ihnen saßen Professor Nümbrecht und Laurent Pelizaeus, und auf der gegenüberliegenden Seite des Tisches kicherten Jean der Gewaltbote und Professor Gutdünk über Mainzer Anekdoten. Unter dem Tisch strich Mufti zwischen den Beinen umher und hoffte auf üppige Essensspenden. Zu Tinnes Bedauern konnte Friedhelm Schnaitteisen aus Frankfurt nicht dabei sein, er ließ aber beste Grüße ausrichten.

Dietmar, der Taxi-Chef, hatte Tinne augenzwinkernd zwei neue Filzküken mitgebracht und dafür eine Kopfnuss bekommen. Die gelben Bälle saßen nun auf der Küchenanrichte und schienen die fröhliche Gesellschaft zu belauschen.

»Heute Mittag haben wir Post bekommen von Kalkbrenners Anwälten«, berichtete Bertie gerade und hob sein Schoppenglas. Zur Feier des Tages trug er sein heiliges Star Wars-Shirt *Episode IV*, ein Original aus dem Jahr 1981, das er im Internet ersteigert hatte.

»Sie wollen wohl bei der kommenden Gerichtsver-
handlung für gutes Wetter sorgen und haben Geld für
die kaputtgefahrenen Taxis überwiesen. Sieben Neuwa-
gen, ohne wenn und aber.«

Großes Gejohle war die Antwort, alle Gläser klangen.
Tinne hatte sich insgeheim gewundert, dass die Brigadiere
ohne mit der Wimper zu zucken den kompletten Fuhrpark
von Taxidienst Laurenzi und damit ihre eigene Existenz-
grundlage zu Schrott gefahren hatten. Inzwischen wusste
sie aber, dass Dietmar Laurenzis Flotte einen speziellen
Taxi-Schutzbrief besaß, eine Art gewerbliche Vollkasko-
Versicherung. Damit verpflichtete sich der Versicherer,
unabhängig vom Schadenshergang innerhalb von zwölf
Stunden ein Ersatzfahrzeug zur Verfügung zu stellen. Zäh-
neknirschend hatten die Versicherungsleute sieben Leih-
wagen herausgerückt, so dass der Taxibetrieb ohne Unterbrechung weitergegangen war.

Der kleine Micha stand auf und trat an den Herd. Dort
hatte Tinne das einzige Gericht vorbereitet, das sie wirklich gut und aus dem Effeff beherrschte: Chili con Carne.
Während Micha aus dem riesigen Topf herausschöpfte,
grinste er zu Tinne hinüber und ließ sein fränkisches R
rollen.

»Frau Professor, du kannst froh sein, dass der Bertie so
ein begnadeter Redner ist. Als er uns nachts aus den Betten geklingelt und zur Zitadelle bestellt hat, hätten wir
uns um ein Haar wieder umgedreht und weitergepennt.«

Alle lachten. Tinne nickte Bertie dankbar zu, obwohl
er gerade verbotenerweise kleine Hackfleischbrocken an
Mufti verfütterte. Sie hatte ihm schon gestanden, dass sie
kurzzeitig davon überzeugt gewesen war, er sei ein Verrä-

ter. Er hatte aber nur gekichert und gemeint, die Indizien hätten auch ganz eindeutig gegen ihn gesprochen.

»Wie hast du es eigentlich geschafft, den perfekten Augenblick abzupassen und als Superman in diesem Graben aufzutauchen?«, fragte Elvis mit vollem Mund.

Bertie hob die Hände.

»Meisterhafte Kombinationsgabe. Ihr hattet mich ja während der Taxifahrten immer einigermaßen auf dem Laufenden gehalten, in groben Zügen kannte ich die Geschichte also. Und als ihr dann auf dem Rückweg von Darmstadt euren nächtlichen Feldzug geplant habt, hatte ich befürchtet, dass Kalkbrenner auf der Lauer liegen könnte. Schließlich stand in der Zeitung dick und breit geschrieben, dass am nächsten Tag die Auffüllarbeiten beginnen würden. Also habe ich mir ein gemütliches Plätzchen im Oberstadtpark gesucht und den Graben im Auge behalten, bis der Zauber tatsächlich losging. Dann musste die Brigade antreten und Kavallerie spielen.«

»Na, zum Glück hat bei dem Zauber noch jemand anders mitgemischt«, meinte Elvis und tunkte den Rest seines Chilis mit Weißbrot auf. Sein Hemd sah aus wie nach einem Attentat.

»Conradis schlechtes Gewissen ist in genau der richtigen Minute übergekocht. Er müsste für seinen Anruf bei der Polizei ein Verdienstkreuz kriegen, wenn es nach mir ginge.«

»O ja!« Dietmar Laurenzi hob einige Schüsseln aus einer Tragebox und verteilte Spundekäs und Brezelchen am Tisch, was mit großem Hallo quittiert wurde.

»Sonst hätte die Brigade ernste Schwierigkeiten gehabt – es diskutiert sich ziemlich schlecht mit einem Durchgeknallten, der eine Schrotflinte in der Hand hat.«

Die Taxileute murmelten zustimmend, als sie sich an die schlimmen Minuten im Zitadellengraben erinnerten.

Tinne wandte sich an Pelizaeus.

»Was ist eigentlich mit Conradi, er sitzt doch auch in Haft, oder? Schließlich hat er eine ganze Weile gemeinsames Spiel mit Kalkbrenner gemacht.«

Der Kommissar nickte.

»Christian Conradi hat ein umfassendes Geständnis abgelegt. Er steht tatsächlich schon mehrere Jahre auf Kalkbrenners heimlicher Gehaltsliste. Ein schickes Haus in Gonsenheim, ein dicker Mercedes, regelmäßige Urlaube mit der ganzen Familie – und das alles für ein paar rasche Unterschriften auf Bauanträgen oder für ein zugedrücktes Auge beim Denkmalschutz.

Dann kam Hannah Lohmann eines Tages in sein Büro marschiert und hat ihm ihre Geschichte erzählt: Sie war bei Recherchen über die mittelalterliche Stadtbefestigung dem Geheimnis der Johanniskapelle auf die Spur gekommen und wollte verhindern, dass Kalkbrenner den Zitadellengraben zuschüttet. Unumstößliche Fakten konnte sie ihm zwar nicht liefern. Aber einen ersten Beweis, so sagte sie, würde die Durchleuchtung der Stadtansicht bringen, die sie beauftragt hatte. Bis dahin solle er einen Baustopp verhängen.«

»Da hat Hannah leider den Bock zum Gärtner gemacht, wie man so schön sagt.«

Elvis schnalzte missbilligend mit der Zunge und schenkte sich großzügig Wein nach. Pelizaeus wiegte den Kopf.

»Ja und nein. Denn Conradi hätte tatsächlich gern einen Baustopp veranlasst, er suchte inzwischen nach einem Grund, Kalkbrenners Bauwut einzudämmen. Der Fund eines historisch wertvollen Objekts wäre genau nach seinem Geschmack gewesen, aber er brauchte Kalkbrenner gegenüber etwas Handfestes, nicht nur vage Hinweise. Also machte er Lohmann klar, dass er die Arbeiten auf dem Jakobsberg nicht ohne triftigen Grund unterbrechen könne. Sie hat ihre Suche intensiviert und kurz darauf eine Handschrift im Hessischen Staatsarchiv gefunden, die einen Zugang zu dem unterirdischen Stollen aufzeigt.«

Tinne und Elvis wechselten einen Blick. Das Tagebuch von Bruder Basilius.

»Mit dieser Info ist sie wiederum zu Conradi gegangen. Aber der wusste, dass Kalkbrenner auf eine lateinische Handschrift einen feuchten Kehricht geben würde. Also speiste er Lohmann erneut mit wachsweichen Platitüden ab, sodass sie sich in der darauf folgenden Nacht entschloss, dem Geheimnis selbst auf den Grund zu gehen. Sie hat sich also auf den Weg in die Tunnel gemacht, ausgerüstet mit Rucksack, Handy, Helm und Kompass. Aber genau darauf hatte Conradi gewartet. Denn ihm war klar: Wenn Lohmann tatsächlich etwas im Untergrund des Zitadellengrabens entdecken würde, könnte er die Bauarbeiten sofort stoppen. Die ungefähre Position des Eingangs kannte er ja aus ihrer Beschreibung. Also hat er sich dort auf die Lauer gelegt und ist ihr gefolgt, um Kalkbrenner gegenüber einen Trumpf in der Hand zu haben.«

Tinne knetete nachdenklich ihre Unterlippe.

»Das hat er mir nachts im Graben auch erzählt, als Sie ihn verhaftet haben. Glauben Sie ihm?«

»Unsere Polizeitechniker haben den Schluss der Tonaufnahme nachbearbeitet und die Worte des Mannes hörbar gemacht, die durch das Scharren der Kleidung nicht zu verstehen waren. Es ist ganz eindeutig Conradi, er sagt

›Frau Lohmann, ich bin auf Ihrer Seite‹. Das akustische Profil der Aufnahme bestätigt dann auch den Rest seiner Geschichte: Laut Einschätzung der Fachleute stand er viel zu weit entfernt, um die Frau irgendwie berührt oder geschlagen haben zu können. Tatsächlich sieht es so aus, als wäre sie einen Schritt zurückgetreten und hätte dabei eine Art Steinschlag ausgelöst, der ihr das Genick gebrochen hat. Die klassische Verkettung unglücklicher Umstände, wie das im Behördendeutsch so schön heißt.«

Er ließ sich von Elvis Wein nachschenken und fuhr fort: »Damit gingen die Verwicklungen aber erst los. Denn nun hatte Conradi statt einer historischen Entdeckung plötzlich eine Leiche vor sich. In seiner Verzweiflung wandte er sich an den einzigen Mann, der eh schon über die Hälfte der Geschichte Bescheid wusste, nämlich an Elias Kalkbrenner.«

»Na, der wird nicht erbaut gewesen sein, dass der geschmierte Baudezernent hinter seinem Rücken nach historischen Artefakten sucht, um einen Baustopp durchzudrücken.«

Bertie deutete mit seinen Händen den mutmaßlichen Umfang von Kalkbrenners Hals an. Doch Pelizaeus schüttelte lächelnd den Kopf.

»Conradi war schlau. Er hat Kalkbrenner zwar alles verraten: Lohmanns Verdacht, die bevorstehende Durchleuchtung des Bildes, die nächtliche Tour durch den Tunnel, die ungefähre Position der Krypta, den unglücklichen Schritt der Frau und ihren überraschenden Tod. Nur ein Detail hat er abgewandelt: Er stellte die Geschichte so dar, dass er Lohmanns Fund deckeln wollte, um den Bau nicht zu gefährden. Und Kalkbrenner hat ihm tatsächlich geglaubt und die ganze Sache generalstabsmäßig in die Hand genommen. Seine Schergen haben die Leiche aus dem Tunnel geholt und im Volkspark abgelegt. Der Eingang zum Tunnel wurde wieder mit den losgerissenen Büschen getarnt und Lohmanns Rucksack einem schlafenden Penner vor die Füße gelegt, um den Verdacht auf ihn zu lenken. Zum Glück für uns hat sich keiner Gedanken über das zerbrochene Handy gemacht. Eine Digitalkamera, die ebenfalls im Rucksack steckte, wurde nämlich sofort aussortiert und zerstört, hat Conradi berichtet.«

Elvis nickte.

»Von diesem Moment an hatte Kalkbrenner ihn komplett in der Hand. Kein Wunder, dass Conradi abends auf der Gartenparty die Hosen voll hatte und auf Kalkbrenner einredete. Aber der war natürlich eisenhart und hat Conradis Abhängigkeit ausgenutzt.«

Pelizaeus fuhr fort.

»Damit nicht genug: Kalkbrenner wusste, dass die Stadtansicht im Museum potenziell gefährlich werden könnte, wenn jemand Lohmanns Forschungen nachvollziehen und das Bild durchleuchten würde. Also ließ er seine zwielichtigen Kontakte spielen und das Gemälde am Tag danach aus dem Museum stehlen. Wir haben es inzwischen im Tresor seiner Villa entdeckt, zum Glück unbeschädigt. Dort lag übrigens auch die Dokumentenbox mit den alten Handschriften, die beim Überfall im Kloster Eberbach gestohlen wurde.«

Tinne war wider Willen beeindruckt von Kalkbrenners Organisationstalent und seinen Fähigkeiten, schnell und zielgerichtet zu handeln. Sie zog die Mundwinkel nach unten.

»Das waren aber nicht die einzigen Zirkusstückchen von Kalkbrenner, oder? Haben Sie Details herausbekommen über die kotzenden Kinder und den überfahrenen GfA-Führer?«

Pelizaeus hatte in der Zwischenzeit ein Brezelchen dermaßen voll mit Spundekäs geschaufelt, dass es kurz vor seinem Mund ins Ungleichgewicht geriet und aus seiner Hand auf den Tisch platschte. Als er griesgrämig darauf starrte und den Gesprächsfaden suchte, erinnerte er mehr denn je an Don Camillo.

»Eh, ja, also, Kalkbrenner war durch Lohmanns Entdeckung alarmiert und wachte mit Argusaugen über den Jakobsberg. Er wollte auf Biegen und Brechen verhindern, dass irgendwelche Leute dort herumstreunen und versehentlich über das Geheimnis des unterirdischen Tunnels stolpern. Der Schulklasse hat er einen angeblichen Frühlingsboten geschickt, in dessen Schokoeiern Cucurbitacin steckte, und den *Geografie für Alle*-Studenten hat einer seiner Leute kurz vor Beginn der Führung auf den Kühlergrill genommen. Zum Glück wird er keine bleibenden Schäden davontragen, und auch den Kindern geht's inzwischen wieder gut.«

Professor Nümbrecht schüttelte ungläubig den Kopf.

»Woher wusste Kalkbrenner das alles? Kann er hellsehen?«

Der Kommissar startete eine Spundekäs-Rettungsaktion mithilfe eines zweiten Brezels und lachte leise.

»Nein, er hat sich einfach die richtigen Augen und Ohren besorgt. Nachdem er von Conradi erfahren hatte, dass Hannah Lohmann einer großen Sache auf der Spur war, suchte er einen Spion an der Uni. Gefunden hat er Annegret Dahlmann, die er durch ihren Job als Wissenschafts-Referentin kannte. Für einen kleinen Geldbetrag, der Dahlmann märchenhaft hoch vorkam, hat sie angefangen, die Augen offen zu halten. Passenderweise hatte sie als Referentin einen guten Draht zu Behörden und der Stadtverwaltung, sodass sie früh genug über Aktionen wie die GfA-Führung oder den Schulausflug informiert war. Und als Sie, Frau Nachtigall, in Lohmanns Büro nach den verschwundenen Unterlagen gesucht haben, hat sie das sofort spitzgekriegt und Kalkbrenner angerufen. Von diesem Augenblick an waren Sie auf seinem Radar.«

Tinne konnte der Käseschmiererei nicht länger zusehen, holte einen Lappen und wischte den Spundekäs-Klecks vom Tisch. Dann deutete sie mit der Hand ein symbolisches Telefon an.

»Annegret hatte natürlich einfaches Spiel durch die Telefonschaltung in unserem aus-eins-mach-zwei-Büro. Es liegen zwar separate Leitungen, aber ihr Apparat ist eine Art Hauptstelle. Das heißt, wir konnten beide ganz normal und unabhängig voneinander telefonieren, aber wenn sie wollte, konnte sie alle Gespräche in meiner Leitung mithören.«

Sie wandte sich an Professor Gutdünk.

»Das hätte Sie fast das Leben gekostet.«

Der alte Mann winkte ab und ließ sich von Elvis sein Wasserglas auffüllen. Er durfte keinen Wein trinken, denn er nahm immer noch starke Schmerzmittel und hatte ein großes Pflaster auf dem rasierten Kopf. Doch er trug bereits wieder Anzug, Weste und passende Fliege, darüber hinaus ließ ihn der gesellige Abend zusehends aufleben. Er zwinkerte Tinne zu.

»Dieser Kratzer ist doch gar nichts im Vergleich zu der Ehre, Sie bei dieser großen Entdeckung unterstützt zu haben.«

Während die Brigadiere sich unter dem Tisch anstupsten

und über seine altmodische Ausdrucksweise schmunzelten, bekam das Gesicht des alten Professors einen schwärmerischen Ausdruck.

»Man stelle sich das einmal vor: Der Leichnam des *Man of the Millennium*, die Gebeine von Johannes Gutenberg ... seinerzeit mit einer eigenen Kapelle geehrt, danach in ein Schandgrab verbannt, von mittelalterlichen Studenten umgebettet, wiedergefunden in unseren Tagen und durch eine Abfolge geradezu aberwitziger Zufälle in den Keller des Senckenberg-Museums geraten!«

Er legte Jean Rosenzweig eine Hand auf die Schulter.

»Johann, eine solche Geschichte kann noch nicht einmal der Gewaltbote mit gutem Gewissen erzählen, oder?«

Jean lachte, sein Kaiser-Wilhelm-Bart zog sich in die Breite.

»Ganz im Gegenteil: Das ist das Holz, aus dem Legenden geschnitzt sind. Dass diese Geschichte wahr ist, macht sie umso spannender. Das Schicksal von Gutenbergs Gebeinen wird ab jetzt in jeder meiner Führungen erzählt werden, da kannst du dich darauf verlassen.«

Pelizaeus bediente sich erneut an den Brezeln, achtete diesmal aber auf gleichmäßige Spundekäs-Beladung.

»Apropos: Was passiert denn nun mit dem Leichnam? Soweit ich weiß, liegt er momentan noch in Frankfurt.«

Nümbrecht nickte.

»Die Gebeine werden nach wie vor im Archiv des Anthropologischen Instituts aufbewahrt, denn dort sind die Lagerungsbedingungen ideal, jede vorschnelle Veränderung könnte den Erhaltungszustand gefährden. Es ist aber schon eine Arbeitsgruppe gebildet worden, die aus Frankfurter und Mainzer Wissenschaftlern besteht, und dieses Team analysiert den Leichnam nun bis ins Detail. Röntgenuntersuchung, UTE, also ein spezielles MRT für trockenes Gewebe, Haut- und Haaranalysen, eine Gesichtsrekonstruktion, das volle Programm eben. Die bei ihm gefundenen Gegenstände werden ebenfalls untersucht, da geht es um Stoff- und Materialgutachten, Herstellungsverfahren, genaue Datierungen und so weiter. In den nächsten Wochen wird das Team mehr oder weniger ununterbrochen am Arbeiten sein, um so schnell wie möglich einen umfassenden Bericht zu veröffentlichen. Das wissenschaftliche Interesse an dem Fund ist enorm.«

Elvis schaltete sich ein.

»Na ja, und die Reaktion der Öffentlichkeit habt ihr ja alle mitbekommen.«

Die Gäste in der Kommune 47 nickten. Nachdem die außergewöhnliche Entdeckung bekannt geworden war, hatten sich die Zeitungen und die Fernsehnachrichten fast überschlagen vor Begeisterung. Der bedeutendste Mann des vergangenen Jahrtausends war gefunden worden!

»Zum Glück konnten sich die Mainzer Stadtverwaltung und die Senckenberg-Gesellschaft ziemlich schnell einigen. Es steht außer Frage, dass der Leichnam nach Mainz gebracht wird, wenn die wissenschaftlichen Untersuchungen abgeschlossen sind. Geplant ist, die Gebeine auf den Jakobsberg zu überführen und erneut in der Krypta zu bestatten. Nach 500 Jahren darf Johannes Gutenberg also dorthin zurückkehren, wo er hingehört, und aus dem Schandgrab wird endlich wieder ein Ehrengrab.«

Er kniff listig die Augen zusammen.

»Ich habe in meiner langen Laufbahn als Lokalreporter noch niemals erlebt, dass sämtliche Parteien, Gremien und Ausschüsse dermaßen brüderlich an einem Strang ziehen.

Alle sind sich einig: Dieser Fund ist eine tolle Chance für Mainz, und er muss entsprechend präsentiert und gewürdigt werden.«

Ein Stimmengewirr erhob sich, jeder hatte seinen eigenen Vorschlag, wie man dieses großartige Erbe am besten in Szene setzen konnte. Tinne nutzte die Gelegenheit, warf die Bezzera an und ließ die Maschine zischend Espresso für die ganze Runde brauen. Danach winkte sie Eckhard Nümbrecht, ihr zu folgen. Sie gingen in Tinnes Zimmer und setzten sich auf die orange Couch. Die Spider Murphy Gang ließ ihr Gespräch für die Übrigen in der Küche unhörbar werden.

»Herr Nümbrecht, zuerst einmal wollte ich sorry sagen dafür, dass ich Sie im Verdacht hatte, Hannahs Ergebnisse klauen zu wollen. Inzwischen ist mir klar, dass Sie ein guter und grundehrlicher Wissenschaftler sind.«

Der Professor schaute sie an. Dann nickte er kaum merklich und senkte die Augen.

»Die Versuchung war bei Gott groß, glauben Sie mir«, murmelte er. »Aber eine gute Leistung muss immer gewürdigt werden, das sind wir Hannah schuldig.«

Tinne schwieg einen Augenblick. Dann stellte sie eine Frage, die ihr schon lang im Kopf herumging.

»Der Brandanschlag auf Kalkbrenners Baumaschinen … was meinen Sie, waren das tatsächlich wütende Demonstranten, die die Arbeiten auf diese Weise stoppen wollten?«

Nümbrecht hielt seine Augen weiterhin auf den Boden gerichtet, doch sein Schweigen war ihr Antwort genug. Als die Brigadiere draußen anfingen, nach ihrer ›Frau Professor‹ zu rufen und die Gläser klingen ließen, erhob sie sich leise und ging zurück in die Küche.

Sehr viel später stand Tinne unten im Hof zwischen Axls Stahlfiguren. Von oben klangen Musikfetzen und lautes Lachen herunter, die Leute waren bester Dinge und erzählten sich ihre Abenteuer immer wieder aufs Neue. Sie atmete die Nachtluft ein, genoss die Kühle und nippte an ihrem Weinglas. Es tat gut, dem Trubel für ein paar Minuten zu entkommen und den eigenen Gedanken nachzuhängen.

Von hinten trat jemand an sie heran. Der Rauch einer Zigarette verriet ihr, dass es Elvis sein musste.

»Na, Tinne, zufrieden und glücklich?«

Er schaute sie lächelnd an, sein breiter Kopf war in der Dunkelheit nur ein Scherenschnitt mit hellen Augen. Sie nickte langsam.

»Inzwischen ja.«

Es hatte einige Tage gedauert, bis sie sich wirklich über ihren Fund freuen konnte und akzeptierte, dass sie die Leistungen ihrer Freundin Hannah damit in keiner Weise schmälerte. Ohne ihr Zutun wäre Hannahs Entdeckung höchstwahrscheinlich niemals fortgeführt worden, und es machte Tinne Freude, sich vorzustellen, dass ihre Freundin jetzt vielleicht sogar von irgendwoher zuschaute und mit Stolz erfüllt war.

Elvis hob sein Weinglas.

»Auf Hannah und unser großes Abenteuer.«

Tinne lächelte ihn dankbar an, hob ebenfalls ihr Glas und wiederholte:

»Auf Hannah und unser großes Abenteuer.«

Nachdem sie ausgetrunken hatte, warf sie dem Dicken einen verschmitzten Blick zu.

»Übrigens … wann gedenkst du dein Versprechen wahrzumachen?«

Überrascht schaute er von seinem Weinglas auf.

»Welches Versprechen?«

»Unten im Tunnel, als es bei unserer Kletterpartie richtig eng geworden ist. ›Wenn wir hier wieder raus sind, specke ich 50 Kilo ab!‹, das waren deine Worte. Okay, wir sind wieder raus. Also?«

Elvis kniff halb entnervt, halb belustigt den Mund zusammen und suchte nach einer Antwort. Dann fiel ihm etwas ein, er hob die Augenbrauen.

»Na gut, na gut. Wenn du auf Kleinigkeiten herumhacken willst, dann habe ich auch ein Bonbon für dich. Bertie hat mir unlängst das Handyfoto gemailt, das er von dir im Handwerker-Dress geschossen hat. Todschick, ehrlich. Passenderweise plant die AZ demnächst eine Sonderbeilage zum Gutenberg-Fund. Was meinst du – da würde das Bild doch prima hineinpassen, oder?«

Mit übertriebener Geste malte er eine Schlagzeile in die Luft.

»Ich sehe schon die Untertitelung vor mir: ›Die Historikerin Ernestine Nachtigall ging bis zum Äußersten, um die Spur der geheimnisvollen Krypta verfolgen zu können.‹ Na, wie wäre das?«

Die beiden schauten sich einen Augenblick lauernd an wie zwei Westernhelden beim Duell, dann mussten sie gleichzeitig loslachen.

»Kompromiss!«, japste Tinne. »Wir belassen es bei fünf Kilo, und das Foto findet seinen Platz am Kommunenkühlschrank und nirgendwo anders.«

»Einverstanden«, kam es wie aus der Pistole geschossen. Noch immer lachend gingen die beiden nach oben, um mit den anderen weiter zu feiern.

Allgemeine Zeitung Mainz, 22. Oktober 2012

Willkommen zu Hause,
Johannes Gutenberg

Der größte Sohn der Stadt kehrt nach über 500 Jahren heim: Am gestrigen Sonntag wurde im Zitadellengraben das neue Besucherzentrum »GutenBerg« feierlich eröffnet. Spektakulärstes Artefakt des Zentrums sind die sterblichen Überreste von Johannes Gutenberg, die im April dieses Jahres wiederentdeckt wurden.

Von Elmar Wissmann

MAINZ Dem Fund vorausgegangen war ein spannender und zum Teil auch tragischer Wissenschaftskrimi. Entscheidende Hinweise über die Existenz der Johanniskapelle am Jakobsberg und der darunter liegenden Krypta sammelte die Mainzer Historikerin Dr. Hannah Lohmann. Kurz darauf verstarb Lohmann durch einen Unfall im Rahmen ihrer Forschungen, sodass die Arbeit von Kollegen fortgeführt werden musste. Doch selbst eine nächtliche Grabung ohne offizielle Genehmigung konnte das Geheimnis um Gutenbergs Gebeine nicht lüften. Erst eine Zusammenarbeit mit der Naturforschenden Gesellschaft Senckenberg in Frankfurt brachte die Suche zu einem erfolgreichen Ende:

Die sterblichen Überreste des Druckermeisters lagerten bereits seit 30 Jahren in einem Kellerarchiv, ohne dass man sich der Wichtigkeit dieses Fundes bewusst war.

Der südwestliche Zitadellengraben, in dem die Gutenberg-Krypta entdeckt wurde, war bereits zur Bebauung freigegeben worden. Ein Wohnpark hätte dort entstehen sollen, die anstehenden Bauarbeiten waren ein Damoklesschwert für die Archäologen und die Historiker, die dem Grab nachspürten.

Damoklesschwert für die Historiker

Baudezernent Ralph Merz: »Ich bin überglücklich, dass statt des umstrittenen Appartementprojekts nun ein kulturelles Juwel seinen Platz im Zitadellengraben findet. Unvorstellbar, dass dieser großartige historische Schatz um ein Haar unter Tausenden Tonnen Schutt begraben worden wäre.«

In den vergangenen sechs Monaten wurde das historische Erbe im Zitadellengraben wissenschaftlich aufgearbeitet und zum »GutenBerg«-Besucherzentrum umgestaltet.

Die unterirdischen Gänge, die im Rahmen erster Wohnpark-Bauarbeiten in Mitleidenschaft gezogen worden waren, sind inzwischen wieder originalgetreu instand gesetzt und stabilisiert. Sie sind Teil des Gesamtkonzepts und führen die Besucher durch Johannes Gutenbergs Lebenslauf. Zeitgenössische Dokumente, Gegenstände des damaligen Druckerhandwerks und multimediale Informationen geben in erleuchteten Nischen einen Eindruck vom Leben und der Arbeit des großen Mannes.

Der Gang mündet schließlich in die eigentliche Krypta. Im steinernen Sarg aus dem 15. Jahrhundert, in dem Gutenberg im Jahr 1472 von Erzbischof Adolf II. von Nassau bestattet wurde, hat der Leichnam nach allen Irrwegen seine endgültige Ruhestätte gefunden. Um den außergewöhnlich guten Erhaltungszustand des Körpers nicht zu gefährden, wurde der Sarkophag innen mit Edelstahl ausgekleidet und an ein gesondertes Klimasystem angeschlossen. Das offen aufgefundene Steingrab wird durch einen Edelstahl-Deckel luftdicht verschlossen, eine integrierte Scheibe erlaubt dem Betrachter einen Blick auf den *Man of the Millennium*. Ein daneben stehendes Kopfmodell mit Haupthaar und Bart, das nach den Methoden der plastischen Gesichtsrekonstruktion erstellt wurde, gibt einen lebensnahen Eindruck von Gutenbergs Aussehen.

Über der Krypta erhebt sich ein Pavillon mit geschwungenem Dach und breiten Glasfassaden, in dem die Besucher Details über die politische und gesellschaftliche Situation im mittelalterlichen Mainz erfahren. Außerdem ist hier die spannende wissenschaftliche Suche nach der Grabstätte und den Gebeinen mit entsprechenden Bild- und Tondokumenten aufgearbeitet. Als besondere Würdigung der verstorbenen Wissenschaftlerin Hannah Lohmann trägt der Pavillon den Namen »Lohmann-Haus«.

»Akribische Quellenarbeit«

Im Rahmen der Eröffnungsfeierlichkeiten dankte der Mainzer Oberbürgermeister denjenigen, die Lohmanns Arbeit fortgeführt und schließlich zu einem erfolgreichen Ende gebracht hatten. Ernestine Nachtigall, Professor Eckhard Nümbrecht und Professor em. Werner Gutdünk vom Historischen Seminar der Universität Mainz sowie der Autor dieses Artikels nahmen aus der Hand des Oberbürgermeisters den Ehrenring der Stadt Mainz entgegen.

»Durch akribische Quellenarbeit, Mut und Einsatzbereitschaft haben Sie es geschafft, unserer Stadt ein einmaliges Stück Erinnerung wiederzubeschaffen. Das Grab des größten Sohnes von Mainz wird in Zukunft ein Besuchermagnet sein und einmal mehr zeigen, dass die Stadt in ihrer vieltausendjährigen Geschichte maßgeblich zur Entwicklung der gesamten westlichen Welt beigetragen hat. Willkommen zu Hause, Johannes Gutenberg.«

WAS ES NOCH ZU SAGEN GIBT

Liebe Leser, vielleicht haben Sie sich während der Lektüre gewundert und sind ins Grübeln geraten ... streitende Erzbischöfe, unterirdische Forschungszentren, übermalte Bilder, Pestgräber in Mainz ... Wirklichkeit oder Autorenfantasie? Nun, viele Leute haben mich gefragt, wo bei ›Schandgrab‹ die Realität aufhört und die Fiktion beginnt. Diese Frage ist allerdings nicht ganz einfach zu beantworten, da ich viele historische Ereignisse in die Handlung eingewoben und sie dabei auf die eine oder andere Weise abgeändert habe. Mit anderen Worten: Was dem Historiker die Zornesröte ins Gesicht treibt, ist meine Lieblingsbeschäftigung. Ich fasse grob zusammen:

Das Erdbeben im Dezember 2010, die Vita Gutenbergs sowie die Beschreibung der mittelalterlichen Universität entsprechen der Wahrheit. Ebenso ist die Stiftsfehde zwischen Adolf II. von Nassau und Diether von Isenburg eine historische Tatsache, lediglich die späte Rache Diethers an den Werken seines Vorgängers ist der Dramaturgie des Romans geschuldet. Auch die Mainzer Pestgräber sind Realität, sie wurden allerdings nicht im Bleichenviertel, sondern beim ehemaligen Spital ›Heilig Geist‹ gefunden.

Meiner Fantasie entsprungen sind hingegen das Archäometrische Zentrum in Koblenz, Professor Gutdünks Bibliothek im Kloster Eberbach, die Forschungskeller unter dem Senckenberg-Museum, die Stadtansicht des Meisters WB, der *Codex Moguntiae* und natürlich die Johanniskapelle daselbst. Schade eigentlich.

Ob Dichtung oder Wahrheit, das Schreiben von ›Schandgrab‹ war – bei allem Spaß – eine gewaltige Herausforderung, die ich niemals ohne Unterstützung geschafft hätte. Zu meinem Glück gab es viele Helfer, die ihr Fachwissen, ihre Kreativität und auch ihre Kritik eingebracht und damit dem Roman quasi als Geburtshelfer zur Seite gestanden haben. Sie alle zu nennen wäre unmöglich, deshalb muss ich eine Auswahl treffen. Sollte sich ein Ungenannter schmählich übergangen fühlen, so bekommt er oder sie eine Extra-Erwähnung im nächsten Band. Versprochen.

Mit *Corinna Homp*, meiner allerliebsten Probeleserin, kann ich vorzüglich über Diminutive, Namensgebungen und adjektivbehaftete Nomen streiten. Mein persönliches Waterloo sind deine Randnotizen, die einen mühevoll ausgestalteten und fünfmal umgebauten Abschnitt mit charmanten Bezeichnungen wie ›Quatsch‹ betitulieren. Ist noch Wein da?

Meine Kollegen *Oliver Schweppenhäuser und Thilo Günther* haben auf geschätzten 100 000 Streckenkilometern meine Beifahrer-Schweigsamkeit und das Klappern der Notebook-Tastatur ertragen, beides in aller Regel klaglos. Der unsympathische Hasenzahn Dr. Udo Bulst im Archäometrischen Zentrum ist übrigens Thilos späte Abrechnung mit einem ungeliebten Lehrer. Bitte, gern geschehen.

Was wäre Fachliches ohne fachliche Hilfe? Nichts, natürlich, und deshalb gehört mein Dank *Dr. Johannes Breuer*, der sämtliche Latein-Zitate korrigiert, übersetzt und mit Anmerkungen versehen hat. Sollten doch noch Fehler vorhanden sein, gehen sie definitiv auf meine Kappe. *Gratias tibi ago*, wie der Lateiner sagt.

Als Handlungsratgeber, Kummerkastentante und Schergen-Fachmann stellt *Rainer ZIPP Fränzen* eine Bereicherung meines literarischen Lebens dar. Ich danke dir sehr herzlich für deinen Input und für die tollen Szenen zum Buchtrailer. Übrigens: ätsch, ERSTER beim Veröffentlichen!

Sowohl in schmucklosen Universitätszimmern als auch auf marokkanischen Dachterrassen hat *Dr. Sandra Petermann* meine Fragen über das Bachelor- und Master-Studium mehr als ausführlich beantwortet. Erstaunlicherweise wird bei dir jedes noch so trockene Thema zur Poesie.

Die beiden Michaels der ›Allgemeinen Zeitung Mainz‹, *Michael Jacobs und Michael Bischoff,* verdienen ebenfalls einen Kniefall. Ersterem verdanke ich eine Führung durch die Lokalredaktion der AZ, Letzterer hat mir das Zeitungsarchiv vorgestellt und taucht sogar in einer klitzekleinen Gastrolle auf.

Unbedingt erwähnen muss ich *Tine Kossak und Thomas Jauch*. Die beiden haben aus einer Blödelei heraus den Namen ›Tinne‹ erfunden und damit die Initialzündung gegeben für Frau Nachtigalls obskuren Rufnamen. Ihr seht: Eure Kurzweil war meine Inspiration!

Ein Autor ohne Verlag ist bekanntlich nackt und bloß, deshalb möchte ich *Claudia Senghaas*, Cheflektorin des Gmeiner-Verlags, aufs Podest heben. Ebenso wie das gesamte Verlagsteam hat sie eine Engelsgeduld an den Tag gelegt, wenn ich als übereifriger Neuling mal wieder drei Schritte auf einmal machen wollte.

Eine herzliche Umarmung gebührt meinen Eltern *Dagmar und Robert Weichmann*. Sie haben mich mein ganzes Leben darin bestärkt, an die eigenen Begabungen zu glauben und sich von Misserfolgen nicht entmutigen zu lassen. Alles, was ich kann und leiste, schulde ich euch, tausend Dank dafür. Der weitere Dank geht gleich noch einmal an Dagmar, als ehemalige Deutschlehrerin hat sie das Manuskript mit kriminalistischem Spürsinn durchstöbert und eine erschreckende Anzahl von Tippfehlern dingfest gemacht. Laurent Pelizaeus wäre stolz auf dich!

An (fast) letzter Stelle darf bei dieser Aufzählung natürlich meine Lebensgefährtin *Susanne Reuber* nicht fehlen. Schließlich hast du mich über eine lange Zeit hinweg mit imaginären Romanfiguren teilen müssen und darüber hinaus als Historikerin ein waches Auge auf sämtliche geschichtliche Details des Romans gehabt. Ich danke dir sehr für Geduld, Diskussionen und Pastakochen zu nächtlicher Stunde.

Was außerdem kaum jemand weiß: Susanne ist diejenige, die mich überhaupt erst zum Schreiben gebracht hat, und zwar mit einer frechen Bemerkung vor über zehn Jahren: »Dir gefällt das Buch nicht, das du gerade liest? Dann mach's doch besser!« Seitdem geraten wir uns über Selbstverfasstes in schöner Regelmäßigkeit in die Haare. Macht aber nichts – über Bücher streite ich mit dir am liebsten ;-)

Mein letztes, aber allergrößtes Dankeschön gilt nun aber der Leserschaft, denn ohne Ihr Interesse, liebe Leser, wäre jedes geschriebene Wort sinn- und nutzlos. Wenn Sie es bis hierher geschafft haben, dann … tja, Glückwunsch, dann wissen Sie Bescheid über Tinne und Elvis, über Schandgräber, Erzbischöfe, Kommunenkater und Taxibrigaden.

Sollten Sie die Nase nicht restlos voll haben von über- und unterirdischen Abenteuern, so lade ich Sie ein, bei www.helgeweichmann.de vorbeizuschauen. Dort gibt es allerlei Wissenswertes über den Roman, die Figuren und über mich selbst zu lesen, und ich würde mich sehr über Ihren Besuch freuen. Außerdem finden Sie dort ein Gästebuch, und wenn ich Ihnen nun mit meiner ellenlangen Danksagung den allerletzten Nerv geraubt habe, dann können Sie's dort reinschreiben. Viel Spaß dabei!

Herzlichst

*Weitere Krimis finden Sie auf den
folgenden Seiten und im Internet:
www.gmeiner-verlag.de*

Matthias P. Gibert
Pechsträhne
978-3-8392-1422-0

»Hochaktuell und erschreckend realistisch!«

In einer Villa in Kassel wird die übel zugerichtete Leiche des Bankmanagers Sven Vontobel gefunden, neben ihm sein ebenfalls erschossener Hund. Wegen seiner umstrittenen Wertschöpfungsmethoden war er selbst bei seinen Kollegen unbeliebt. Bald gibt es zwei weitere Tote, ebenfalls Mitarbeiter der Nordhessenbank. Gegen alle Widerstände aus den Reihen der Geldmafia und in einer für sie fremden, abstoßenden Welt fahnden Hauptkommissar Paul Lenz und sein junger Kollege Thilo Hain nach einem Täter, der ihnen immer einen Schritt voraus zu sein scheint.

Unsere Lesermagazine
2 x jährlich das Neueste aus der Gmeiner-Bibliothek

Alle Lesermagazine erhalten Sie in Ihrer Buchhandlung oder unter www.gmeiner-verlag.de.

24 x 35 cm, 32 S., farbig; inkl. Büchermagazin »nicht nur« für Frauen

10 x 18 cm, 16 S., farbig

GmeinerNewsletter
Neues aus der Welt der Gmeiner-Romane

Haben Sie schon unsere GmeinerNewsletter abonniert?

Monatlich erhalten Sie per E-Mail aktuelle Informationen aus der Welt der Krimis, der historischen Romane und der Frauenromane: Buchtipps, Berichte über Autoren und ihre Arbeit, Veranstaltungshinweise, neue Literaturseiten im Internet und interessante Neuigkeiten.

Die Anmeldung zu den GmeinerNewslettern ist ganz einfach. Direkt auf der Homepage des Gmeiner-Verlags (www.gmeiner-verlag.de) finden Sie das entsprechende Anmeldeformular.

Ihre Meinung ist gefragt!
Mitmachen und gewinnen

Wir möchten Ihnen mit unseren Romanen immer beste Unterhaltung bieten. Sie können uns dabei unterstützen, indem Sie uns Ihre Meinung zu den Gmeiner-Romanen sagen! Senden Sie eine E-Mail an gewinnspiel@gmeiner-verlag.de und teilen Sie uns mit, welches Buch Sie gelesen haben und wie es Ihnen gefallen hat. Alle Einsendungen nehmen automatisch am großen Jahresgewinnspiel mit attraktiven Buchpreisen teil.

Wir machen's spannend